周伦玲 竺柏松 编

中华书局

琳琅满纸忆前时

怀念周汝昌先生

图书在版编目(CIP)数据

琳琅满纸忆前时:怀念周汝昌先生/周伦玲,竺柏松编.
—北京:中华书局,2013.5
ISBN 978 – 7 – 101 – 09337 – 7

Ⅰ.琳…　Ⅱ.①周…②竺…　Ⅲ.周汝昌(1918~2012)
– 纪念文集　Ⅳ.K825.6 – 53

中国版本图书馆 CIP 数据核字(2013)第 087170 号

书　　名　琳琅满纸忆前时:怀念周汝昌先生
编　　者　周伦玲　竺柏松
责任编辑　李世文　王　芳
出版发行　中华书局
　　　　　(北京市丰台区太平桥西里38号　100073)
　　　　　http://www.zhbc.com.cn
　　　　　E-mail:zhbc@ zhbc.com.cn
印　　刷　北京瑞古冠中印刷厂
版　　次　2013 年 5 月北京第 1 版
　　　　　2013 年 5 月北京第 1 次印刷
规　　格　开本/700×1000 毫米　1/16
　　　　　印张25½　插页6　字数400 千字
印　　数　1 – 3000 册
国际书号　ISBN 978 – 7 – 101 – 09337 – 7
定　　价　98.00 元

周汝昌先生（1918-2012）

1940年与夫人毛淑仁结婚留影

1941年与同学张金鉴在燕京大学校门（今北京大学西门）前留影

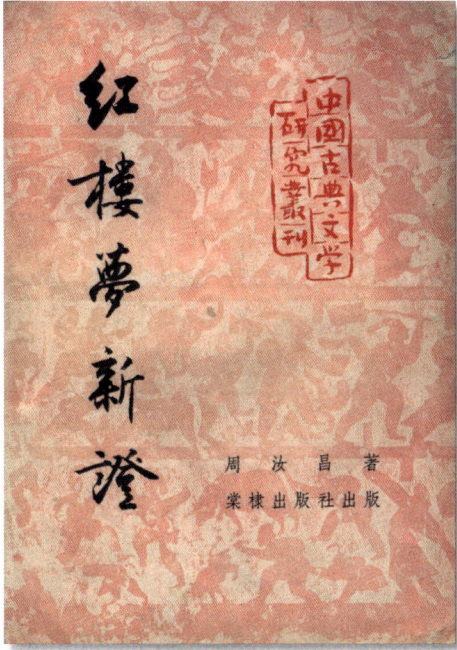

1953年棠棣出版社版《红楼梦新证》

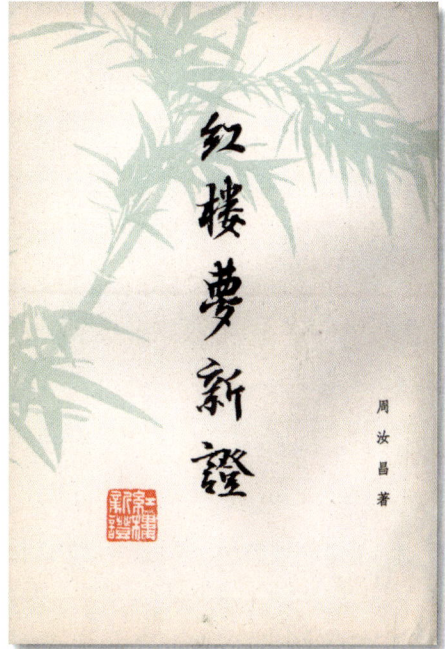

1976年人民文学出版社增订版《红楼梦新证》

1970年代

1980年代

与唐德刚（左）、夏志清

1980年与周策纵等在首届红学会上

世昌先生：

在民国日报图书副刊裏读了大作「曹雪芹生卒年」，我很高兴。懋斋诗钞旧卷见，是先生的大贡献。先生推定敦诚集的编年次序，我很赞同。

红楼梦的史料添了六首诗，是可庆幸。先生推测雪芹大约死在癸未除夕，我甚同意。敦诚的甲申挽诗，得敦敏的话互证，大概没有大疑问了。

关于雪芹的卒岁，我颇不愿改动。第一，请先生不要忘了敦诚敦敏是崇生，而雪芹是八旗包衣，是奴才，故他们称「雪君」，已是很客气了。第二，最要紧的是雪芹先生由的太晚，说起太上他见曹家繁华的时代了。

先生说是吗？

如一问如。

胡适
共廿七
汉有
迳信民日晚寄，今天才寄上。
廿二十八

胡适写寄的第一封信

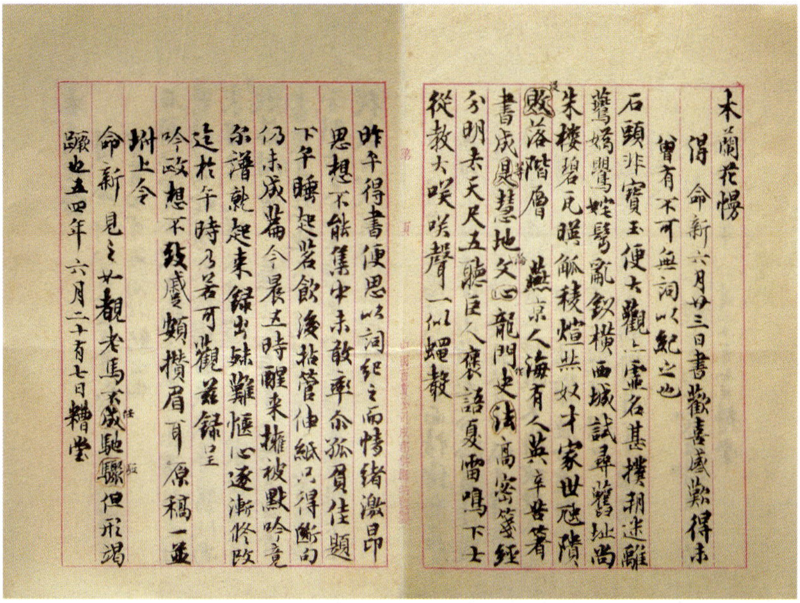

顾随为《红楼梦新证》题《木兰花慢》手迹

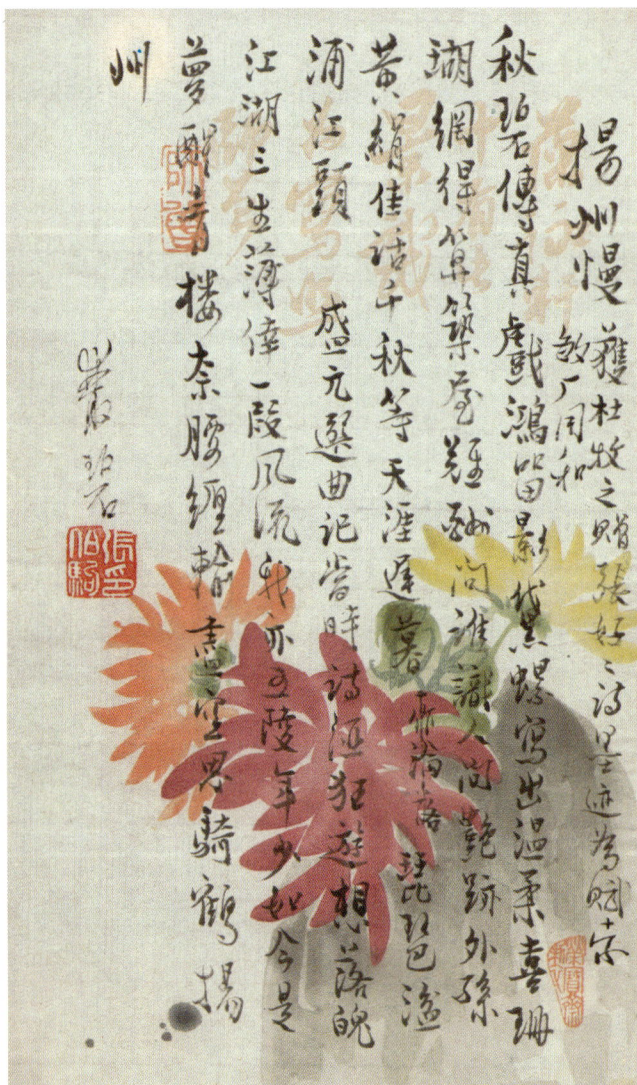

扬州慢　获杜牧之赠张好好诗卷，迹为赋。

秋碧传真，戏鸿留影，继某，写出温柔喜珊。
瑚网得算绮筵堪，钩沉谁识艳迹外孙。
黄绢佳话千秋等天涯，遇暮。
浦江头写作盛元选曲记当时，讵狂慕恨兰落皖
江湖三生薄倖一段风流，豆陵年如似今是
梦　楼泰膝绝翰素吾今骑鹤扬

州

张伯驹

张伯驹题《张好好诗》手迹

目　录

唁　辞 ………………………………………………………… 黄　裳 1

曲终人不见,江上数峰青——怀念周汝昌大学长 ………… 周绍昌 3

周汝昌先生的红学贡献

　　——在新版《红楼梦新证》发布会上的讲话 …………… 刘梦溪 8

周汝昌是红学考证集大成者 ………………………………… 刘梦溪 12

大学者的平凡生活——我所见的周汝昌先生 ……………… 王能宪 16

一个时代的谢幕 …………………………………………… 周笃文 20

红楼梦断,不尽的怀念——追思周汝昌先生 ……………… 王　畅 23

周汝昌的红学遗产 ………………………………………… 梁归智 30

红学:周汝昌留下了什么? 我们继承什么? ……………… 梁归智 35

悔未陪师赏海棠——痛悼汝昌师 ………………………… 刘心武 43

哭恩师周汝昌先生 ………………………………………… 邓遂夫 47

周汝昌先生晚年和我的诗谊 ……………………………… 邓遂夫 49

周汝昌的桑梓情 …………………………………………… 田蕴章 55

相思忆旧事　短文释通谊——我心目中的周汝昌先生 ……… 刘德隆 57

大智真痴两未休 …………………………………………… 周　岭 64

"大业红楼梦,弘观华夏文"——缅怀周汝昌先生 ………… 乔福锦 69

风骨著述誉中华——怀念红学泰斗周汝昌先生 …………… 严　宽 77

谁人有此闲情性——怀念周汝昌先生 …………………… 靳　飞 84

高邻周汝昌 ………………………………………………… 张宏渊 87

永远的红学旗帜 …………………………………………… 金　适 92

毕生献给"红学" …………………………………………… 宋广波 94

先生之风,山高水长——缅怀周汝昌先生 ……………… 董志新 97

"石头,其实是一面镜子"——周汝昌先生的忆念 ……… 陈景河 107

"为芹辛苦" ………………………………………………… 张贵发 114

悼周汝昌先生 ……………………………………………… 孙旭光 116

周汝昌先生与地方志 ……………………………………… 郭凤岐 119

怀念周汝昌先生 …………………………………………… 王家惠 122

红楼梦断　翰墨遗芳——忆周汝昌先生和我的诗书缘 ……… 天　琪 127

"淡交我敬先生久"——悼念周汝昌前辈 ………………… 宋　红 135

"痴"与"才":追怀周汝昌先生 …………………………… 张颐武 138

红楼门外怀周公 …………………………………………… 李文进 141

伤心周汝昌 ………………………………………………… 张卫东 143

周汝昌与《海河柳》 ……………………………………… 刘国华 146

为芹辛苦见平生 …………………………………………… 高林有 148

哀思绵绵忆大师　读书自有后来人 ……………………… 史巧玲 150

周汝昌先生与《红楼梦辞典》 …………………………… 晁继周 155

乡情浓浓 ………………………………… 王　敏　长　奎 159

周汝昌为鼓楼写楹联 ……………………………………… 吴裕成 162

周汝昌先生与杨柳青 ……………………………………… 刘　红 165

大智慧　大胸襟　大手笔
　　——缅怀周汝昌先生晚年曹雪芹家族文化研究的卓异建树…… 董宝莹 168

一生解梦红楼事　翰墨诗词此生情
　　——专访红学大师周汝昌先生 ……………………… 启　琴 179

长歌当哭——谈谈我的周汝昌先生 ……………………… 熊奇侠 186

怀念周汝昌老人之周老贵州缘 …………………………… 彭　年 189

沉痛悼念周汝昌先生 ……………………………………… 王正康 192

他叫周汝昌 ……………………………………………… 徐城北 197

周汝昌:"红学"大家是书家 ……………………………… 邹德祥 200

丛刊序言·读词杂记 …………………………………… 崔国良 203

往事一缕 ………………………………………………… 宋曙光 206

红学大师周汝昌 ………………………………………… 陈 诏 209

白雪歌残梦正长——缅怀周汝昌师 …………………… 赵建忠 211

"红楼非梦,向阳无湖" ………………………………… 李城外 213

周汝昌是《天津日报》的老朋友 ……………………… 宋安娜 216

赐序题诗别样情 ………………………………………… 傅 杰 218

怀念大师周汝昌——回忆一段难忘的往事 …………… 王焕春 220

大师的清贫与富有——周汝昌先生书法访谈札记 … 张永强 李剑锋 228

一片通灵宝玉 千秋仙寿恒昌——纪念红学家周汝昌先生 …… 雨 莲 231

思无邪 人去矣 ………………………………………… 张 弛 235

送别周汝昌先生 ………………………………………… 王小宁 237

我与周汝昌先生的一段书缘 …………………………… 许京生 240

天是那么蓝,周围是那样的安静 ……………………… 刘汝龙 242

Passing of a Human Treasure ……………………… Ronald R. Gray 248

堪叹"红学"殒泰斗,痛惜学子失良师 ………………… 李延年 251

几人如此读红楼 ………………………………………… 廉 萍 254

"老辈又弱一个" ………………………………………… 孟繁之 256

护好"国宝" ……………………………………………… 黄柏生 259

周汝昌"完全是一个穷人" ……………………………… 刘效仁 261

此恨不关风与月——敬悼周汝昌先生 ………………… 薛广隶 263

无 题 …………………………………………………… 何足道 269

周汝昌走了,学术纯真留下来 ………………………… 耿银平 273

"呆性"成就的大师 ……………………………………… 伍正华 275

周汝昌 天上人间"红学"相伴

　　——追忆与周汝昌先生的最后一面 ………………… 郭大志 277

深切的哀悼 永远的怀念——祭周汝昌先生 ………… 黄 彦 284

一瓣心香敬先生 …………………………………… 庞立仁　286

深深怀念周汝昌先生 ……………………………… 唐孝方　288

汝昌先生（节选） ………………………………… 白斯木　291

华枝硕满忆大师 …………………………………… 孙树芳　313

一路走好啊,老爷子……——家乡人对周汝昌的缅思 ……… 刘虎臣　317

能看百舸云帆竞　得庇隋堤巨柳荫
　　——怀念国学大师、红学大家周汝昌先生 …………… 李国柱　320

品高德厚泣追怀——叩盼周汝昌先生魂归故里 …………… 杨月春　323

周汝昌考证:曹雪芹祖籍灵寿 ………………… 马介清　萧　玉　326

我给周汝昌做保镖的日子 ………………………… 刘　波　329

京华北斗邈微茫——吊念中华文化学家周汝昌先生 ……… 博锐倦人　332

书中忆——怀念周汝昌先生 ……………………… 邢济霖　335

怀念先生 …………………………………………… 四明山客　339

旧笺犹忆周汝老 …………………………………… 初国卿　343

深深的怀念 ………………………………………… 张秉旺　346

Zhou Ruchang（英国《每日电讯报》报道） ………………… 352

子女追忆周汝昌 ………………………… 何玉新　李　意　356

父亲未走远　《新证》又重刊——纪念父亲逝世百日 …………… 伦　玲　364

诗词·挽联 ………………………………………………… 369

唁电·唁函 ………………………………………………… 380

周汝昌学术生平简表 …………………………… 周伦玲　编　388

编后记 ……………………………………………………… 401

唁　辞

黄　裳

　　汝昌逝矣，七十年故交，一旦别去，怆痛何如。吾二人缔交于《红楼》一书，历数十年而不已，然一在门内一在门外，所得各异。汝昌之惊人巨著为《红楼梦新证》，诚为体大思精、殚精绝力之作，亦奠定新红学坚实基础之作。继此以往，更有校勘盛业，聚诸脂评本而汇校之，一字一句，莫不究心，成书数十巨册，此"死功夫"无人能继也。其注意之点在历史，国史、家史，综合而研究之，而得结论，人不能移。汝昌有关《红楼》杂著多矣，其论文精粹唯《献芹集》，其中尤以《家世丛话》一文为白眉，实清初历史之钩玄索隐也，惜未终篇。《红楼》之出现于清乾隆中，实为当时政治经济万般世相得以全面呈现之百科全书，以绝世小说文学视之，实未尽其用。此"曹学"、"脂学"、"探佚学"歧义渐出之源，实亦汝昌研红别创之新局，开阔研究局面之新猷也。汝昌平生以治"红"为唯一专注，平日所思所想，无不围绕此一专题，可称曹雪芹之异代知己、忠实追随者，爱之甚恋之深，有所谓"如痴如醉"者，晚年耳目俱废，诸缘几尽，惟以思索探求"红学"为职志，奇思妙想乃间出，如全书为百零八回，贬高续为恶札，斥"程乙本"为劣本……评论所及，虽前辈如胡适、俞平伯诸家亦犯颜直谏，不少避忌。"红学"如战场，锋刃交加，有出于意想之外者，汝昌处身其中，能全身而退，非易事也。汝昌善与人交，不弃新知，于后辈善为提携，每有见解违异者，亦过而存之，不搞小圈子，能听不同意见，学人风范，于此见之。晚岁不能执笔，口述为文，勤勉如昔，可谓死而后已者是矣。如此学风,足资共鉴。斯人已矣,虽百身而何赎。故人长往,聊以片言以赠其行。

弟黄裳顿首敬识

2012 年 6 月 2 日

(2012 年 6 月 8 日《文汇读书周报》)

曲终人不见，江上数峰青

——怀念周汝昌大学长

周绍昌

2012年5月31日，汝昌大学长以九十五岁高龄于京仙逝，迄今阅两月余，思绪万千。

6月5日，燕大校友会郭务本学兄电话见示：北大周其凤校长责问北大网站，何以不见汝昌先生逝世的有关报道。遂由北大校友会转请燕大校友会，酌予五百字拟稿应命。务本兄乃嘱我速办。退而苦思，汝昌兄不惟燕京学人之佼佼者，亦当代大家、国际级学者，仅以五百字实难尽其里籍、生平及学术成就，虽起史迁、韩、柳、欧阳恐亦无能为也。长夜难寐，乃由北大网之漠然，寻思滔滔十三亿人海，知周汝昌者究有几许？无怪乎魏武《短歌行》兴"对酒当歌，人生几何？譬如朝露，去日苦多"之喟叹。

笔者平生对"红学界"一向敬而远之。但缘于与汝昌兄有通家之谊，多少脱不了干系。2010年之5月21日，应邀参加在天津的"周汝昌文化论坛"，唯一一次忝与红学界俊彦诸公相与。会上，我执言指斥香港某先生教唆北京语言大学某教授假学术辨伪、伸张"正气"之名，行人身攻讦之实，对汝昌大学长大肆诋毁之学案，痛陈学风不正之害，举座为之震惊，义形于色。有关此学案的拙文《名人效应与学风——关于周汝昌学长》先发表在《人民政协报》(2009年11月)，2011年辑入百花文艺出版社《似曾相识周汝昌》后，又被《燕京大学校友通讯》全文转载。吴小如先生读后，不顾病体初愈当即打来电话明示："读你文章，算是笔下留情。其实当年(1952)在运动后，根本未收研究生论文,你怎能找得到。而周玉言和许政扬的水平也是众所公认的一时之选。"我答道:"白纸黑字,言(文)责自负,我之横刀批逆鳞实是几十年来亲见(不独)红学界之秽风浊雨令人扼腕,积愤可谓久矣。值此学案,作为红学界外人站出来说句公道话,有理有据,既于学风可扶正祛邪,庶几乎无愧祖宗和世道了也。"(时在 2011 年 8 月 27 日,见 28 日《亮马河随笔》)

天津会后,2010 年岁末(12 月 24 日)回眸前尘,我破例几十年来第一次写杂诗二首(不敢称诗,援知堂老人杂咏)抄寄伦玲,乞代读给汝昌兄。

之一

丛莽夜未央,趑行若有光。芹溪何涓涓,不废向汪洋。

(注:汝昌兄于文化暗夜中披荆斩棘,奋力探索前行,如渔人探幽武陵源。致力"红学",如芹溪涓流不舍昼夜汇入汪洋。)

之二

涣涣濯顽石,沛然润洪荒。识途凭老骥,负鼓好作场。

(汝兄之学养著述涣涣汤汤,润泽文化之荒漠。至今老骥伏枥,恰如"盲翁"①作场,做专题讲座,惠及世人。)

12 月 31 日,伦玲来电话,代宣汝昌兄诗简:

绍昌老弟以诗授我,和以答谢:湖光塔影忆前时,此日情怀念故知。坎坷生涯目历尽,感君深意授愚诗。

(见《诗抄》第〈183〉条记录)

"湖光塔影"即燕园,"故知"相交六十余年,尤以"坎坷生涯"感喟深沉,概括了我辈生命的黄金年代,不胜唏嘘。他曾经自况"遍体鳞伤还是我,一心横霸岂由他",其际遇和心态与鲁迅"横眉冷对"的处境和凛然之气何其一致。从上世纪二三十年代至今近一个世纪,中国社会学风的阴暗面与时俱

---

① 陆游诗中之"负鼓盲翁",为其时民间艺人说唱道情,亦如西方之荷马者流。

存，一脉相承，谬种流传，还真就"无已时"。但从来"身后是非谁管得"，清者自清，浊者自浊，千古之下自有公论。汝昌兄一生做人（包括学术生涯）立身（处在政治风暴中心）所经受大小伤害的学案累累，所遭逢的人良莠难辨，如梅节先生者亦非个例，而且无端遭攻讦的亦不独汝昌兄一人而已。从史无前例的"文化大革命"迄于新世纪，学林从来不是纤尘不染百邪不侵的乐园净土。

仍以红学学案为例，另一学案也曾引起文坛瞩目。宋广波君在《〈胡适批红集〉前言》中披载，胡适当年在国外十分关注国内"批俞"的详情，当读到作家出版社《红楼梦问题讨论集》第三集所辑文章："从不为意，从不动'正谊的火气'，也从不说一句重话。唯一一处相对较重的话是看了王佩璋发表的《我代俞平伯先生写了哪几篇文章》（1954年11月3日《人民日报》）之后作的一条批语：'此文章很不高明，平伯叫这种妄人代写文章，真是自取其辱。'"

被胡适称为"妄人"的王女士，恰是我们1953年北大中文系毕业班的同学，她是班里自负的"才女"，于《红楼梦》书中诗赋脱口成诵。记得杨晦先生的"文艺学"课毕业考采用口试，全班中独她不满得4分，坚执重考非5分不可。毕业后，所有同学无不服从分配，独她咬定非到科学院学部给俞平伯先生当助手不可。遂愿后，乃俨然以俞门嫡传弟子自诩，春风得志傲形于色。孰料仅仅相去一年，毛泽东发动了对俞平伯《红楼梦》研究的批判，王女士竟陡然变脸，"反戈一击"发表了上述文章。这在北大同学中顿然引起大波，惊骇她竟判若两人，且越出学术思想底线，以"揭发"所谓的个人劣迹肆意诋毁俞先生的人格，大有不两立之势。翻手云，覆手雨，何以至此，一段时间成为众人痛心求解的话题。在经历了后几十年以1957年反右运动为转折的一浪险过一浪的政治运动，我们也才逐渐领悟，中国思想文化界所遭遇、表现的不断分化、裂变，无不在阶级斗争的烈焰中被烧得真魂出窍，人的人格品位，崇高与卑劣的终极分野全在寸心之间。追抚前尘，仅以针对"名人"周汝昌之毁誉，即可见正邪博弈之乱象，如众所周知的曹雪芹籍贯案、曹雪芹佚诗案、曹雪芹风筝谱案、周汝昌学历案，等等，都曾沸沸扬扬闹腾过一阵，各色人物大登场，明枪暗箭，攫名掠利，直是一部跨世纪的"儒林新史"。

　　然而世道人心从未泯没,汝昌兄赢得更多的是海内外知音、识家的道义支持,相呼相助。其间有胡适、顾随、张丛碧(伯驹)、孙楷第、陆志韦、高名凯、林庚、邓之诚,有张中行、季羡林、徐邦达、钱锺书、黄裳、凌道新、吴组缃、吴小如、许政扬、孙正刚、叶嘉莹、吴恩裕、周策纵,有刘再复、顾之京、梁归智、王畅、宋广波、刘心武……惺惺相惜,确乎"海内存知己","天下谁人不识君"。

　　凡与汝昌兄过从者(宵小除外)无人不为其真挚、恳切、风趣和知见之渊博而服膺、倾倒。君子坦荡荡,是他性格的最贴切写照。他就凭一腔坦荡,倾毕生之力,为"芹"耕耘不辍。他浩瀚的著作显示其知其识其悟性的超群,在在彰显着追求真理的精神境界。张中行先生赞他说:"不谈红学而谈为人。计有两个方面,一是有六朝气,二是有书痴气……"就我粗浅理解,"六朝气"不止于超凡脱俗,"书痴气"则指有一股执拗的傻气。也就是凭着这灵气与傻气,从女娲补天、夸父逐日、精卫填海的献祭赤诚,向中华至善至美的诗教宝藏深深采掘、重现、解析、弘扬给世人,上继前贤,复垦、新辟出一片新的文化之绿洲,芳草萋萋,蔚为大观。他是一个躬耕不倦的老农,其著述无不浸透浓烈炽热的乡土情结。感召所及,当代中华文化中的周汝昌现象,已是学界瞩目的课题之一。最可欣喜的是,他所开拓的未竟事业,几十年来正在有卓识的一代学人努力下,以超深度更上层楼之势高歌前行。

　　当缅怀故人之际,特别要感戴他身后的"天波府",既有祜昌先生早年的鼓励、协作,更得夫人毛淑仁和哲嗣伦玲诸兄姊弟合家全方位的支持与呵护,才成就了不枉了他呕心沥血把中华文化提升到焕然一新的大境界。他与鲁迅先后辉映,更于冷峻不阿的甘为孺子牛之外多了一脉貌似"玩世不恭"的功夫,试仔细品味林东海君纪实长文《红楼解味——记周汝昌先生》中一件件翔实、生动的"实录",活脱刻画出一个旷世"老顽童"的倜傥潇洒,其散仙、真人欤?汝昌兄所独具的人格魅力,谁人能及。

　　作为一个受教者,拜读了王畅、梁归智、宋广波诸先生的大著,尤其近时读刘再复先生的《〈红楼梦〉的存在论阅读》,更如醍醐灌顶,一语道破《红楼梦》永恒(时间的而非时代的)经典价值之所由。综合各家,乃能进而理解汝昌兄何以再再把《红楼梦》推为"十三经"之后的又一"经",何以再再把曹雪芹奉为彪炳元、明、清三代的至圣,何以再再指出《红楼梦》是中华传统文化第一总汇之所由。

"曲终人不见,江上数峰青",渺小银汉,露晨月残,复何言哉!

2012 年 7—8 月初稿于天津南开大学西南邨

周汝昌先生的红学贡献

——在新版《红楼梦新证》发布会上的讲话

刘梦溪

我住得很远,但是我觉得今天这个会,我需要来参加。当然首先是对刚刚故去不久的周先生表示我的缅怀和敬意,真诚的敬意。我跟周先生平时接触不多,大概在座的几位有了解,我和所有研究红学的老辈接触都不多。

周先生的红学成绩,我想可以从几方面来讲:一是在红学史上,周先生是一个里程碑式的人物。为什么这么讲呢?因为真正讲红学史,当然也有的认为从最早的书一问世,乾隆年间出来抄本,脂砚斋加批注,红学也开始了。但实际上的近代红学,还是应该从蔡元培先生、胡适之先生、王国维先生他们的著论开始,中国现代红学作为一科是从他们开始了。而且非常有意思,它一开始就成为中国现代学术史的一个单独的门类,成为红学一科。而且从中国现代学术史的开端来讲,它居然是非常早的,因为王国维发表《红楼梦评论》是在 1904 年,大家知道,王先生的方法是用西方的哲学和美学的理念,来重新解读这部大著述。

因此现代红学的开始,首先要追溯到王国维王静安先生,1904 年他发表《红楼梦评论》,紧接着 1917 年,这个年份我忘记了,在车上请教中华书局的一位何龙先生,他帮我查到,蔡先生的《石头记索隐》是在 1917 年。当然我们还知道,1921 年,胡适之先生的《红楼梦考证》面世。所以,现代红学首先应该追溯到王、蔡、胡,大家知道他们的观点不同,但是他们三个人的著作开辟了红学研究的三个流派的起点。

　　王国维我称他为小说批评派,而蔡元培先生是索隐派,胡适之先生是考证派,他们是这三个红学派别建立新典范的人物。过去讲这三派的时候,很容易有所轻重,现在随着学术研究的进展,大家对这三派比较能够公正地看待了。他们都了不起,考证和小说批评不用说,索隐也同样了不起。特别是现在,大家越研究越深的时候,觉得索隐派所揭示的这部书的内容,很可能还有相当的历史真实性。最近我读到北京大学一位物理还是化学方面的老师写的一部红楼梦的著作,我不认识作者,她给我寄了一本,含着激情来写的这本著作,语言非常顺畅,也不是没有道理啊。

　　对于红学的各种流变,后来很多曲折的历史,我不讲了,主要想说周汝昌先生在现代红学的历史上,是一个里程碑式的人物。为什么这么讲?因为1948年,他在《天津日报》发表的曹雪芹卒年的重新商兑以后,他自己在这个学科上的起点就建立起来了,而且得到胡适之先生的重视,采纳了他的癸未说,当然胡先生后来有变化。曹的卒年,现在学术界有各种各样的意见,我不去说它。主要作为周先生红学研究的起点,从1948年开始,他就完全以自己的特见、新见、创见站立在红学研究的舞台上。紧接着,没有几年的时间,他的《红楼梦新证》就完成了,出版是在1953年。他得用多大的精力、毅力、创新的能力、百折不挠的精神,写出这部《红楼梦新证》。

　　《红楼梦新证》的出版是一个标志,如果说周先生从一开始就站在新的里程碑的起点上,那么《红楼梦新证》的出版,则确立了他的红学研究的里程碑式的地位。这部书是真正的里程碑式的著作。我们还可以讲,这部书是个经典。我不大容易简单称一个学者的一些书就是经典,因为我在很多年前,梳理过20世纪的学术史,选出那么多人,有四五十家,重新编纂出版,我称他们为经典。但我今天可以讲,周汝昌先生的《红楼梦新证》在中国现代学术史上,它是一部经典,它是红学这一学科的经典。而且不仅如此,在红学三派当中,《红楼梦新证》又是考证派红学的集大成的著作。他建起了一座大厦,如果说胡适之先生的《红楼梦考证》开辟了一些思路,提出了一些问题,那么周汝昌先生则是把有关《红楼梦》作者的相关材料和问题,构建成一座完整的大厦,这个大厦像迷宫一样吸引人。红学成为20世纪的显学,和周汝昌先生的贡献是分不开的。所以我强调周先生是考证派红学的集大成者,他在红楼梦研究的历史上,在现代学术史的红学一科中,他是个里程碑式的人物。

但是他的贡献不止于此,他对红学研究的贡献,还在于他是红学的相关分支学科的开辟者。正由于周先生的研究,才产生了曹学。一开始,其他的研究者是以批评的眼光来看的,说你不是研究红楼梦,你是研究曹雪芹,研究他的家世,你这是曹学。后来我们这些人仔细一想,曹学有什么不好?那样丰富的和整个清史连在一起的学问,难道不值得尽我们的毕生之力吗?所以周先生是曹学一科的开辟者,而且几个相关的专学,脂学、芹学、版本学,这些名称是不是周先生最早提出来的?而且他有一个特殊的看法,当时我们不一定很理解,他说什么叫红学?只有研究这四个分支,曹学、脂学、探佚学、版本学,这个才叫红学,不同于小说评论的红学。这个话,只有学问做到相当程度的人才能感受到这个话的学问力量。力量在哪里?他把对一部书的研究变成了真学问。其实红学研究的吸引力很多情况不在于对书本身的研究,而是对包括背景、作者身世等相关问题的研究和探索,有无穷无尽的魅力,因为它有很多谜。所以周先生还是红学相关学科的开辟者,他在当代红学史上的地位,我可以讲没人能比。

我比较熟悉的一些人,刚才讲到王、蔡、胡,那是早期的大师了,他们都有开风气的贡献,但其学问主体并不在红学,红学不过是他们的鳞爪余事而已。像王国维,是中国现代学术的开山,主要成绩在古文字、古史和宋元戏曲的研究。蔡元培是教育家、伦理学家。胡适的方面更广了。俞平伯是继胡适之后的非常重要的红学研究者。但红学在 1950 年代以后,有三位了不起的人物,鼎足而三,这就是周汝昌先生、吴恩裕先生和吴世昌先生。这三位学问相埒,研究红学各有侧重,吴世昌侧重版本,吴恩裕侧重曹雪芹本人,周汝昌先生侧重家世。而学问根底,吴世昌先生所专精是词学,吴恩裕先生所专精的是西方政治学,吴恩裕是学西方政治学的,而周汝昌先生呢,他用自己全部的中国文化和中国学问的素养来研究红学一科。就他们的红楼梦研究来讲,这三位我都比较熟悉,但是我觉得总成绩,周先生还是高于另外两位。周先生是典型的传统的文史学人,他的诗词也是一流的,书法也自成一家。

我还感觉到,但没有做具体研究,这就是近一二十年,可能在座的更了解,我不是太关注,我已经完全离开了这一科,相关的著作我也很少读,包括周先生的文章我看得也很少,但有时在电视上看到他,有时看见他的新书问世,《十二层》啊,《夺目红》啊,我能感觉到他这个时期的研究,又向前跨越了,是不是到了一个新的高点,各位比我了解,我想大家一定有话说。是不是可以说周先生近年的研究形成了《红楼梦新证》之后的全方位展开的一个新高点,这个高点调动起来他所有的学问,源源不断,喷流不止。

周先生学问的可贵在哪里?在于很多《红楼梦》研究者腹笥甚空,肚子里货不多,当然这部书读得很熟,慢慢研究也能自成一家,这个我们也不轻看,但周先生的学问的根底,关于中国学问的文史根底、关于基本的考证功夫、关于对古代作品的赏析能力,他是一流的。他把他全部这方面的功夫和能力都用来集中研究红学一科,因此他继《红楼梦新证》之后,又创造了《红楼梦》研究的新高点。可惜周先生已经故去了,如果他在世的话,他一定还有许多话要说,他还有许多新思想。所以他的研究可以说进入广漠无涯的地步,他的研究是真学问,如同钱锺书先生讲的,真正的学问,那是二三素心人、荒江野老悉心培养商量之事,没有那么多节外生枝的事故。周先生的研究就是独处一室,也可能有些年轻朋友,梁归智啊等等,因此对周先生毕生研治红学的成就,切不可低估,而是应该实事求是地给以很高的评价。

尽管周先生临终前有些嘱咐,不开这个会,不这样不那样,但是我觉得我们的学术界有一点有负于他。他是红楼梦研究的泰斗,是 20 世纪学术流程里的一位称得上大师的人物,我们要好好地纪念他才是。当然,任何研究学问的人,他的立说是不是全靠得住,不一定。王国维先生去世了,陈寅恪先生给王国维先生写的纪念碑铭,就讲,王国维先生的学说,或有时而可商。王国维的学术也有可商量之处,谁的学术能没有可商可议之处呢。周先生的红楼梦研究,不见得每一点都是对的,但是我们会细心体会他那种做学问的功夫,那种沉醉学问的态度,叫我们感到钦佩。因为人文学科的真理性探讨,本来不像社会科学那么明显,有的是看其中的学问味道,不必因为哪一个观点或者不同的人事,就低估了周先生的学问,低估了他的整体红学成就。

周汝昌是红学考证集大成者

刘梦溪

　　周汝昌先生是诸多红学研究者中最有学问的一位。他的逝去，不独对红学一科，对整个古典学研究，都是重大损失。特摘刊拙著《红楼梦与百年中国》论周之专节，以寄追悼缅怀之意。斯人已去，不胜依依。呜呼哀哉尚飨！

考证派红学的集大成者不是俞平伯，而是周汝昌。

　　周汝昌先生的《红楼梦新证》系 1947 年秋天至 1950 年写就，1953 年由上海棠棣出版社出版。这之前，他于 1947 年 12 月 5 日，发表《〈红楼梦〉作者曹雪芹生卒年之新推定》一文，载天津《民国日报》"图书"第七十一期，提出曹雪芹卒于乾隆二十八年癸未（1763 年）除夕。第二年，即 1948 年 2 月 20 日，天津《民国日报》发表胡适之先生《致周君汝昌函》，表示同意周说（后胡适又改从壬午说）。当时周汝昌刚三十岁，他的红学研究开始就身手不凡。

　　胡适的《红楼梦考证》，只是给曹雪芹的家世生平勾勒了一个大致的轮廓，周汝昌的《红楼梦新证》，才真正构筑了一所设备较为齐全的住室。关于曹雪芹上世的资料，迄今为止，没有哪部著作像《红楼梦新证》搜集得这样丰富，以至于和《新证》相比，胡适的《考证》中所引用的资料，不过是"小巫见大巫"。曹家上世的三轴诰命、四轴《楝亭图》、敦敏的《懋斋诗钞》、裕瑞的《枣窗闲笔》、萧奭的《永宪录》等孤本秘笈,都是周汝昌以惊喜的心情一手发掘出来的。《新证》设有《史料编年》专章,引用书籍达一百二十种以上。1976年增订时,该章扩展为三十六万字,约占全书篇幅的二分之一,内容更加充实。此外周先生还撰有《曹雪芹家世生平丛话》和《曹雪芹小传》等著作,有关《红楼梦》作者曹雪芹家世生平的历史资料,如果不能说已被他"一网打尽",确实所剩无多。他凭借这些资料,运用严格的考证学的方法,建构了自己的红学体系。

周汝昌红学考证的重点,是曹雪芹的家族历史和作者的生平事迹,也就是胡适强调的时代和作者。这后一方面,周汝昌先生称作"芹学",作为曹学的一个组成部分。从曹雪芹家族的籍贯、所属的旗籍、几门重要亲戚的状况、盛衰的原因,到曹雪芹的生卒年和抄家后回到北京的行踪,以及晚年著书西郊的经过,周汝昌都有自己独到的看法和系统的发掘。这些看法不仅和胡适有很大不同,与许多其他的红学家也有所区别,真正是成系统的红学一家言。

通过考证康、雍、乾时期的社会政治特征,特别是皇室的倾轧和攘夺,为读者理解《红楼梦》的内容提供了充分的背景材料。曹雪芹的祖父曹寅在江南的活动、"织造"一职负有的特殊使命、曹寅和明遗民的关系,都经周汝昌一一考证出来并给出创见。

被称为"湖广四强"之一的杜岕,是明遗民中有名的孤介峻厉之士,但与曹寅保持着非比寻常的关系。康熙二十四年五月,曹寅自江宁还京师任内务府郎中,杜岕赋长诗送别。周汝昌从杜岕的《些山集辑》中将这首诗找出来,著录在《红楼梦新证》中《史事稽年》一章,并做了详细考订。他提出:"曹寅等人当时之实际政见何若,颇可全面研究。"而杜岕为曹寅诗集所写的序里,单刀直入地写道:"与荔轩别五年,同学者以南北为修途,以出处为户限,每搔首曰:'荔轩何为哉?'既而读陈思《仙人篇》,咏阊阖,羡潜光,乃知陈思之心即荔轩之心,未尝不爽然自失焉!"(《楝亭集》卷首)这是说开始对曹寅感到不可理解,后来发现曹寅和三国时的曹植有相同的想法,便觉得原来的"户限"没有必要了。

那么,什么是"陈思之心"呢?周汝昌在曹寅《南辕杂诗》第十一首的小注里找到了线索。诗是七绝,四句为:"不遇王乔死即休,吾山何必树松楸。黄初实下千秋泪,却望临淄作首丘。"小注是:"子建闻曹丕受禅,大哭。见魏志。"(《楝亭集》(下),第362页)曹丕受禅而曹植痛哭,是历史上有名的典故,就中包含着对司马氏篡汉的预断,因为曹植于司马氏的野心早有察觉。所以周汝昌发现的这条线索是极为重要的。待到他看到明代张溥的评论:"论者又云,禅代事起,子建发愤怨泣,使其嗣爵,必终身臣汉,则王之心其周文王乎? 余将登箕山而问许由焉。"(张溥《汉魏六朝百三家集题辞注》,第71页,人民文学出版社1960年版)于是恍然大悟,说道:"杜老微词闪烁地所谓'陈思'的'君子'的那'之心',就是这个'臣汉''之心'了。"

就是说,陈思王曹植有"臣汉之心",杜岕说"陈思之心即荔轩之心",以此可证曹寅也有"臣汉之心"。结论是否完全符合曹寅当时的思想实际,是另一回事,至少明遗民杜岕认为曹寅有"臣汉之心"这桩公案,被严丝合缝地考证出来了。只此一例,即可见出周汝昌先生红学考证的功力。还有根据曹家习惯的命名方法,由曹寅的一个弟弟字子猷,逆推出他的名字叫曹宣,来源于《诗经·大雅·桑柔》:"秉心宣猷,考慎其相。"从而找到"迷失"的曹宣,就红学考证来说,的确是一种学术贡献。

周汝昌的红学考证,以曹雪芹的家世生平为主,却又不限于曹雪芹的家世生平。《红楼梦》的不同版本、脂砚斋的批语、后四十回续书与曹雪芹和《红楼梦》有关的文物等,周汝昌都试图考其源流,辨其真伪。《红楼梦新证》的第八、第九章和附录编,就是对这几方面问题的考证。

总的看,考证曹雪芹的家世生平,周汝昌颇多真知灼见,于版本、于脂批、于文物,虽不乏创见,但主观臆断成分经常混杂其间,减弱了立论的说服力。最突出的是认为脂砚斋是史湘云,无论如何与脂批的内容接不上榫。如《红楼梦》第四十九回有一条批语写道:"近之拳谱中有坐马势,便以螂之蹲立。昔人爱轻捷便俏,闲取一螂,观其仰颈叠胸之势。今四字无出处,却写尽矣。脂砚斋评。"批语中大讲拳谱,自然不会是女性,许多研究者指出了这一点,但周汝昌先生继续坚执己说,这反映了他的红学体系的封闭性。

他主张红学包括曹学、版本学、探佚学、脂学,研究《红楼梦》本身的思想和艺术不属于红学范围,置考证派红学于压倒一切的地位,这正是学术宗派的所谓"严家法"。周汝昌先生自己或许并未意识到,他这样做,尽管对红学的学术树义不无学理价值,实际上却局限了包括考证在内的红学研究的天地。

　　注:此文为拙著《红楼梦与百年中国》第四章第二节的摘要,以此追悼刚刚逝去的红学泰斗周汝昌先生。

大学者的平凡生活

——我所见的周汝昌先生

王能宪

5月31日上午，老干部处的老唐来我办公室告诉我：周汝昌老走了。我心里一沉，立即给周老的女儿周伦玲拨通了电话，她说：父亲是凌晨1点59分走的，他没什么病，也没送医院，就在家中安详地走了。我问：后事如何办？需要我们做什么，需要院里做什么，一定不要客气。没想到周伦玲告诉我说，父亲临终交待，一切从简，不举行任何仪式。他们家人已按照老人的遗愿，后事都基本办妥了。

著名红学家、诗人、书法家、中国艺术研究院终身研究员周汝昌先生驾鹤归去，享年九十有五。一代文豪就这样平静地走了，悄无声息地离开了我们，我们竟然连向这位令人敬仰的大学者鞠个躬、献上一束鲜花以寄托哀思的机会都不可得。当晚，著名作家、老部长王蒙同志的秘书彭世团从宁夏给我发来短信，即是王蒙同志悼念周汝昌先生的唁电。因为院里没成立治丧委员会，我只得将短信转发给周伦玲和院办，并将有关情况告知世团兄，请他转告王蒙同志。

大约是五年前，我开始与周汝昌先生交往。此后，每年春节前我必定要去看望老先生一次，每次都要与他聊一会天，因而对周老晚年的生活和著述状况有了近距离的观察和了解。

周汝昌先生住在红庙附近一栋陈旧的家属楼里，这是中国艺术研究院当年的高知楼，院里好几位老先生都住在这栋楼里，如文艺理论家陆梅林先生,老延安、离休的副院长黎辛同志等,我常常代表院里挨家去看望几位老先生。周汝昌先生的房子并不宽敞,甚至可以说十分局促窄小。室内的陈设也极为简陋,几件普通的旧桌椅,两张旧沙发,没有一件像样的家具,也没有任何家用电器。除了书架上堆放着一些旧书和古董,略显主人的不同身份,否则这里与任何一个普通人家相比都等而下之。记得有一次陪同国务院一位领导同志看望周汝昌先生,同行的有国家机关工委的领导,还有文化部的领导,还有我们院里的几位同志,一下子来了十几个人,房子里连站都站不下,有的同志就只好站到楼道里去。

我第一次登门拜访,正遇上老先生身体不适,连续多日低烧。我走进他的卧室,周汝昌先生躺在床上,一张很窄的单人床,佝偻的身躯盖着一张旧毛毯。陪同我一起去的老干部处的同志向老先生介绍了我,老先生转过身来握住我的手,说了一些他躺在床上十分抱歉之类的客气话。我随即坐在床边,拉着老先生的手说了一会话。周老虽然生病,但并无倦容,说话声音洪亮,思路清晰。问了一些我的情况,诸如籍里、家庭以及院里的情况等等。不一会儿,医生到家里来给老先生输液。他女儿周伦玲告诉我,老先生生病一般不肯上医院,怕麻烦。他们联系了一位固定的社区医生,电话一打就上门服务,因而这位医生较为了解老先生的身体状况,老先生对这位大夫也很信任,乐于接受她的治疗,"医患"关系十分融洽。

周汝昌先生早在 1970 年代就因为视网膜脱落治疗不及时而几乎失明,加之夫人走得早,晚年的生活完全依靠几个儿女照料。我曾问过周伦玲,为什么不请个保姆呢,她说,根本不行。周先生的几个儿女差不多我都见过,他们都有各自的事业和家庭,只能轮流来照顾父亲。其中做出牺牲最大的恐怕要数三女儿周伦玲,这也许是做女儿的心细,她说,父亲一抬手,一声咳嗽,就知道他需要什么。有时候深夜两三点钟,老人家突然饿了想吃东西,你就得马上去做。更何况,老先生每天要坚持读书和写作,突然有了灵感,你就得随时录音或记录下来。这些保姆如何做得了呢,这些年来他们照料老父也真是不易!

当然,凡事有得就有失,有失也就有得。周伦玲照顾父亲做出了莫大的牺牲,也得到了莫大的回报。这些年来周汝昌先生在双目失明的情况下,每年大概都有两部新著问世，全都是周伦玲笔录整理的，她几乎成了父亲的专任秘书和助手。她对我说，父亲眼睛失明之后，写的一些字条，谁也无法辨认，只有她才能认出来。她从父亲身上得到的学识、学到的东西，这难道不是一笔巨大的财富吗。

我也有幸得到周汝昌先生的赠书，第一次送我的书是中华书局出版的《周汝昌评说四大名著》和《北斗京华——北京生活五十年漫忆》，并且当场签了名。我看着老先生拿着笔在扉页上摸索着下笔，先写一个大大的长长的"周"字的外框，再写"土"就已超出框外，再写"口"就不知在何处了。这样的签名是多么难得！后来每年去看望老先生，几乎都有新书送我。今年春节前又送了我两本，一本是江苏人民出版社出版的现代文化名人丛书之《天地人我》，另一本是周伦玲编的由百花文艺出版社出版的《似曾相识周汝昌》。这些书我都视为最宝贵的赠书，珍藏在我办公室的书架当中。

周汝昌先生晚年著述全凭自己丰厚的学识、非凡的毅力和超人的记忆力。特别是他的记忆力真是令人惊叹。我记得第二次去看望老先生，当他女儿周伦玲告诉他"王院长来看您了"，他居然问我春节是否回九江老家，这可是一年前我告诉过老先生我是江西九江人，事隔一年之后，他能立刻说出我的老家来。

今年春节前，我按照惯例又去看望周汝昌先生。我们聊着聊着就聊到了党的十七届六中全会，他对中央提出建设文化强国深受鼓舞，极为振奋。我对他说，我还写了两篇这方面的文章，老先生听后马上要我把文章复印给他学习学习。我说，哪里敢当，请周老指教。我还告诉他最近写了一篇关于汉字与汉字文化圈的文章，老先生也很感兴趣。春节过后，我把这几篇文章复印好，连同刊发周汝昌先生诗作（为中国艺术研究院建院六十周年而作）的那一期《艺术评论》，托老干部处的同志捎给周汝昌先生。后来，周伦玲给我打电话来，告诉我文章和杂志已经收到，并说，一定会读给老先生听的。

……

如果说周汝昌先生的物质生活是平凡、淡泊，甚或可以谓之清贫的话，而他的精神世界之丰富和博大，则是常人难以想象和不可企及的。正如其在带有自传色彩的著作《天地人我》中所描述的那样："无法再普通的衣着、难以再简陋的居室、略带天津音调的京腔,记忆翔实细腻、思维敏捷深邃、出言鲜活生动、谦和可亲、著作等身,这就是于斗室书斋中从容坚韧、笔耕不辍的周汝昌先生。"

周汝昌先生离开我们整整五十天了,《传记文学》组织了一组文章以为纪念,主编赵春强要我也写点什么。追忆往事,历历在目,拉杂写了这些,以表达心中对这位大学者无尽的思念。

2012 年 7 月 20 日于钟鼓楼下之忘机斋

一个时代的谢幕

周笃文

5月31日,我正在渤海东边营口道中采风,忽从电话获知汝老辞世的噩耗,不禁悲从中来,潸然欲泣。胡适先生倡导的求证考据学派最后一位红学大师的去世,标志着一个时代的谢幕。于公于私都是莫大的损失,百千往事一齐涌上心头。回忆去年腊月27日,我遵例为三老(邵天任九十九岁,李锐九十六岁,汝昌先生九十五岁)辞岁。时李老健硕依旧,邵老则坐上了轮椅,而汝老已卧床不能会客了。心想吉人天相,会有康复的一日,不料竟成永诀。四十年师弟深情,怎能不为之凄断。我得识汝老,是缘于伯驹与吴则虞老人之介。汝老读燕大时,伯老是他的文物鉴赏导师,相与诗画文酒流连,感情至笃。红学大师汝昌先生是燕大中文系研究生。毕业后任四川大学西语系讲师。他是博通中外的大学者、大诗人。大学期间,即从敦敏的《懋斋诗钞》中发现了六首咏及曹雪芹的诗,并由此考证出《东皋集》的编年,以及曹雪芹死于癸未除夕的结论。胡适对此大为赞赏,鼓励他深入研究。并将评《石头记》的海内孤本借给他。正是这位大学者的引导,周先生才走上了研红之路,获得了前无古人的成就。胡适晚年日记称:"周汝昌是我的红学方面的最后起、最有成就的徒弟。"即使获知周先生在批胡运动中说了些过头话,他也从不为忤。而周先生在晚年回忆胡适仍情深一往。他对我说像胡先生这样关爱后学,以平等的态度相待,语气一贯客气委婉,真率关切,有求必应,真是古今罕见。并写诗道:

平生一面旧城东,宿草离离百载风。长念有容方谓大,至今多士尚研红。

当然他与胡适先生在学术上也有分歧与争论,甚至比较激烈。但这与友谊、情感无关,是学术观点歧异的君子之争。周先生站在以中华文化为本位的立场,充分肯定其伟大价值,同胡适先生以西方本位来研究与批判传统文化造成的差别,现在看来周先生并无不妥。周老的学术观点强调三才体系的巨大深远作用,可谓独具只眼。

我与周先生相识以后,学术与诗词的交往日益密切,获益巨大。当我从伯驹先生的友人张琦翔先生处获知日本有三六桥本《红楼梦》,与通行本有重大差异。周老托我调查,并撰写专文收入新版《红楼梦新证》内。此后过从日密,唱和尤多。1978 年周老六十花甲,伯驹老人约诸名家小酌以为寿庆。与会者有伯驹、邦达、君坦、朱家溍、王益之、启元白、耿鉴庭、潘素及余等十数人。汝老一一赠诗为报。此一孤本墨宝现存寒舍。诗云:

揭响甘州继柳郎,难寻鼓板唱苍凉。书城学海吾何有,赢得人怜髩早霜。(伯驹)

翠竹亭亭与石邻,岂因清瘦减丰神。不知老可忙何事,解道潇潇为写真。(邦达)

兰成老笔足风华,俊句翩翩叹复嗟。韩段漫从夸巧思,三都赋手认名家。(君坦)

漫拟微之与牧之,当年英发见雄姿。吟怀日日追高远,一饮醇醪已醉时。(笃文)

笔下峰峦拥翠鬟,精能六法女荆关。著书却傍芹溪水,黄叶丹林照四山。(潘素)

小金山下发贞珉,诗局扬州影最真。明月二分分得否,可无良药乞衰身。(耿鉴庭)

杜老诗中似识君,相逢把臂快论文。谈红不为常人语,兰臭芹香久自闻。(朱家溍)

东坡吉语石菴书,脱手千金恐不如。已遣无盐得红粉,媿将瓦砾报琼琚。(王益之)

小乘深巷病维摩,四海书名孰比多。旧雨不来增怅望,遥知枕手想龙鹅。(启功)

燕市何人识小生,独矜九老借声名。市楼偏北无车马,酒盏诗笺无限情。(自咏)

春波翠柳意迢迢,席罢微风解散嚣。小步亦缘诸老赐,十年一过淀湖桥。(答谢)

以上乃是小聚中部分诗稿,才人风调如此清美、渊雅。展对墨卷,不知涕泗之无从。最后以一首小词谨寄恸悼之情:

水龙吟·惊闻汝老辞世

哀音隔海传来,俄惊万仞嵩高坠。天何不吊,为遗一老,作人间瑞。半世深情,三春游屐,只成追记。记抠衣上谒,槐荫门巷,正风雨,鸡鸣晦。　难忘当时意气,倚高楼,一声清厉:斯文吾辈,岂能坐老,要当奋起。学究三才,诗追八代,几人能继。叹骑鲸竟去,墨痕空对,洒伤心泪。

红楼梦断，不尽的怀念

——追思周汝昌先生

王　畅

一

惊悉周汝昌先生于 5 月 31 日逝世的消息，我不禁愕然，如临泰山之崩，难以置信。

一个多月前，即 4 月 26 日，我还收到周先生的女儿周伦玲发来的短信，说："我们这里一切还好，请释念。"并代周先生问我的一篇纪念曹雪芹逝世 250 周年的文章还有无改动。谁会想到，短短数日过去先生竟然驾鹤西去了！想起去年，我的一篇纪念程甲本《红楼梦》问世 220 周年的文章，因与周先生过去的观点有所不同，特别征求意见，周先生于 9 月 20 日亲自口授的来信中，不同意我的看法，信中写道："自芹逝癸未计至辛亥程甲本问世，已有 28 年之久，兄以为时间太短，续不出 40 回……然程甲本出现之后，刚到嘉庆元年即有 30 回本的续书问世了，那么照兄之理由而推算，如何能通呢！故弟以为兄之立论基点恐不稳妥，仍宜深究慎求，不可草率。"

这也仅是半年多前的事！近年来，我与周先生一直音讯不断。2011 年 4 月，周伦玲将刚刚出版的《似曾相识周汝昌》一书（内收入拙作《周汝昌与红学论争》一文）寄我，并告知周先生为他筹编的纪念曹雪芹逝世 250 周年文集向我约稿，此后又对拙作两次提出具体意见和要求。及至稍早，即 2010 年 4 月，我为参加即将于当年 6 月在江西进贤召开的"曹雪芹家族文化研讨会"准备一篇文章,此文是应原中国曹雪芹研究会会长胡德平先生之约所写。
2007年,胡德平先生在江西意外地发现一部进贤曹氏族谱,谱内记载着过去
已知的曹雪芹家族上世江西始祖曹孝庆的名字,但此谱关于曹孝庆籍贯的
记述,完全不同于红学界以前一些学者所认定的江西南昌武阳渡。这引起
红学家胡德平先生的极大兴趣,他在做了认真的研究后,写出了一篇两万多
字的长文,认定曹雪芹的江西祖籍应该是进贤塔岗岭而非南昌武阳渡。胡
先生把他的文章初稿寄我,嘱我认真看看,写篇东西谈谈看法。但这篇东西
我一直写不出。从2007年末拖至2009年末,这期间我查阅了很多资料,反
复思考,终于有了一个连我自己也始料未及的想法,这就是我不能赞同胡德
平先生文章中的论断,于是我写出了一篇也是两万多字的与胡德平先生商
榷的文章。文章除立即寄给胡德平先生之外,因为周汝昌先生以往在这方
面著力很深,对有关曹雪芹家世谱系的资料所见甚多,所以我想到应该请他
提提意见,虽然打扰一位九旬开外且多病的老人我很是于心不安,但我还是
把稿子寄给他一份,我并不敢抱太大的希望。出乎意料的是,先生居然于5
月1日复函,写道:

> 忙乱,感冒,加上我已不能自读,需家人有小空方能读与我听,所以
> 我听得不是一气呵成,虽然如此,觉大文考辨详切,很有说服力。进贤
> 谱是我在2000年左右开始寻求的,直到近两三年才得见到复印件(也不
> 知是不是您文中所说的谱),印象是记载缺略,找不到此谱与曹雪芹的
> 关系,因此要想仅据此谱即要推翻武惠、武穆的世系来源,恐还不易,但
> 仍盼继续深入研讨,以求真相。

我知道,周先生当年已是九十三岁高龄,身体也欠安,却一直没有停止
探研红学,著书立说。他是以口述的方式,由女儿周伦玲和儿子周建临轮流
记录。内容、文字、语气,皆出自他本人,不容稍有改易。同时,像我这样的
求助、打扰者,不在少数,先生也无不认真对待,一丝不苟。

这年5月,天津"周汝昌文化论坛"召开研讨会,周先生虽然不能亲自与
会,但为开幕式专门准备播放的为时不短的录像中,人们看到他神采奕奕的

风貌，听到他音调铿锵的讲话，真是让与会者又高兴又感动。他就是这样忘我地为红学奉献着，直到生命的最后一息。

周汝昌先生自许"为芹辛苦见平生"，他践行了自己的许诺。在红学界，无论是从事研究年代之长，还是涉猎范围之广，著述成果之丰硕，影响之深远、广泛，他都是中国第一，按刘梦溪先生的话说："至今无人能比。"从二十几岁上大学时就开始研究红学，他的研红事业长达七十多年。红学研究包括关于作者的家世、籍贯、交游等内容的曹学，关于作品的主题思想内容、人物形象分析、艺术创造价值等问题的文本学，关于多种脂评本和程高本研究的版本学，关于曹雪芹未完稿《红楼梦》发展、结局研究的探佚学，关于脂砚斋与脂评研究的脂学，等等。许多红学家大都涉猎其中的一个方面或部分方面的研究，但周汝昌先生的研究深入涉及到红学的各个方面，并从宏观方面对红学研究范围予以规范，尽管他的一些观点不能为红学界全面接受，但这毕竟是红学研究中的一个重大建树，应该说其功至伟。过去曾有人想把他说成是"红外线"（即撇开《红楼梦》文本本身）的红学研究，但周先生不仅过去校订过《红楼梦》程乙本，他专门论述作品艺术性的《红楼艺术》等许多著作，比起标榜自己是"红内线"的红学家来，比较一下其见解、水平之高下，相信读者与学界自有公论，无需我在这里加以妄断。

二

我与周汝昌先生相识，是在1994年。这年初，我在《人民日报（海外版）》上看到一篇宣扬曹雪芹祖籍"辽阳说"的文章，以辽阳所存庙碑上刻有曹雪芹高祖父曹振彦的名字，认为曹雪芹祖籍在辽阳"石证如山"。当时就我已知的资料，认为这种看法并不全面，以此看法向海外宣传曹雪芹祖籍问题有欠妥当，于是我捉笔写出一篇短文投寄到《人民日报（海外版）》，没想到这篇短文后来（当年11月）居然也得以刊出。在此期间的6月份，我得知有一个讨论曹雪芹祖籍问题的会议在唐山丰润召开，我希望与会的要求获允。著名红学家周汝昌先生、著名清史学家杨向奎先生出席了此次会议。就在这次会议上，我的一次即兴发言引起与会者的热议，也引起周汝昌先生的关注。会后我和他见了面，做了一次简短的交谈，这就是我初识周汝昌先生的过程。此后我因一篇论文向周先生请教,周先生很快回了信,于是我们之间开始有了通信往来,再后由于我介入曹学、红学日益深入,加之河北省曹雪芹研究会成立后,我担任了副会长兼秘书长的职务,与作为研究会的名誉会长、顾问的周汝昌先生联系自然更多,我们之间的书信往来也日益稠密。截至2001年,我手里保存的周汝昌先生手书来信118件,足可出版一本厚厚的书信集。此后由于周老年事愈高,目坏日甚,即使"盲写"也已难能,我们的联系只有通过他的女儿、助手周伦玲代理,后来则改为网络邮箱。即使如此,如前所述,周先生仍然事必躬亲,重要意见,皆出自他的口授。

在我与周汝昌先生多年的交往中,我深深感到他虽学富五车,享誉中外,但从无一丝学阀气息,而总是虚怀若谷,平等待人。在讨论问题时,他虽然常常坚持己见,却也常常吸纳人言。有一件事给我的印象很深。1963年8月,在北京故宫文华殿举办的"曹雪芹逝世200周年纪念展览会"上,展出了一部《五庆堂辽东曹氏宗谱》,谱中记载有曹雪芹上世一支族人的姓名,但这一记载在红学家中存在争议,有人认为是重大发现,甚至认为此谱可以称之为"曹雪芹家谱",有人认为此谱疑点尚多,不可轻信。周汝昌先生当时是有信有疑,为了提供参考,在有分析的情况下,他把此谱的一些内容引入了1976年版的《红楼梦新证》中,至1985年第二次印刷时仍无改易。随着讨论的深入,他对《五庆堂谱》的疑虑日深,至1995年,他写了《辽阳五庆堂谱的十点问题》一文,问题是,周汝昌先生至此仍未完全否定《五庆堂谱》与曹雪芹家族的关系。1996年,拙著《曹雪芹祖籍考论》出版,我在书中对两个问题做了详细考证并得出了明确结论。即一,《五庆堂谱》记入曹雪芹上世一支,与它记入曹邦一支一样,完全是强拉入谱。也就是说,"五庆"曹族与曹雪芹一支曹族没有关系;二,辽阳三碑其中的二碑上虽刻有曹振彦的名字,但只能证明曹振彦曾跟随努尔哈赤到过临时定都的辽阳,不能证明辽阳即是曹振彦的祖籍地。至于另一块碑上的曹姓人属《五庆堂谱》曹族,与曹雪芹一支无关。周汝昌先生根据拙著的论证,来信告诉我,在即将(1998年8月)由华艺出版社出版的新版《红楼梦新证》中,他已将原从《五庆堂谱》引入的相关内容"悉数删去"。

1996年,我的《曹雪芹祖籍考论》出版前,周汝昌先生热情洋溢地为拙著撰写了长达七千多字的序文。书出版后，周先生又另外亲撰书评在报刊上发表，并两次作诗抒怀。第一首诗发表于《诗刊》1999 年第 4 期，题为《读王畅先生〈考论〉感赋》，诗曰：

> 细认雄瞻纪谦碑，还同夏鼎铸无遗。道高未尺先魔大，舌巧逾簧定理亏。史笔世难逢左氏，文心人愿证刘师。而今私曲归公正，心喜犹深百绪悲！

1999 年，台湾《石头记研究专刊》第 8 期发表该刊主编张欣伯先生两万余字长文《"丰润说"推倒"辽阳说"——评介王畅著〈曹雪芹祖籍考论〉》，文中说"此书乃彼岸自《红楼梦新证》（周汝昌著）、《红楼梦新补》（张之著）以来，最为重要的一大文献"，"举证有力，殆成为黄钟大吕之音"，"读者一面欣赏其中鞭辟入里之处，一面领略一下作者的凌云健笔"。周汝昌先生读过此文后，兴奋异常，欣然命笔，题写《王畅兄大著在彼岸得大胜利喜而作五律》：

> 鸿篇"数落"功，奇语出台中。一卷才传世，"七夸"已化空。声威两岸会，义理众心同。还我真学识，瞻兹端正风。

几天后，又收到周先生新作《因观张欣伯先生鸿篇再寄王畅学兄》：

> 健笔凌云破阵功，黄钟大吕正声洪。高文何患无知赏，巨眼欣看一世雄。

无论是张欣伯先生的评价，还是周汝昌先生的赞誉，都使我受宠若惊，但我始终没有放松在研红路上如履薄冰的精神状态。

三

尽管周汝昌先生是一位红学大师，是中国的"红学泰斗"，但红学作为一门特殊的专学，其复杂性、广延性极为少见，它最突出的特点，是在大多数不同子门类问题上都有着不同乃至相互对立的意见,都长期存在着争论。可以说,红学界可以有大师、大家,可以有泰斗,但却难以像自然科学界或其他许多社会科学学科一样,在学术观点上有令人折服的权威。周汝昌先生可以当之无愧地被誉为"红学泰斗",但他在许多问题上的观点却不能称之为权威,其他红学大师、大家,包括胡适、蔡元培、俞平伯、何其芳、吴世昌等也都一样。

周汝昌先生在红学上的许多主张、看法,和其他红学家一样,有其个人性的一面,这也就是为什么他的一生几乎始终处于红学论争的漩涡之中的原因。在诸多问题的论争中,他既得到肯定、赞誉,身上罩着光环,也受到讥嘲、攻击,乃至"遍体鳞伤"。我在《周汝昌与红学论争》一文中,曾引用周汝昌先生发表于《诗刊》1999年第4期的一首诗,其中写道:

> 回眸五十费年华,惭愧人称红学家。遍体鳞伤还是我,一心横霸岂由他。入宫见妒非描黛,依阁相怜似枕霞。此日叨蒙为盛会,感深知己聚天涯。

这首诗的内容很能说明他当时身处论争漩涡难以自拔的心境。周汝昌先生《红楼梦新证》于1953年秋问世后,"以其内容的厚重和引用材料的丰富而具有震撼性",反响强烈,好评如潮。当时周汝昌先生的恩师、著名学者顾随先生写了一首《木兰花慢》:"燕京人海有人英,辛苦著书成。等慧地论文,龙门作史,高密笺经。分明去天尺五,听哲人褒语夏雷鸣!下士从教大笑,笑声一似蝇声。"直把《红楼梦新证》比作刘勰《文心雕龙》、司马迁《史记》、郑玄注经,而对一些攻击、嘲讽之声,予以痛斥。著名学者缪钺、谢国桢、牟润孙诸先生对周著予以很高赞誉。当然,不同学者有不同看法,展开争论亦属正常。周著亦非尽善尽美,指摘、批评固无不可,但以"不知妄说"、"不伦不类"、"辗转稗贩"等类语言进行"评价",未免偏颇太过,显失公允。因为书中第二章《人物考》第二节《曹宜曹宣》考证出曹雪芹的祖父曹寅有弟,实名曹宣(而非曹宜)。宣北音犯帝讳"玄",有同声之嫌,方又改名"荃"。这一考证先受讥嘲,然而后来发现的清宫档案及其他文献资料,证实了周先生的考证完全正确。这在当时读者中传为"佳话"。然而，评者只对"幸而言中"称奇，却罕言这是考明雪芹并非寅之嫡孙，实乃寅弟宣之四子过继与寅而后生的"假子真孙"。而且，由此方能谈得到曹雪芹实际生卒年月的确定。这个"宣"之发现，本是一个大课题，但当时却少有对这一考证之功予以客观、公正的首肯者，倒是仍有一些"似无……另行假设有一'曹宣'为其（寅）亲兄弟之必要"之类的不予认同的曲辩之论，且被贬为"方法"不可多用。而周先生于近五十年后的"旧话重提"，其感慨之深实因非只此一端。即如今天红学界再无疑义的曹雪芹家的旗籍，人人皆知为"内务府包衣旗人"，而不是汉军。但当初周汝昌先生在初版《红楼梦新证》中公布这一考证新见时，连一位大名鼎鼎的红学家都不予认可，说这是"周君标新立异"，曹雪芹家还是"汉军"。还有关于曹雪芹家世、祖籍之争又是一例。学术观点不同，"丰润说"与"辽阳说"有争论，这不奇怪。但是对包括学贯中西的周汝昌先生在内的不同观点的人，进行非学术手段的人身攻击，这就有损学术界的声誉了。美国哈佛大学教授、著名红学家那宗训先生写道："京中有人来信，问我何以参加'周党'，我十分生气，回信说，我与周老在过去二十年，仅通过两次信……同时周老从未结党营私，我个人亦无意参加任何一派，大家皆是朋友，只是研究《红楼梦》而已。"可见离开了学术的宗派之争是何等不得人心。这种非学术的打压、围攻，虽对周汝昌先生造成某种伤害，但却让人们看到他作为一位大家的坚毅与宽厚，不仅无从动摇甚至反而巩固了周汝昌先生的"红学泰斗"地位。

周汝昌先生逝世了，他留下遗嘱说，不开追悼会，不设灵堂，要静静地走。

就让我们眼含热泪、满怀悲痛，注视着他默默地离去吧！

周汝昌的红学遗产

梁归智

曹雪芹创作的原著《红楼梦》是中华民族一个永不荒芜的精神家园,对曹雪芹所著《红楼梦》的读解关系到民族文化心灵和审美气质的境界,这是周汝昌红学遗产最重要的历史意义和现实启示。

周汝昌先生于 2012 年 5 月 31 日仙逝之后,各家社会媒体不断采访报道,承学界同仁青目,往往把媒体推介到我这里来。如中国艺术研究院的张庆善先生、中国社会科学院文学研究所的夏薇女士、中国现代文学馆的傅光明先生等,予岂好言哉,予不得已也。

我在接受各家媒体采访时强调两点:周汝昌先生的离去是中华文化的损失,而不仅是红学或中国古典文学研究的损失;周先生对红学最大的历史贡献是让曹雪芹原著与后四十回"两种《红楼梦》"的区别昭然于天下,让曹雪芹原著《红楼梦》的真思想、真艺术得以为世人了解,并已经渗透到民族文化的细胞中去。

"两种《红楼梦》"与红学遗产

我在多种学术著作和《红楼风雨梦中人:红学泰斗周汝昌传》(译林出版社 2011 年新版)中都早已详尽阐述过这种立场。周先生曾多次说过:红学应定位于新国学、中华文化之学,而不仅仅是一部小说的"文艺评论",而所谓红学四大分支的曹雪芹家世研究、石头记版本研究、脂砚斋批语研究和探佚学之所以必须首先面对,就在于它们是"思想和艺术"评论阐释的前提和基础。这四个分支研究深入了,普及了,"两种《红楼梦》"在思想和艺术层面的异同也就凸显了,它们各自的意义也就明白了。

问题其实很简单,但二百年来红学的各种争论,说到根底,就是围绕着这些简单问题而纠缠不清。为什么会如此?很有趣也很深刻,这个历史现象实际上曲折地反映着,中国传统文化在与西方文化碰撞接轨时所发生的冲突和融合,也是精英文化和通俗文化之间发生的冲突和融合。曹雪芹原著《红楼梦》表面上只是一部通俗小说,其实却包罗万象,深邃无底,可以说囊括了中国传统文化的方方面面,有哲,有诗,有史,有文,名副其实的"百科全书",曹雪芹与《红楼梦》,实际上已经成为中国文化的一个代表,而且是高度艺术的、审美的,而曹雪芹原著与后四十回续书,又把精英文化与通俗文化的交叉、冲突与融合如此戏剧性地体现了出来,更强烈地折射到接受红学中。周汝昌作为独特的红学家,上述这些内涵外延和矛盾冲突又都在他身上集中反映了出来,这实在非常有趣。说周汝昌的离去是中华文化的损失,主要从这个层面来理解,至于他同时在传统诗词、书法和文艺理论等方面具有深湛修养和做出杰出贡献,其实还在其次。

这种中西文化、精英和通俗文化的冲突和融合,反映到研究方法上,就是文、史、哲会通还是只局限于西方的形式逻辑或各种所谓"范式",用过去的说法,就是辩证法还是"形而上学"(孤立、片面、绝对化)。比如曹雪芹用写诗的方法写小说,将曹家和李煦家等的家族生活历史作为小说的生活素材而"假作真时真亦假",用西方的一些流行文艺理论,用形式逻辑,就无法弄清楚,往往曲解误释。周先生特别强调"悟性",但在实际操作中,是考证、论证、悟证并重的,所谓"综互合参",刘再复先生说他是"考证高峰,悟证先河"。当然不是说周汝昌的每一个具体观点就不容许提不同意见,但作为遗产,这种"三才并重"的治学方式最富有历史意义和现实启发性。

比如史湘云在小说中的实际地位问题,王蒙先生都调侃周先生"爱上了史湘云"。但如果我们真正深入了文本的实际,红学的实际,你就知道曹雪芹用了那么多巧妙的艺术手法,隐喻湘云实际上是八十回后中的第一女主角。如对湘云和黛玉都用了"湘妃"之典,在海棠诗、菊花诗、咏雪联句、柳絮词中都暗示湘云才最重要,第四十回牙牌令"只有湘云是满红",史湘云的海棠之喻在小说第五回、第十七回、第二十五回、第三十七回、第四十回、第四十一回、第四十五回、第五十一回、第六十三回、第七十七回等许多回目中都反复渲染,以及史湘云的生活原型是苏州织造李煦的一个孙女,并以"史"谐音"李"而且化用李清照海棠词"雨疏风骤"、"绿肥红瘦"作为象征,等等,你就不能不对曹雪芹惊才绝艳的艺术叹为观止,也就会认同周汝昌倡导的探佚学之抉微发隐,乃是考证、论证、悟证全方位出击,才呈现出中华文化的深微奥妙。

因此,也就突显了曹雪芹原著和后四十回"两种《红楼梦》"雅文化与俗文化的分野。后四十回属于通俗文学范围,即所谓"宝、黛、钗爱情婚姻悲剧"或者"一个男人和两个女人的故事",这种层面上的《红楼梦》读解自然也有其相对合理性和相应接受情境及群体,在历史上和在将来,曾经并将继续存在和起作用。但最富有意味的是,两种美学、文化共存于"红楼梦"一个书名下,搅起二百年的红学狂潮,并如《共产党宣言》开头所比喻的那样,成为一个最有魅力的《红楼梦》读解接受之永远的"幽灵"。这也是周汝昌留下的一个最意味深长的红学遗产,虽然是从胡适和俞平伯发轫,却是在周汝昌这里,而成为清醒的焦点和深刻宏远的大观。

周汝昌讲话行文有老派学者的风格,就是喜欢旁敲侧击,"悟"字当头,这对于"五四"以来接受西方文化而失落传统文化的某些人,就造成接受障碍,产生误解。从这个视角切入,又会发现有关红学的种种争论具有丰富的文化意义。一百多年来批判中国传统文化,片面接受西方文化,包括思维方式和行文方式都深受影响,在吸取了西方文化营养的同时,也产生一些副效应。这在"两种《红楼梦》"的认同上,在对周汝昌的评价上,都尖锐地表现了出来,也将长期存在下去。

围绕周汝昌红学争议的启发性

由此,也就联系到一个有趣的现象,就是周汝昌在红学界的孤立与饱受非议。这毋庸讳言,我不想葛藤那些无聊的派别纠纷,避免用刺激性的字眼,而强调周汝昌的思维方式不被许多红学界同行所理解。归根结底,这还是上面所说的文化冲突的表现。

央视"百家讲坛"的张长虹女士曾对我说,周先生讲《红楼梦》的奥妙,我一下子就明白了,怎么那些红学家们反而不明白呢?我真是无言以对。大家还可以发现,像刘再复、李泽厚、郜元宝这些在文学和哲学等理论方面很强的学者,都比较能认同周汝昌的红学,因为他们的理论素养使他们能跳出比较浅薄的文化氛围。没有文献考据作前提和基础的红学评论是肤浅的,缺乏理论视野和审美感悟参与的所谓考证是跛脚的,将永远莫衷一是。这是围绕周汝昌红学研究"功过是非"的争议最富有启发性之处。

这个问题,我在《问题域中的〈红楼梦〉"大问题":以刘再复、王蒙、刘心武、周汝昌之"红学"为中心》(《晋阳学刊》2010年第3期,凤凰网有全文刊载)一文中做过比较深入同时结合现实的阐释。《红楼梦》"大问题",也是"两种《红楼梦》"红学观衍生的民族文化革故鼎新的契机。周汝昌在纪念曹雪芹逝世230周年时,写过一篇论文。这篇文章的第12节题目为《"创教"英雄哲士》,意思是说曹雪芹是一个抵达创立宗教之水平的思想家、哲学家,即相当于释迦牟尼与孔子一级的大哲士。刘再复说:"我相信周汝昌先生所说的创教,不是释迦牟尼这种典型的宗教形态,而是类似莫林与安娜所描述的第三类宗教,即有信仰、有崇拜、有博大情怀与博大境界,但没有神的赐福与许诺的宗教。这种宗教也没有救主与救赎意识,只有个体生命的自明与自救。……我喜欢把曹雪芹比作莎士比亚。英国人把莎士比亚视为深广的精神天空,宁可失去脚下的土地(印度)也不能失去精神的天空。卡莱尔先说了这句话,之后丘吉尔又说了这句话。我们的故国总有一天会意识到《红楼梦》是我们的精神天空,会呼唤生命应当向《红楼梦》靠近。在上述的意义上,也许曹雪芹是位'创教'英雄和创教哲学家,并非妄言,而是一种极有见解的对《红楼梦》博大内涵的把握。"(《共悟红楼》)李泽厚也表示过,说他比较相信周汝昌的红学,特别是周所阐扬的"情文化",具有让中华传统文化凤凰涅槃的深刻现实意义。

周汝昌、刘再复、李泽厚的这些思考和评价确实极富有现实意义:把《红楼梦》提升到世界级文学、哲学、文化经典的崇高地位,曹雪芹不是并肩而是超越托尔斯泰、乔伊斯、纳博科夫和诺贝尔文学奖得主们的最伟大作家,贾宝玉是内涵丰富永恒堪与所有世界经典文学人物媲美尚略胜一筹的文学形象。曹雪芹创作的原著《红楼梦》是中华民族一个永不荒芜的精神家园,对曹雪芹所著《红楼梦》的读解关系到民族文化心灵和审美气质的境界,这是周汝昌红学遗产最重要的历史意义和现实启示。

学术的深度与思想的力度密切相关,而思想的力度又常常建立在生命体验的厚度之上,当然还有艺术感悟的敏锐度。在《"大问题"》一文中,我把周汝昌这位"痴人"的红学观与"畸人"刘再复、"秦人"刘心武、"乖人"王蒙的红学研究作比较对照,透视异同,突出"大问题"的思考,呼吁更多"生命的阅读与灵魂的阅读",提倡把考据、义理、辞章也就是史、哲、文互相结合,或者说让"逻辑分析的实在性真理与非逻辑非分析的启示性真理"融为一体,使曹雪芹这位"'创教'英雄哲士"及《红楼梦》的"哲学大自在,文化大自在"发扬光大,行其正道,让贾宝玉的眼睛这"中国文化中对生命之质具有最高敏感的眼睛"真正成为"奠定中华民族未来审美的最好基石",成为中华民族"深广的精神天空",这是我对 21 世纪第一个十年红学与《红楼梦》研究一种角度的观照,也可以说就是对周汝昌红学遗产的一种提纲挈领。至于一些具体的红学考证问题,如曹雪芹家的祖籍、曹雪芹的生卒年等,在可见的时日,仍然会仁智互见,就让有兴趣的专家们去百家争鸣吧,不可能也没有必要定于一尊。

红学:周汝昌留下了什么?
我们继承什么?

梁归智

2012年新问世的拙著修订版《红楼梦》评批本(三晋出版社即山西古籍出版社出版)中,附录在前面的《红楼梦》研究"参考著作"目录,我列了周汝昌先生的八种著作:《红楼梦新证》、《石头记会真》、《曹雪芹传》、《红楼梦真貌》、《红楼梦与中华文化》、《红楼艺术的魅力》、《红楼小讲》、《红楼夺目红》。

我所列的"参考著作"目录,不是红学史评价,而是方便阅读拙著评批本的普通读者进入红学这一庞杂领域时"走捷径",要"直捣垓下"而避免"曲径通幽"。除了周先生的著作外,还有俞平伯《红楼心解》,刘世德《红楼梦版本探微》,孙逊《红楼梦脂评初探》,邓云乡《红楼识小录》,冯其庸、李希凡主编《红楼梦大辞典》以及几种拙著。

这些著作名录的选择,其实即反映我的红学观:红学分两大部分,首先是基础研究,包括曹雪芹家世研究、石头记版本研究、脂砚斋批语研究和探佚学,其目的是一个,即区分曹雪芹原著和后四十回续书不同格局的"两种《红楼梦》";在此研究基础上,进入对"两种《红楼梦》"之思想义理、艺术审美、文化意境的鉴赏、分析、评价。

周汝昌的上述八种著作,《红楼梦新证》、《石头记会真》可谓前后两大丰碑,奠基、集大成是其特征。《曹雪芹传》和《红楼梦真貌》则分别是曹学和《石头记》版本学的集约性表述。这四种书,基本上就是前述红学第一大部分的主体。《红楼梦与中华文化》和《红楼艺术的魅力》两种,则属于红学第二部分的范围,即对《红楼梦》文本的思想、艺术和文化作阐释。《红楼小讲》、《红楼夺目红》可以算是融会贯通基础考证与思想艺术的提纲挈领式著作。这里的关键点,也是周汝昌红学最本质的特征,就是两部分红学内容的前门后殿关系,只有进了第一部分的"门",才能到达第二部分的"殿"。

把握这最根本的要点,才能对周汝昌留下的红学遗产,对其功过是非,有透彻而到位的认识和评断,否则难免陷于某些细碎琐屑的纠缠而郢书燕说。至于那种或出于派性利益,或执于一隅之见,或别有目的和用心的言说,不在一个层次水准上,敬谢不敏。

周汝昌的红学考证

周汝昌首先作为胡适、俞平伯开创的"新红学"之集大成者而名世。新红学的主要内容是考证,用胡适的话说就是"作者和本子"两大问题。

关于作者,周汝昌提出了曹雪芹卒年癸未说,曹雪芹生年,则提出雍正二年甲辰闰四月二十六日说。在曹雪芹家世祖籍的研究方面,周汝昌是宋朝祖先丰润说的代表者,明朝祖先铁岭说的支持者。《红楼梦新证》是有关曹雪芹家世、《红楼梦》版本及有关文物的最基础的资料集成著作。不管有的后来者对其中的某些内容如何挑肥拣瘦,刻薄酷评,其实他们的红学研究无不沾溉着《红楼梦新证》的嘉惠。

以笔者的眼光看来,癸未说、丰润说和铁岭说是红学史上与壬午说、甲申说、辽阳说并驾齐驱的一家之言。而曹雪芹生年生日的论证,以及曹玺幼子曹宣的提出,则是永远闪烁着智慧光芒的学坛佳话。我在红学史著作《独上红楼:九面来风说红学》中曾这样评介:"最能体现周汝昌研究特点的是关于曹雪芹生年的考论。从敦敏、敦诚、张宜泉的诗句,到小说文本中的'四月二十六日芒种节',到对康熙、雍正、乾隆三朝芒种节的核实查对,考定曹雪芹实生于雍正二年闰四月二十六日,这也就是《红楼梦》中作者暗写的贾宝玉的生日。这样的考证的确是'前后交互合推'、'综互合参','理据是明晰而且充分的'。这样的考证绝对不是那种只知重视死'证据'而缺乏想象力,不知融会贯通的所谓考据家所能梦见,更非抓住手抄本上一个字的'避讳'问题就想入非非牵强附会以建立'新体系'的'考证'可同日而语。因为在这里,发现证据是要和超凡的艺术感悟力有机结合的。能悟到小说文本中暗写了贾宝玉的生日是四月二十六日芒种节,就绝不是具有普通艺术感觉的人所能达到。周汝昌考证曹雪芹的生年,极为生动地体现了'考据、义理、辞章'的三位一体,逻辑思维和形象思维、灵感思维的互为表里,不可或缺。周汝昌超过别人的地方,最突出的是他的悟性,这是天分,非人力强为的。他凭悟性就推测出曹家历史上应该有一个叫曹宣的,后来被新发现的康熙时的《曹玺传》所证实,正是同样的例子。周汝昌在考证方面的观点之所以常常引起争论并遭受批评,一个很重要的原因是许多人根本不具备会通其悟性的条件,而历史中又不可能在每一个问题上都提供'《曹玺传》'出来作硬证。对红学研究中的考证,当然很难说周汝昌在每一个问题上都绝对正确,但在判断争论的是非正误时,却不能忽略'悟性'这个因素。"①

应该说,这是周汝昌留下的最珍贵的一项红学遗产。从理论上总结,就是做学术研究的最高境界,应该追求考据、义理、辞章,也就是史、哲、文,或者说考证、论证、悟证三者的有机结合,这就是周先生所谓"综互合参"的意思。

作为版本研究巨构的《石头记会真》,同样体现了这种特点。周汝昌的版本校勘,不同于其他校勘者之处,是不仅仅局限于纯"技术"的层面,例如比较抄写的格式,计算每页的字数等,而是更加重视文本的文字水平问题,也就是体察曹雪芹创作时的心灵状态,其择词造句的艺术创造性,从文艺创造的总体状态下予以观察而做出判断,决定取舍。例如,他根据己卯本考定第五回王熙凤的曲子《聪明误》"枉费了意悬悬半世心"应该是"枉费了意懋懋半世心";再如研究抄写者误认草书"与"为"去",而判定第一回"无材可去补苍天"应为"无材可与补苍天",都是极好的例子。

小说中写贾宝玉小时候有个别号"绛洞花王",但在现存抄本中又有"绛洞花主"的写法。到底是"花王"还是"花主"? 红学研究者众说纷纭,周汝昌则不仅通过文本鉴别考定应该是"花王"而非"花主",同时以超强的哲学思辨与艺术感悟"综互合参",发现了"贾宝玉的三王号"这曹雪芹的天才构思。

---

① 梁归智《独上红楼:九面来风说红学》,山西古籍出版社,2005 年,第 119 页。

由版本的鉴别,而提升到思想哲学与艺术审美的崇高境界,是原创性研究《红楼梦》的一个学术范例。

周汝昌的《红楼梦》文本评赏

《红楼梦》是伟大的文学作品,思想文化与艺术审美当然才是红学和《红楼梦》研究的主体和根本。有了几大分支基础研究的前提视野,曹雪芹原著与后四十回续书"两种《红楼梦》"的思想艺术分野即自然呈现。《红楼梦与中华文化》与《红楼艺术的魅力》,是迄今为止红学界在思想和艺术领域对曹雪芹原著探索最深刻、表述最生动的著作。

无论思想或艺术,都从"文采风流"的中华文化中寻根问祖,追溯渊源流变,这是周汝昌研究评赏《红楼梦》思想和艺术的最根本特征。这当然与孤立地谈论前八十回、后四十回真假不分的《红楼梦》的"思想性"、"艺术性"之"一般小说学"大不相同。

他论述贾宝玉,认为即是曹雪芹以自己作模特儿的艺术创造:"要想理解这样的人物,必须了解中国传统文化的精神命脉,必须知道他的含义和涵量。换言之,研究与了解曹雪芹与《石头记》,实际上就是研究和了解中国传统文化的'多面特点'与'多角景观'的事情。是中国传统文化造就出这样的人物;只有这种文化才能产生这种人物。"①

而贾宝玉又是"正邪两赋"人物的代表。这些人物在《红楼梦》中体现为三类人——情痴情种、逸士高人、奇优名倡,实际上也正是一种奇异的中华传统文化精神的艺术体现,表现了"中华文化的异彩":"在我心目中,像雪芹或宝玉这种人物的先河与远影,早在《庄子》的书中就可以寻见了,庄生笔下的那些'畸人',都值得细心体认。……由此说来,这些'人英',或者'四痴',或者'七不可解',真可谓'一路而来'之人,也就是雪芹所说的'易地则同'的人物。这些人大抵具有极大的特色,在他们身上,体现着绝世的天才,惊众的技艺,而且还有最令人感动的性情和智慧。是的,这是我们中华民族的人英。他们的头脑和心灵,学识与修养,显然是我们中华民族文化的最可宝贵

① 周汝昌《红楼梦与中华文化》,中国工人出版社,1992年,第102页。

的精华部分。迨至清代雍乾之世,产生了曹雪芹,写出了贾宝玉,于是这一条民族文化的大脉络,愈加分明,其造诣亦愈加崇伟。这就是我对《石头记》的最根本的认识。"①

原由人民文学出版社于1995年出版的《红楼艺术》,后题为《红楼艺术的魅力》于2006年转由作家出版社出版时,应周先生之命,我曾在书前涂鸦撰"序"。我指出,周先生所揭示出的"红楼艺术",是要发掘出曹雪芹艺术创造的独特性,那独家秘传的绝活,而不是你会我也会的"大路货"。而这些艺术奥秘的揭示,是与"红外学"密切相联系的。比如要了解"绛洞花王"不是"绛洞花主",才能欣赏其作为贾宝玉"三王号"的艺术隐喻。要知道"冷月葬花魂"是原笔,"冷月葬诗魂"是改笔,"花魂"和"鹤影"植物对仗动物,而且和"葬花吟"前后呼应,暗示林黛玉和十二钗的结局。要知道贾母的生活原型是苏州织造李煦的妹妹、曹寅的寡妻,而贾政的原型是过继到贾母原型名下的曹寅的侄子曹頫,才能体会贾政打贾宝玉而贾母护孙描写的"一击两鸣"之意。等等。

我还指出,周汝昌对红楼艺术的阐扬,紧密联系和结合着中华传统文化的方方面面——诗词、戏曲、园林、书法、丹青、禅宗、民俗等等,不是简单的比附,而是深入其气韵,不仅体现在内容的阐释分析,而且融化在字句行文的表达之中。书法绘画的"勾勒"、"积墨"、"横云断岭"和"吴带曹衣",传统音乐的"鼓音笛韵"、"一喉两声"。书的第一章"《红楼》文化有'三纲'"更是画龙点睛:"《红楼》文化有三纲:一曰玉,二曰红,三曰情。常言:提纲挈领。若能把握上列三纲,庶几可以读懂雪芹的真《红楼梦》了。"

俞平伯曾提出,曹雪芹原著《红楼梦》第五十四回是全书中点,但没有进一步深入论述,周汝昌则综合脂批的提示和小说文本的实际,做了系统研究,详细论证曹雪芹原著全璧实际共一百零八回,每九回一个段落,以第五十四、五十五回为全书中点,前一半写荣盛,后一半写枯衰,所谓"春秋两扇面"。这又是艺术感悟、文化溯源和文献考据诸多因素"综互合参"的一个生动例证,也就是思考力度、文化素养、知识积累和对小说文本的深度进入等

---

① 周汝昌《红楼梦与中华文化》,中国工人出版社,1992年,第139页。

多方面因素综合作用的结果。对原著这一巧夺天工的结构艺术,拙著评批本有具体细致的点评分析,可以对照验证。

其实,周汝昌对《红楼梦》文本思想堂奥和艺术胜境的讲解、阐扬,对曹雪芹天才的发现和揭示,对其心灵的领悟和发挥,才是最具有思想张力和学术魅力的部分,值得后人反复深入理解体会和品味咀嚼。可惜一些人却总是纠缠"黛玉是否投水"、湘云与黛玉谁更重要一类问题而呶呶不休。对这些问题,拙著《红楼梦探佚》、《红楼疑案》①等也有详细的分析评断,严肃的读者可以参阅。

周汝昌的红学观

对红学的定位,周汝昌在不同时期有不同的说法。最早的,就是1981年7月24日为拙著《石头记探佚》写序言时所提出的红学四大分支说:"研究曹雪芹的身世,是为了表出真正的作者、时代、背景;研究《石头记》版本,是为了恢复作品的文字,或者说'文本';而研究八十回以后的情节,则是为了显示原著整体精神面貌的基本轮廓和脉络。而研究脂砚斋,对三方面都有极大的重要性。在关键意义上讲,只此四大支,够得上真正的红学。"话说得如此清晰明白,而关键语就是"在关键意义上讲"。因为提出此论点的时代背景,或者说当时《红楼梦》接受美学的社会语境,就是把后四十回混同于曹雪芹原著,把一百二十回视为一个"整体"的那样一个情况。周汝昌强调"关键意义",正是说不可能绕过这四个分支研究而区分"两种《红楼梦》",而真切地回归到曹雪芹原著的"文本"去赏评其思想和艺术,绝不是要排斥文本研究本身。但驳论者们却"形而上学猖獗"(20世纪80年代以前的流行语,意为片面、孤立、绝对地看问题),写了许多无聊无谓的辩驳文字。周汝昌晚年写的《九十年华花甲红》中说:"红学四大分科的建立不是出于有意识的安排,更不是哗众取宠的巧立名目的字面文章,那是因势就势、顺理成章的结果。"②有的研究者说四大分支从胡适就开始了,正印证了这种"因势就势,顺

---

① 梁归智《红楼梦探佚》,北京师范大学出版社,2010年;梁归智《红楼疑案》,中华书局,2008年。

② 周汝昌《九十年华花甲红》,《晋阳学刊》2010年第3期,第91页。

理成章"。不过胡适的研究虽然具体涉及了四大分支,却并没有达到清醒的学科分类意识,正式提出四大分科的学术名目,并使其成为自觉的学术框架和体系,仍然要算在周汝昌的名下。

到了 1980、1990 年代之交,周汝昌提出红学是中华文化之学、是"新国学"的论断。正如前面对文献考证和文本的思想艺术赏评所论及,中华文化才是涵盖所有红学研究问题的本质。明晰地认识到这一点,并以理论的形式正式提出,并不是一蹴而就,仍然是"因势就势,顺理成章"。这里不仅有红学本身发展演变的学理趋势,还有整个中国文化界从改革开放以来对中国自"五四"以降思想文化意识形态曲折演进历程深刻反思的影响。我在《独上红楼》中早已做过详细的论证:"周汝昌对红学的新思考和新定位是来自于他对文本不断深入的实际感悟和具体研究,是应对红学发展进程中不断产生的新课题。这里面有两层含义。第一层是《红楼梦》与中华文化的'鱼水关系'。这又可从两个方面观照。一方面,要真正深入并懂得曹雪芹原著的文本,就必须首先有切实把握中华文化的视野和能力。另一方面,《红楼梦》里存在着最典型最生动最具体的中华文化,因此《红楼梦》是中华文化的'百科全书'和'一条主脉'。红学定位于'中华文化之学'、'新国学'的第二层含义是由第一层含义所引发的对《红楼梦》这个'文本'在中华文明史乃至世界文明史中的地位,特别是在当下中国中国人的精神文明建设中所能扮演的角色问题。红学定位于'新国学'有其关系中国人当下精神追求和人文关怀,中国当代民族性精神支撑的重大现实意义。"①对这个问题的进一步论证,可参阅《问题域中的〈红楼梦〉"大问题":以刘再复、王蒙、刘心武、周汝昌之"红学"为中心》②以及《周汝昌的红学遗产》③,这里就不再重复了。

最后,引录笔者于 2001 年 10 月 18 日为周汝昌先生的大著《红楼小讲》所撰序言中一段话,作为本篇的结束语,并表示对中华文化学家周先生的悼念之情:"万派归源,可以说周先生的红学研究是中华文化的一种学术实现。

---

① 梁归智《独上红楼:九面来风说红学》,第 260—261 页。
② 梁归智《问题域中的〈红楼梦〉"大问题":以刘再复、王蒙、刘心武、周汝昌之"红学"为中心》,《晋阳学刊》2010 年第 3 期;凤凰网有全文刊载。
③ 梁归智《周汝昌的红学遗产》,上海《文汇报》2012 年 7 月 2 日。

那么这种中华文化的精义又是什么？这种'中华文化的异彩'就是'正邪两赋'，就是'痴'。而周先生的红学研究，也正好十分有趣地体现了这种'痴'，所谓'风雨如晦，鸡鸣不已；锋镝犹加，痴情未已'。有了这种'痴'，才一往情深，才无怨无悔，才生慧心，具慧眼，成慧业，造就出了一代红学大师。"①

2012 年 7 月 26 日

(《河南教育学院学报》2012 年第 5 期)

---

① 周汝昌《红楼小讲》，北京出版社，2002 年，第 9—10 页。

悔未陪师赏海棠

——痛悼汝昌师

刘心武

前些天我还在《今晚报》上看到周汝昌师的散文，今天下午忽然得他仙逝的消息。虽说早几月跟他女儿周伦玲通电话时就知道，他已经多时难以下床，时发低烧，心理上有所准备，但总又觉得他头脑还那么清楚，文思还那么蓬勃，不至于就怎么样吧。打电话向伦玲致悼，她说父亲确实大脑一直保持着最佳状态，前些天还跟她交代新书的章节构想，只是其他器官明显在衰竭，本来就属孱弱的书生，毕竟九十多个春秋了，"丝"未尽而"蚕"亡，也在规律之中。她说不打算在家中设灵堂，不开追悼会，让老人静静地离去。

我本来只是个《红楼梦》的热心读者，1992年才开始写作发表一些关于《红楼梦》的文字，那时《团结报》的副刊接纳了我，允许我开设《红楼边角》的专栏。连续发表若干篇后，忽然一天得到周汝昌先生来信，他表扬我"善察能悟"，能注意到《红楼梦》中的小角色，如卍儿、二丫头，甚至有一篇议及"大观园中的帐幔帘子"，鼓励我进一步对《红楼梦》细读深探。得他来信，我异常兴奋，马上给他回信，一致谢，二讨教，他也就陆续地给我来信，我们首先成为忘年"信友"。他开始写来的信，还大体清晰，但是，随着目力越来越衰竭，以致一只眼全盲，一只眼仅存0.01的视力，那时写文章，大体已是依靠伦玲，他口述，伦玲记录，再念给他听，包括标点符号，他再修订，最后抄录或打字，成为定稿，拿去发表。但他给我写信，却坚持亲笔，结果写出的字往往有核桃那么大，下面一字会覆盖住上面半个字，或忽左忽右，一页纸要写许久，一封信甚或会费时一整天,由伦玲写妥信封寄到我处。阅读他的信,我是既苦又甜,苦在要猜,甜在猜出誊抄后,竟是宝贵的指点、热情的鼓励、平等的讨论、典雅的文本。二十年来,汝昌师给我的信,约有几十封之多,我给他的信,应有相对的数目,其中一次通信,拿到《笔会》发表,还得了一个奖。过些时,会与伦玲女士联系,将我们的通信加以汇拢、编排,出成一本书,主要是展示汝昌师的学术襟怀与提携后辈的高尚风范。

我关于《红楼梦》的文字,始于"边角",延伸到人物论,又进一步发展到角色原型研究,最后聚焦到秦可卿,试图从秦可卿的原型探究入手,深入到曹雪芹的素材积累、创作心理、艺术手法、人生感悟、人性辨析、终极思考各个层面。对于我这样一个"红学"的门外汉,汝昌师不但能容纳我的"外行话",而且为了将我领进"红学之门",不仅是循循善诱,更无私地提供思路乃至独家材料。在对秦可卿研究的过程里,要涉及到康熙朝两立两废的太子胤礽(后被雍正改名允礽)的资料,汝昌师为帮助我深入探讨,将他自己掌握而尚未及在文章中运用的某些独家资料与考据成果,在信中毫无保留地写出,并表示随我使用。在汝昌师还是个大学生时,胡适曾无私地将孤本手抄《石头记》即"甲戌本"借给他拿回家使用,如今有人问:"现在还有像胡适那般无私提携后辈的例子吗?"我以为,汝昌师对我的无私扶植,正与胡适当年的学术风范相类,我将永远铭记、感怀!

我所出版的关于《红楼梦》的书,在CCTV—10《百家讲坛》录制播出的节目,以及去年推出的续《红楼梦》二十八回,利用了许多汝昌师的研究成果,我告诉他将使用其学术成果时,他欣然同意,从某种程度上说,我如今被一些人认为是"红学家",其实是汝昌师拼力将我扛在肩膀上,才获得的成绩。当然,我们大方向一致,却也有若干大的小的分歧:大的,比如他近年发表著作认为《红楼梦》的第一女主角应是湘云而非黛玉,宝玉真爱的并非黛玉而是湘云,我就不认同;小的,如他认为宝玉有个专门负责帮他洗澡的丫头,通行本上叫碧痕,他认为应作碧浪,跟宝钗问拿没拿她扇子的那个丫头通行本作靛儿,他认为应作靓儿,我却觉得仍应叫碧痕与靛儿,等等;我们都认为《红楼梦》最后一定会有《情榜》,但拟出的名单也有不少差异。

我可算得汝昌师的私淑弟子,但正如他所说,我们是"君子之交淡如水"。虽然通信不少,他还常为鼓励我吟诗相赠,隔段时间会通电话,多半是他家子女接了,把我的话大声重复给他听(他耳早聋),他作出回应,子女再转达给我,但有好几次,他觉得不过瘾,非要子女将话筒递他手中,亲自跟我对话,极其亲切,极其真率,写此文时,那声音仿佛还在我耳边回响,但我们相交二十年,见面却不过屈指数次。我第一次到他家,发现他家家具陈旧,不见一件时髦的东西,也未见到可观的藏书,颇觉诧异,后来又去几次,悟出他的乐趣,全在孜孜不倦的学术研究及文学创作中。当然"红学"是他最主要的乐趣,但他拒绝"红学家"的标签,他对《红楼梦》的理解是中华文化的百科全书,他研"红"也就是研究中华大文化。他还是杰出的散文家、书法家和书法理论家。

汝昌师学术造诣极高,却不善经营人际关系,尤拙于名位之争,看他在《百家讲坛》讲"四大古典名著",缺牙瘪嘴,满脸皱纹,但他一开讲,双手十指交叉,满脸孩童般的率真之笑,句句学问,深入浅出,大有听众缘,以至于有的年轻粉丝赞他风度翩翩。他家里人,也都憨厚。我知几年前有一事,他们那个居民区,有些不养狗的人,对某些养狗的邻居,弄得吠声扰眠、狗屎当道深恶痛绝,便起草了一封信件,直递市政府,要求禁止养狗,到他家征求签名,汝昌师根本听不见,不知何事,子女接待,也未及细看信件文本,便代他签了名。哪知传媒报道了此事,可能是签名者中周先生名气最大,就以"周汝昌等吁禁止养狗"为标题。我看了那呼吁禁狗的信件引文,起草者大概是个恨狗者,把狗说得一无是处,结果引出网络上一片哗然,爱狗者群情激愤,将周先生骂个狗血喷头,有的还打听到他家电话,打去兴师问罪。我后来给周家打电话,回应是"此号码不存在",想了若干办法,才接通周伦玲,她说不得已换了号码,且不忍跟父亲说明。其实汝昌师耳聋目眇,且极少下楼活动,哪里会因犬吠狗屎而觉困扰,更哪里会恨狗并恨及养狗为宠物者?代人受骂,直至仙去尚浑然不知。但就有学界某人知其事一旁嘲讽:"养狗有何不好?我就养了好几条藏獒。"

记得几年前最后一次去拜望汝昌师,他说春天到了,海棠即将盛开,真想跟你一起去看海棠花!他说即使只看到模模糊糊的一派粉白,也是好的;又说海棠不是无香,而是自有一种特殊的气息,淡淡的,雅雅的。我当即表示待海棠开时,找辆车陪他一起去赏海棠,他说知道北土城栽种了大片海棠,我说原摄政王府花园现宋庆龄故居的海棠树大如巨伞花期时灿烂如霞,也是一个选择。我深知汝昌师最钟情《红楼梦》中的史湘云,而海棠正是湘云的象征之一。但后来我竟未能践约,如今悔之晚矣!

2012 年 5 月 31 日急就

哭恩师周汝昌先生

邓遂夫

昨日凌晨 1 点 59 分,我的恩师——当代红学泰斗、国学大师、诗人、书法家周汝昌先生,在北京家里安详地去世了。虽说他享年已至九十五岁高龄,早就入了寿星之列;但此噩耗传来,仍像晴天霹雳,把我震得半天回不过神来。

此刻,我真后悔去年不该离开北京,回到故乡自贡呆了这么长时间。

记得去年离京的前一天,6 月 29 日下午,我去看望周先生。刚进门,周先生的女儿伦玲便贴着他的耳机大声说:"邓遂夫已经来了!"他抬头"哦"的一声,用近乎全然失明的眼睛茫然四顾。我赶紧上前握住他枯瘦白皙的双手,也贴着耳机高叫:"周先生,我好想你!"他歪着头大致听明白后,带着他在兴致极高时特有的笑声说:"我也好想你呀,遂夫!"还没谈上几句话,他就一叠连声地呼叫伦玲"把书拿来"、"把照相机拿来"、"把录音机拿来"。

书,是指他签好了字要赠我的两部书——1953 年初版《红楼梦新证》的影印套装本,和一部为了祝贺周先生九十华诞而编辑出版的海内外学人和师友评论周先生及其学术成就的文集《似曾相识周汝昌》(里面也有我一篇《周汝昌先生印象》)。照相,倒是这些年来我每次去都要安排的程序。录音却不一样,是最近的一两次探访,才新增加的内容。

我当然也给周先生带了书去。就是去年印出来得稍晚的我那部《脂砚斋重评石头记甲戌校本》十周年纪念版的限量精装本——不仅装帧精美,里面还有四张额外赠送给读者的纪念卡片。

现在回想起来,最让我伤心的是临别时的情景。

就在我们谈得正欢时,我见时间不知不觉地已经过了将近一小时,怕周先生虚弱的身子承受不住太长时间的交谈与兴奋,赶紧跟伦玲和建临(周先生儿子)说:"我得撤退了,不能让周先生太累。"伦玲等表示赞同。然而当我告诉周先生,说我要走了,还得回去收拾收拾东西,明天就动身。周先生忽然失去了笑容,一把拉住我的手不放,颇有些"异样"地问我:

"遂夫,你要多久才回北京呐?"

"大约半年左右吧,"我说,"尽量争取早一点回来。到时候我会提前告诉伦玲他们,一定先来看你!"

我分明感到周先生的情绪中,流露出明显"不舍"的意味。这是多年来从未见过的情形,不免有几分伤感。但我依然不露声色,故作轻松地岔开话题,要他好好保重身体,每天多吃点东西。然后就请伦玲等赶紧把周先生扶进卧室休息。

殊不知,此后我在故乡被各种杂事缠身,一拖再拖,并没有如期返京。竟连周先生弥留之际,身体极度虚弱的最后日子,我也一点不知情,未能履行要尽快去看他的诺言。这将成为我终身的悔恨和永难疗治的伤痛……

我真是万万没有想到啊,周先生紧紧抓住我的手不放,急切地追问我何时回京的瞬间,竟成了永诀!

呜呼!痛哉,惜哉,哀哉!

敬爱的周汝昌先生,安息吧!

2012 年 6 月 1 日凌晨,晚生邓遂夫泣血顿首,草于自贡释梦斋

周汝昌先生晚年和我的诗谊

邓遂夫

自从 1981 年秋与周汝昌先生相识相交,到三十年后周老溘然长逝,我们之间的交谊之深、感情之笃,在学界尽人皆知。我对周老一向执弟子礼。由于经常出入其家门,请教切磋"研红"之事,且在他晚年杜门谢客潜心著述之际,依然可以不时登门拜访,故尝自视为周先生的"入室弟子"。的确,周老在红学研究尤其是做人品格上对我的教诲、影响、熏陶之深,实不亚于通常的授业之师。

然而周老对我,从不以年龄资历论短长,自始至终视我为"红友"、"学友"、"贤友",甚至像旧时文人一般,不计年齿,称兄道弟。凡是我在学术上稍有可取,或做出些微的成绩,他便赞赏有加,广为宣示,极尽勉励提携之能事。所以,我的一些重要著作出版,周老往往以极高的热情亲为作序,甚至题诗褒扬。我时常暗自庆幸,人生在世,能得恩师如周老者,真是一种福气。

这篇小文,单讲周先生晚年和我的诗谊。所谓"诗谊",顾名思义,乃指吟诗作赋方面的赠答唱酬之情谊也。然而对于像我这样的后生晚辈来说,当然主要还是周老在以诗的形式给我以勉励鞭策。

如今手泽犹存,斯人已去,睹物思情,不胜唏嘘慨叹之至!

周先生最早书赠给我的诗,可以追溯到 1983 年,我们共同在南京参加纪念曹雪芹逝世二百二十周年红学研讨会期间,他所作的三首七绝。

因当时我参加该研讨会所要宣讲的论文题目是《"绛洞花王"小考》,当时文稿尚未改定打印,所以我在发言之前,便向已交往两年且甚为投契的周老征求意见。当我概述了自己所要论证的是,《红楼梦》通行印本长期将贾宝玉的旧号"绛洞花王"误作"绛洞花主",篡改并曲解了曹雪芹原文原意这一重要版本问题时,周老拍案称赏,赞为"一大发现"云云。他不仅在我笔记本上题写了"红坛来哲知多少,君是其间佼佼人。遂夫同志精进不息"的热情赠言,此后还将他参观南京江宁织造府旧址所作七绝三首,书写在一张笺纸上相赠。

可惜我这笔记本连同夹在里面的周老诗笺,在一次乘坐列车时,连同挎包一起被盗。故此1991年我从海南赴京探望周老,提起此事,痛惜不已。周老当即把记忆犹新的三首旧作中的一首,再次挥毫题赠。诗云:

江城旧事几人知,漫拟微之与牧之。我亦多情复多感,为君击节爱君痴。

2000年岁末,我的《脂砚斋重评石头记甲戌校本》即将出版之际,周老不仅热情洋溢地连续作了两篇序(后以《序》之"一"、"二"相区别仍合为一篇),还特别在两序之末各题一首诗。后面的一首,大约是从"形而上"的角度,专赞我此书之"独特"吧,故称"言不尽意,以诗足之"。诗云:

甄士稀逢贾化繁,九重昏瘴一开轩。回环剥复曾无滞,代谢新陈自有源。瓦缶鸣时旗炫乱,脂毫苦处字翩翻。横空忽睹珍编出,甲戌庚辰总纪元。

周老此时已目近全盲,仍将此诗以硬笔作盲书,写成小小"横幅"状,由出版社制为彩页冠于书前。此诗谬奖已甚,我本人实难奉和。倒是吾乡老诗人钟朗华先生(1909—2006,早年曾仿林语堂办《论语》杂志之名,在上海创办主编《诗经》,专发新旧诗词),阅后和作了一首《步周汝昌原韵题邓遂夫甲戌校本》:

红楼探梦不惮繁，奇书校注敞高轩。雪芹脂砚穷幽秘，甲戌庚辰溯本源。周序咏诗旗更展，胡文代跋史犹翻。老夫耄矣停门外，喜见红编开纪元。

2006年4月，我的"红楼梦脂评校本丛书"第二部——《脂砚斋重评石头记庚辰校本》（四卷本）又面世，周老竟比他自己的书出版还高兴。在北京三联书城联合召开此书及周老《论红楼梦的艺术》、梁归智《红学泰斗周汝昌传》三部新书的读者见面会那天，周先生临时身体有恙，卧床不起。去接他的人见状，都劝他别去了。他女儿伦玲也不让他去。周老却硬是挣扎着起床，非参加不可。理由是："遂夫这部书的出版是件大事，我得去讲一讲。"结果到了现场，讲起话来居然神采奕奕，和刚才判若两人。按伦玲的说法："我爸真怪，一来就跟打了强心针似的。"周老不仅兴致勃勃地讲了几十分钟，还坚持回答读者和媒体的各种提问，并给众多读者所购之书签名。结束后，竟破天荒地接受出版社的邀请，留下来共进午餐，说是"要和遂夫、归智一起吃饭聊聊天"。

席间，有记者要给我们拍个三人合影，让我和归智站到周老所坐高背椅两旁。周老执意要站起身，说："给我们拍个三家村。"引得众人大笑。拍照毕，周先生神情庄重地低声说："遂夫、归智，一定要记住今天这个日子，要用诗、词或文，把今天的事情记一记。这是有历史意义的。"当时有记者评论说，周先生戏称"三家村"，实乃红坛"三剑客"。且同出新书，联袂出征，的确意义非凡。我便以此话题为契机，吟出一首古风诗《红学三人行》：

丙戌之年春三月，京中此景真特别：米寿周师坐当中，我与归智左右列，共话红楼在人间，读者记者齐踊跃。周师笑言三家村，记者却称三剑客，书城碰巧叫三联，天意人功谁能测？古语则谓三人行，而今思之尤贴切。三人同出三部书，联袂齐把天狼射。但愿天公重抖擞，不容学界拘一格；风雨雷霆若等闲，驰骋红坛不稍歇。吟罢意犹未尽时，行板如歌闻裂帛！

我将拙作用 E-mail 发给周老。次日接到伦玲发回的周先生复函及一组诗作：

> 遂夫学友：
>
> 听家人读兄作《三人行》，七言古体而用仄韵，极不俗，入声字韵脚尤妙，甚喜甚喜！拙句今传奉，以存一时史迹——不可与雪鸿同喻也。……
>
> 周汝昌拜讫

附拙诗《喜遂夫新校庚辰本问世赋小诗为贺》：

> 布衣英彦建崇功，校得芹书卷卷红。为学贵才还贵识，更须灵性本来通。
>
> 五年辛苦不寻常，咀嚼真文齿颊香。我有预言佳兆在，新开世纪远流长。

接下来尚有《谢归智》、《诗赠心武兄赴美宣演红学》等律绝三首，为免枝蔓，恕不全录；仅录与此"三人行"相关的《谢归智》五古一首：

> 为我立传记，史笔何精良。不在形迹备，端云学术详。兹事实大难，辛勤丛百忙。岂专议一人，红学源流长。时代风云会，际遇沧变桑。识我性灵异，心领类痴狂。所以比先辈，岂争锋与芒。此际新书出，同聚欣一堂。京华传盛事，声波遍翱翔。异日撰红史，"三联"不寻常（注）。
>
> 解味信笔如口占也
>
> 注：丙戌三月下浣（2006 年 4 月 22 日），梁、邓、周在三联书店同为"签售"者，报端题为《红学三家聚首三联》。而归智方是真"三联"：为周之传，为邓之序，又为我《艺术魅力》之序。真非细事也，应特书为纪。

拜读周老"信笔"所吟诸作,寄意遥深,感念不已。复将周老诗及拙作转奉归智。归智旋即赐示古风一首,题为《步邓遂夫先生〈红学三人行〉原韵》:

> 谁上红楼圆半月?谁清貂狗云泥别?囊萤才子下峨嵋,甲戌庚辰兀自列。心血呕成不朽功,三人行迥新飞跃。独行老侠探神宫,灰线草蛇惊海客。立传中华祭酒真,追踪蹑迹情何测?红学高标新国学,黄钟大吕声声切。雨疏风骤梦神州,肥瘦海棠香未歇。天香缥缈且徘徊,翠缕通灵魂感格。休言佳话亦传奇,一叶春秋落竹帛。

归智此诗,句句步拙诗原韵,却能紧扣原题一气呵成,而新雅尤胜。至此,周老当日之谆谆嘱咐,算是有了一个较为圆满的结果。

此前此后,我亦偶尔将一些即兴寓怀之律绝,呈请周老斧正。尤其2003年所作《曹雪芹赋》,更获周老垂青,特盲书为硬笔行草长卷相赠。此事已另有专文发表叙及(见《万象》杂志2006年10月第八卷第七期所载《周汝昌盲书·黄宗江明信片·马来西亚函》)。这里单言我与周先生另一次难忘的唱和盛事。

2008年北京奥运会前夕,一位向来以"攻周"为主业,并以此向学界权势者示好的海外学者,忽然又发文章。竟以奚落我的甲戌、庚辰两种校订本反复出修订版,"打破了中国出版史上纪录",而他却可以从我的"初版"(并非多有修订的五、六版)中挑出几条错误为由,出言不逊,猛攻所谓"周派"之失。于是我写了一篇题为《红坛登龙术》的文章来厘清事实,略揭当今红坛诸般乱象之根源。此文一出,正气得伸,理屈者顿然词穷。周老"听读"之后,感慨系之,吟成《听邓遂夫〈红坛登龙术〉口占七言俚歌一首》相赠。诗云:

> 舞台好戏耍纸刀,关公门前逞英豪。川南勇士横空出,揭他本相日昭昭。拍捧歌颂别有主,登龙有术品不高。一知半解捡稻草,当作令箭助吹毛。君子发言皆正派,小人开口骂草包。学者校红功最伟,遂夫廿载不辞劳。甲戌精本已七版,辨讹证误争厘毫。时有名言兼至理,令我

佩服指姆翘。及今学苑一言霸,作践双百幕后操。他人建树反不乐,嫉贤妒美火中烧。邓子有鲠久在喉,一吐为快喜招邀。我诵大文倾右耳,不禁心感情振摇。作为俚歌附骥尾,江河万古对尔曹。

此诗结句之"附骥尾",当属周老自谦。意思是可以附在我那篇文章之后参与针砭。这可使不得!我赶紧和诗一首,亲自殿后。题为《步周汝昌先生俚歌原韵奉和》:

美人赠我金错刀,奋蹄扬鞭意气豪。何惧学林多魑魅,犹信天理总昭昭。笑慰来者如潮涌,后浪更比前浪高。螳螂蚍蜉皆蠢物,挡撼焉能损一毛?无奈肌体埋痈毒,尚须疗治切脓包。主刀还靠俺政府,缝针敷药不辞劳。玉宇澄清终有日,青史难移分与毫。纵有跳梁常鼓噪,是真大师自楚翘。华夏文明垂后世,圣贤典范崇节操。待到斯界瘟神去,纸船明烛照天烧!知我岂止二三子,举国红儿竞相邀。和此俚歌抒襟抱,特立独行不招摇。取譬画风随己意,飘逸由吴窄由曹。

据伦玲事后转告,周老闻之叹曰:"遂夫之诗,竟达如此境界!"云云。这两首唱和诗,后来被北京大学《北社》诗刊发表在第十六期(2010年6月出刊)的头条。而《红坛登龙术》一文,最初是被一些网站广泛转载;2009年出甲戌校本第七版时,正式收入书中作附录。

2012年6月6日于释梦斋

周汝昌的桑梓情

田蕴章

5月31日晚,我与十多位朋友小聚。忽然接到家人电话:"网上发出周汝昌先生已经故去的信息。"我当即惊呆了,不肯相信这是事实,仍抱有网上以讹传讹的幻想。不到十分钟,又接到《渤海早报》和天津大学出版社的电话,向我征集悼念周汝昌先生的文章。放下电话,我便昏了头。周老真的走了,这已经成为事实。此时我不知道要说些什么,当众又不便失声,只有掩面长泣。在座的朋友们也顾不得劝慰我,都说:"周先生是真的大师,走了,太可惜了!"而我只有悲戚。回到家时,已经十点多了,我心里堵得很,急忙上网,搜寻这一信息,此时网上已是"漫山遍野"的悼念。接着,我便给周老之子周建临先生发出了慰问短信。接下来,从深夜至清晨,四面八方的朋友和媒体都给我打来电话发来短信,询问此事。此时我再也压抑不住内心的悲痛,便失声痛哭起来。

人老了,总是要走的,何况周老已是九十五岁高龄。走,是可以接受的,但他走得如此匆忙,带走了我所需要知道的很多东西,是我不能接受的。在此之前,我们约定了要合作一本《兰亭序问答》,内容是由我提问有关《兰亭序》的诸多问题,由周老一一作答。其中包括有关王羲之传世字迹的诸多疑难问题,书的最后由我用楷行两体,分别临摹欧阳询的《兰亭记》和王羲之的《兰亭序》。怎么?事情刚有个开头,周老便违背了诺言弃我而去,这是我万万不能接受的。周老走了,使得中国文化的"广场"一下子变得寂寞起来,从某种意义上说,周汝昌的死使得中国文化宝塔忽然矮了一层,因为周汝昌是个旗帜性的人物。他的离去,给中国文化带来不可弥补的损失。

熟悉周老的人都知道,他是天津咸水沽人,对津门更有着一份沉甸甸的乡情。去年9月,《渤海早报》创刊三周年,该报副刊部的董鹏邀我题诗祝贺。我马上想到了周汝昌先生,便说:"我去请周老题诗,我来书写。"过后,周老专门让儿子周建临先生来电询问《渤海早报》的办报理念以及风格定位。《渤海早报》副刊部还专门给老人寄去了样报。周老因患眼疾,只能让儿子将报纸念给他听。听后,老人非常高兴,因为家乡又有一份新报纸。没过几天,周老口述,为《渤海早报》创刊三周年题诗两首:其一,古称渤澥即沧溟,魏武吟诗字字惊。今日新区辟新境,新编早报报新情。其二,三年劳苦不寻常,早报朝霞共一方。七十二沽帆影在,九州万国聚梯航。我将其中一首用毛笔书写,刊登在渤海早报纪念专刊上。其实此举对周老来说,更是一种桑梓情。

清晨接到周建临先生的短信,说:"我父亲在说话无力之际,还在口述新书目录,尽量让我能听到,生死关头还想写文章的,天下能有几人?"诚哉!一生淡泊名利,静以修身俭以养德者,能有几人?对红学、对《兰亭序》具有里程碑意义的贡献者,又有几人?对诗词考证研究之深,诗词创作水平之高,对西学之精通,对训诂学、文字学、音韵学之熟谙者,又有几人?在书法方面、戏曲研究到达的高度,又有几人可比肩?他的走,意味着什么,我不能回答,谁又能回答?我只有悲伤、哭泣,这便是仅有的回答。

相思忆旧事　短文释通谊

——我心目中的周汝昌先生

刘德隆

周汝老走了,突然么?

去年 11 月 10 日下午,我与同事杨先国先生带领我们的学生陈悦、曾静、吴英去拜望周汝老。老人的女儿伦玲女士开了门,只听老人迫不及待地大声问:德隆兄你来了吗? 那时,他的声音依然有力、响亮……

今年 5 月 3 日早上,打开电子邮箱,伦玲女士给我发来了周汝老的新作《风入松》:

赞《老残游记》寄德隆兄

雪芹之后属何人,游履记津门。抱残守缺听来旧,又谁知、化腐生新。公子尼庵情话,郎中湖畔知音。

天公抖擞忒辛勤,威凤与祥麟。洪都应作丹徒读,化指柔、百炼成云。心识千红一窟,神伤万马齐喑。

壬辰四月初六

得此新填之词,自是喜出望外。但今天早上家兄德隅的电话使我不得不面对现实:周先生逝世了。虽然伦玲女士说不设灵堂、不开追悼会,但是家姐德符得到消息后仍立即从天津赶往北京,因为,周汝老在我们心中的位置是多么的不同于一般啊!

　　周汝老曾对我说：我的心里话，和刘铁云、刘家，我们够世交了。他所说的"刘家"，就是我的祖辈、父辈和我们这一代。

　　我的祖父刘大绅先生 1930 年代曾住在北京南官房口，也就是恭王府的东面。他有七律《空传》四首记录当时的情景，其中第三首云：

> 荒唐说部写通侯，贾雨村言石尚留。夹道中分荣国第，长堤北枕省亲楼。海棠西府春明冠，菱芡南湖岁有收。独立柳荫看垂钓，野人指点话从头。

　　1960 年代初，先伯父刘蕙孙先生、先父刘厚泽先生先后在《文汇报》发表《名园忆旧》《两点附注》，1980 年代，我曾有短文《也谈恭王府和荣国府》发表在《团结报》上。三代人所述含意一致：《红楼梦》所描述的荣、宁二府，其原型就是恭王府及附近一带地方。而此说与周汝老的考证正相吻合。这几篇文章都被他收入《芳园筑向帝城西》一书中。

　　周汝老评价这几篇文章时说："我（将这些文章）收在这里。为本书增辉溢彩的名作不少，而刘铁云（鹗）先生的哲裔子孙的回忆文章，尤为名贵……他们祖孙三代人对这个文化课题的独特贡献，将永为后人怀思和感谢。"

　　先祖刘大绅先生长于周汝老，自是无缘相见。父亲一代与周汝老是同时代人，文字书信，多有呼应往来，但因所居南北暌隔，惜乎从未谋面。1980 年代，我开始向周汝老请教问题，多有书信往来，后因地址变更而中断。直到 2009 年家姐德符再度给周汝老写信，我们终于又和周汝老有了联系。他来信说：

> 刘德符先生大鉴：
>
> 　　日昨忽接惠寄来札及珍贵资料，欣喜异常。我与德隆先生于数年前常有联系，近因年衰目坏，不能书写，故鱼雁鲜通，然未尝忘怀也。今得来书故喜出望外，非虚词也。先致数语深谢，容稍过即奉拙著一种，以求指正。蒙知《刘鹗集》出版，如有余书请寄赐下，更谢更谢！目坏不

能多写,简率之处尤望多谅! 专此并颂

文祺!

周汝昌拜

09 年 8 月 19 日(签字)

我家从刘鹗算起,四代人都好《红楼梦》,虽并未致力于"红学"研究,但因论述恭王府与荣宁二府的关系而与周汝老相识相知,鱼雁往来五十余年,不是一个缘字,又是什么呢?

周汝老曾说:"有清一代,我最佩服的只有两个人:前有曹雪芹,后有刘铁云。"

周汝老是"红学家",世有定评,但很少有人知道周汝老对刘鹗和《老残游记》的评价。他是如何评价刘铁云的呢?

2009 年 11 月 11 日,周汝老说:"我对铁云先生景仰,他老有正书局,石印碑帖,我都有一些。我一看有铁云先生题跋,都成了我宝贝了。他有那么多方面的学识……"他对我说:"我和铁云先生,好像冥冥之中前世有文化因缘……不是一般的关系。""我一见铁云先生的作品,不仅是什么敬仰、钦佩,就像是着了迷一般,对铁云先生的一切文献都竭力收集……""当十年前,好像要纪念铁云先生逝世九十周年(伦玲女士插话说:那是《老残游记》问世九十周年,是 1993 年)。我写了一篇纪念文章发表在当时的《文艺报》上。这篇文章我早就忘却了。不知何故,前几天伦玲忽然提起来。她念了一遍。我说,我当时还能写出这样的文章来,太惭愧了。我今天不会了。我说要送给刘德隆先生看一看。"

在这篇文章中,周汝老写道:"刘氏是奇士,他的智能所涉甚广,精通治河、数学、医道、文物,不在本文范围之内列叙。如今只就文艺这一个层次来略申浅见。试看,他那一篇(《老残游记》)自序,堪称大笔、卓识、奇文、宏论。"

且用周汝老本人诗作,看他对刘鹗的评价:

德隆世兄惠诗四首喜甚感甚因作七律二首答谢用怀铁云先生

一

四章新句寄深情,祖德遗芬感慨生。铁炼指柔光有异,云腾雨入润无声。残陶缺甲中华字,流影湖波历下亭。游记二编奇更绝,瓣香常炷寸心倾。

二

万马齐暗事可哀,天公抖擞也徒来。中原末世人难挽,西法新猷矿可开。良相良医皆不杀,导河导智是真才。屈庄马杜王实甫,直到红楼痛泪排。

周汝老如何评价《老残游记》呢?他在《"游方郎中"的足迹与心迹》中写道:"(《老残游记》发表)迄今将近一个世纪,已成为世界文学名著。晚清以来,小说出版的多得不可胜数,除很少数几部尚为人知人读之外,皆归湮灭,而独《老残》一记,光焰不磨,魅力长驻。"

仍然用周汝老本人的诗作,看他对《老残游记》的评价:

先生生咸同,阅世光宣止。光绪三十四,奇葩绽文府。游记作自序,石破天可补。屈庄史杜王,以泪带笔楮。红楼归结穴,警幻携手语。梦里赏茗茶,千红泪如雨。脂砚尚未传,先生已先悟。此为大智慧,慈悲同佛祖。当时几个知,讶笑惊迂腐。至今历百年,卓识谁敢忤。

周汝老对刘铁云、对刘大绅的真心喜爱和深刻理解,我们兄弟姐妹是深有体会的。周汝老惠我《辛卯清明佳节偶思刘大绅先生七律四首乘兴而作》(作于2011年4月5日)云:

四律重吟总爱刘,道他感慨又风流。尘间难得才通识,大道常怀夏及周。太谷遗音思绝学,京华佳话续红楼。游人只说恭王府,不解宁宫艮岳愁。

家姐德符曾在《新晚报》上发表《喜读周汝昌先生新作〈七律〉》阐释此诗，得到周汝老的赞许。

我以为，对"红学"的研究，只是周汝老诸多研究课题中的一个，简单称周汝老为"红学家"无法说明他对中国文化研究的贡献。他的学识涉猎之广博，他对问题洞察之深刻，他极具个性特征及感染力的语言，他的大度及幽默，岂是一个"家"能概括的？

周汝老编辑有多种古代文人诗词集，著有多部对诗词研究的专著，兴之所至，必有诗词记兴；每生感慨，必以诗词寄慨。他的诗词常见于报刊，只2010年给我的就近二十首。本文所引诸诗都是周汝老的新作，说他是诗人，是一点都不夸大的。

周汝老上世纪出版有《书法艺术问答》、《永字八法》。去年中秋，伦玲女士惠我周汝老新作《兰亭秋夜录》。我读后眼界大开，见此书《自序》卷尾诗云：

> 兰亭秋夜墨研珠，使转纵横恐不如。古巷风流依旧在，眼前又喜见新书。

因以《辛卯圆极捧读周汝老近惠〈兰亭秋夜录〉有感，效〈自序〉卷尾诗》续貂：

> 兰亭字字赛玑珠，求解自知力不如。袅袅秋风圆月夜，捧读方识右军书。

称周汝老书法家、书法理论家，应不为过。

2011年，周汝老告诉我，他年轻时好京剧，自己也能"哼"上几句。1980年代他就告诉我，曾将《老残游记》改写成杂剧，并得到顾随先生的肯定。2010年，周汝老赠我一首词云：

北新水令

　　一九四八年重返燕园曾作《老残游记》杂剧四折。先师苦水先生曾为赐阅,后遂散佚不复可求,只忆开端《新水令》一阕大意尚在可窥一斑,寄与德隆兄或亦不禁感慨系之乎。

　　　　鸡声桥迹望途程,早又是、古亭新境。一担横素抱,百里问乡情。诚重劳轻,谁能把、行云定。

能"哼"京剧,能写剧本,至少可以说是戏剧的行家里手吧?

　　不必一一列举。难道拜读周汝老的《诗词赏会》、《我与胡适先生》,面聆周汝老论述中国古代文化、天津民俗后,还会以为,仅用一个"红学家"来界定这位老人是合适的么?

　　2009 年 11 月,我到北京拜望周汝老,谈到当今人们调侃知识界"从前是文化太多,大师太少;现在是文化太少,大师太多"。周汝老不假思索地回答我说:"大道无名,大师无界。"说者无意,那时,我立刻想到,我不正在与一位大师对话吗?周汝老自称"村童",但我以为,"大师"之誉,他是当之无愧的!

　　以上所述、所引,都是周汝老与我的谈话和赠我的诗作。他的博学、睿智、朴实、谦逊、平易,在文字和话语中可以体会。其实,更多的是我向周汝老请教:中国古代的吟诵有何规律? 做学问的"默化"与"悟"之间有何关系?《红楼梦》研究的走向如何? 我的学生吴英问周老:周老您最喜欢《红楼梦》里的谁啊? 周老哈哈大笑而未答……他也问我:现在有多少学生喜欢看小说呀?《老残游记》还收在语文课本中吗? 语文课本都选些什么文章啊?

　　周汝老走了。一位大师走了。行文至此,接到家姐德符从北京回到天津后的信:

　　　　……老先生确实是很平静地走了,头脑很清醒,要求不要送医院,走后不要开追悼会。白天一直很好,夜里脉搏一点点停跳,他们(周老的子女)没想到如此之快就真的走了。所以遵嘱没有送医院去抢救,没有必要再折腾老先生去接受痛苦,的确是安安静静地去了。建临(周老的儿子)说,爸爸经常提起刘家的人和事总是很高兴的。伦玲不停地在接听中央办公厅等官方电话（催要周老材料稿件、多次发送出故障等）……

老人安安静静地走了，留给我们无限的思念。我想，伦玲、建临和我们仍然会和从前周汝老在世时一样……人生就是如此，为社会做出自己的贡献后再静静离去，但是，爱他的人们，会永远纪念他。

2012 年 6 月 1 日夜

大智真痴两未休

周　岭

5月31日凌晨，北京的上空酝酿着雨意，一位被喧嚣的学界选择性遗忘了的老人，在城东一隅的陋室里溘然长逝了。我得到消息，已是晚间。下午，我从北京去广州，飞机在雨中起飞，在雨中降落。刚打开手机，一条刺目的短信跳出："周岭贤弟：惊悉周汝昌先生仙逝，如与其家属有联络请转达我的悼念之情。侯耀华。"我呆立在廊桥上，周先生的音容笑貌蓦地来到眼前，忘年订交三十多年的许多往事，一一浮现。

从几段旧忆说起

1983年底，教子胡同民委招待所二楼会议室。与会诸君不是官员就是学界大佬，议题是论证北京大观园总体规划。会上，我和周汝昌先生"联动"，干了个大活儿。

建造大观园，是为了配合央视拍摄电视剧《红楼梦》，总体规划由时任剧组顾问的杨乃济先生担纲。杨先生出身于清华建筑系，是梁思成、戴志昂的门下高足。上世纪60年代初轰动一时的大观园模型，即是他的手笔。

上午是杨先生阐释规划，下午的会由中央电视台办公室主任兼剧组制片主任韩淮主持。中午吃饭的时候，韩淮通知我，下午的会安排我第一个发言，之后提前离会。原因是另一拨儿不能不见的客人已经跟台里约定坐等。

因为与杨先生是至交，所以我的发言省去了所有的客套，直截了当地提出,整个规划的水系要左右大翻转,园子的东西两路同时翻转,也就是怡红院、拢翠庵等处要跟潇湘馆、稻香村等处"交换场地"。这个意见一出,当时就炸锅了,论辩的激烈程度仅次于当初给剧本定盘子的"回龙观会议"。

杨先生的总规,是脱胎于此前他所制作的大观园模型。模型的蓝本,是戴志昂先生的大观园图。而戴图,则是依据自《红楼梦》问世以来几乎所有的大观园图。可想而知,做这种"翻案文章"的难度之大。

这时,周汝昌先生站起来说话了。很简单,很清晰:"我同意全部翻转的意见。"

我和周先生事先并未商量过,完全是一种学术意见的趋同而形成的默契。那次会议的结果是令人欣慰的,包括杨先生在内的所有与会者都被说服了。于是,全新的大观园布局方案敲定。这一段匡正旧图的往事,今天的游客、园子的管理者以及官员已无人知晓。记得翌年在黄山外景地的宿处,邓云乡先生与我联床吟咏之时,偶然提及此事,于谈笑间,我引了他的两句诗"六桥风月千秋业,游客长思太守贤",把这件事归功于党的领导了。周先生得知,哈哈大笑。

那次会议之后,本想写篇论文,说说大观园图,因忙于剧本和拍摄的事,一直无暇动笔。1984 年的年末,我从外景地回到北京,去南竹竿胡同 113 号周先生府上请候。我迫不及待地跟周先生说起对大观园图的一些新的思考,譬如园内建筑风格孰南孰北,园内水系不应该有中央大湖,沁芳桥与沁芳桥闸非为一处,等等。周先生如往常一样极其认真地倾听,并不时插话启发、引导、补充例证。当说到大观楼的位置问题时,周先生兴奋了。

所有现存大观园图的最大问题,是书中描写的三次大的游园路线此通彼不通。论者多归因于小说家言,以为抵牾之处不必当真。甚而索性认定,是曹雪芹的疏忽。其实,这是一个习惯性思维误导的问题。如果能够跳出所有旧图的既定布局,把大观楼搬离正殿建筑群,移到正门的假山后面,与正殿遥遥相对,则所有的走不通的问题便迎刃而解了。

当时,周先生激动得频频以杖拄地慨叹不已。再三嘱我著文专论并附以新图。两日后,收到周先生长信,继续大观楼话题,并附赠五首绝句,褒誉有加。其一云:胸竹无亏文尽合,心光未爽画方难。周郎一旦开柴塞,功拟疏河导百澜。

后来,久等我的论文不至,周先生把赠我的几首诗发在了《北京晚报》上,并将我的拙见略去内容,广而告之了一番。用这样不肯掠美的方式,在高度肯定的同时,殷切地敦催着我的文章。

我是周先生的学生。很多年前,读了《红楼梦新证》,便成了私淑弟子。三十一年前的落花时节,在济南的全国《红楼梦》研讨会上,与周先生相识。此后的很多年里,得周先生耳提面命,成为实实在在的学生。我做《红楼梦》剧的编剧,得周先生指点最多。我曾赠给周先生一首诗,兹忆录如下:"春风绛帐绎红丝,脂雪凭谁认旧时;解味道人华发早,梧桐不老凤凰枝。"周先生很喜欢,一直挂在书房的门楣上。

红学之忧

我曾经对媒体说过,周先生是红学界空前绝后的一代宗师。这"空前绝后"四个字,既不是对周先生的溢美之词,也不是故意危言耸听。

"空前"自不待言,周先生之前,红学研究多属零碎的、浅层次的评点索隐。胡适虽然将治经学的方法引入了红学领域,也开了考证方面的先河。但毕竟投入的时间精力不多,也没有系统的专著刊行。因此,周先生的成就是空前的。红学自周先生的《新证》出版,一个系统的、全面的、科学的研究时代才告开始。刘梦溪说,周先生的成就无人能及。说得对极了,这"无人能及"的意思,已经是空前了。

而"绝后",则要从几个方面去认识。首先,治学的功底。这主要说的是读书之富。如今国学大热,但附庸风雅的多,肯花时间成本读书的人少之又少。就说诗词一道吧,脂批有云:"余谓雪芹撰此书,中有传诗之意。"不懂诗,便读不懂《红楼梦》应该是不争的事实。但放眼望去,教授满街走,讲师不如狗。一堆一堆的硕导博导们,能讲诗的人很多,能写诗的人有几个?只说红学圈子里吧,知道怎么写诗的人已经不多了,能写的大概不超过三五个,而真正写得好的,只有一个周汝昌。

再就是治学方法。自清代乾嘉以降,至民国年间,大师辈出。其原因除了功底之外,主要是人人都能掌握运用一整套的治学方法。而眼下的所谓国学专家们,不懂文字音韵训诂版本目录的人比比皆是,甚至类书都不会用。所以信口雌黄、循环论证的狗屁文章充斥业界。

再就是新的资料的发现。当年《新证》问世,之所以多有发人所未发的论列,端赖占有了大量的第一手资料。今天之所以到处都在炒冷饭,就是因为没有新资料了。古调虽自爱,说来说去的,自己不烦么?

所以,没有功底,没有方法,没有新的资料,这不就绝后了吗?

当然,还是有事情可以做。譬如,学习《红楼梦》,写出新作品。君不见《甄嬛传》,作者自云,就是读《红楼梦》受到了滋养。再如,《红楼梦》是国之瑰宝,要推广,要弘扬,最好的载体就是各种样式的改编作品。但我们看到的却是,学界对改编创作漠然视之。大概是不把改编创作当做学问,而只醉心于咬文嚼字斤斤风雅。谓予不信,请看新版《红楼梦》被群殴的惨相。人们不禁要问,是谁之过欤?

又要说到周汝昌先生,红学家里,只有他没有鄙薄改编创作,更身体力行,写了诸如梅花大鼓《秋窗风雨夕》这样的作品。

艺术从来都是走投无路者之路。曹雪芹走出了一部《红楼梦》,这个启发还不够大吗?

我为走投无路的红学忧虑,也为走投无路的红学欣喜。

单干之路

周先生本来是有组织的,后来却成了单干户。

原因既简单又复杂。说简单,是因为这把年纪的单干户有普遍性的一面。到站了,退休了,再想做点什么,就只有单干一途。说复杂,就太复杂了。首先,跟体制有关。周先生是大师不是大官儿,这个大不是那个大,退下来的影响力就差了点儿,待遇就更差了点儿。周先生没有大官儿罩着,这又差了点儿。周先生得罪了官儿,这就不用大,只要是官儿,或者竟也是书生,只是学术体制的关系,可以比照官儿的等级,例如处级和尚之类,那就差大发了。如果上述诸点都占全了,那简直就是"背叛"组织了。可巧周先生都占全了,那还不单干?

还有更复杂的。学界的一些人,有的由于门户的关系,有的暗怀一骂成名的心思，年轻轻的，便无理张狂，甚至视周先生如寇仇。如果周先生听了曹雪芹的祖宗曹孟德的话，"养颐之福，可得永年"也就罢了。可他却执著地独独钟情于曹雪芹。而曹雪芹也不是官儿，也没有官儿罩着，也得罪了官儿，也遭人忌恨，也是单干户。周先生岂有不单干的道理？

其实，做学问跟种庄稼差不多。要想干好，只能单干。中国自古以来就是农耕国家，至今农业人口还占了总人口的四分之三。先民本来都是单干的，几次组织起来的结果，都是吃不上饭。最后，组织者也明白了，于是单干。

书生则无论"出"还是"处"，居庙堂之高也好，处江湖之远也好，做学问都是种自留地。从这个意义上说，没有单干就没有学问。

周先生极其明白这个道理，所以他并没有视单干为畏途，而是更加勤奋地耕耘不辍，这只要看看他晚年的丰硕成果，那一本一本、一摞一摞的著作，就知道了。

周先生该做的都做了，无怨无悔。他辛苦奉献了一辈子，靠了基因，在清贫中，活到了超过"鲐背"接近"期颐"的高寿。但，我们还是要问，如果他能雇得起助手，如果他能雇得起保姆，如果他生病的时候能住得进高干病房，还有很多个如果，他的痴了一辈子的愿心是不是会更少些缺憾呢？

2012年6月3日凌晨

"大业红楼梦，弘观华夏文"

——缅怀周汝昌先生

乔福锦

　　2012年5月31日凌晨1点59分，享誉海内外的学术文化大家、胡适先生之后现当代红学的集大成者周汝昌先生，在京东北红庙北里堆满书籍报刊的逼仄居室内，悄然离去，终年九十五岁。当日，先生的儿女向友人通报了这一消息，从网上发起的各界人士的自觉悼念活动，顷刻间将无尽的哀思之情迅速传遍天南海北。

　　周汝昌，字玉言，别署解味道人，1918年4月14日生于天津咸水沽。1947年深秋，八年战火后重返大学校园的西语系学生周汝昌，在燕京庋典连栋的图书楼上，寻到了于雪芹生平事迹研究至关重要的宗室敦敏的《懋斋诗钞》，据此写下《红楼梦作者曹雪芹卒年之新推定》，引起北京大学校长、"新红学"开山胡适之先生的特别关注，由此开始了长达六十年的红学历程。1953年9月，周先生的第一部著作《红楼梦新证》，由棠棣出版社梓行面世，立刻震动了海内外学界。远在大洋彼岸的适之先生看到书后欣慰地致信友人云："周汝昌是我的'红学'方面的一个最后起、最有成就的徒弟。"①《红楼梦新证》被奉为治红学不可绕行的具有里程碑意义的经典，也无可争议地奠定了周汝昌先生在现代红学史上不可替代的集大成者地位。然好景不长，

---

　　① 见宋广波《胡适红学研究资料全编》，北京图书馆出版社，2005年，第343页，此类夸奖之语曾几次见于胡先生书信中。

"文革"浩劫中,因人"告密",周先生和其兄积累了数十年的学术资料大部遭毁弃,事业陷入停顿。十一届三中全会之后,山河重整,时局为之一变。与世运并行,先生重新焕发出学术青春。在修订再版"文革"前旧著的同时,新作接连不断,几乎令人目不暇接。至今已有七十多部著作先后问世,其中《红楼梦新证》、《曹雪芹传》、《恭王府考》、《江宁织造与曹家》、《红楼家世——曹雪芹氏族文化史观》、《石头记鉴真》、《石头记会真》、《红楼梦的真故事》、《周汝昌校订评点石头记》、《红楼梦与中华文化》、《红楼十二层》、《红楼夺目红》、《献芹集》、《红楼梦的历程》、《天地人我》、《我与胡适先生》等代表之作,已筑成红学研究不可绕行的"学术大山"。红学专著之外,《范成大诗选》、《杨万里选集》、《白居易诗选》、《诗词赏会》、《千秋一寸心》、《书法艺术答问》、《兰亭秋夜录》等,亦均是传世经典之作。最新出版的《红楼新境》、《寿芹心稿》两书,由完全目盲的先生口述、先生的女儿记录而成。直到去世前一周,先生还在拟定新著《梦悟红楼》之口述提纲。

　　六十多个春秋"为芹辛苦"的历程已然证明,周汝昌先生是脂砚斋之后二百余年红学史上唯一一位将一生精力与才华都献于曹雪芹和《红楼梦》的学术大家,先生也因此而成为20世纪红楼学术的"托命"人与《红楼梦》精神的"守夜"者。先生在《红楼梦》作者家世考证、版本源流考辨、文本内蕴阐发乃至红学学科体系建设以及红楼文化传播等方面所做出的全方位开拓性巨大贡献,任何一个有良知且具判断力的学人都不会否认。近世以来,从氏族文化入手而研究历史文化之风气,由陈寅恪先生所开;将曹氏"氏族文化史"与红学研究结合起来的范式,则为周汝昌先生首创。寅恪先生的史学研究,对于研究对象"所出之家世","所遗传之旧教",最为重视;周汝昌先生之"曹学"研究,首先关注的,即是"诗礼簪缨"之族的家世文化背景。与融会汉宋的陈寅恪先生治史之法相近,周先生的第一部红学专著《红楼梦新证》,不仅是宋贤"长编考异之法"的成功实践,是"以诸家传记小说以至诸人文集"考史论事的典范之作,也是将氏族文化研究引入红学的一次尝试①。在《红楼

---

① 参阅拙稿《诗人之才·史家之学·儒者之心——周汝昌先生九十华诞暨红学研究六十周年献辞》,载《似曾相识周汝昌》,百花文艺出版社,2011年,另见2008年6月25日《中华读书报》。

梦新证》这部"划时代"红学巨著之中，周汝昌先生已显露出试图摆脱"自叙传"模式，以家族史反映民族文化历史之迹象。占据《新证》全书最大篇幅的《史事稽年》一章，大量笔墨是关于曹氏"祖德"、"门风"、"家教"及与当时政治社会关系之考论。《红楼家世——曹雪芹氏族文化史观》一书的出版，则是超越"胡适模式"，从单纯的家世生平考据上升为"氏族文化史"及与此相关的民族文化历史研究的标志①。"辨伪存真"、"斥伪返本"，乃是汉代以来的学术传统。将曹雪芹"原本"、"真本"与程、高"改篡本"作根本区别，也是周汝昌先生版本考辨的基本立场。《红楼》真假文本之分，最集中地体现在对于后40回续书的态度、看法上。一般研究者对程高伪续多用"一分为二"之现成教条作评价，谓续作思想性与艺术性虽不及原作，然大体上沿着原作的思路，完成了故事的结局，基本上保存了原书的风貌。周先生则坚持续书是彻底伪书之观点，认为二者的不同并非仅体现于水平之高下，实是根本精神品质的水火不相容。将一个接近芹书原笔本面的新定本贡献予天下后世，即是周汝昌先生《石头记会真》之最终学术追求。欧阳修《书春秋繁露后》曰："董生之书，流散而不全，方俟校勘。"孙德谦《刘向校雠学发微》，亦把"增佚文"作为与"订脱误、删重复、辨异同"乃至"存别义"等相并列的校雠之学的主要学术范畴②。《红楼梦的真故事》，正是对曹雪芹原稿流失散佚文字"辑佚"校补的一次有益尝试。对于隐曲性史料的发掘与阐释，是寅恪先生史实考证高于常人之处；周汝昌先生《红楼梦的真故事》中所体现的以"艺术家之眼光及精神"，借现存真本之"残余断片"，作深入开掘，从而窥测芹书"全部结构"的文本"探佚"，与"借片段以窥全体"及"神游冥想"治史之法，更有异曲同工之妙。先生的"文本之学"，与时下流行于高校中文系的文学概论教材之"学"，有极大之不同。先生认为，"文境之高处未有不是诗者"。"文"在先生笔下，远非今日西洋"文艺"理论之"文"，而是体现了中华文化风采、源自"先王典文"、"以明文命"之"文"；"诗"之于先生，则是精神理想之依托，探绩解难之凭借。以诗情启文心，以诗情文心达文化，乃是先生之红学

①　参阅拙稿《论红旧札三则》，见《红楼》2011年第4期。

②　参阅拙稿《"尼山事业"争千秋——周汝昌先生〈石头记会真〉出版感言》，见《邯郸学院学报》2007年第1期。

最具个性特征的理路。典型的中国传统文人的艺术灵性和一流诗人的慧识心光,使得周先生以文思、诗情解芹书文理、诗境的路向,不仅超出了单纯从作者个人家世与版本文字角度、从琐细的"考据"中讨生活而不求从"大处着眼"做融会贯通功夫的乾嘉老儒,亦超越了被"科学实证"异化因而将芹书之价值压至极低层次的胡适之先生,进而深入至《红楼梦》文本的内蕴底层与灵魂深处,上升到赏悟中国文化与艺术精神的极高境界。"人间自是有情痴,此恨不关风与月"。先生一直以为,以"大对称"为前后"分水岭"的《红楼梦》,乃是盛衰兴亡之大悲剧,而非儿女情长小感慨。此一认识,与局限于人物、性格、形象、故事情节、叙事模式、艺术特色等舶来概念且围绕着男女情爱主题发言议论的"文学"研究者,已形成鲜明之对比。《红楼梦与中华文化》,是以华夏传统中所特有的方式阐释这部千古"奇书"的学术专著,《红楼艺术》、《红楼夺目红》、《红楼新境》、《寿芹心稿》,则是以本土所特有的文心诗性而非外来文艺理论教条证悟赏会芹书的典范。《红楼十二层》,是芹书全方位、多层次解说的成功实践,更是先生致力于基于中华传统的《红楼梦》文本解释体系建构的具体例证。上世纪 80 年代初,周先生在一次学术报告中,正式提出"什么是红学"这一问题,由此开始了先生以学术史回顾与学科理论反思为前提的关于学科体系建设的总体思考。先生一贯主张,原本产生于中华文化故土之中的特殊学问——"红学",应与一般(现代西方)意义上的作为"小说学"组成部分的"红楼梦研究"区别开来,多次说明,"红学这门学问有它的很大的独特性,它的界说、范围、来历、过程……莫不有其特点,而与研究其他小说的学问并不尽同"。先生认为,《红楼梦》是一部"文化小说",与甲骨学、敦煌学鼎足而立的"红学",理应成为"中华文化"研究之"专学"。冠以"文化",是因其中包蕴了华夏文明各个层面的内容,贯穿着中华文化的整体精神;称为"专学",则谓其有自己特殊的历史属性、特定的界域范围、特有的学科体系,与现代西方意义上的"文学大系"中的"小说学",大不相同。先生首次提出的曹学、版本学、脂学、探佚学四大分支说,是红学史上第一份以本土学术领域为基本依托进而建构学科体系建设的宣言书。按先生恢复芹书真本原貌之思路改编、拍摄的 87 版大型电视连续剧《红楼梦》,也已成为结束"文革"动乱年月之后传播"红楼文化"从而延续与弘扬中华精神传统的经典之作，在海内外产生了至今仍然可见的广泛影响。为弘扬"红楼文化"，先生以九十之高龄身，登上《百家讲坛》。在《红楼梦》翻译与比较研究、海外红楼学术文化传播等方面，先生同样做出巨大之贡献。

周先生的学术成就，远已超越"红学"之界限。文、史、哲之外，诗词、书法、戏曲、音律等中国传统学人所应熟悉的几乎任何一个领域，亦均可独标一世。先生坚守中华本土文化之学术立场，融会考据、义理、辞章于一炉进而深入至索隐底层之治学方法，历尽苦难而痴心不改之为学态度，也是其巨大学术成就的重要组成部分，同样值得珍视。在《文心诗情》文中我曾言，先生之诗，融铸唐宋，境界清深，气贯今古，旨趣渊雅；先生之文，上联孟庄，继接中古，汪洋恣肆，雄奇隽美。其诗其文体现于书风，则劲健遒美，俊傲一世。较之于往昔贤哲，与"汉唐气象"自然不同，即使"建安风骨"、"晋代风流"、中华文明"化成期"之"宋人品貌"，亦均不足以喻先生，唯禀具"上古淳风"又"郁郁乎文"之"周人"——"典型"的中华上古"原儒"能比之①。作为有社会声望的学术大家，先生利用一切机会为国家统一与民族文化建设呼吁呐喊。1980 年 6 月，首届国际《红楼梦》学术研讨会在美国威斯康星大学召开。作为中国大陆红学家代表的周汝昌先生在接受国外媒体采访时明确讲，《红楼梦》一书，是联结海内外炎黄子孙的文化纽带。发表于 1980 年代末《群言》杂志上的《谁管中华民族文化的基本建设》一文，高瞻远瞩，语重心长，表达了一位饱学宿儒对祖国文化与教育事业发展的殷忧，曾引起知识界有识之士的强烈共鸣。

为中华文化学术事业辛苦大半个世纪的学术与文化大家，理应受到世人的尊重。然而自上世纪 80 年代末开始，发轫于 1950 年代的批俞与批胡运动，于"文革评红"运动中走向极端，1970 年代末政治层面的"拨乱反正"并未改变其精神本质的"庸俗社会学派"，靠着舶来的思想教条及文艺理论概念支撑，在改变表述方式从而取得学术存在"合理性"的同时，继续掌握着新时期的学术话语权，并且成为现代学科体制内的学术"主流"。一时间，周汝昌这位学界耆宿迅速被边缘化。与此同时，基于考据进而深入至索隐层面的

---

① 参见拙稿《文心诗情润中华——周汝昌先生红学研究五十年纪念》，见《红楼》1998 年第 1 期。

"红内学"，逐渐被视为"红外学"，在西方文化殖民过程中形成的本是"外来之学"的《红楼梦》"小说研究"——反而成为"内学"。此种现象，与并不为正统学人所认可的"文人说经"占据经学正宗之位且自封为"内学"，有本而来的经学正宗——"学者笺经"——反而成为"外学"之情形，颇有相似之处。对于前 80 回与后 40 回版本真伪之认识评判，洵是验证一个红学家学术水准、思想见识乃至精神境界高低的第一道门坎。然而直至新版《红楼梦》电视剧"艺术展示"过后，称赞高鹗伪续并力主按 120 回伪"全璧本"拍摄的学人方彻底露出其思想及学术根底之"怯"，从而使一生坚持"斥伪存真"立场且是旧版《红》剧精神主导的周汝昌先生为广大《红楼梦》读者及电视观众所认识。"怨炉仇冶"，更添其独领风骚之一腔奇气；风雨忧患，弥振其不同凡响之乱世清音。在因西方"文化殖民"而造成的历史记忆断裂、文化自觉丧失、学术观念混乱之特殊时代，在非学术势力大行其道的学界体制之内，在学风浮躁的现实环境之中，要理解周汝昌先生这样个性独特且具有深厚传统学养的不世出的天才型学者，是十分困难的事情。倘以投机政客之机谋、佻巧文人之浅薄乃至俗陋学究之酸腐，去揣度这位文化"奇人"的率真、潇洒与通达，自然会歪曲、误读、误解他；学术圈知音难觅与谣诼不断，确已让解味道人尝尽与"古来圣贤"相同的寂寞辛酸！在《诗人之才、史家之学、儒者之心》一文中我曾讲，暮年的陈寅恪先生，目瞽杖折。残灯耿耿复如夜中，撑起的是华夏最后一代士人的生命天幕，"四海无人对夕阳"，乃社会巨变时期守道者之感喟；毅然坚守中国文化立场、融会汉宋治学方法之长、坚贞执著一如陈寅恪前辈的周汝昌先生，"晚年心境"与陈先生何其相似！虽然时代已不复当年，然此时的孤独，更让人感到历史之沉重与人世之艰难。

三千多年前的一首《豳风·七月》，"其道情思者为风，正礼节者为雅，乐成功者为颂"，可谓"体大文备"；产生于清中叶的《红楼梦》，同样一部文、史、义三者俱备，"风、雅、颂"三位一体，融家国天下盛衰兴亡于同一文本的民族文化经典——脂砚斋所言之"反面《春秋》"①。"为芹辛苦"大半世纪的周汝

---

① 参阅拙稿《"反面〈春秋〉"事义考释》，载《庆祝杨向奎先生教研六十周年纪念文集》，河北教育出版社 1998 年 12 月版。

昌先生，正是《红楼梦》这部民族文化经典考据阐释的"国宝"级大家。在全球化程度日益加深的时代，文化实力竞争已成为国家间较量的最终决定因素。薪火相传数千年的中华历史文化主体精神，乃是民族共同体维系与和平崛起的核心力量。清贫一生的周汝昌先生，已然为华夏精神之传承延续做出一己之独特贡献，为故国神州留下一份超越意识形态进而上升至文化信仰层面的特殊学术遗产。"九五光阴九五春，荣光焕彩玉灵魂"，这是先生辞世前一日在陋室病榻"心痛中"口述之最后一首诗句；不设灵堂，不开追悼会，带着对人间岁月的无限眷恋，先生静静地走了。先生的逝世，不仅宣告生逢清末民初古今交替、中西融会之年月——以 1919 年之前出生或抗战之前进入大学为时间下限——的老辈学人中，中国大陆硕果仅存的一位人文学术大师与人间之诀别，也是一个特定文化时代结束的标志。然天佑吾华！虽然周先生身上所体现的那一辈人所特有的仪态、风度、气质、性情、教养等现实生命存在形态已难在世间重现，但历史终将证明，为中华《红楼》奉献一生同时在多学科领域均有建树的当代学术大家周汝昌先生遗予人间的精神财富绝不会烟消云散。先生在《诗词赏会》之《咸阳古道音尘绝》一节之"西风残照，汉家陵阙"句下有解释曰："盖自秦汉以逮隋唐，山河缔造，此地之崇陵，已非复帝王个人之葬所，乃民族全体之碑记也。"①自从"戊辰谷雨后"那个春夏交接的"岁华"佳日得到刚从美国讲学归来的先生之赠书，每回读至此，都会感动不已！也曾不止一次与先生谈及自己读这一段赏会文字的感受。今日再读，体会又不同。"尼山事业争千秋"，是我对先生集六十年之功而成就的十大卷《石头记会真》的评说语。先生个人之"名山事业"，正是中华文化史上的一座特殊碑记！先生的等身著作，已经为历尽磨难的华夏民族于若干年后必将出现的文化复兴，为包括红学在内的传统人文学术的再度繁荣，留下独具个性风采的历史文本依据。

最难忘酷暑刚过的 1989 年初秋，我进京看望先生。其时的朝内南小街，拆迁中残存的四合院旧宅区已被"现代化"高层建筑所包围。走在槐叶散落的古街上，沧桑之感油然而生。一老一少久别重逢，有说不完的话题。从学

---

① 见周汝昌先生《诗词赏会》，广东人民出版社 1987 年 6 月版第 166 页，此书后有修订版。

术到文化,从孔夫子到胡适之,从民国校园风景到时下学界风习……一气谈了大半日。离京前的那天,得先生一幅墨宝,内容是一首新作的五言律诗。其中"大业红楼梦,弘观华夏文"之句,不仅寄托着先生对年轻一辈的殷切期望,亦是先生"一生事业"之真实写照。

"红楼大业"永存,先生"文章千古"!

风骨著述誉中华

——怀念红学泰斗周汝昌先生

严　宽

　　当笔者从《北京晚报》上得知"九十五岁周汝昌长眠红楼"的噩耗,不禁黯然神伤、悲从中来。平静之后的活思想:这不只是周氏家族的损失,而是国家和民族的损失。因为曾有红友对我说过:张宗昌、徐世昌,不如一个周汝昌。此话绝非戏言。我的理解是:张宗昌一介军阀,为后人留下的只是"张宗昌的媳妇——没数"等一堆笑话。徐世昌虽身为过总统,但留下的是"老而不死是为贼"的京骂。而我们的周汝昌先生的魏晋文人风骨及其等身的红楼著述,却是中华民族的宝贵的精神财富。他的仙逝,标志着中国传统文人的结束。悲哉!

　　尊敬的周汝昌先生,您的长眠红楼,已经引起草根(大众)社会的极大反响,虽然您留下了"不开追悼会,不惊动人"的嘱咐,但作为您的崇拜者,也应有悼文纪念。否则,便愧对您老人家寄给我的研红书信,愧对您老人家当年为我改稿的殷殷之情,愧对您老人家所以为人敬重的文人风骨。

研曹具慧眼　新证耀红坛

　　周汝昌先生自号"解味道人","道人"者,非术士、居士之谓,实为曹雪芹知音者的夫子自道。曹雪芹曾有"满纸荒唐言,一把辛酸泪。都云作者痴,谁解其中味"一诗,生怕读者不识其著书的动机及甘苦。为此,后来的研红者都争着成为曹雪芹的知音者,然最接近雪芹知音的人,当推周汝昌先生。

放下他的数十本研红著作不谈,其一部《红楼梦新证》几乎将研究曹雪芹的历史文献搜罗殆尽,用力之勤,用心之苦,前无古人,后未见来者。夫子自道"解味道人"实为理性之言。

《红楼梦新证》这部书是怎样诞生的呢?周汝昌先生于1940年考入燕京大学,受胡适的影响,走上研红的道路。他于1947年从燕京大学图书馆发现了敦敏的《懋斋诗钞》,又从胡适手中借阅了海内孤本——《脂砚斋重评石头记》甲戌本,接着"上穷碧落下黄泉,天上人间都搜遍"地寻找材料,几经去伪存真、反复遴选,书稿已初具规模。到了百废俱兴、政通人和的1953年,《红楼梦新证》一书含着宝玉诞生了。

该书一出,"民国四公子"之一的张伯驹先生誉之为"有庾郎才笔,独为传神"。胡适先生在海外买了十几部分送朋友,高兴地说:周汝昌是我的好徒弟。就连毛泽东主席的案头,也摆放过《红楼梦新证》一书。该书如泰斗,永远耀红坛。

红学中有一桩公案,颇可证明周老的研曹慧眼。

当年曾有人认为,曹寅有个爱弟名曹荃、字子猷,是曹寅的堂弟曹宜。周老认为:曹荃曹子猷是曹寅的胞弟曹宣,因避"玄烨"的讳,将"宣"字改为"荃"。此论一出,就遭到群起而攻之。但周老坚信自己的学术观点,学术定力十足,声明让时间作裁判。后来果然发现新的材料,验证了周老的正确性。

风雨邯郸道　相交各有缘

古人云:"风雨邯郸道,纷纷利与名。"笔者与周老的缘分,说"风雨邯郸道"可以,说"纷纷利与名"则不可。因为周老是誉满中华的红学泰斗,我是个面朝黄土背朝天的农夫,本不在一个档次,只因1983年我有幸随胡德平先生创建曹雪芹纪念馆之故,才有了与周老相识的机缘。我们纯属道义情感之交。

1985年春,我与周老的公子建临贤弟共事数月,当时我正试写《曹寅诗选注释》,为免贻笑大方,由建临说项,请周老为拙文掌眼。那时我有个活思想:周老已年过花甲,耳目又有残疾,大学者若不屑一顾,那不是"辱由自取"

吗。但,大英雄自本色,真名士自风流。周老待我不薄,欣然为我改稿并指点迷津,此情此景,恍若昨天。

周老的学问高标、博闻强记,我也曾当面领教过。一次,我阅《蓟门登眺凭吊雪芹》一词,中有"黄车阅世"句,不明其意。请教了几位朋友,均表示爱莫能助。于是前往朝阳区红庙脂雪轩"立雪程门"。周老当即如数家珍地回答:"这个典故出自《汉书·艺文志》,有位小说家名虞初,号"黄车使者"。此典喻曹雪芹是写小说的高手。"说罢,周老恐有孤证之嫌,又道:"史学家陈寅恪先生题《红楼梦》诗,也用过这个典。诗句云'赤县黄车更有人'。"此次"程门立雪",笔者深深地感觉到"红学泰斗"的博大精深。

1992年夏,北京通州有人献出一块写有"曹公讳霑墓·壬午"字样的墓碑,引起一场真伪之争。肯定者大约提出四点立论的理由:

一、曹雪芹卒于乾隆壬午除夕,碑上有"壬午"二字,可证碑之不假。

二、曹家在通州有典地六百亩,可供雪芹坟地。

三、碑文之字,书法很好,符合雪芹文化身份。

四、敦诚的"鹿车荷锸葬刘伶"诗句,证明雪芹裸葬的可能。

当时,周老笔战群儒、力排众议,对这四条理由一一进行了令其体无完肤的驳辩。周老认为,第一个问题的"壬午"二字,不能证明曹公死于乾隆壬午,因为"壬午"之上没有年号,有违文法。人若死于壬午除夕,绝难死了就埋,因为过了十二点就进入癸未年了。"曹公讳霑墓"的写法不通,周老认为应加上一个"之"字,形成"曹公讳霑之墓"才通情达理,这个"之"字是少不得的。第二个,通州典地六百亩的问题,周老认为在典地之上,无论是典主还是被典主都不能在典地建坟墓。对此,典地契约上都要写明不准立墓的字样,以为约束。第三个关于书法好坏的问题,周老道出乃今人书写风格,不合乾隆书风。第四个裸葬问题,周老认为曹雪芹居于西郊、死于西郊、葬于西郊,即便是裸葬,也应葬于西郊。

当双方论战正酣时,论战的策划者宗春启先生拜见了周汝昌先生,周老建议他到西郊找我,或可求得问题的解决。当宗春启先生找到我时,先问对碑石真假的看法,我果断地回答:定假无疑!他问有根据吗?我引诗为证。诗是曹雪芹的朋友敦敏写的,诗曰:

秋色招人上古墩,西网瑟瑟敞平原。遥山千叠白云径,清磬一声黄叶村。野水渔航闻弄笛,竹篱茅肆坐开尊。小园忍泪重回首,斜日荒烟冷墓门。

题目点明吊地在西郊,与东郊的通州无涉。诗中"清磬一声黄叶村"中的"黄叶村"即敦诚《寄怀曹雪芹》诗中"不如著书黄叶村"句中的"黄叶村"。诗中"野水渔航闻弄笛"句中的"闻弄笛",用的是晋代文人向秀悼念死去的朋友的典故——《闻笛赋》,据此可知诗的尾句中的"斜日荒烟冷墓门"的"墓门"是指敦敏的亡友曹雪芹。

听完我的一番话,宗先生回去后便在《北京日报·周末版》撰写了一篇"严宽引诗证墓门"的文章。周老看了这篇文章后,高兴地给我寄来一信,并请我将此诗寄给他,我遵嘱照办了。

书法格高古　瘦硬方通神

周老先生的书法,远在1983年就给我留下了高古通神的印象。记得那年的春天,我到东四南竹竿胡同周家拜访,进街门迎面是一座四合院正宅,廊柱上贴着一幅七言春联,左右对称,字字珠玑,结构谨严,用笔瘦硬,毫无馆阁八股气,完全是一幅直抒心怀、不计工拙的样子,令我感到周老的书法很是高标。可惜那七言联句的内容已记不清楚了。

当我零距离地聆听教诲时,问周老的书法是不是瘦金体,周老说:我写的不是宋徽宗的瘦金书,追求的是杜甫所言的书贵瘦硬方通神。接着又讲了对中国书法的看法。他说:书法的最高境界是文人字,全凭文化的厚积而薄发,故此出现了一种仙气、逸气与文气。书法格调要高古,不入时俗。晋人书法写的是性情,唐人书法写的是法则,无论是颜真卿,还是柳宗元,各个都写得方严而有棱角,所谓大唐气象,与此不无关系。宋徽宗的瘦金书纤弱无力,以故招来"靖康之耻"。清末时文人的书法不知为什么,都把字写圆了,这从方到圆,表明了世风日下,人怕担当。

周老关于书法的高见,令我习书时耳目大开,至今思量起来,可真是与君一席话,胜读十年书啊!

周老的字好,周老的书论高明,周老对书史的精通,也远远超于一般书家。老人家说过,1966 年郭沫若与高二适在《光明日报》上辩论王羲之《兰亭序》真伪时,一些大家都违心地站在郭沫若一边,而周老一直就认为,东晋时期是产生《兰亭序》书风的时代,并旁征博引地写了《兰亭秋夜录》一书。我拜读之后,真佩服周老的才华之深博。

记得 1990 年,海淀西大街筹集“雪芹书画社”美术商店时,篆刻家王宁先生知道我与周老有缘,便托我出面求一幅“雪芹书画社”五个字的墨宝,要做成匾额,以利开业剪彩。我忠人之事,转求建临贤弟向周先生索字。没过几天建临贤弟把字幅送来了。

二十年过去了,由周老书写的“雪芹书画社”招牌,依然悬挂在那里,与费孝通、胡愈之等名家的字共耀生辉。说实在的,从书法角度论,还是周老的字略高一筹。

傲骨多磨砺　不改晋人风

周老先生是个传统的中国文人,许多文人在那个“东风吹、战鼓擂”的时代,都被打成为右派、右倾或反革命份子,而周老在历次运动中基本上是有惊无险。这一点,有点像“竹林七贤”中的阮籍。鲁迅先生对阮籍有过一段精彩的论断,大意是说:魏晋之际,有识之士多难自保,惟阮籍以酒佯狂而保存了自己的性命。愚以为,周老没有被打成“阶级敌人”,是老人家晋人之风保护了他。

何谓晋人之风? 似有三条可述:一,有傲骨、无傲气;二,不求为官、甘当布衣;三,为而不争、远离是非。这三条,周老都占了。特别是在“灯头朝下、大小都给个官做”的今天,以其九十五岁高龄的人生,以其“红学泰斗”的学术地位,谋个带长的官做,似非难事。可是,周老直到撒手人寰的那天,仍是一介布衣。这是有趣的周老现象。

写到这里,笔者有一件事如骨鲠在喉,不得不说。新中国成立后的 1953 年,周老的《红楼梦新证》就出版了,奠定了他的学术地位,后又被誉为“红学泰斗”,九十五岁时才告别他的事业——《红楼梦》研究,然而竟然是退休待遇,不算离休。他的工作单位对周老是不公平的,须知周老终生都在忘我地工作着,怎么能在不通知本人的情况下,就办了退休手续?

周老觅广泉　代劳托袁丰

2006年夏日,笔者樱桃沟登山归来,碰见袁丰一行三人,袁丰先生见我一如山人,便问道:"请问您,广泉寺在什么地方?"我道:"找广泉寺干嘛?"对方答道:"您知道周汝昌吗? 是他让我们来的。"闻罢,我道:"周汝昌天津人,1918年生,号'解味道人',乃当今红学泰斗。"袁丰见我说起周汝昌,有如打了兴奋剂一般,便问我姓字名谁。我答:"姓严名宽字坦白,号灵嵩处士!"答毕,便带着袁丰等人来到登往广泉寺的路口⋯⋯

周汝昌老人于年富力强时的1963年,多次来香山樱桃沟考察曹雪芹的足迹,四十年后的2006年,老人家壮心不已,想了解一下曹公吟诗处——广泉寺的情况,但因体衰目疾,不能亲往,只好请自己的学生袁丰代劳。袁丰一行多次寻觅未见,这次因与我相遇,才找到广泉古寺。回去向周老交差,谈及路遇严宽时,周老表示我们是老熟人,还提到了当年"严宽引诗证墓门"的往事。

诗才忆周老　椽笔补芹诗

周老先生的随笔散文,堪称当今高手,一本《红楼夺目红》,篇篇锦绣,字字珠玑,颇可验证。那么,关于周老的诗词水平如何,请听笔者讲述一段周老椽笔补芹诗的故事,便可知晓。

曹雪芹的好友敦诚,家里有个小戏班,敦诚以唐代白居易的《琵琶行》长诗为根据,写了一个剧本,名叫《琵琶行传奇》,教小戏班排练。大概是正式演出那天,敦诚广邀好友前来观看演出,并请题诗庆贺。曹雪芹题了一首《题〈琵琶行传奇〉》七律。敦诚只记住该诗的最末两句:"白傅诗灵应喜甚,定教蛮素鬼排场。"这是除了《红楼梦》以外,曹雪芹惟一留在人间的诗句,红学家们十分看重,并存心寻找这首诗的其余部分,以补爱曹遗憾。

此情此心,周老尤甚,于1974年与其兄苦心补了这首诗以成全璧。诗共写了三首,为了了解补诗的水平如何,便把其中一首给了另一位红学大家吴恩裕。吴恩裕读诵之后,认为是曹雪芹的诗,遂后将此诗转给懂诗的吴世昌先生。吴世昌也同吴恩裕一样拍手称快,认为此诗非曹雪芹莫属,于是又传给上海的徐恭时先生,徐也认为诗系曹作,今人无此诗才,徐回函告知这一看法后,于是吴世昌、徐恭时二位先生,在没有弄清来路的情况下,便联名把诗发表公布了。结果引起了一场真伪的大争论。双方的争论势必要牵涉到诗的出处,周老这才撰文指出:"这三首诗真不了——我非雪芹,是无论如何也作不出雪芹那样的诗句的。真假之分,端在此处可见,其他都不需细论了。"现将全诗录出:

> 唾壶崩剥慨当慷,月荻江枫满画堂。红粉真堪传栩栩,渌樽那靳感茫茫。西轩鼓板心犹壮,北浦琵琶韵未荒。白傅诗灵应喜甚,定教蛮素鬼排场。

如今,周老已驾鹤西去,也该对这一桩公案做出公正客观的总结了。

笔者以为,周老补诗,出于爱芹心切,聊补雪芹遗句不全之憾;周老在不说明自己补诗的情况下,将诗给了吴恩裕,目的无他,是为了验证自己的诗才到了什么程度。当吴世昌声言,该诗非雪芹莫属,今人无此诗才的时候,周老更加不便说明诗是自己所补,以致争论了六年之久。说周老想以此诗沽名钓誉、玉椟善价,纯属污人清白、无稽之谈。

写完了这段故事,平心静气地说,中国古诗就是一个八股诗,非在韵律、用典、造句上下大工夫不可,能写到周老这份上的真如凤毛麟角。这不是溢美之辞,还是听一听周老的老师,活着的话应该是一百一十五岁的诗人,顾随先生的高见吧!

1952年,周汝昌挈妇将雏赴四川任教时,他的老师顾随先生送他离京感伤地说:"有周玉言者,燕大外文系毕业,于中文亦极有根柢,诗词散文俱好,是我最得意的学生。"

这是老师对学生诗才的评语,岂是吹捧乎?

2012年6月13日

严宽挥汗走笔于玉泉山下

谁人有此闲情性

——怀念周汝昌先生

靳　飞

　　这是三十年前的话了,潘际炯笔下的周汝昌形象:"我有时破门而入,正逢他沉思,那模样就像古代哲人似的;看到我就在他身旁,他这才惊醒过来,'嫣'然一笑。是的,这种老夫子型的笑,很诚挚,很美。""随即递给我一支并非高级的香烟。我总是回答,我也有,牌子跟你的一样。他一看,又笑了。他喜欢喝茶,茶叶倒是上乘的。他对热水壶里开水的温度很关注。"

　　我一直觉得周汝昌先生很美,随时可以入画,或者进入镜头。我们曾经在旧址金台夕照处比邻而居,门前有条河沟。黄昏时分,常常看到他在沟沿儿散步,旁若无人,白发飘飞,拐杖横持宛似箫管,步履趔趄如歌如醉。有他这道风景,昔日的黄金台好像复活了;或者说,既有如此的人物,黄金台存在的意义也不大了。

　　静态的与动态的周汝昌,都是我客居东京时节,寄托思乡情的意象。眼前浮现出他的图画,我便想到,那是我的北京。

　　事实上,周汝昌先生本不是北京人,生长在天津七十二咸水沽畔,时间是一个不新不旧,又新又旧,不土不洋,又土又洋的"四不像"年代。然而,我又必须认定他是属于北京的,他自 1940 年考入燕京大学以后的七十二番春秋,几乎都是在北京度过,北京就是他不是家乡的家乡。

　　他二度就读燕园,日日课余,顺着荒僻小路,跨过一条小溪流,步入承泽园门;穿过种植海棠芭蕉的园林直达客厅,厅内巨案数条,"目中琴棋卷轴,名砚佳印之属,此外无一尘俗事物"。周汝昌自寻座位,"宾主往往不交一言,亦无俗礼揖让之烦"。他在这里看过《楝亭图》四大轴,看过《杜牧赠张好好诗卷》,看过黄庭坚的《诸上座帖》,看过展子虔的《游春图》。此间主人,即是那赫赫有名的丛碧先生张伯驹。伯驹较周汝昌大近三十岁,伯驹词集里,到处都是周汝昌的名字,有时是"燕园步月",有时是中秋夜饮,有时遇雪,有时临风。在俞平伯北京大学教授一月薪金仅合棒子面五十斤的时候,伯驹与周汝昌说的是:"谁人有此闲情性。任归来缓步轻穿。百年如一掷,可能经,几婵娟?"

1952年,周汝昌挈妇将雏过蜀道赴成都华西大学任教。暮春,张伯驹集关赓麟、夏枝巢、许宝蘅、黄君坦诸老为周送行,每人填词一首,词牌限定为《惜余春慢》。

为了周汝昌离京,还伤了一位老人的心。顾随先生说,"有周玉言者,燕大外文系毕业,于中文亦极有根柢,诗词散文俱好,是我最得意的学生"。在张伯驹、顾随先生眼中没有周汝昌,他们称他为"敏庵"或"玉言",直以平辈论交情。

顾随亦长周汝昌近二十岁。他在是年底,将草书长卷《说"红"答玉言问》寄到成都,好一笔流光飞动墨迹,好一部锦簇花团文字,好一副师弟惺惜情谊。顾随先生说,"凡所拈举,如有空脱,玉言补之,如有讹谬,玉言正之"。

第二年,周汝昌出版了《红楼梦新证》,一书天下闻名。张伯驹喜:"有庾郎才华,独为传神。""鹰隼出风尘。"顾随喜,连作《周子玉言用陈寅恪题吴雨僧〈红楼梦新谈〉之韵,自题其所著〈红楼梦新证〉。录示索和,走笔立成》诗七首。连带着海外胡适亦喜,说周是他的"好学生"。迄至1954年,冯雪峰、聂绀弩数公以《红楼梦新证》之才华,共召周汝昌还京,任职人民文学出版社;周汝昌别京入川之两载,不知惹动伯驹、顾随诸老多少牵挂,费却诸老多少笔。如把这前后诗词文章书信结集,当成厚厚数册,永久传为北京爱惜才子周汝昌的佳话。

还是周汝昌居川际,他即与顾随先生开始通信讨论北京恭亲王府花园与红楼梦里大观园之关系。这个问题,周汝昌谈了半个世纪。

我的老师张中行先生也被卷了进去。先是周写信向张求助,中行先生乃亲至恭王府查考,遇到一翁一妪。翁云:"前海西部即稻香村,李纨住处即今乐宅地。""妙玉出家之庵在旧鼓楼大街,今其庵尚存。"妪更痛快,中行先生指着恭邸东墙问:"那里边是?"妪断然云:"那是大观园!"

我把这个故事带到日本,讲说给内子的老师波多野太郎先生听。年逾八旬的太郎公不禁恍惚:"春雨如烟,梨花和夹竹桃竞相争艳,带雨垂首,确实令人感受到《红楼梦》里那种落花流水、闲愁万种的情趣。"目睹此情,我只好又把太郎故事转向周汝昌先生报告。汝昌公有诗命我答太郎先生。诗云:

> 恭邸欣微雨,红楼情最真。名园忆三宿,数语见精神。

太郎得诗大喜,谆谆告诫内子云,研究中国学,第一要务是和中国人结婚,第二是要读《红楼梦》。

把如此重要的《红楼梦》说成是北京的故事,再把这个北京故事说给世界倾听,周汝昌先生为爱他的北京也做出很大贡献。恭亲王府花园,便是周汝昌心目中的大观园。现在,他很可能已经在天堂里直接向他的曹雪芹兄去索证了。他们大才子之间的沟通,定会比学术家们的研讨会要有趣得多。

十五年前,我代表张中行与波多野太郎两位师尊出面,得到许立仁、曹颖、张卫东诸友帮助,在湖广会馆为周汝昌先生办过一次八十寿辰昆曲堂会。戏共三出,《晴雯撕扇》《一捧雪·祭姬》《牡丹亭·寻梦》,俱与红楼有所关联。其时汝昌公既不可见亦不可闻,仍然整场端坐,神采飞扬。我知道,他只需默念心里那部大书,就什么都有了。5月31日凌晨1时许,汝昌公以九五上寿驾鹤西游,忆及北京与他,他与北京的种种故事,忽然发现能记下来的委实还不够多。拉杂写出,权当是又凑成几出折子戏,赶在老人身后来纪念他吧。

　　　　　　　　写于周汝昌所证之曹雪芹逝世二百四十八周年

高邻周汝昌

张宏渊

5月31日入夜时分，忽接约稿电话："周汝昌先生去了，不写点什么？"我忙问："什么时候？""就在今天凌晨。享年九十五岁。"老人高寿，不算意外，患何疾病似已无需多问了。

以我和周先生的过往关系，没有泣下沾巾，清泪如雨，却是怔怔地坐了好长时间。说黯然神伤，说悲从中来，是准确的。叹息着所认识的文化大家中，又失去了重量级的一位，我又一次感受到"逝者长已矣"的悲伤、失落和遗憾、怅惋。

我与周先生虽然都在中国艺术研究院，但没有直接的工作关系。尽管居处楼对楼、窗对窗，却相识较晚，来往也说不上密切。早在上世纪80年代后期，我们便都从分散的住房迁入新建的宿舍小区。当时我还在职，早晚赶班车直来直去。离休后出入小区，也是独来独往。春节时走动一两家，记得亦不曾去过周先生那里。那时周先生视力、听力尚可，有时由女儿周伦玲女士陪同，经常也独自在小区内绿地散步，迎面遇到当然会打个招呼。

直到1999年底，傅晓航到文化部领取他的《西厢记集解》获得的文化部科技成果奖二等奖，同时与会领奖的周先生于众多获奖著述中，独独青睐这一部，特地踱步过来找傅晓航，问："傅先生，可否送我一本《集解》看看？"晓航忙说："当然，一定。"回来即请我帮他办理。

我向来是轻易不愿去打扰老先生们的，因此没有登周府门送书，而是把书包装好,放在收发室待分发交换。时当 1999 年 12 月 31 日,是为世纪之交的新年前夜,因随书奉上贺卡一张,便笺一纸,以示对长者的敬重。

就在次日——2000 年元月 1 日,新千年肇始之际,我接到收发室知会,拿到了周先生亲笔写就的信件和他的大作《胭脂米传奇》一部。信封正面写"本楼傅晓航、张宏渊先生",背面则用红笔端端正正书出"恭贺新禧"四字寸楷,是聊代贺卡之意。信内上款写的是"张宏渊女士",右下角注有"惠札 31日览"字样。忙看落款,竟是"盲人周汝昌",时间为"1999.12.31 夜"。就是说,周先生在收到我们的书信后,当即写了满满三页的回复文字。先生费力书写的情状很难想象,作为晚生后进,真是始料不及。

周先生在信中"感谢"了"美丽贺柬"之后,对晓航的书作了评价:"傅先生的《西厢记集解》功力深厚,风格典雅,我很喜爱这样的书。"晓航看了自是高兴。

信中又说:"我的拙文集除《晴影》外,还有一本叫《胭脂米传奇》。您有便来小斋赐访,十分欢迎,当嘱家人拣寻存书,如有即奉赠求正。"信中还附有周伦玲一短函,说是送来此书。那是因为我前数日从报刊书讯上得知周先生又出《岁华晴影》一书,从书名上看不出内容,曾向伦玲表示过很想拜读。

周先生在信中道及:"燕大校友编《人物志》,曾一再来信函索要简传,我忙乱中疏忽未能及时回信——所以连《人物志》也未见到。"又告我:"最近拣齐了拙著 23 种,赠与燕京研究院《校友文库》,正在等待来取。"这也有个前因,是我获赠燕京大学校友会主编的《燕京人物志》,遍找目录及正文,未发现有周汝昌先生小传,曾电询过周伦玲。

至于周先生信中所谓"承您告诉我很多津门情况,我愧不知",说实话,此事我今已记忆不清,想不起当时跟他说过些什么。出于习惯,我见到有关天津的书一般都会购下收存。原天津市委统战部周部长曾特地赠我天津市政协编纂的《天津文史参考资料简辑》之一《天津"八大家"及其后裔》、之二《北洋政府人员在津后裔情况》、我五外公梅贻宝先生所著《天津梅氏的来历》等资料我处皆有存藏,近年才复印给别的天津籍友人,此前似乎未曾复印过,也不记得将其中相关内容告诉过谁。周先生信语所指为何,再三思量,无法确知。

其实周先生来信的重点是忆旧、怀旧、叙旧。他祖籍天津,青年时代就读于燕京大学,是时任燕大文学院长、哲学系主任(抗战时期在成都曾任燕大校长)的五外公梅贻宝教授的学生。知道我是津门梅氏家族后代,老先生触动了真情,深有感触地表示:"天津梅氏出了很多超众的英才……梅贻宝先生是我恩师,抗战胜利后我重返燕大,正是梅先生任文学院长,他见我所写的奖学金申请书,夸奖我是'才子'。我一直怀念他老。"走笔至此,周先生忽然感慨起来:"住在一处为邻,未能早日拜识,以至于今——还要靠笔墨,思之令人'不太相信'。"随即注明寓所电话,称:"您可随(时?意?)拨动。"

读至此不禁汗颜。久闻周先生为人谦和,热情提掖后进。此言恐不只是怪罪我不去主动"拜识",或者还有些许自嘲之意。我当然深感不安和自责,咫尺为邻,屈指已有十余载,竟未曾移步前去拜望老先生,哪怕只是礼节性的,真有点说不过去。

当然这也是有缘故的,有件事使我印象深刻甚至是受到震动。上世纪80年代初我奉公派搀扶大外婆、梅贻琦夫人韩咏华女士出席清华大学新中国成立后首次纪念梅校长的活动。在工字厅会场外迎候的人群中,一位年近八旬的资深名教授在口称"师母"深鞠一躬后,复又躬身称我一声"师姐"。我时年四十出头,对这一声"师姐"毫无准备,一时竟不知如何答对。这件事使我了解了那一代人的尊师情结,以往讲"天、地、君、亲、师",把"师"提到与天、地、君、亲并列的高度,对师门的阿猫阿狗也不会轻慢。老清华人自不必说,和燕京学子黄宗江先生、西南联大杨毓珉先生等交往时也大抵如此。自此后我对待这类事情愈发谨慎,三缄其口。未能尽早拜望周先生,多少也与我这种心态有关。

为了弥补这种不恭带来的缺憾,此后一段时间,逢年过节我都会记得问候一下周先生。再次在小区遇到时,周先生的耳、目已愈来愈差,听不到声音,看不清来人,我只得和一旁扶持的周伦玲打个招呼,算作对先生的问候。而伦玲女士在周先生出新书时,有时也记得送我一册。以此我保存有八九册周先生的大作,虽然早年的很少,也没有大部头,但却弥足珍贵。每获赠一部新作,我都会放下别的书刊,即时细读。周先生渊博的学识、深邃的见地、广采深索的精神、平易而亲切的文字风格都令我深为崇敬,从中获得多方面的收益。

前面提到的那封信中,周先生特地问道:"您对《红楼梦》有兴趣吗?"这个问题不知如何作答才算恰当。没兴趣怎么会转业到艺术研究院来?大约八九岁的时候,我已经懂得蹬着梯子从古老书架高处取下线装的《绣像金玉缘(或"良缘")》,把绣像插图小心撕下来用线单独装订成册私下里自己保存——毁了一个不知什么版本,然后把"袭人"念作"龙人",开始生吞活剥地读《红》了。小孩脑子好,章回目录、诗词倒背如流,人物、故事情节如数家珍。之后读的是大达书局供应社版,之后对红学研究的人物、动态、新著,几十年如一日地关注着、追踪着,提起来绝不陌生。在我的职业生涯中,两次与红学研究专业失之交臂。这些有必要跟周先生去说吗?以我的业余爱好水平,絮絮叨叨地和红学大家谈专业,岂不是扫老人家的清兴?既是不可说,那也就不必说了。

但我还是去"拜识"周汝昌先生了。2000年后的一个春节,我到东岳庙逛民俗文化庙会,在后罩楼上发现有位画家出售的原创作品中有一幅钢笔速写的"燕京大学校门图"(其实即今北京大学校门),颇觉亲切,当即购下。没下后罩楼即已决定,此幅画与其自己保存,不如赠送周先生更为恰当。于是配了个不错的镜框,择日登门,送到对面二楼周府。约好时间,报门而入,在那书房客厅合一、亦客厅亦大书房的一间见了面,我微笑致意,伦玲向周先生比比划划大声说明。先生抚摸着画框,很明白、很喜欢的样子,随后又请女儿找出新书签名相赠。

或许这便是我仅有的一次拜望。

惊闻周先生仙去,怔坐半日之后,第一个念头便是翻找周先生写给我的信。还好,在应该存放它的地方找到了,保藏完好,没有散佚。

重睹此信,再次认真辨读,体会出周先生当年书写时已是相当吃力了,一下笔写上款即不成字形,"张宏渊女士"的称呼在旁又重写了一遍。信文则是后行挤向前行,下字重叠上字。最后先生自己说明:"目坏甚,难多写,务谅。"幸而绝大部分文字我都能辨识,虽然周先生耳目失聪,却头脑清晰、记忆超群,一封信几乎囊括了与我的主要交往和对我的全部印象。我当时读毕即倍受感动,特将信妥为收藏,以"文物"视之。

翌日清晨我致电周伦玲女士,请她节哀,并表示要送花圈。伦玲说:"谢谢! 父亲没有什么明显的疾病,只是老了。平时不肯看病,一直坚持工作,直到最后头脑都很清楚。遵嘱不举行仪式,不设灵堂……"

我黯然无语。人固有妍媸贤愚,天分、智商、机遇可以大不一样,但生命的价值和尊严应该是相同的。周汝昌先生以惊人的毅力,毕其一生做着自己想要做、认为应该做的事情,研探有得,辄欣然忘倦,不锱铢计较于琐屑得失,乃至浮云生死,坦然面对大归,这是读书读通了的人才能达到的境界吧。周先生的成就固然令人高山仰止,他的精神却更值得学习。

又一位大师陨落了,象征着过往时代的大家纷纷离我们而去,令人情何以堪!

尊敬的周先生,您一路慢行,青埂峰下风日正好。

永远的红学旗帜

金 适

看到红学家周汝昌先生逝世的消息，感到无比震惊和悲痛。

周汝昌先生和我的父亲金启孮是由红学结缘的老朋友，生前书信往来、笔墨交融，也曾在红庙周老府上畅谈红学轶闻。金先生从满学角度研究红学的观点，许多和周先生从红学角度看法一样，不谋而合。周老非常赞同我父亲关于"雪芹笔下反映的那种家庭生活、饮食衣着、礼数家法、多系满俗"的观点，我父亲更钦佩周老以《红楼梦新证》为代表的著作，在红学史上具有广泛持久的影响力，特惠赠女真文条幅"红学旗帜"与周老，周老非常珍惜，即影印于著作卷头，以志高谊。

2004年我父亲去世，周老亲自撰文《怆悼金启孮先生》放在纪念文集中以示怀念，其中谈到"他（金启孮先生）曾以女真文字书为大立幅惠赐，汉字注明为'红学旗帜'。我荣获此赐，觉得光宠过于海外名校的学位称号……"尤其是以后的几年中，周老对我这个晚辈还多次赐信指教，年终必回复贺年卡，令我感动不已。就在前不久，我还收到周老让儿子周建临代笔给我的信，信中说："……今有友人拟编一册纪念曹雪芹之论文集，冒昧向您征稿以光篇幅，能否将令尊大人的论红研究加以整理，介绍给学界，又如有关文康家曾藏有石头记原本全秩，若能择其精要撰成一文嘉惠学人至为重要……"

我收到信后马上给周老的女儿周伦玲打电话，伦玲知道我很忙，说时间紧，别添麻烦，我说周老的事，我一定按时按要求完成。我还告诉周伦玲，最近有编辑向我邀稿写我的父亲金启孮和周汝昌先生的交往轶事,我准备把父亲给周老写的女真文条幅"红学旗帜"放在文中,因家中刚搬家,不太好找,想请伦玲帮忙照相给我,伦玲说知道这幅字,但也记不得在哪里。

可是第二天(5 月 10 日)一早就收到伦玲短信:"金老题字我已发到您的邮箱里了,请查收。"邮件中写道:"金适老师:你好!昨天通完电话,晚上从我父亲处得知,金先生的题字印在《曹雪芹新传》(外文出版社 1992 版)里。今晨拍下寄去,请查收。周伦玲"附件中就是我父亲手书女真大字。我真的非常感动,因为电话中听伦玲说周老的状况不是很好,常常在昏睡中,可是老人家对这幅字放在他几十本著作中的哪一本中却记得那么清楚,足见周老对这幅字的重视。今天重睹这幅字,让我们共同怀念周汝昌先生这位永远的"红学旗帜"。

2012 年 5 月 31 日

毕生献给"红学"

宋广波

　　5月31日午前突得噩耗:周汝昌先生走了。乍闻此信,既惊又痛,即电询周伦玲女士。伦玲女士告知:周公今晨1时59分在家中长逝;并说尊重父亲遗愿,后事从简,不设灵堂,不举行告别仪式。周先生因1947年发表考证曹雪芹卒年的文章而涉足"红学",迄今已逾六十五个年头。其间,历经风雨、坎坷与喧嚣,而今驾鹤西去,让他安静离开,未尝不好。再者,对一个学者来说,认真总结其学术成就,并在此基础上光大、创新,这恐怕是最好的纪念了。

　　在20世纪"红学"学术史上,影响最大的流派是由胡适开创的"新红学派",而胡适、俞平伯、周汝昌是成绩最大的三位学者。作为"新红学"的最后一员大将,周汝昌受乃师胡适影响最大,胡适曾多次说:周汝昌是他"'红学'方面的一个最后起、最有成就的徒弟"。所谓周之受教于胡,不过"平生一面"、私札六通而已。然对有根柢、有悟性的可造之才来说,只要稍经大师点拨,即能发生质的飞跃,也不必非要"耳提面命"的。细研胡、周1948年之往来函札,再证之以周先生后来的学术道路,二人之师承渊源不言自明。早在1940年代末《红楼梦新证》创稿之初,周汝昌就将其研究定位在"《红楼梦》和曹雪芹的考证"上:无论是研究的问题,还是研究的路径,都是跟着胡适走的。胡适提出,考证《红楼梦》应从三方面入手——作者、版本和时代,而《新证》一书重点是考证作者和时代,主要在这两方面挖掘新材料,提出新看法。

这是在"新红学"沉寂二十多年后横空出世的一部"力作",胡适认为其学后继有人,因而备极赞赏。该书曾用"妄人"、"风头主义"之类的字眼骂胡适,这类骂人话共有五处,但胡适毫不介怀。后来周先生曾做出解释:原文非如此,这是为了过出版关,由责任编辑加上的。而是书责任编辑也出来作证,则此说非孤证,可信。此外,还有旁证:在 1949 年完成、1950 年发表的《真本石头记之脂砚斋评》一文,就毫无对胡适不敬之语。要之,这些所谓"骂人话"乃至后来的批判,都是特殊年代的产物:假如没有当年的批胡运动,不会有这些事情发生。如今,周先生也成了"历史人物",必须要讲清楚的。

1948 年,周汝昌曾向胡适提出要做《红楼梦》的"集本校勘"工作,胡适表示:这是"最重要而应该做的。但这是最笨重的工作,故二十多年来无人敢做。你若肯做此事,我可以给你一切可能的便利与援助"。胡适在离开北平之前,确实兑现了他的承诺。然一年之后,胡、周即成"隔世"之人;又过十年,胡适逝世,遗憾的是他直到临终也未看到周汝昌的"新校本"。但周对当年宏愿,刻未停止。他与乃兄祐昌"力作全面大汇校",历五十年苦功终成,但因部头太大,难以出版发行,连连碰壁。直至 2004 年,十巨册《石头记会真》才由一家地方出版社梓行。这部浸淫着兄弟父女两代三个人心血的《石头记会真》,也算是"血泪之书"了。汝昌校红,目的在"寻求雪芹原稿文词包括书写方法的本来面貌"。笔者与几位学界前辈探讨该书的共识是:其佳胜之处不胜枚举,堪称学术精品。

历数周汝昌先生六十余年的红学研究,都植基于上世纪 40 年代末。周先生曾一度将"红学"的内容概括为四方面:曹学、版本学、脂学、探佚学。这种表述,恰是源于"新红学"。其中曹学、版本学乃胡适最早提出的研究命题,而脂砚斋研究也是支撑"新红学"的重要支柱,至于所谓"探佚学",完全来自胡适对"续书"的研究。周汝昌先生恪守"新红学"家法的同时,也有创新与超越,比如他在上世纪 80 年代初就提出要从艺术性的角度在《红楼梦》研究方面多多致力,稍后,他从文化角度研究《红楼梦》,阐释这部奇书的文化内涵,更是他的新亮点。

与其他《红楼梦》研究人士不同的是,周汝昌先生毕生奉献给"红学",一生痴迷《红楼梦》、崇拜曹雪芹,直到逝世前数日还不断思考,向家人口述研究提纲,用他自己的话说,是一生"为芹辛苦"。其识见、其创获,是《红楼梦》研究史上难得的宝贵财富。而今,周先生已经魂归道山,我们不能说"新红学"所提出的问题已经完成,更不可说"新红学"已走向终结,但有一条可以断定:从此,"新红学"将辉煌不再。

周汝昌先生和他同时代的知识分子,走过的是一条历经艰辛、饱受磨难的研究道路;"新红学"走到今天,也已有九十余年。目前的红学研究正处在一个十字路口,实在太需要有人出来开辟《红楼梦》研究的新境界了。而首要的工作之一,就是要认真梳理和总结包括周汝昌先生在内的所有先贤的创获与成绩。

（载于 2012 年 6 月 11 日《人民政协报》,原标题为《敬悼周汝昌先生》）

先生之风，山高水长

——缅怀周汝昌先生

董志新

5月31日晚上9点多钟，从未谋面的《沈阳晚报》主任记者林娜，突然打来电话，要求采访我——她从友人那里听说我与红学界有些联系，而且是个"红迷"，电话中她急切地说："红学大师周汝昌今天辞世了，您是沈阳的红学专家（其实我当"红迷"也出道极晚，专家断不敢当），请您谈谈与周先生的交往……"她的话还没有说完，受过应对突然情况训练的我，还是不禁惊讶失声地问道："周先生逝世啦？什么时候？"

"……今天！一个小时后，采访您的稿子就要发工厂成版，请您大力支持协助……"我一时还是回不过神儿来，嘴里喃喃自语："太遗憾了！太伤感了！红学界的重大损失！！怎么老先生说走就走了呢？"

我的思绪有些杂乱，跳跃性很大，由哀痛而遗憾，由遗憾而愧疚，以致回答林娜的询问也语无伦次，辞不达意。我当编辑记者三十余年，不知多少次采访新闻，应该说有"临场经验"，现在"被采访"情绪如此波动，思路很难调整到采访中来……我在回忆与周先生的"交往"时，提到一次因写作《毛泽东读三国演义》这部书致信请教过周先生，又一次是今年2月，周先生的公子建临兄突然短信相告：他父亲读过《毛泽东读红楼梦》（拙著于2009年出版）写诗四首欲寄给我……林娜很敏锐，当即询问："有原件吗？请马上'贴'过来！"

我手忙脚乱地在电脑中将"原件"整理到一个文件夹——《有关周汝昌

先生与我交往的两件资料》，还附了简短的文字说明，"贴"了过去。

一个小时以后，林娜已在印厂校样，又电话上征求我对稿子的意见。

待到书房里恢复了平静，不知为什么，我竟怀疑起刚才发生的一切，这是误传！一个念头紧紧攫住我的思绪："周公不会死！"我再次把电话打给林娜："这是从哪里得到的消息？是真的吗？是不是误传？""是周老女儿证实的消息，北京媒体已确认！"

我颓然放下电话，痛苦地接受了这个现实。坐到桌边，凝思良久，给建临兄发去致哀祭悼短信："惊闻周老先生驾鹤西去，不胜痛悼。周公乃红学史上里程碑式大师，他的治学精神和红学著作永垂不朽！特电致哀。"

做完这一切，我从书架上抽出《史记》，翻到《孔子世家》，看到孔子临终前在诗歌中唱到："泰山坏乎！梁柱摧乎！哲人萎乎！"（泰山崩倒了啊！顶梁柱折断了啊！哲人凋萎了啊！）

看着书架上三十余种周公的红学著作，心里反复默念着：红学圣人，永垂不朽！

我由此而思周公，由哀痛而遗憾，由遗憾而愧疚……

一

6月1日晨5时。我在楼下报箱中收到当日《沈阳晚报》。十八版在"沈阳红学专家追忆"的栏题下，是林娜电话采访我的报道文章——《他是谦逊严谨的大家》。我急切地看了起来：

> "太遗憾了，三个月前我们还互通过短信，相约见面，怎么老先生说走就走了呢？"昨日，当本报记者拨通董志新的电话，告知周汝昌逝世的消息，他在电话那端唏嘘不已。身为中国红楼梦学会理事，北京曹雪芹学会顾问，原白山出版社总编辑、编审的董志新，数十年来一直醉心于《红楼梦》与红学的思考与探索，著有《毛泽东读四大名著》（四部）等。董志新与周汝昌的交往始于2000年，尽管遗憾未能与周先生谋面。但两人神交已久，并相约今年上半年见面交流红学，未曾想周先生撒手西去，董志新说："这将是我研究红学路上最大的一个遗憾。"

2000 年首次书信往来

刚刚从镇江参加完北京曹雪芹学会学术会议回到沈阳的董志新，这几天一直沉浸在兴奋的情绪当中，昨日从本报记者口中获悉周汝昌辞世的消息，董志新沉默许久，然后他不无遗憾地说："这个消息太突然了，虽然老爷子高龄，但在我看来他的灵秀如初，才情未老，他的离去绝对是红学界的一大损失。"说到最初与周汝昌的交往，董志新的思绪回到了 2000 年，"那一年我正在撰写《毛泽东读三国演义》那部书，因为了解到新中国成立初期第一版的《三国演义》曾删除了部分的诗词，后来是毛泽东同志建议恢复，然后领导责成周汝昌先生具体负责这个工作。为了详细了解那段历史，我给周先生写了一封信，当时是周先生委派女儿周伦玲给我回了信，还特意寄来了《缘深缘浅话难明——忆聂绀老》的回忆文章复印件。据此，我写作了《毛泽东读三国演义》一书中的《要恢复题咏诗》一节。老先生对我这样一个从未谋面的晚辈的讨教如此认真对待，让我特别感动，对先生的人品和学品特别钦佩"。董志新说，他读周汝昌先生《红楼梦新证》三十多年了，"我是读着这位红学巨星的书成为'红迷'的，周先生的红学著作培养了一代研红学人。他不只是考证派集大成者，且是红学史上里程碑式的人物"。

三个月前收到先生短信鼓励

从那以后，董志新断断续续与周汝昌先生有了交往。晚年的周汝昌听觉和视力都欠佳，但是依然没有放弃钻研红学。今年 2 月 20 日，董志新接到了周汝昌的儿子周建临发来的短信："您的大著《毛泽东读红楼梦》一书刚刚奉家父之命买到，他很高兴写了四首小诗，我想发给您过目。"因为《毛泽东读红楼梦》一书是 2009 年出版的，周汝昌在今年才刚刚读到，他委派儿子发给董志新的短信中还深深地表达了遗憾之情。让董志新意外的是，周汝昌把四首诗发给他之后，第二天又发来一条短信，就前一天诗中几个字句进行了修改，"从这里足可见证周老先生是一位治学多么严谨的大家！"

最遗憾缘悭一面未能当面讨教

正是在这次的短信交流中，董志新和周汝昌先生约好见面："我想就一些红学研究的问题向周先生讨教,周先生也对毛泽东读《红楼梦》的历史非常有兴趣,所以我们约好在北京见面,没想到就此和老先生缘悭一面,太遗憾了……"董志新向记者透露,周汝昌的儿子周建临还就见面时间特意叮嘱了他:"周建临先生让我选在上午10点到12点之间去,说老爷子要休息,毕竟年事已高了。"

关于周汝昌是否曾来过沈阳的问题,董志新回忆说:"周先生应该是没真正到过沈阳。但他曾路经沈阳去过铁岭。"说到周汝昌与沈阳之间的渊源,董志新向记者介绍了他所了解的情况,周先生因为研究红学和曹学,对沈阳有很深的感情。对沈阳的历史特别了解。2006年底,他在接受沈阳记者采访时公开表示,绕开沈阳就不能了解真正的曹雪芹,因为在他晚年研究成果里,他发现曹雪芹家族世代都居住在沈阳,曹公虽然没有出生在这里,但他就是沈阳人。也正因如此,周先生认为沈阳是个人杰地灵之宝地。

先生之风,山高水长。想到周汝昌作为全国红学界的泰斗,对沈阳研红学人的关心和扶植,董志新在电话那端哽咽了:"周先生一生为红学呕心沥血,唯愿先生一路走好!"

壬辰雨水节纪事绝句(周汝昌发给董志新的四首诗)

一、零九新书了不知,友朋无讯也稀奇。三年更显新生命,邮购来时雨水期。

二、来书不必到书坊,网上安排孙女忙。陋室哪知天下事,南窗犹可透晴光。

三、有心之士特辛勤,搜尽当年毛论芹。如此根由结硕果,研红君建大功勋。

四、奇文共赏喜兼惊,疑义相商理路清。铁岭更是丰润证,红楼家世最分明。

从《沈阳晚报》的报道中,我才知道周公临终有"遗愿":不开追悼会,不设灵堂,安安静静地走。周公是国际知名的大学者、大文化人,是著名红学家、古典文学专家、诗人、书法家。他著作等身,对国家和民族的文化事业发

展贡献如此之巨大，而安排"身后事"如此之低调，先生的人品人格更加令人
肃然起敬！

我由此亦敬佩《沈阳晚报》的新闻策划：快速反应，组织整版的稿件，来
纪念这位几与 20 世纪相始终的中华民族的文化名人。稿件中有《红学泰斗
周汝昌辞世》的综合消息，有周先生的生平简介、诗词书法手迹和迟暮之年
仍不放弃学术活动的照片，有数位红学专家的悼念谈话的摘要。而且，在一
版最醒目的位置，用大字配照片刊有"红学大家远游，周汝昌昨仙逝，享年 95
岁"的阅读提示语。

我忽然想起，林娜在采访之时说："……就想找到沈阳与周先生有联系
的红学家，代表沈阳红学界和人民来悼念周先生。"她在采访中特意询问周
先生与沈阳的交往，我想到 2006 年 12 月中旬，《沈阳日报》记者李海峰曾经
专程到北京采访周公，回来在报上发表了长篇专访，引起了关于"曹雪芹祖
籍在沈阳"的讨论。《沈阳日报》三个多月连续发表讨论文章近二十篇。只
是在匆忙接受采访时，我没时间查资料，只把这件事情说了个大概。林娜的
报道中还特意点出周公"对沈阳研红学人的关心和扶植"，其意也在强调周
公对沈阳文化建设的关注、关心和关爱。其实，《沈阳晚报》和《沈阳日报》平
时就很重视有关周先生等红学家、有关《红楼梦》评论、有关《红楼梦》影视剧
排演欣赏等方面的报道，仅我收藏的剪报就有上百篇。

《沈阳晚报》的新闻策划和宣传举措，代表了沈阳"红迷"、红学爱好者和
研究者、古典文学读者和研究者以及从央视等媒体喜听周公演讲古典小说
和诗词的受众的愿望，表达了沈阳人悼念和纪念周先生的心声。文化精英
是一个民族和国家的"头脑"，知道敬重、敬爱、敬畏自己学术大家、文化名人
的民族和国家，是成熟的、有希望的民族和国家。

就我个人来说，记者快捷的报道，流畅的文字，选取的"新闻眼"，报社给
予的大块版面（三分之一版），寄托了我的哀思，使我悲痛、遗憾、愧疚的复杂
心情稍有缓解。还是周先生的"红楼缘"，使《沈阳晚报》给予我"代表"的身
份，给予我聊表寸心祭悼周先生的机会。

周公辞世，沈阳之国人自行悼念！思及此，我上街到报亭多买了几份当
天的《沈阳晚报》，寄给我曾经见过面的周建临先生——2010 年，北京曹雪芹

学会在江西进贤召开学术研讨会。周公是曹学会的荣誉会长,建临兄代表父亲与会。会议期间,学者们一起漫谈红学各种问题,建临兄在场,他能大段讲解《红楼梦》故事,背诵小说人物诗词,给我留下很深的印象。我与他还单独合影留念。建临兄与父亲合著的《红楼真影》一书,我亦有收藏。

二

建临兄接到邮件,很快发来短信:《他是谦逊严谨的大家》一文"当编入家父的纪念文集,请您同意为盼"。我回电话时,同意了他的建议。并表示被采访时,时间匆促,报纸版面又有限制,我要说的意思,还不能完全表达。如果编辑纪念文集的时间允许,我要补充内容写一篇缅怀文字。建临兄慨然允诺。

我与周公的"神交"亦因"红楼缘"。我在写作《毛泽东读红楼梦》一书的过程中,读过、翻过、查过周公二十余种红学著作,使我获益匪浅。在本书《后记》中我由衷写道:对周先生等红学大家和红学专家,我"折服敬服之心,难于言表;问学向学之意,萦回脑际;对他们那费尽心血的笔墨,总恨读得太少,懂得太浅"。这是真心话,绝非应酬之语。

2009 年,"毛泽东读四大名著"一套四部(其中包括《毛泽东读红楼梦》)出版,我也曾经送给一些知情的同事和同道。可我信奉"高调做事,低调做人"的人生信条,处世不喜张扬,鄙视顾盼自雄,总以为自己大半生只是个忙于码字的"文字匠",拙著仅是"业余水平",不敢送给大家高人。真是"成也萧何,败也萧何",这条人生信条使我能够摆正自己的位置,可这次也给我带来一种愧疚。这不是信条本身不对,是我运用信条缺乏具体情况具体对待的科学把握:像周公这样指教过我的长者,自己书出来了,怎么能不寄上汇报学习成果呢?!

我在上述回忆文字中,一再提到愧疚的心情。这种心情起始于短信传给我周公《壬辰雨水节纪事绝句》诗之时。周公红坛旗帜,且九五高龄,尚命子孙购求无名小辈之书,初翻之后,竟赋诗四首予以鼓励,这无论如何让人感动和欣喜。《壬辰雨水节纪事绝句》的前两首,周公描绘了祖孙网上淘书的情景,在充满书香的氛围中享受天伦之乐和知事之趣。诗句读后让人极易生发先生"灵秀如初，才情未老"的欣慰。

可是，作为后生晚辈，作为私淑弟子，作为纪事诗的被"纪"者，诗句提醒我有愧对先生之处：我只是书信向先生求教，而且次数也不多，而先生却视我为"友朋"。我却因忙于编辑部的案头杂务，而长期"无讯"，音问不达，致使先生有"稀奇"之叹；拙著出版，又机械信奉"低调做人"，并未想到先生有教我诲我之情，主动寄书以慰先生，三年了先生却"了不知"晓。这些，岂不有违弟子之礼，岂不有违友朋之谊。我在深深的自责中，寻求弥补过失的办法，这也是我决心赴京府上拜访先生的动因之一。可又因手头有一学会限期写作任务，未能成行。不料突然听说周公辞世，使我顿失弥补机会，愧疚之情达到极点。

可先生似未介意于此。纪事诗第三首转而着意评价《毛泽东读红楼梦》的撰著及价值。"研红"我是门外汉，"建大功勋"实不敢当，"有心之士"亦觉评价偏高。我理解，先生这样认可，其意在褒奖后进，扶持新人，着眼未来。先生说我"特辛勤"，拙著"搜尽当年毛论芹"，则道出了写书的酸甜苦辣，透彻指明了拙著的文献价值。我历来相信：笨鸟先飞，勤能补拙。先生可谓"知我者"矣。先生研红六十年，著作等身，深知著述艰辛，"如人饮水，冷暖自知"，因此珍视后来者成绩成功，激励后人"百尺竿头，更进一步"，先生学术胸怀可谓大矣！

纪事诗第四首，先生以真正学人的坦诚，指出与我学术观点的分歧，并坚守自己的学术立场。我据此推测，先生很可能了解了《毛泽东读红楼梦》书中《你是曹雪芹的同乡嘛》一节的内容。在那一节里，我概略叙述了曹雪芹祖籍"丰润说"、"辽阳说"、"铁岭说"、"沈阳说"的形成过程和主要观点。红学界尽人皆知，先生是"丰润说"的代表。我在2007年曾写了一组文章主张"沈阳说"（或"沈辽说"）。原来，我本意想客观叙述祖籍诸说，但行文还是有观点倾向。大概先生认为我对"丰润说"了解不够，引导说："铁岭更是丰润证，红楼家世最分明。"《红楼家世》是先生2003年出版的考证性著作。读先生的诗，我觉得祖籍诸说谁是谁非并不重要，令人有所感悟的是先生豁达的争鸣态度：他化用古诗句"奇文共欣赏，疑义相与析"表明争鸣的健康态度，对不同意见"喜兼惊"，与毫不知名的晚辈后进和气"相商"，而且首先看到你的长处,赞扬你叙述有法"理路清"。毫无居高临下之态,毫无咄咄逼人之势。有的是尊重珍视,有的是平等商讨。

《壬辰雨水节纪事绝句》是周先生晚年学术生活的生动写照,也是周先生关爱后学晚进的真实纪录。先生有意无意之间,记下了与我的"交往史"。绝句不事雕琢,构词平易而晓畅自然,描绘生动但颇含哲理。反复吟诵,仔细玩味,使我灵魂受到震憾和洗礼,向先生再次学到为学处友之道。我自忖将其作为学术活动的座右铭,秘不示人,激励自我。

此次突遇采访,且要"原件",我一时犹豫,对林娜说:"周先生的纪事诗虽然是写给我的,但我不能私下发表。"她以发表原件更有新闻根据说服我,而且强调这样做是更好地悼念周公。这句话有道理,我最后同意发表四首绝句的"定稿"。

三

如林娜在报道开篇所说,听到周公突然辞世的消息,我最初的情感冲击是遗憾!

为什么遗憾? 因为失去了已经约定好了的当面向周公请教学术问题的机会。缘悭一面,这个机会永远地失去了!

我研究毛泽东与现当代红学家的交往之时,写作《毛泽东与周汝昌》一文(未定稿),我深感周公是影响了毛泽东红学观的为数不多的红学家之一。我在《毛泽东读红楼梦》一书中已几处涉及到此事,只是没有集中讲,没有整体挑明。而在《毛泽东与周汝昌》一文中则专门作为一节来探讨。

毛泽东喜读《红楼梦新证》这部书,接受周先生的考证结论和红学观点,有证可查者至少有五次以上:

1953 年版《红楼梦新证》第七章《新索隐》第三十三条对《红楼梦》第五十三回、第七十五回提到的"胭脂米"(红稻米)做了考证。考证文字很长,而且都是 6 号宋体字印的,字都很小,但毛泽东阅读时都一一作了圈画。当时毛泽东已经年过花甲,对《红楼梦》中有关"胭脂米"描写的考证文字,看得这样仔细,看得这样认真,可见他对《红楼梦新证》一书的兴趣。

毛泽东 1960 年 4 月 14 日说曹雪芹只是个清朝的拔贡,但是很出色。这个考证结论见之于 1953 年版《红楼梦新证》第二章《人物考》第一节《点将录》。周公引用四五种文献辨证此事。

毛泽东 1964 年 8 月 24 日说：曹雪芹的家是在雍正手里衰落的。康熙有许多儿子，其中一个是雍正，雍正搞特务机关压迫他的对手，把康熙另外两个儿子，第八个和第九个儿子，一个改名为狗，一个改名为猪（《毛泽东文集》第八卷，人民出版社，1999 年，第 393 页）。此说见 1953 年版《红楼梦新证》的第六章《史料编年》。周公于雍正五年条引《永宪录续编》的记载，详述此事。

毛泽东于 1970 年代的一次会议上，对丰润人吴德说"你是曹雪芹的同乡"，据此可知毛泽东认可了曹雪芹祖籍丰润。此说见之于 1953 年版《红楼梦新证》第三章《籍贯出身》第一节《丰润咸宁里》。

毛泽东晚年仍然喜读《红楼梦新证》。那时他患白内障，要求工作人员将《新证》中最爱读的章节印成大字本，以便阅读。据毛泽东图书管理人员徐中远介绍，约从 1972 到 1976 年，共印《新证》章节大字本三种七函五十三册：《红楼梦新证》第七章《史事稽年》，五函四十册。《红楼梦新证》第九章第四节《议高续书》，一函五册。《红楼梦新证》附录编《本子与读者》，一函八册。这三种大字本是根据《新证》修订版排印。

2009 年中国红学会成立三十周年纪念会期间，我在红学会副秘书长任晓辉处见到大字本《红楼梦新证·史事稽年》的实物，并拍了照片。这是晚年毛泽东喜读《红楼梦新证》的历史证件。

毛泽东与周先生"神交"的媒介是《红楼梦新证》。从 1950 年代到 1960 年代，从 1960 年代到 1970 年代，毛泽东的《新证》旨趣几无削减，晚年尤甚。这固然与毛泽东的文化性格、红学关怀有关，更与《红楼梦新证》是独步一时、俯视一世的学术杰作有关。如果据此说毛泽东是《红楼梦新证》的知音，不为过誉！

确确实实，周汝昌先生的《红楼梦新证》影响了毛泽东的红学观点和红学实践。

可我对其间的有些事情，思而不解，准备当面请教先生，以便掌握历史事件的第一手材料。比如，1953 年版《新证》第七章《新索隐》一章，在"批俞评红"大讨论中被视为与"索隐派"用了同样的"猜谜"法,受到激烈批判,1976 年修订版《新证》删掉了这一章。但是,毛泽东并没有用挑剔和批判的眼光读这一章,而且读时画了不少表示肯定和赞同的圈圈杠杠。上面举到他圈画"胭脂米"的故事,就是一例。在我看来,这一章主要内容是红楼本事与曹家史事的关系,也就是素材与创作的关系,不能简单与"索隐派"划等号。毛泽东读《新索隐》的史实,早在 1997 年出版的《毛泽东读评五部古典小说》(徐中远著)一书中就有披露,周先生知道此事,在随笔中也引证过。那么,周先生为什么在以后出版的《新证》中,仍然没有恢复这一章呢?这件事情虽然只是一个"点",可关系到毛泽东、周先生如何看待索隐派、考证派的学术立场,此情乃大。我多想亲聆先生的教导,以解惑化愚(就在我写到此处时,偶然见到 6 月 8 日的《中国新闻出版报》上,载有影印出版 1953 年版《红楼梦新证》的消息,稍慰愚衷——既然是影印,肯定包括第七章《新索隐》)。

当面求教的大门已经开启,可它突然永远地关闭了。这让求教者追悔莫及:我怎么不早日去呢,我怎么不早日去呢……真是学术界的莫大损失!莫大损失!!

一颗睿智的头脑停止了思维。他用六十余部著作垒起了红坛的珠穆朗玛,矗立在千千万万读者的心头。

"石头，其实是一面镜子"

——周汝昌先生的忆念

陈景河

　　九十五岁了，人称"世纪老人"，天津卫乡亲尊称为"人瑞"。按中国的丧俗，称得上是喜丧。尽管如此，听到周老去世的噩耗，还是禁不住悲伤。

　　周汝昌先生是继胡适之后，新中国研究《红楼梦》的第一人。他的《红楼梦新证》等论著，为《红楼梦》研究提供了受用不尽的文化资粮。笔者自然也是捧读周老的论著涉足红学，并多次聆听周老的教诲，受益甚多。

"笔下名荒却不荒"

　　1990年初，笔者不揣鄙陋，提出《红楼梦》开篇的"大荒山"，是指现今的长白山。女娲所炼"补天石"，呼啦啦补天去了，象征满族入关取得天下。剩石一块，幻化为贾宝玉，看到历经百年的满族贵胄（"补天石"们）腐朽没落，不堪药救，大清之天，行将坍塌——书中"顽石"象征满族贵胄，作者本旨在于揭大清盛极而衰——个中秘辛，窗纸一样，一捅即破，无须高深论证。

　　当时，承蒙红学巨将胡文彬推荐，我参加了"1990哈尔滨红研会"。会上，我不知深浅地做了四十分钟发言，谈了"大荒山无稽崖青埂峰"，谐音寓意为"长白山勿吉哀清根封"，等等——会场鸦雀无声。会下，一位老学者指点着我的脑门说："这下子让你小子'叩'着了！大荒山是指你们的长白山，你说对了。《红楼梦》还提到'东省'，你回去查一下。"

　　我不忘黑龙江人对我的鼓励，使我有勇气赴京去请教专家，包括去红庙周老的家。那时,周伦玲还是新鲜鲜小媳妇模样,她热情而礼貌地告诉我,周老去天津与其兄周祜昌写书。我把自己的作文留下,希望得到周老的指正。过了一个月光景,接到周老的亲笔信,说:"大荒、无稽早有印象,亦言之成理。你精研不息的精神,令人感佩。"当时我还有点疑惑,周老是不是出于客气,才给予"长白山说"以基本肯定?

不过,从此倒是开始了与周老的道义之交、忘年之交,数次进京拜访周老,将大荒山之为长白山、灵河之为松花江、顽石与绛草的象征、"太虚幻境"隐写满族萨满女神神殿等满俗,讲给周老听。老人家双耳失聪,习惯地将右手掌立于耳畔助听,听到得趣处,便深深地点头,或露出天真的笑容。一次,周老感触地说:"你讲的,关乎书的本旨,涉足大关键,须是写一部大书才能解决。我等待看你的书。"这让我倒抽一口冷气,我于红学,纯属业余,提出一些思考供红界参考罢了,不想陷于这片是非多多的"沼泽地"。大约周老觉出我的心境,铁岭红研会后,赐诗一首,直接回应我的"长白山说":

> 笔下名荒却不荒,雪芹狡狯例非狂。痴情君独钟长白,弱水蓬莱想一方。

意思是说,你所言"大荒山"之为长白山,听起来荒唐,却并不荒唐;雪芹"狡狯"的瞒蔽手法也并非出于狂悖;唯有你才这样钟情长白山啊,而"弱水蓬莱",咱们想一块儿去啦!

"蓬莱弱水"出自第二十五回,凤姐、宝玉遭了"魇魔之灾",癞僧跛道赶来救治。有《跛道诗赞》:"一足高来一足低,浑身带水又拖泥。相逢若问家何处? 却在蓬莱弱水西。"蓬莱,泛指神仙之境;弱水,黑龙江的古称。铁岭红研会上,周老曾问我弱水是指哪条江? ——此前有人告诉他是指松花江。我说:"确切讲,是指黑龙江,女真人的故墟,'太虚幻境'所在。"周老高兴地说:"这就对了。"

"红学中心到此间"

2000 年初春,我赴京办事,顺便拜访周老,并送上一本拙作《走出柳条边》，此后周老便常常提到大清封禁产物的柳条边。

这年9月，吉林省红学会主办的红研会在延吉召开。周老因感冒无法莅会，双目近盲，仍热情地致函并赋诗给大会，并预言："红学中心将逐步移向榆关东北的柳条边南北两侧，其前景无限。"诗曰：

> 柳边表里事般般，红学中心到此间。龙岁长春传盛会，共研白山证千山。

从周老的来函和赋诗，看出周老对辽吉两省学人的研究成果（祖籍铁岭说、长白山说）十分赞赏，对东省红学寄予厚望。周老告诉我们说："有人对红学中心到此间提出质疑，说'你把红学中心整到关外去，我们上哪儿摆呀？'我说这是没法子的事，那儿学术民主，思想开拓，就出成果。我没有私情，没有偏心，东北那片土地对我们太重要了。"当他得知吉林不仅考证出大荒山、太虚幻境等的满族文化渊源，而且从"警幻"、"意淫"、"暹猪"、"烧包夫"等满语的构词特点推断出，曹雪芹不仅懂满语，还通满文。周老兴奋地说："这正是我要知道的！吉林不同以前，还是有些朝气，有些不同声音！非常新鲜，给我这不懂的增加了知识。"他盛赞铁岭的金鑫、李奉佐二位对曹家祖籍在铁岭的考研："那工夫下的大呀！悟性也强，材料丰富极了，让人心服口服！"当有人预测周老不会莅临三省红研会，我则认为他老人家必来无疑。对红学真知的追求和认同，促使周老必躬亲莅会，以实际行动支持"红学中心到此间"的预言和论断。果然，周老来了，精神矍铄，意气风发，会上两度发言，慷慨激昂，兴致盎然，不仅提升了会场的精气神，而且将自己的思考重心转向辽海、长白和黑龙江迤远。这集中体现在给铁岭红会的两首诗中：

> 其一：潢海谁知辽海同，铁山布站打围风。襄平汉县明边卫，写入红楼地也红。
> 其二：蓬莱弱水在何方，三省联翩一瓣香。此日襄平传盛会，红楼源远更流长。

《红楼梦》里隐藏有一部满族"兴衰际遇"的流布图:弱水—大荒—潢海—京都—维扬……最早意识到这一点的应该是周老,在他提出振聋发聩的《还红学以"学"》之后,又明确提出"芹书内涵,满学为主,汉俗次之","不懂满学,读不懂红楼梦"。他一针见血地指出:胡适先生的"红学见解又实甚浅薄(只看见曹氏文学艺术的家庭环境,与'坐吃山空'的败落原因),而且,二十五年间,并无多大进展。其故安在? 恰在他不懂也不肯专研满学,所以再也深入不下去,陷于(满足于)停顿"。

这段话,充分显示周老的学术勇气。至于谈到"红学中心到此间",更多是体现老人家对辽吉两省红学的殷切期望,让我们不安。一个中心的形成,需要具备许多条件,不是一两个新观点所能铸就。周老的话,促使我们加倍努力,更进一步。

"两方脂砚志嘉惠"

2001 年 9 月,铁岭召开东三省红研会。会间,吉林红学会带给周老一方松花石的"脂砚"。周老一见,大喜过望,脱口而出:"这本身就是文物了,可喜可宝!"周老摩挲着"脂砚",笑着说:"石头,其实是一面镜子,在它面前谁也作不了假。"——当时,我觉得这话有深意,便默记在心。

开完会回到长春。10 月初的一天,我接到铁岭李奉佐先生转来周老的信。因周老近盲,信纸上的字,往往挤在一起,叠罗汉状,实难辨认,只读出所送脂砚"遭毁伤,痛恚不已",其他字句,无法顺读。我赶忙打电话问周伦玲,"脂砚"怎么啦? 火车上丢了还是摔坏啦? 伦玲告诉说,不是火车上,是到家掉地……刚说到这儿,电话被周老抢过去——至今我还纳闷,双耳失聪的周老怎么会感知到是我的电话? 他电话中急切地说:"我太昏聩了,有愧你们的厚意,这件东西做工好,质地温润,我太喜欢了! 听说只做了两件,今觍脸相求,能否请那位藏友惠让于我,提出什么条件都行,谨当量力以酬……如实在不能,亦绝不强人所难,夺人所好,唯自嗟自责罢了。"

原来,周老得到这方"脂砚",爱不释手,在宾馆里把玩,回程火车上也拿出来摩挲。没想到捆盒的红绳质地粗硬偏滑,到家一拿起,绳开砚落,摔为两截。周老十分懊恼,痛惜,多日为此不快——这是事后得知的。我觉得,像周老这样把松花"脂砚"爱到这份儿上的，实属罕见。我当即向周老表示，一定想办法给您再弄一方。

原来我有个呆意思在心里，这方松花石"脂砚"，经周老把玩，又有了毁伤的"传奇"，已非常物可比，倒是更值得收藏了。于是我将红学会收藏的一方送去，将周老那块替换回来，修复一新，陈列于展室的橱窗。

至此，这方"脂砚"的传奇该画上句号了。一天，我突然发现橱窗里的"脂砚"不翼而飞。出了盗跖？我呆了，顿时感到透心凉。我自责、痛惜，怎么忘了，坊间有明白人，周老玩过的砚，价值不菲！

"文归石上彩云飞"

"文归石上彩云飞，百万微刻夏复冬"——这是周汝昌老先生为八十回《红楼梦》微刻题写的诗句。

1999年春节后一天，接到会长孙占国电话，说："彭祖述微刻八十回《红楼梦》，我看了，不错。谷书记让红学会帮个忙，跟省文联一起，写个鉴定书，确认下来。"于是，我有幸去彭府看"石书"。

中国微刻艺术历史悠久，殷商甲骨文中已有微刻，明代王叔远在核桃上刻苏东坡等五人泛舟赤壁，称奇巧人。现代微刻者多在象牙、烟壶、米粒、发丝上"作业"。像彭祖述这样，以综艺手法，在只可盈握的彩石上刻书，尚属首见。石上，麻麻点点，远望雾雪一片，近观细雨霏霏，显微镜下，蝇头小草龙行蛇走，确也让人惊奇。惊奇归惊奇，对这部石书，我并不那么看好。一是《石头记》毕竟是一部纸书，硬是还原于石头上，给人以胶柱鼓瑟之感；二是彭先生对《红楼梦》的理解实甚肤浅，观念尚停留在五十年代，又固执得很，不肯与人交流；三是微刻石头上的是一色行草，简单划一，缺少变化；四是借助于放大镜方能阅读，玩物而已。

尽管不太看重这部"石书"，并不影响我全力以赴地帮他。

一天又接到会长的电话，说："彭祖述要求再到北京请红学专家鉴定一下，找权威人士写个序，我看可以，谷书记也赞同。你北京熟，带他去一下，也算红学会一项活动。"那就是说，全部经费红学会负责？占国说，是他老伴养君子兰挣了些钱，买石头花的差不多了，经济上很拮据，经费就由《红楼梦》学会先拿吧。

求中国红学会专家鉴定并不难,给张秘书长打了个电话,他说,来吧,专家随时恭候。可是,找人作序,却颇费周折。

首先,找谁作序? 考虑到"石书"有可能卖到海外,他欲请的撰序人,显然不合适,我建议改选周老。彭同意了。

一打电话,伦玲说:"眼睛不行,写不了啦!"

呀,这可怎么办? 我灵机一动,又给伦玲打电话说:"这么着,我先按周老笔意起个草,由老人家过目修改,您看,成吗?"伦玲慨然道:"成啊! 那可就辛苦您啦!"——现在看来,我是多么不自量力! 周老行文半文半白,惜字如金,遣词用字,洗练准确,篇篇堪称美文——他的笔意是可以仿的吗? 仿得上来吗?

就这样,我不自量力地豁出自己,日夜兼程,重读周老的红著,查阅相关资料,费时半月,终于"凑出"一篇略看得下去的作文,暂定名《彭祖述先生微刻〈石头记〉小引》(后发表于《红楼梦学刊》2001 年第 4 期)。

话休絮烦,书归正传。那天周老知道我带人来,已恭候多时。我把自己写的那篇拙文递给伦玲,算是完成"代写"之诺。彭祖述搬出刻石,周老很兴奋,取出高倍放大镜,反复摩挲、查看。六方刻石看罢,撂下手中放大镜,兴奋地讲:"中华民族对石类的观察、思考,极其深细,对产地、质地、形貌的研究达到高度水准,还能体会出不同石类的'德性'。《礼记》中记有'君子比德于玉'的哲学认识,将'玉德'分为六项。雪芹深得其中壸奥,让女娲所炼一块剩石具有灵性,它变成美玉,又变成一个人,经历了人间的悲欢离合,将那经历刻在石头上,成了一部小说。彭先生又把它复原在石头上,本身就是机缘巧合。清代曾重刻十三经全文立于国子监,彭先生这部石书堪称十四经……"

周老对彭的"石书"评价极高,并盛赞他选取的戚序本,如是选刻"坊间伪篡之讹文劣续",其价值就大打折扣了。

应该说,彭先生遇到了良师益友——我趁机向周老介绍了同来的王洪涛老先生,他手抄了戚廖生序八十回《石头记》,无偿献给市图书馆,还建议彭先生刻戚序本。

王洪涛谦虚地说："是请教魏绍昌老先生才定下来的。"

接着，彭祖述将自己如何爬山涉水下地坑，行程万里追寻嘉石良珉的般般苦衷讲给周老听，周老不住地点头，感慨唏嘘。

时间不短了，担心周老累着，我赶忙书归正传道："周老啊，这次登门是有求于您，彭老哥爬山下坑，九死一生，历时八年，刻成这部石书，不容易！今天来，一是请您鉴定一下；二是求您写个序，放在最前面，石头都给您选好啦！这件事，我跟伦玲电话中商议过，怕您目力不济，代您先写了个'小引'，看能不能抛砖引玉出来……"

周老笑了。

就这样，终于引出周老的《红楼石经》——一篇绝美的序文，又促成长春和北京大观园的展出。

红学泰斗、文界巨擘周汝昌先生，九十五岁，驾鹤西去，俗称"喜丧"。尽管如此，我们得讯，仍悲痛不已。他那天童般的稚气，天使般的睿智，与时俱进的进取精神，海一样的宽广胸怀和包容性，无私无畏的战斗风格，永远留在我们的记忆中。他著作等身的考据、索隐、文论，将作为红学富矿永远贮存于世。今天，当我们对周老追思和忆念之时，请记住老人家的那句话："石头，其实是一面镜子。"

2012 年 6 月 16 日于顽石轩

"为芹辛苦"

张贵发

我与周汝昌恩师相识于一堂"《红楼梦》新证"大课,从此先生成为我的文学导师。我常前往京城红庙"陋室"般的周府。恩师见缝插针培植的青竹,枝繁叶茂,节节傲骨,同硕大瓷盘上"为芹辛苦"刻字交相辉映。

我向老师请教诗词歌赋、书法及文字学知识,也为老师查阅书籍、资料。

读《红楼梦》,常被书中所涉及的医学所折服,所述医道之深,所释临证之精,是当今任何医学文学作品所不可比拟的。正如汝昌师说:"曹雪芹当年写《红楼梦》,并非专为医学而写,但小说中却有很多宝贵的医学知识。《红楼梦》全书涉及中医描写有 291 处,约 5 万余字,出场的各类医疗人员 14 人,不同疾病 114 种,有效方剂 45 个,药物 127 种,使用各类医学术语达 160 多个,有完整或比较完整的医案 13 则。中医学各方面的知识,从基础理论到临床疾病诊疗、方药、针灸、推拿、保健养生,以及与医药有关的风俗习惯等等,都在这部书中得到了反映。"

曹雪芹名曹霑,号雪芹、芹圃、芹溪。为什么三个号都离不开一个"芹"字。汝昌师考证,曹雪芹钟情苏轼之诗,苏轼的《东坡八首》中,有"泥芹有宿根,一寸嗟独在;雪芽何时动,春鸠行可脍"的名句。并自注:"蜀八贵芹芽脍,杂鸠肉为之。"泥芹之泥虽是污浊,但它的"雪芹"却出污泥而不染。曹雪芹住在西山的时候,曾用野芹熬汤治愈了一名叫马青的茶馆伙计,从此医名大震。后来他用中草药治好了许多苦命人的病。为了进一步表明他的志向,他便特意给自己取了一个雪芹的号,意思是愿做一棵山乡的芹,既可给父老乡亲们充饥,又可为穷人治病。可见对于饱读诗书的曹雪芹来讲,成为一个良医似乎也不难,因为只要读过《红楼梦》的人就会从中体会到曹翁深厚的中医功底。曹雪芹还经常在溪水边采摘野芹,制成药物送给穷人口服医病。所以他又称芹圃、芹溪处士。汝昌师自题"为芹辛苦",半个多世纪以来致力于《红楼梦》及作者曹雪芹的研究。

1992年6月汝昌师为我撰写的《还精补脑新解》一文在报上发表,阐述"精向有'精神'、'精彩'、'精英'、'精华'等词语,这就表明我们先民早已懂得,精是生命之根本","我以为张贵发最大的贡献是确立还精补脑的科学道理,阐释了精与脑的密切关系"。因此,"张贵发所著《医道合参中风论》,是一篇医学重要论文,不但在医疗理论实践上有其重要性,即在中华文化史上,也有深远的意义"。汝昌师嘱我转益多师,深入研究《红楼梦》中的医学思想,让医学与文学互动,期望更多的富有文学性的医学作品问世。并送我四字箴言:"当仁不让。"

悼周汝昌先生

孙旭光

　　今年的春季来得晚，恭王府的海棠雅集比往年推迟了一周之多。单位的同仁匆忙整理出诗篇七十余首，呈送给周汝昌先生，希望周先生拨冗作序。其间，便已经由周建临先生及周伦玲女士处得知先生那几日身体不妥，难进食菜，托付很多朋友寻找几种药物，我也寻过几位朋友帮忙。不想短短几日，先生竟突然离去，而海棠雅集的序跋也成了先生的最后遗作了。

　　说来，海棠雅集的恢复与周先生有莫大的渊源。恭王府的海棠雅集活动由来已久，自清代恭亲王奕䜣时期便是定制，其后人载滢及其孙辈溥儒一以贯之，溥儒先生组织的海棠雅集，启功先生和朱家溍先生都曾作为晚辈参与，且有相关的文字记载存世。至辅仁大学时期，恭王府后花园中司铎书院的几株海棠闻名京城，每至花开时节，陈垣校长便邀请京城学人及校内名师于书院一聚，吟诗作赋，后成海棠诗社。辅仁大学校刊《辅仁生活》第十五期对诗社有明确的记载且刊录社员诗词几十篇。周汝昌先生与他的老师顾随依东坡定慧院韵唱和的诗词网络上也可寻得。

　　2010 年 4 月，周先生致信与我，倡议在恭王府重新设立海棠诗社。一个府邸，修缮得再完好，也无非是个物质空间，想要尽可能地复其原貌，必须要将其内在的精神活动加以复原，还原其内在的生命力——这一点上，我与先生不谋而合。接此函未久，先生又追一函，复提两点建议：一是建议敦请有名望的领导出任社长，二是将海棠诗社改为海棠雅韵社，以改旧文人习气，给人崭新的印象。

诗社是一种高级的文化活动,名为"诗"的活动,其实不限于吟诗填词,可以成为有关传说、文献汇集之处;可以上升为某一层的专题的研究组织;也可以发展为向世界文化组织、读者们介绍我们中华的这一种十分特殊的文化现象,具有极大的中华文化的特点特色。

第二年初春,园内海棠初开之际,首次海棠雅集成功举办,梁东、童道明、李文朝、李栋恒、陈平等诗家学者及吴钊、谭孝曾、濮存昕等艺术家出席,先生得知此信息后,再次致信恭王府并发来了贺诗,先生讲海棠诗社迈出了第一步,是一个吉祥的开端,能够得到众多的学士才人的热情关怀和支持,可以预卜前途光景无限美好。

作为恭王府文化建设的最大关注和支持者之一,周先生对恭王府文化的贡献不只于海棠雅集。早在 2010 年初春,我首次去红庙寓所拜访先生,谈及与恭王府的渊源,先生兴奋非常。话间,先生表述:搞了六十年的《红楼梦》考证,考证很多,但有一项最得意的就是考证了恭王府与《红楼梦》的关系,所以见到我,觉得自己更是义不容辞、当仁不让地要与恭王府合作把这项成果系统地整理保存起来,留给社会。后经几次探讨,便与先生打磨出来现今恭王府的两个重要文化项目,一是录制先生讲述恭王府与《红楼梦》关系的讲座资料,一是结集出版自清晚期以来学者、专家论述讲述有关恭王府与《红楼梦》关系的专著文章。事实上,研究《红楼梦》中描述的官府礼制、饮食、习俗、节日庆典等,恰恰也是王府文化研究的重要组成部分。

讲座从历史、建筑、曹氏宗室等多个角度层面,通过引述大量史实材料,阐述了恭王府这个地点自北宋徽宗时期便有皇家园林,历经宋、金、元、明、清五代的连绵变化,阐述了曹氏宗族的几代家世、身份、文化和修养,阐述了恭王府的建筑格局及周边的建筑群落与《红楼梦》描述的诸多关联,详细论证了自己关于恭王府与《红楼梦》关系的考证,字句间广征博引,史料翔实。讲座的录制自 2010 年 4 月份始,持续了近四十日。先生设置十二讲,总时长达二十余小时之久。先生时值九十三岁高龄,此时想到那时准备工作及资料搜集工作之繁重与工作量之浩瀚,顿感心酸与钦佩。这些视频资料现在已经成为恭王府弥足珍贵的文化遗产。

而今,先生已逝。回想此前数月,寒气尚未消散,先生便嘱托家人早早递来海棠雅集的诗稿,先生的诗稿随雅集邀请函一并发与参会的诗家学者,不多日,众多诗家便依先生原韵唱和起来。我也不揣浅陋,拙篇唱和,以短信形式呈送周建临先生代转先生指正,时间未久,先生竟发回诗篇言谢,使我受宠若惊,信息如下:

诗谢旭光主任赐和拙篇

清夜读寻诗,宠章入梦迟。云霞出海曙,更漏助文奇。旧邸增风采,新图运睿思。雨晴红更满,池上耀棠梨。

注:温庭筠《菩萨蛮》有句云:"池上海棠梨,雨晴红满枝。"

此信息为 5 月 18 日发送,5 月 21 日,先生又托周伦玲女士发来了《海棠雅集》诗册的序言。不想十日之后,先生竟驾鹤归去,而手中的诗篇跋语余温尚存,匆匆走笔,记先生一二事,以为先生千古。

周汝昌先生与地方志

郭凤岐

　　周汝昌先生生前关心天津文化。对水西庄文化的研究,其"想法和愿望,怀之已久"。在先生的倡议下,1992年3月28日水西庄学会成立,先生作为顾问,并发来《书面贺词》:"喜幸之怀,自非片言可表。"先生亲自参加水西庄学会的活动,讲了重要意见。我是水西庄学会副理事长,第一次与先生结识,先生的渊博知识,使我顿生敬仰之情。三十多年来,先生撰写了大量水西庄的文章,精辟论述了水西庄文化定位,其文化涵量"是高级次的"。先生对水西庄的发掘、研究,给予了很高评价,认为这是红学研究的突破性进展,并首肯了水西庄是《红楼梦》大观园的重要原型之一。

　　先生关切天津志鉴。2000年5月28日,我拟请周先生为《天津区县年鉴》和《地方年鉴基础知识选编》作序,写了一封求序信,附上序稿。一周后,先生寄来了3000多字的大序,且序言的前半部分,完全是自己新写。先生时年八十多岁,身体康健、精力充沛,但是视力较差,是使用放大镜,一个字一个字地把序写完的。先生说:"只核定了前半部分(实际是重写),眼就看不见了(双层放大镜……)!请先照排,然后给我一份放大的校样,以使复决为要。"令人感动至深! 呈送大字稿本后,先生进行了反复推敲,一字不苟。其严谨的治学精神,堪称表率。先生虚怀若谷、谦虚恭谨,表现了大方之家风范。

　　此后十多年间,我先后五次进京拜访先生,并多次信件来往,结下了深厚的师生情谊。

先生关爱天津志人。2001年春节,先生八十三岁高龄,视力减退,赠我珍贵墨宝:"志林英彦郭凤岐先生沽上周汝昌(印章)。"使我受到极大鼓励和鞭策。在向我谈起墨宝时,先生兴奋地说:"人家不会相信这是没视力人所写,你们可不要看轻了(指墨宝)。写那么好,要得利于天时、地利、光线、心情。这两年视力下降很快,现在要写,写不了了。有时写小字,把周字的'口'写在了外边。很多人要我签字,都签不了,几乎每天都有这方面的来信。"先生并嘱咐:"把字画要裱好。"

我把《天津市区县年鉴》和《地方年鉴基础知识选编》呈给先生,书中有先生的大序;还有《天津大辞典》、《天津通志·旧志点校卷(上中下)》。先生看后高兴地说:"你们很忙,出了这么多书,不容易,不简单。"并连连称赞:"好,好!"还说:"人才最为重要,不论什么政策,都要人去执行。天津如不是郭公,旧志点校也弄不出来。"我马上解释:"您老过奖了,这是很多人共同的心血结晶。"先生并对志书讲了精辟见解:"志书要重视人文内容。"这个意见,切中新编志书要害。此后,我们强化了志书人文内容记述,在全国受到好评。

先生还爽快地说:"《今晚报》办得好。你们要同《今晚报》合作,把《今晚报》副刊《天津卫》专版的文章出成单行集子。"周汝昌先生对我们谈起怎样做学问,他说:"做学问,不但要占领资料,还要有悟性。要培养自己的悟性。"并举了字音音变的例子说:"张各庄,就是张家庄。因为南方有的地方把'家'说成轻音的'各'。"还语重心长地说:做学问"不但要专,还要知识面广。做杂家很不容易,知识面多了,各个点容易一点就通,融会贯通"。

当我送上拜会先生的照片时,先生用放大镜一张一张地仔细看,并不住赞许:"照得好,神态笑貌很自然。这要感谢西方发明照相机,要学习西方文化。我们祖先也很聪明,做事也很讲科学,不要看不起我们祖宗。'天圆地方'就很科学,谁说不是科学?"说到这里,先生开怀大笑。

中午了,考虑到先生的身体,我们有辞别之意。先生说:"我们一见如故,海阔天空。"并满怀依依不舍之情说:"舍不得你们走,与你们见面太少了,不方便。"并送我们到单元门口。

　　先生时时关怀着我。除了信件之外,2006 年 11 月,还让韩吉辰代问我说:"郭凤岐先生文甚好。请代问:南查起家,是否也与盐业有关? 盼赐回音。"我即撰写了《南查以盐致富》一文,寄给先生。

　　先生的仙逝,使国家痛失一位红学泰斗、文史大家;使我们痛失了一位可敬、可爱的导师。先生走了,其音容笑貌,时时浮现在我的眼前,永远铭刻在我的心中……

怀念周汝昌先生

王家惠

　　5月31日晚上快12点的样子,我正在床上看书,准备入睡,忽然妻子的手机响,一看是在北京的女儿的短信,只有一句话:周汝昌先生辞世。

　　虽然周先生已经九十五岁高龄,身体又一直不好,对于他的辞世早有心理准备,但是乍一听到消息,还是感到突然,因而再也不能入睡。

　　初识周先生,是1990年代初期,当时丰润县委决定开展曹雪芹的研究,同时进行经济开发。于是由当时的文教局副局长张平同志带队,组织了一个考察组,先赴正定考察了荣、宁二府的建设和开展旅游的情况,当地的同志很热情,当时著名作家贾大山先生担任正定县的政协副主席,他还特意到住处看了我们,陪我们吃了晚饭。

　　正定考察结束,我们便赴北京,到著名作家管桦家中,与管桦、陈大远两位前辈作家座谈。座谈中,管桦提议我们去看望一下周汝昌先生,听一听他的意见。当时由管桦夫人李婉表嫂打电话给周老的女儿周伦玲大姐,商定了当天下午到周老的家中。记得李婉表嫂还特意嘱咐我,说人家周老是著名学者,你这张嘴要注意,不可瞎说。对于周先生,我是景仰久之,上大学之前,我十八岁,正在遵化县农机一厂办公室工作,当时再版了一本新书《红楼梦新证》,这在当时是非常罕见的事情,因为当时能够出版的学术著作只有郭沫若的《李白与杜甫》、章士钊的《柳文指要》等少数几部。是新华书店的同志直接送到了厂里,说这本书的出版很不容易,我当时就拍板买下来。翻看一遍,半懂不懂,记得最感兴趣的是其中《史事稽年》的部分,因为当时我对于清代的历史是一片空白,我的最初有关清代的知识就是来自这本书。上了大学之后,又看了几部有关"红学"的著作,方才对于这本书的学术价值有了一些了解,也很认真地重新读了一遍。如今要当面与周老对话,心中也颇为忐忑。幸好当时周老身体尚好,谈锋甚健,两个多小时的会面时间,几乎都是老人家在讲,对于丰润的想法给予了充分的肯定,并指出今后发展的方向。这是我第一次见到周老,也是丰润县第一次与周老建立了联系。

从那以后,我就开始经常与周老通信。1993年,我根据当时公布的一件有关曹家的档案和丰润发现的曹氏家谱,写了一篇考据文章,论证丰润曹钫之子曹渊曾被曹雪芹的祖父曹寅收养。由于是第一次写考据文章,心里很是没底,便同时寄给了周汝昌先生、杨向奎先生和刘润为先生,想听一听他们的意见。让我想不到的是,三四天之后就同时接到了周老和杨老的来信,周老在信中对我的文章做了高度评价,认为是近世治曹氏家世论著中难得之作,他还同时写了一篇跋文,特嘱不论在何处发表,请缀于文尾。这就等于给我的文章开了通行证。杨向奎先生也同样做出高度评价,并且说让我把文章寄给刘润为先生,就说是他说的,请他在《光明日报》发表。这个时候刘润为先生的电话也到了,他说已经把文章给了《文艺报》,他自己也同时写了一篇文章。就是这样,在1994年的元月,我的文章、刘润为先生的文章和周老的跋文同时在《文艺报》发表出来,整整占了一版的篇幅。这一下子就震动了红学界,好多学者发表文章讨论。《文艺报》还特意召开了一个研讨会,对这几篇文章展开争论,一些著名的学者比如王利器、邓绍基、周绍良等都参加了这个会议,会后发表了各人的发言和会议纪要,稍后美国也有学者参加了争论。这一场争论规模很大,持续的时间也很长,以至于进入新世纪之后,还有人撰文称这一场争论是1990年代红学界八大热点之一。应该说就是这篇文章把我引入了红学,这一点上周老发挥了决定性的作用。

2001年左右,我应邀为中央电视台电视剧制作中心创作电视连续剧《曹雪芹》。刚开始写了一个大纲送上去,很快就有了回音,说可以进入分集提纲的创作了。我很认真地做了一个六万字的分集提纲送了上去。记得那一天我正到中央电视台办事,在中央电视台的大门口接到了责任编辑王芸的电话,说分集提纲已经通过,可以进入剧本创作。我当时无论如何也不敢相信,因为这毕竟是中央电视台的电视剧中心,在提纲阶段改个几稿是常事。我说这怎么可能,王芸说怎么了,你还想改呀?我说就是不敢相信。后来剧本的初稿出来,送到中心,当时中心的文学部主任是谢丽虹,她问责任编辑徐小滨,说本子怎么样。徐小滨说:"我觉得如果领导不起幺蛾子的话,应该一稿过。"于是谢丽虹当机立断,说先请专家们论证一下,听一听专家的意见再改。

论证会很快召开,红学界请的是周汝昌、蔡义江、胡文彬三位先生,文学界请的是王蒙、刘心武、李国文三位先生,还有著名文艺评论家谢玺璋先生和中央电视台看片组长陆善家先生。当时王蒙先生在国外,没能莅会,刘心武先生是什么会议也不参加,但是写了一个很长的书面发言,由人代读的,李国文先生到会。因为事前有关部门的领导已经有了态度,说我们就相信周汝昌先生,只要周先生说行,这个本子就可以通过。那一天是我接的周先生,一路上谁也没说本子的事情,光讨论曹雪芹的祖籍问题了。会议由张华山先生主持,华山先生简短地致了开场词,就是周老发言,他这个发言可谓一言九鼎,决定这个本子的成败,因之大家的情绪都很紧张,脸上的表情都看得出来,很严肃。周先生开场就说:"这个本子我认真看过了,我用四个字来评价,就是'体大思精'。这个本子在红学、曹学乃至杂学上涉及的方面太多,搞到这个程度很不容易。如果我是考官,家惠先生是举子,由我来给他打分,打多少分呢?八十五分以上。"他这个话一出,全场人员都松了一口气,脸上的表情明显和缓,互相递起了水果。可以说这个本子如果没有周先生说话,是根本成不了的。

进入新世纪,我搬了家,有了一间比较像些样子的书房,我很高兴,到周老家里去的时候,对周老说:"我搬家了,有了一间书房。"周老呵呵大笑,说应该庆贺,一定要起一个斋号。我说:"等我想好了,请您来写。"周老笑着连连点头:"我一定写,一定写。"后来我想好了斋号,写信告诉他老人家,他很快写好"笑庐"两字,让人给我捎来。老人家的字实在太好,如深山道人,修炼已成,仙骨铮铮,不染纤毫凡尘。我如获至宝,再一看那落款,是"己卯芒种",我更是大喜,这个日子是太好了。因为据周老考证,《红楼梦》中贾宝玉的生日就是芒种节这一天,曹雪芹的生日也是芒种,而我的生日,就在芒种节的第二天。这不能不说是天缘巧合。我把这个题字装裱装框,至今仍然悬挂在我的书房里,每当抬头看见它,总有一种温馨涌现。

周老的视力一直不好,我给他写信一直是用钢笔正楷,写很大的字。后来周老对我讲,以后写信请用黑色墨水,用蓝色的墨水多大的字他也看不见了。我想与其用黑色墨水,何如直接用毛笔写小楷?于是便抄过一本《灵飞经》练了几天,就提笔给周老写信。想不到周老很快来信夸我的字:"怎么一下子变得这样好了?"这让我很惶惑,以为是周老鼓励我。后来到周老的家里去,周老的夫人也夸我的字写得很好,我变得有些怀疑,莫非我的字果真写得像些样子?那一次去,周老没有和我谈红学,而是谈了半天书法。当他知道我临的是《灵飞经》时,就嘱咐我多注意一下汉简和唐人写经,因为任何碑帖无论多么好,到底是硬碰硬的东西,都经过了加工改造,不容易看出真正的用笔之法,只有汉简和唐人写经是真正写下来的,从中可以见到笔法的真相。他还说,他在书法上面用的工夫比红学要大。此话不假,周老不但字写得好,而且是极高明的书法理论家,有书法专著出版。从他那里回来,我便买了一些唐人写经认真地临了一阵子。可惜后来周老的视力日见其坏,我只好用电脑打印,大号的黑体字,周老很高兴地说这种印出来的东西很适应他的视力。于是我的书法便搁了起来,我想如果一直用毛笔给周老写信,说不定我还会成为一个书家。听到周老辞世的消息,这些往事就如飘落的花瓣一样翻飞起来,一会儿是它,一会儿是它,没有一个准稿子。早上起来就打开电脑,查找有关周老辞世的消息,知道了子女们遵照周老的遗嘱,死后不设灵堂,不搞追悼仪式,让他悄悄地走。但我还是忍不住去了北京周老的家中。在周老红庙北里的单元楼前下车,就有一种凄楚,门前不但没有普通百姓去世那种排场热闹,就连车辆都很少,四周静悄悄的。按了门铃报了姓名,走进那个极其熟悉的狭小的书房,仍是那样拥挤凌乱,到处乱堆着书籍。周老一生清贫,住的房子还是 1980 年代初分配的,房间设计很小,他的书房放进两个书柜一张书桌就没有什么空间了,家里又没有客厅,进来三五个客人就没有地方坐。书桌上又摞着大量的书籍,他平时写作是在一张钢木结构的小圆桌上,在任何一个平民家庭都能够发现的那一种,吃饭时是饭桌,吃完饭就是书桌,许多煌煌巨著就诞生在这样一张桌子上。我去过一些著名红学家的家中,周老的家是最寒酸的。如今与往日唯一的不同,是地上放着几个花篮,多是子女和孙辈敬献的,花篮的顶部放着周老的遗像,一股浓烈的百合花的香气在室内弥漫。周老的子女全部在家中,但没有一个外人。周老哲嗣建临先生对我介绍了为什么不搞仪式。我非常理解周老的心情,但我毕竟是一个俗人,我总觉得一个名满天下的大学者,不应该走得如此冷清、寂寞。因此回来的路上一直心情抑郁。回到家中,就赶写了这一篇文字。我觉得应该对周老说些什么,可是却不知道说些什么。周老是公认的红学泰斗,在红学史上是里程碑式的大师,对于他的学术成就,非一篇短文所能概括。我只想说,老人一生对于奖掖提携后进,简直不遗余力。比如对于我这个无名小卒。

　　正是这种难以言喻的恩泽,使我心乱如麻,不知道此时此刻,应该说些什么,只有这些往事的碎片翻飞。

红楼梦断　翰墨遗芳

——忆周汝昌先生和我的诗书缘

天　琪

　　我与周汝昌先生相识深交近三十年,周先生是做学问和做人诸方面给予我教诲和影响最多的前辈。1980年代中,与先生相识,遂成忘年之交。周宅在东城区南小街南竹竿胡同。记得初登门是为了请教书艺的事。先生问起我的家世时,我冲口而道:"我们家也算是个读书人家!"(《红楼梦》中薛宝钗的一句话)先生一怔,甚喜。告别时,先生以其《书法艺术答问》相赠。

　　1987年秋,我去拜谒先生。西风飒飒,庭木萧萧,见先生正坐檐下,凭着一张塑板铁腿支桌低头写作,我心中立即涌出古贤诗句"风檐展书读,古道照颜色"。临别前,我惴惴地开口向先生求字。先生问写什么,我答:"《红楼梦》或曹雪芹都可。"翌年春上,先生来信说:"字还未写,因为没有一个能用的写字台。平日光线好时,客人又太多,客散时总是太晚了。冷天墨滞,又最不宜书,强写效果必差。"

　　这年冬,快雪初霁,我骑自行车往周宅,喜得先生手书《咏雪芹》作:"千年一见魏王才,落拓人间未可哀。天厚虞卿兼痛幸,地钟灵石半庄诙。朱灯梦笔沉残稿,翠岫寻痕涨锦苔。曾是青蝇涂白璧,为君湔浣任渠猜!"落款:"咏雪芹得句,天琪贤契嘱书,丁卯三九呵冻书,周汝昌。"

　　1989年春,我所供职的出版社文学编辑室,通过了我所提议的选题,为周先生编辑其新作《红楼梦与中华文化》,我任责任编辑并装帧设计。数月后问世,印数达8000册之夥,先生甚喜,赋诗二首云:

（一）一业成时友亦劳，自家心事总如潮。辰年守岁行芹祀，喜供新书绛蜡高。

（二）文字支离草草成，一编红续几多情。殊乡笔砚非其境，同命芹脂念此生。三议事嗟真忘涸，百忧心鉴古今平。祁寒盛暑年年味，又说萧斋有汗青。

两日后，又填《鹧鸪天·自题新著》寄与我，词曰：

晋代风规启令名，邺下才调领芳馨。惊鸿赋罢微波远，叹凤歌成至圣轻。人解味，玉通灵，一编红绪几多情。诗人史笔都参遍，认取中华文曲星。

先生兴犹未尽，数日后，先生又寄来诗函，是一首《七律·自题〈红与文化〉》：

海外经年不自如，归来灯照一编书。思同活水真无尽，文慕流云总未如。邺下才人悲狗续，中华文化耻蝇污。红楼有境高寒甚，失笑槐南讼议居。

《红楼梦与中华文化》是周汝昌先生的代表作，此后一版再版，享誉海内外。

1980年代一个春节，我领着年幼的儿子去给先生拜年，先生甚喜，得知小儿乳名叫"石头"，笑说："我就是专门研究石头（《石头记》）的！"后寄来一诗表达其喜爱之情：

儿唤石头父可知，娲皇多炼亦多遗。何须苦说红楼梦，只把新棠折一枝。

又看我献上的一块"假宝玉"——是妻从海边拾来一块鹅蛋形石子，儿子用彩墨绘成"松鹤延龄"图画，虽非真玉石、高笔墨，却寄托诚愿深情，先生连赋三诗惠我：

（一）东海波涛万载功，携归堪可补苍穹。石头画鹤石头上，玉树琪林作寿松。

（二）纵然称假与真通，仙寿恒昌画鹤松。坚是地灵涵质素，规非人巧荷天工。文房喜我添新宝，心迹怜君识旧踪。赋罢长吟谁更解，石头生彩砚脂红。

（三）我怀此玉也通灵，今岁中秋月倍明。多感一家三盛意，方知尔贵亦连城！

……

我给先生回信，用毛笔抄录拙作求教，先生赐函，有诗云：

旧姓谁知董鄂真，聊将天水赚常人。英年颖秀多才艺，八法毫端最有神。

1990 年代初，所在单位大院因市政修建中轴北路欲掘掉一株海棠，我折得数枝。冒风沙，送至周宅，随奉一信：

……唯余一株海棠，向隅而花，红瘦绿肥，幽香孤影，更是无奈朝来寒雨晚来风。余每过其下，常思若先生能至此，必有佳篇妙句吟咏焉。一日忽闻欲将其斫伐，遂不辞攀折之咎。剪其二三，趋奉先生，冀以瓷瓯清水养之，可悦目怡情耳……余尝忆儿时居西城老屋，后院中亦有一株西府海棠，围可合抱，枝叶纷披，望如伞覆。每至暮春，则绿荫匝地，繁花吐丹，若堆云蒸霞，恍入瑶台仙境般，余在其下嬉戏，且由家母教诲初认文字……迨"文革"祸起，人殁家毁，资财书画尽抄，老树又遭掘焚，余仰天悲叹：骨肉离散，树自飘零……

先生见花极喜，供于案头多日，后来信告：大海棠娇艳之形光照四壁，喜而赋

诗,曰:

> 如见与花相似人,丰容盛鬋竟长新。忽然一室崇光满,感激芳辰一段春。

又道:阅天琪信札感赋,诗曰:

> 西城老屋事沧桑,庭院年年见海棠。葩吐丹砂枝翠缋,儿时梦影一回肠。

数日后,再得先生一诗,曰:

> 好花可是向人开? 天地何心起至哀。荒古尚无灵长日,千红万紫为谁来?

1990年代中,北中轴路与元大都城垣遗址相交处,建造"海棠花溪"一景,一连五六年我约陪先生赏海棠,均因其身体欠佳未来,抱憾之余我写了一首《寄玉言先生》,其云:

> 撷取一枝香带雨,换来佳句惜繁英。青春已负甘棠约,惆怅秋风发上生。

我和先生都爱海棠,常回忆昔日京城种海棠的盛况,说起古人吟咏海棠的风流雅事。先生喜欢东坡先生"海棠真一梦,梅子欲尝新"和"只恐夜深花睡去,故烧高烛照红妆"等佳句。一次,我提起杜甫,说他写过各种花,独不咏海棠,后来王安石就发出过疑问:"少陵为尔牵诗兴,可是无心赋海棠?"先生说:"是,所以东坡有句:'恰似西川杜工部,海棠虽好不留诗。'"先生如此钟情海棠是有深义,他在《红楼梦》研究中,认为"史湘云就是海棠"。他说他常梦见满世界都是绿色,生机勃勃。给我来信写道:"红是相思绿是从。"

1991年深秋，我赴江西临川参加纪念北宋词人"二晏"的学术会，归经南昌时，登滕王阁有感得句，到京后寄予先生请正：

> 素秋向晚上崇楼，极目天边赣水流。挽越牵湘沉落日，餐霞侣鹜唱渔舟。纷坛世事催将老。浩荡江风不浣愁。天下英才多会此，书生何日展眉头？

先生来电话说："怀才难遇，自古皆然，我观后也有心动，凑了几句寄给你一笑！"三日后，我高兴地收到先生写的《滕王阁度曲》：

> 走天涯，风襟月袖，青鞋印九州。向何处，豁诗眸？抬望眼：神驰芳渚，身临江右，频指点，水畔耸高楼。看几层，画栋新如绣，朱帘似卷。揽西山晚翠。暮雨初收。惊认千年杰构，旧恨抵今游，雁横南浦，危栏倚遍，月如钩。少年英气，琼筵落笔，四坐墨含羞，望长天秋水，落霞孤鹜，万人争比，也愧风流！这的是：才艳悬星，文光射斗！也闻说：有人耻居王后，须是娥眉方见妒，徒然瓦釜空雷吼。叹至今，猜意鹓雏苦未休。眼中高阁，嵯峨奇秀！谁是新题手？黥山剷水，替他愁，不见太白长忆：解道澄江如练，玄晖重降否？　　美者毁，恶者居，愁者寿，劣者繁来骤。又岂似，翠减红衰退，花谢枝愁，绿肥红瘦，临风额手，愿胜概能留，自此咏千秋！炎黄文物若厮守。阁中槛外，时复念沉忧。往矣古人，今朝来者，天地悠悠。歌吟苦，何许人也？路旁不识，顾曲家风旧姓周！

1990年代初，先生有《诗词赏会》新著在南方某出版社出版，后发现书中错漏处达五十余处，先生让我校改印勘误表。我送去时，听先生谈及自己当年为学之事，说："我从二十岁开始认真读书、思考、写，在几个方面都下了大工夫。"

1990年代中，我正研究王维，三次赴陕西往蓝田辋川寻踪，归后以文言写成数文，先生看后，勉励说："有唐贤之风，又似明人小品。"我将小词《临江仙》呈教,先生逐句逐字指点,讲自己学词和填词的经历时,先生说,自己"爱词胜过爱诗",全凭自己读,记性好,悟性强。说及"脂雪轩"(先生斋号)时,先生告诉出自东坡的《黄州寒食诗》,伤感海棠"泥污胭脂雪"。说自己若出诗集时,定用"脂雪"二字。遂后,我求先生为我题写陋室之名,先生书成"抱石轩"三字。附信云:"君当抱石,他何足议哉?"后,我有《感怀》记之,有二句:"不逊昆仑玉,萧斋可抱石。"

1995年4月,我在《新闻出版报》上发表长文《红学家的诗和字——记周汝昌先生》,先生读后甚喜悦,说是写他的文章中上佳者。

某年除夕夜我奉函先生,先生回信道:

> 今晨接到来鸿,见你除夕守岁时,为我灯前作札,细叙心潮,使我深为感动。我于书道亦有奇癖,此番于来书逐字逐笔细审,知吾弟天资高秀,落笔有法,且能以意神行,风骨骏上,真罕见之材也……

同时指出我的字"有骧首驰蹄之概,此最难得。偶有意到笔未到处,即所谓率者,此亦不足忧,只须小加矜敛,令笔笔札实,则无懈可击也"。我以"陈惊座"和"赵倚楼"二历史人物,请先生补词成联,先生甚高兴,寄来一联句:

> 深杯独引陈惊座,长笛相思赵倚楼。

先生道:"我最擅此道,可一连对上几十联没问题。"

1995年,女作家张爱玲在海外辞世,深秋我去周宅,先生以《遥寄女文星张爱玲》见示,诗曰:

> 疑是空门苦行僧,却曾脂粉出名城。飘零碧海毁能化,寝馈红楼恨未平。附骨有疣遗痛语,立锥无地抱深情。谁知此日纷腾誉,不见心灵说字灵。

先生谈及他在海外时,虽有机会和张爱玲一晤,却失之交臂,但仍将张引为

"红学知己"。

先生曾向我忆起,1940年代,在四川大学任教时,和缪钺先生的交往,二人对酒邀月,吟诵至深夜。

还向我忆起,1950年代,他的文才受到张伯驹先生的激赏,每每于他抵膝谈诗,张还请比自己小二十多岁的他为其新编词集作序。

还向我忆起,"文革"期间,他从"五七"干校调回北京,不经意地制造了一桩"曹雪芹遗诗案"的趣事……

先生零零碎碎和我讲了许多他有关诗词的往事和见解,遗憾的是,我没能及时用笔记下来。

1990年代后期,我屡遭困厄,灾祸连生,精神濒于崩毁,先生多有劝慰,一次来信云:

> 吾人命苦苦似黄连,唯有相濡以沫,互为慰藉、鼓舞勉励,以度难关,是为至祷至颂!

先生不善交际,但仍不乏旧雨新知。我曾为先生充当"跑腿儿",给他的好友或送信问安,或交赠图书,如夏承焘、唐弢、启功、陈迩冬、叶嘉莹、朱家溍、史树青等等。记得最后一次是往张中行先生处送信,索回一篇为某老字号餐厅写的序文,中行先生尔后病逝,我将消息告知先生……

数年前,我常以集兰亭字成联为娱,不期已达百余副,寄呈先生海正,先生已年迈体衰,双目濒盲,两耳失聪,但仍摸索纸笔,写成二首七绝,因笔划叠加,无法识认,由其女儿周伦玲打印寄与我。二绝句为:

(一)魏晋风流到右军,兰亭一叙特超群。百联集得新来富,始信清才董鄂君。

(二)书道从来识诸难,集联也是学书缘。须将古意吟佳句,八法还由一禊传。

恰好又近春节,我到朝阳区红庙北里的周宅去取先生写给我的诗。先生呼我趋近看其手中之物,即是二十年前我和儿子送给他的那块"假宝玉"。不堪微物,蒙得珍爱,令我由衷喜慰,遂仿效史湘云的话(《红楼梦》第六十二回:"这鸭头不是那丫头,头上那讨桂花油。")戏言道:"这石头不是那石头?一上红楼梦红楼。"先生微笑称是……回到家,我写成《七律》一首,寄与先生:

最爱先生书秀句,衡门看取壁头春。文章妙入两司马,点画神夺王右军。"冻顶"新烹香愈久,抵膝夜话意何深?年来忽愧雕虫事,珍重高情助我吟。

2008 年,春上,玉言先生九十寿辰即至,我往周宅,送上贺联二幅:一副是:"文若左迁得风致,人同彭老亦长年。"另一副是:"文学兼美书千卷,情性通灵寿万春。"前者是集兰亭序得句。后者是嵌入《红楼梦》中最重要的二词语:"兼美"、"通灵"。先生甚为高兴,遂以其新著《红楼夺目红》一书见赐。

哲人其萎,痛摧寸心,凉夜如水,悲难自已,又与伦玲通话,她对我说:"先生走前,还不忘在曹雪芹诞日(农历四月二十六日)时好好祭拜,然已不能!"我说:"先生这回能看见曹雪芹了!"

"淡交我敬先生久"

——悼念周汝昌前辈

宋　红

2012 年 5 月 31 日,在京各大网站都报道了周汝昌先生去世的消息,中国经济网的报道是:

> 据周汝昌女儿周伦玲消息,我国著名红学家、古典文学专家、诗人、书法家周汝昌先生于今天凌晨 1 点 59 分于家中去世,终年 95 岁。周汝昌是继胡适等诸先生之后,新中国研究《红楼梦》的第一人,享誉海内外的考证派主力和集大成者。周伦玲说,按照父亲遗愿,不开追悼会,不设灵堂,让他安安静静地走。

令人感喟的是,大前天即 5 月 28 日星期一我刚刚和伦玲老师通过电话,因为受人之托,要将一个函件转呈给周老先生。

很多年没有与周家直接联系,所以我在电话里先自报家门,没想到伦玲老师当即说:"我知道。我爸爸记得你,说你到我们家来过。"我大为惊讶:"哎呀,那已经是三十年前的事了,没想到周老先生还能记得。"——那时我刚到人文社古典部不久,编辑室派我到周府公干,当然也是有意让年轻人去拜谒一下室里的老前辈。记得那时周老先生住在朝内南小街的南竹竿胡同,一间进深很大的平房,光线有些黯淡,我坐在靠门的一端,周师母坐在最里边靠西墙的桌子后面,周先生似乎坐在我的正前方位置,不过是去办什么事情我已记不得了。没想到伦玲老师说："你是找我爸爸谈他做的《杨万里诗选》。"我更加惊讶与愧怍,没想到这么多年过去,连我去办什么事情他们都还记得,我真该常去拜望、请益才对。特别是最近从业师林东海先生处拜读了周汝昌著、周伦玲编的《兰亭秋夜录》,深为周先生调度史料的辩才所折服。原以为周老先生只谙熟杨万里、范成大和《红楼梦》,没想到老先生对六朝史料与《世说新语》也烂熟于心,对各种兰亭碑帖的版本更是了如指掌,驳《兰亭序》作伪的文字聪明机敏、纵横捭阖、回肠荡气。而先生作为央视《百家讲坛》最老的"坛主",对四部古典小说的解析也烛幽发微,新见迭出。

和伦玲老师通话后,本商议和周先生在人文社的忘年交——我的业师林东海先生——一道去拜望周老先生的,不料时隔两日,汝昌先生竟已仙逝,感觉非常非常的遗憾!三十年前南竹竿面领謦咳的一幕竟成为永久的回忆。

东海先生所著《文林廿八宿师友风谊》记述了他所交往的二十八位文坛耆宿,记述周汝昌先生的《红楼解味》一篇,生动记述了他们之间的往来唱和,周先生那些用各式水笔写在长长短短各式纸面上的戏墨文字,林先生一直什袭珍藏,出书时是由我拍摄并插配到行文中的。作为这本书初版中的"二传手"和修订版的责任编辑,我也算是亲炙周先生手泽了。周汝昌先生有悼念季羡林先生之诗曰:

古历己丑闰五月十九日惊闻季羡林先生谢世痛悼不已,敬赋小诗略展悲怀。

大师霄际顾人寰,五月风悲夏骤寒。砥柱中华文与道,渠通天竺梵和禅。淡交我敬先生久,学契谁开译述关。手泽犹新存尺素,莫教流涕染珍翰。

如今我把这首悼诗借过来祭献周汝昌先生也非常恰切:同样是"手泽犹新",同样是"五月风悲",同样是"淡交我敬先生久"。然"情动于中而形于言,言之不足,故嗟叹之;嗟叹之不足,故永歌之"。情犹未已,所以我还是自咏一诗,以表达对周老先生的哀悼与祭奠:

　　最爱羲之与雪芹,红楼证梦辟荆榛。丹青粉墨通才艺,杨范诗词作解人。一面因缘亲謦咳,九旬坛主见风神。微茫往事成追忆,彩玉当空补昊旻。

"痴"与"才"：追怀周汝昌先生

张颐武

周汝昌先生故去,老一代的学人已经随着岁月的流逝而凋零了。周先生已经很长寿,他一生的经历正是 20 世纪中国知识分子历程的典型缩影。所以,看他的自传,那些人生经历倒没有什么不可思议之处。他的不平凡之处在于他和《红楼梦》的因缘。这一点让他在大历史的风云变幻中成为一个不可替代的独特角色。正因为《红楼梦》在 20 世纪中国人的文化想象中独特的位置和意义,让周先生平凡的学人生涯有了极为不平凡的意义。没有周先生,20 世纪后半期的中国文化史会显得寂寞,曹雪芹和《红楼梦》也会缺少知音。我一直有一个奇想,觉得《红楼梦》由于遇到了周先生,就和过去大不相同了;当然周先生本人更是为《红楼梦》执著了一生。

周先生是我中学时的偶像,当年家里有一部旧版的《红楼梦新证》。"文革"时代,新书匮乏,翻父母藏书是我最大的爱好。那旧版的《红楼梦新证》,有些残破,繁体字竖排,读起来并不方便,但还是给了我很深的印象。尤其是那史事编年,把康雍乾三代的史事汇编在一起,有正史里的记载,也有野史笔记里的故事,生动得有如小说。后来这部书又出了新版,在当时一纸风行,我家长马上买了。我又细读,发现里面有许多旧版没有的新内容,可以说是当时红学的集大成之作。看周先生的书,当时有两个感觉到今天还有印象:一是绝不沉闷,可以将学术文章写得文采斐然,就是琐细的考证,也有引人入胜的笔法。二是融会贯通,周先生把《红楼梦》的版本、曹雪芹的家世、对于八十回后的情节的探究和艺术的品鉴、文化的关怀融为一体，把《红楼梦》的书里书外都"打通"了。从那时起，我就佩服周先生无与伦比的博学和同样无与伦比的专注。从这以后，虽然身在门外，从没有发表过这方面的东西，但如同张爱玲所说的"红楼梦魇"，我被红学所迷，耗费了许多时间和精力。但它能让我更好地理解中国文化的博大和深奥。让我在自己的和当下相关的研究之外，多了一点关于传统文化的情怀和知识，这都是周先生给我最初的启蒙的结果。我还记得第一次见到周先生是在 1980 年代初的北大，那时红学依然很热，中文系里有个研究红学的学习小组，其核心人物是后来因为写相声和情景喜剧而得大名却英年早逝的梁左。这个小组一度很活跃，也发表了一些文章。我们的少年时代正值"文革"后期，由于适合年轻人的文化没有发展，反而很快接触了许多成年人的文化，很容易就沉迷进去。他们请周先生来给我们作报告。周先生当然还是谈《红楼梦》，他沉迷在《红楼梦》的意境之中，我还记得他念起《葬花吟》时的陶醉。周先生讲话声音很小，也并不关注听众的反应，只是沉浸在自己的世界之中，他似乎是他的《红楼梦》中的人，那个世界对于他似乎比现实的世界更加现实，他其实更愿意在那个世界里做逍遥游。他如数家珍地讲版本说家世时沉浸的神情，应该是和曹雪芹的心灵的契合。后来我又在各种场合见过周先生多次，他瘦弱的身体、衰退的视力和听力都不足以阻碍他的逍遥游。从这里看，周先生是活在自己的世界中的人。

周先生看起来温文尔雅，有传统儒者的风范，说起话来轻言细语，但在我看来其性格有很执著和极端的一面。他其实有一点像我们揣想的曹雪芹或其书里的宝玉，有一种为情而痴的气质，就是《红楼梦》里的"都云作者痴，谁解其中味"的那个"痴"。这种"痴"其实是一种刚直的性格，一种对于自己的所信所迷的强烈坚持。而这种"痴"却是和他的才气结合得格外充分的。不光是痴迷和专注，还得有磅礴的才情，才能够支撑周先生在《红楼梦》中的神游。周先生的才气一直让人惊叹。他和钱钟书先生相似，原是学习外语的，却充满着对于中国文化的深彻的理解。周先生大才，曾经得到过胡适和钱先生的赞赏，他注杨万里诗，论书法和诗词鉴赏都好。他自己的旧诗也好。最传奇的是拟作曹雪芹诗被其他的红学家当成真的，以为就是曹雪芹所作,最后周先生承认是自己拟作,但别人就是不信。痴和才就是周先生的灵魂。

红学是现代中国最为奇特的学术。它一方面是传统的中国文化的最为直接的呈现。它的文本的丰富性是对于中华民族的文化之美的最直接的体现。另一方面,它见证了传统与现代性的直接延续。它还是一个现代性的文本。周先生的独特之处在于他对于这所有方面都有重要的贡献。最难得的是,周先生的诗心和才气与他的学识结合得如此奇妙。

周先生去了,我们不会再有这样文采斐然的才子式的学者。一个把乾嘉的考据和现代的治学方法结合起来的具有创造力的人物离我们远去了。但周先生是现代中国的骄傲之一。他告诉我们自己的传统是弥足珍贵的,告诉我们有了《红楼梦》,这个国家就有了一种真正精致和美妙的文化精神。这是任何变化也不能改变的。周先生走了,但我们还会认真读这些有趣的书,像周先生一样神游于《红楼梦》和曹雪芹的世界之中。

红楼门外怀周公

李文进

我曾受京城宗教界人士孟茂茹长老之托,为周汝昌先生《红楼心境》篆刻七印。此七印中,"借玉通灵"、"为芹辛苦"二印,以线条粗细体现"通灵"与"辛苦"之境,重在刻画先生"借玉通灵存翰墨,为芹辛苦见平生"之治学思想,为此,我在创作时便有意经营为一个细如游丝,仿佛为要借朱红丝线"通灵",一个浑厚华滋,仿佛经历了百年锤炼;在创作过程之中,我感觉到周汝老研究红楼有一种"红得怡人,绿得快意"的心境,犹如宝玉与红颜相伴于满径花香之中,所谓"快绿怡红"之情溢于言表,因此我采用阴阳相间的形式,将"快绿"线条表现得明快点儿,采用细朱文的刻法,在体现"怡红"之境时,采用阴文刻法,留红多得恰到好处;至于"超越考证"、"悟证先河"二印则采用厚重古拙带有官印的味儿,为的是重在表达"考证"之学问。

我只是红楼门外之人,不敢对红学有何评头论足之处。不过,对于《红楼梦》这部小说的看法,援引于也先生《梦随云散,夫复红楼》之语,我觉得较为贴切:"《红楼梦》到底是一部什么书?归根结底,应称之为中华之文化小说。因为这部书充满了中华传统文化的精华,却表现为'通之于人众'的小说形式。"我也正是抓住文化这条线,以篆刻之学与周汝老结下一段金石之缘。

因与脂雪轩周公篆刻因缘不断,之后再次应邀为周汝老篆刻印章两枚,因恰逢周老九十五华诞,可作为贺寿之物也,其文曰"仙寿恒昌",又"周汝昌印"也。周汝老拿到我为其所作之印章,竟爱不释手地把玩起来,并为愚吟

诗一首以作答谢,且录其诗云:

奉谢李文进先生篆刻家赠我新印

雅人治印远名扬,仙寿恒昌字有芒。嘉惠文芳进五宝,朱痕钤罢墨增香。

壬辰三月初九日周汝昌诗,建临代笔。

由周汝老之公子周建临先生书写在一张古色洒银的信笺宣纸上。被友人及红学爱好者视之为墨宝,纷纷建议我装裱悬挂于厅堂,我以为不妥,如此做法,岂不是夺周汝老荣耀之光,有自我炒作之嫌也。

5月31日,惊悉噩耗,我当即给周建临先生发去短信悼唁:"惊闻周老先生仙逝,愚心情十分沉痛,我们不能留住先生肉身,但周老的红学思想将永远活下去,我们将与您一起怀念先生功绩,请周先生节哀。"

周汝老离世一周之后,有异乡老友致电,言及我有幸为周汝昌先生之新书《红楼心境》作印,并在电话里说:"先生在《红楼新境》的'缀语'中几次提到老弟为周老先生篆刻之事。其中论及'文进先生制蜡冻石章,篆法精严'。"老友有语又云:"周汝老如此推崇你的篆刻实属不易,值得庆贺。"心下默然,当日金石来往之情境历历在目,奈何先生已逝!

记得周汝老的家属说过:"他没有别的什么过人的本事,唯一不能与他相比的就是他的那股子傻劲,他对《红楼梦》的痴迷是谁也比不了的。"周汝老给我们留下的宝贵精神财富无法用有限之肉体来权衡。周汝老对红学痴迷之"傻劲",我以为正是当前许多文人学者最缺乏的,如此"痴傻"之态恰是文人之魂骨、立命之根本,也是生活艺术化、艺术生活化的体现,大凡学问家,到此境界乃大智若愚也。

尊周汝老为红楼巨匠者,皆为红楼梦中人也。我虽立于红楼之外,亦心动红楼,吟诗怀念周公:

红楼巨匠为芹工,脂雪轩中不见翁。建立红学新考据,临池古法祭周公。

文乃心声,字为心迹也,撰此文以为记!

伤心周汝昌

张卫东

老红学家周汝昌先生仙逝，不由得悲今悼古、感慨万端……

近代中国文化一直处于被西方影响后的创新发展中，外部客观环境是五千年来任何历史时代都不能比拟的，伤心的是，在百年中走过来的中国文化学者们几乎都随着时代全部凋零，具有儒学文化基础的读书人今后不再会传承有序地大批量涌现，不可能再有那样的读书圈子以及传承儒学文化的自然环境，其实从京师大学堂时代算起就标志着儒家经学衰亡，传统中国式的读书人注定会成为少数！

昆曲是以儒学经典以及辞赋作为文本创造之根，诗情画意就是文辞的典故与舞台演唱技巧的结合，这种艺术只有在深通古典文学的基础上才能识得三昧，似周汝昌老先生那一代的读书人钟爱昆曲自然顺理成章。记得他晚年以来时常怀旧，还有文章谈到青年时期在天津观看荣庆社的演出，记忆犹新的就是侯永奎先生表演的《夜奔》，后来还专门撰稿开释此戏。可见周老不是一般昆曲观众，而是书文戏里由表而内地把传奇吃透了。

1998 年 8 月，正好是周老八十寿诞在北京湖广会馆举行昆曲堂会戏。堂会戏的特点就是要点题，但又不能如同当今的庆生活动那样恶搞游戏，把那些俗陋不堪的娱乐表演作为看点。北京的堂会历来包含着凝重的文化主题，焦点就是在老寿星本人的业绩以及生活情趣方面。结果却是石破天惊的建议，剧目是《红楼梦·撕扇》、《一捧雪·祭姬》、《牡丹亭·寻梦》。殊不知这几出戏的内容几乎都是哭哭啼啼,演出时却使周老先生兴奋不已。这正应了那句"咒一咒十年寿"的俗语,由此可见周汝昌老先生的为人本真与豁达。红学界派系不和以及相互之间的水火不容是众所周知的事实,用笑对人生和著书不为稻粱谋来评价周汝昌老先生恰如其分。记得那天参加生日堂会的老人还有吴祖光老先生,正好是周先生的八十岁同龄老人。两位饱读诗书的老人一起过生日,在湖广会馆享受昆腔堂会戏,做着怀旧童年的戏剧梦……

当日的堂会戏没有过分的高调宣传,甚至也没有文章提及,邀请的观众并没满坑满谷,不过是楼下数百人而已。湖广会馆的古戏台没有安放音箱扩大器,也没有节目主持人以及什么常例寿庆俗词,演员们自然平和发挥表演,观众们却耐心地仔细品味。那一种优雅别有一番风韵,自然而然的天籁之音在当今剧场中更是难以搜寻。其实,周汝昌老先生当时的视力已经极度下降,舞台上的演员扮相以及面部化妆都很难看清楚,但老人家并没有按照俗套地坐在第一排或是包厢,只是坐在第三排中部的八仙桌后面,在他身上还是那份矜持的书生气质。

此前,在北京舞台演出纯粹的昆曲堂会戏已经绝迹四十多年啦!最后一次的昆曲堂会戏是业余曲友们在南池子袁励准家宅为其夫人祝寿的演出,不过那是不对外自家私宅堂会的礼仪性演出。我的开蒙老师周铨庵先生还在开场表演了"跳加官",这是因为本家儿是为了老太太做生日特意点题,扮成碧霞元君手持加官条子跳的"女加官"。

这次为周汝昌老先生做寿的三出戏都是因"红楼"而点题,每出戏无不与"红楼"息息相关。第一出《红楼梦·撕扇》是当代的创作戏,由青年演员魏春荣、温宇航主演。按照1950年代末王昆仑先生的改编本演出,文辞多是口语化的通俗之品,目的就是为了推广昆曲对《红楼梦》的影响,使大众更近距离地接近古典名著而作。这次上演因场地关系没有灯光舞美,只是按照一般改良服饰以及一桌二椅的传统表演,因此在视觉上仍有一番古雅成分在内。第二出是我主演的《一捧雪·祭姬》,用抗倭名将戚继光的口气唱出对雪姬忠烈的感叹,揭示明末官场黑暗以及愧煞须眉不及女子的忠孝之心。这是清初李玉的经典作品,《红楼梦》中元妃省亲曾亲点《一捧雪·豪宴》。

因当年荣庆社老伶工陶显庭常演《一捧雪》，这出戏在周汝昌老先生的印象中很深刻，也是在北京舞台近六十年没有上演过的老戏，故当日观众对这出戏尤为关注。其中的"古今垂，乾坤浩。涨弥漫，正气昭昭。俺向那，简编中，历数出，幽光耀，全把那纲常表"，民国初年曾经使众多学习古典文学的学子们吟唱，仿佛在儒家的经学、理学中阐释着君子之道。第三出的《牡丹亭·寻梦》尽显汤临川笔意，不但曲辞文雅俊秀而且曲调缠绵悱恻，也是在《红楼梦》中经常提到的剧目。此次扮演杜丽娘的是北昆名家蔡瑶铣女士，这出《寻梦》是她在"文革"后的首演，也是她晚年唯一按照原本没有删改的一次演出。出场后的"最撩人春色似今年"一曲唱罢，全场安静入神，逐渐进入杜丽娘的情节后顿时不觉当时演员已经年近五旬，犹然回到二八青春感叹春光流逝……

如今演出《红楼梦·撕扇》的魏春荣女士已经成为北昆当家名旦，小生温宇航先生播迁海外在台北的两三个昆剧团中已成为小生翘楚。笔者虽然主演《一捧雪·祭姬》中的戚继光，然早已走向昆曲教育行列。而演唱大轴儿的蔡瑶铣女士不幸仙逝多年。

还记得周汝昌老先生对昆曲的眷恋之情，还记得办那次堂会时昆曲还没有成为世界遗产。如今带着对昆曲的眷恋的周老已经身归那世，记得他最钟爱侯永奎先生演出的《夜奔》，也迷恋过陶显庭、郝振基的老生花脸戏，不知在那个世界里他们还能再唱几回纯粹的昆腔堂会戏……

周汝昌与《海河柳》

刘国华

　　当我听到国学大师红学泰斗周汝昌先生于 5 月 31 日仙逝的传闻后，说什么也不敢相信。因为 4 月 13 日我还到北京为周先生祝寿呢。那时周老谈笑风生，询问我们家乡咸水沽镇同乐高跷老会、法鼓会的合作是否恢复。当得知不仅恢复还在节假日踩街演出时，周老开怀大笑。老人家还与我们讲了旧时咸水沽，"大驾"皇会曾得乾隆皇帝的御封，每年的农历四月二十八去峰山药王庙进头股香拜庙的故事。怎么仅隔 48 天竟与世长辞了？我急忙拨通北京周宅电话，周先生无疾而终。消息得到了证实，我再也抑制不住，眼泪滚落两腮。

　　我和周老同乡，老人家长我二十一岁。周先生我仰慕已久，只是无缘相见。在 2004 年津南区"周汝昌红楼梦学术馆"开馆仪式上，我与周老第一次晤面。我把拙作《古镇稗史》敬献给周老，希望能得到批评指正。周老回京后一周内即回信给我，承蒙周老错爱，对该书给予了较高的评价。当年津南区文化局为该书召开了研讨会，会前周老邀我去北京周宅面谈。周老除了鼓励，也肯定了《古镇稗史》的历史价值，还把他在研讨会上的书面发言稿交给我，该书再版时周老写了序言。2005 年天津市历史文化保护促进会、艺术研究所、群众艺术馆召开了《古镇稗史》研讨会，会上播放了周老的录音发言。

　　从此我与周老结成了忘年之交。以后每年赴京两次，一是为周老祝寿，一是春节时给周老拜年。期间,我为自身供职的《海河柳》杂志向周先生约稿,老人家不仅同意连载其作品而且不要稿酬。几年来周老还专为《海河柳》寄来他歌颂家乡歌颂祖国的几十首诗词作品。每当《海河柳》有重大活动,周老年事已高不能赴会,但均派其子女参加。还带来了为会议题写的诗词、对联、《红楼梦》知识问答题与后学晚辈互动。奖品多是周老签名加印的新作。

津南的晚辈学子们,从拜读周老研红著作以及诗词作品中,不仅得到了广博的知识,更学到了周老严谨的治学精神,热爱家乡热爱祖国的高尚情操。这些无疑是对故乡晚辈人生境界的润泽和提升。

今年 3 月 26 日《海河柳》第六届新春联谊会,周老还寄来贺诗:

六届联欢盛况多,烟笼新柳傍春波。谁言故里无甜水,味美从来似御河。

壬辰三月初三蟠桃盛会之时周汝昌口述于京城。

今年 4 月 13 日,我与沽帆诗社几位同仁赴京为周老祝寿。周老把他的新作《寿芹心稿》赠给我们,并亲自签名盖章,这是周老为故乡晚辈题写的绝笔!

值得庆幸的是,2011 年底《海河柳》编辑部,把周老几年来在《海河柳》发表的诗词作品汇编成册,名曰《不可忘却的文缘·周汝昌与海河柳》,并在 2012 年元月召开了首发式。其子周建临先生代表周老朗读了为首发式题写的诗词。这对津门学子们来说,或许也是一点点慰藉吧。

最后杜撰挽联一首,以寄哀思:

泉台幸甚再增国学圣手　　人世缘无又少诲人大师

为芹辛苦见平生

高林有

2012 年 5 月 31 日晚,友人发来一令人悲痛的信息:周汝昌先生逝世。顿觉天空一闪,恍如一巨星突然陨落。敬爱的周老,您真的走了吗?悲思难抑,走进书房,取出先生所赠书籍、墨宝、诗词,往事历历在目,双眼立刻模糊起来。

我虽与周老同乡,但相识不是很早。1995 年 9 月,我们正在拍摄一部反映家乡建设的电视专题片,赴京请周老题写片名。周老欣然应允,写下了"迈向新世纪"片名。那是与周老的初识,先生精神矍铄,文思敏捷,出言玑珠,动墨流芳,给我留下深刻印象。周夫人毛淑仁更是热情周到,一口家乡话,快人快语,把我们当作亲人一样。两年后,电视台开设《津南人》专题节目,我又带队去北京采访周先生。当时周老已是八十三岁高龄,虽耳目力不从心,当讲起《红楼梦》来却是兴致颇高。采访结束时,老人乘兴捉笔赐我墨宝:"山光悦鸟性,潭影空人心。"

2009 年 4 月 14 日,我与《海河柳》编辑部主编刘国华等人,专程赴京为周老祝寿。我请乡女为周老绣得一幅"百寿图",先生十分高兴。叫人取来刚刚付梓的《红楼真影》,忍着眼疾,手摸书页,一一签字赠予我们。几日后,周老的儿子周建临转给我周先生赠诗一首:

金针彩线喜良工,百字新图展壁红。林涛苍穹何处有,年丰人寿故乡同。

周先生还特别叮嘱,诗里藏着你的名字呢! 2010 年 1 月,老先生在双眼失明、双耳失聪的困难条件之下,历经三年多时间,终于完成了百万字的《周汝昌石头记校订批点本》,并签字寄给我和家乡几个文友。周先生对家乡文化建设的关心、对家乡文化工作者的关爱令人难忘。

周先生少年才俊,梦绕红楼,多才多艺,风采冠群,著作等身,是当代绝无仅有的红学家、史学家、文学家、书法家。先生功成名就,却甘居斗室,远离名利,专心研究,为弘扬中华文化耗尽心血。周先生生前有嘱:他去世后不设灵堂,不开追悼会。"借玉通灵存翰墨,为芹辛苦见平生",周先生为文化事业的献身精神和超凡脱俗的淡定风骨,永远激励着后人!

哀思绵绵忆大师　读书自有后来人

史巧玲

　　一场冷风细雨后的 2012 年 6 月 1 日是国际儿童节。在这个原本让人们祝福少年儿童幸福快乐的日子里，一个突然传来的噩耗让我们的心情异常沉重起来，当得知实验中学（原工商附中）1939 届毕业生、全校师生尊敬和熟悉的著名红学家、中国古典文学专家、九十五岁高龄的周汝昌先生在前一天辞世的消息，大家都心痛不已、悲伤不止。

　　一早，张红校长推掉了日程中原本安排的所有事情，率队赶赴京城向周先生的家中吊唁，表达全校师生的哀悼之情。走进先生居住的红庙北里的楼群，这里依然是绿树成荫、小草依依，依然是鲜花盛开、芳香四溢。多少年来，我们每次来这里拜访周先生都是一次期待已久的快乐之旅，每一次与先生相见都会受到一次难得的精神洗礼，都会让我们享受到一次增长学识的饕餮盛宴，都会让我们感受到先生那睿智的思考与博大的襟怀。先生那充满书香的书斋早已是我们向先生学习求教的学府圣殿；那未曾装修略显拥挤却温馨简朴的小小客厅曾记录了无数次先生与我们之间的欢声笑语，承载着先生对津门故里的美好回忆，对母校实验中学的深厚感情；回响着先生与学校领导、师生交谈时旁征博引、谈笑风生、充满幽默与智慧的话语，展现着先生对莘莘学子的殷殷期待。

　　在大家心目中，周先生不仅是一位国内外闻名的著名专家学者，更是一位鹤发童颜、平易近人、和蔼可亲的老朋友；他不仅是学有专长、才思敏捷、循循善诱的红学大师谦谦君子,也是实验中学不领薪酬不在编制的客座教授。在学校校友会的名单上,周先生的大名位居其首;走进实验园,学校图书馆大楼上,周先生题写的"图书馆"三个大字依然是那样苍劲有力;校史馆里,册册凝聚着先生心血和汗水的《红楼梦》研究文集吸引着无数参观者的目光;思学楼前,老校长赵子声提议设计的、师生尊称为"守望"的先生青铜塑像周围鲜花格外灿烂。一扇镂空雕刻着"借玉通灵存翰墨,为芹辛苦见平生"的中式大门前几册打开的古籍书旁,先生依旧如往日那样,悠然自得、面带笑容地坐在藤椅上,亲切地注视着校园里来来往往的教职员工和学生晚辈。

我们忘不了,作为历史悠久的实验中学(工商附中)走出的毕业生,周先生一直是学校的骄傲和自豪。这不仅仅是因为他在《红楼梦》研究中所取得的令世人瞩目的学术成果,更在于他老人家一生勤学善思刻苦钻研,淡泊名利谦和为人,终身学习笔耕不辍,将毕生的精力和智慧才华都献给了中华文化的传承事业的奋斗精神,也在于他常怀感恩之心,情系母校发展,乐做青年朋友良师益友的做人美德。

我们忘不了,近年来赵子声校长、张红校长等学校领导曾多次亲自前往周先生家中,汇报学校发展变化的近况,商讨学校校庆事宜,盛情邀请他回校参加先生塑像揭幕典礼等活动。但最终都因先生诸事繁忙年事已高等原因未能够成行,留下了不小的遗憾。但先生一直关心关注母校的发展与提升,每每听到学校的发展变化和取得的成绩就会兴奋不已,往往快乐得如同孩童一般。先生也许多次在深思熟虑后对教育改革提出自己的真知灼见。

我们忘不了,学校八十周年校庆时,已年近九旬的周先生提笔撰文回顾了当年在学校上高中时的入考及学习经历,文中抒发了对母校老师的怀念之情,感恩之情。他嘱咐晚辈青年学子:"应当珍惜,应当努力,不负母校的培育,使自己成为一名有用的人才,为中华民族、国家兴旺而争取更多的荣誉。"他将自己当年在校读书时的三件纪念品珍藏至今,每每看到这些"我平生学历程途上的痕迹,十分真实而亲切"。这三件宝贝"一是毕业证书。上面贴的照片留下了我青年时期的面影,此片亲友都说是我照片中最好的一张。二是毕业纪念册。这是同学自编自印的,内容颇称丰富,其中有我的词曲和墨迹,代表着我那年代的'精神面貌'。第三件是一个银戒指。正面长圆形,有花边,花边内有'工商'二字,内面刻有'周汝昌'名字,还有当时首饰店的印记。记得当时印纪念册和制银戒指,一共才收了二元钱"。母校八十周年校庆时周先生的献词是:

> 津沽振铎念前修,七二春波八十秋。驰道马场存旧址,英才骏影树新猷。工商宜纪富民史,实验方以报国筹。胜业辉光蓬盛典,长怀绛帐溯风流。

我们忘不了,学校八十五周年校庆前夕,已是九十二岁高龄的先生又撰文《寸草怀思》抒发对母校的感恩之情。文中,先生把母校比作"慈母",把自己比作一株"小草",称:"慈母真乃三春之日照,抚育了我这小草的生长以至健康独立,成为艳阳美景之中一个小小的成员。"感叹:"我这小草的能力如此微薄,又如何能报答慈母那春恩浩荡呢?"他讲:"作为一位校友怀念母校之恩岂不也正是天涯游子因凉风天末而加衣,就想起慈母的恩情了吗?"为此,先生欣然作诗一首以诉衷肠:

> 天涯桃李竞芳菲,回首艰难国步危。今日英才逢盛世,故园相聚报春晖。

那年校庆前夕,周先生热情接待了张红校长等人及学生代表的来访。高三13班王可汗、吴寒梦、刘丝雨、王璠、薛楠、鞠晓同学在老师的指导下,写出了内容充实、长达九千多字的报告文学《红楼人生别样红》。此文被收录在天津市实验中学八十五周年校庆纪念文集《天涯桃李报春晖》一书中。

全校师生都不会忘记,2005年春天,我们组织了主题为"创建书香校园,感悟人生真谛"的首届校园读书节,目的是为了让实验学子在全面发展的基础上不断提高道德修养的能力,陶冶高雅艺术情趣,创建良好的校园文化氛围,让学生在读书中认识自然,了解社会,扩大视野,在思考中学会分析,学会思辨,学会选择,学会审美,学会做人,从而获得全面、主动、健康的发展。

这是一次为期四个月、全校师生共同参与的特色活动。为了让专家引领这次活动,我们特别聘请了周先生等名家为顾问。让当代学子近距离感受大师的风范,聆听大师的教诲。为此我们搜集整理了同学们在读书中的种种困惑和问题,希望能亲赴先生家中当面向周先生请教。

作为一位著名学者,耄耋之年的周先生每天的日程安排几乎都是满满的。但当女儿伦玲向他转告了我们的活动计划和学生提前写好的求教书信时,先生不假思索爽快地答应了。在春风送暖的4月,高二9班的学生们和班主任王立红老师来到首都北京拜访了周汝昌先生。学生们渴望知道:我们在每日忙碌的学习生活中,究竟要在哪些方面善疑?哪些方面善悟?哪些方面善仿?在学习中倘有异于他人之见,我们是应当偏于求同,还是应当迎着袭来的风浪坚持己见?先生有什么读书和研学的经验或者说是体会可传?学生们就这些问题开始了向先生的求教。最后并请先生在阅读方面提一些宝贵的建议。

那真是一次难得的专家访谈,面对学生们孜孜渴求的目光,先生侃侃而谈、娓娓道来认真讲,高屋建瓴一堂课尽展红学大师高尚风范;学生们全神贯注心领神会仔细听,字字珠玑一席话如同清泉小溪潺潺流入心田!通过这次对周汝昌老先生的拜访,同学们对读书的意义和目的有了更深层次的了解,懂得了读书的根本目的是为了振兴祖国,是为了民族的富强,而读书中必不可缺的一项基本过程就是领悟。先生讲:倘若缺少了领悟,那么读书也就失去了意义,最终也就不能达到读书的目的了。通过老先生的教导,同学们增强了选择书籍和鉴别书籍的能力。这对他们的健康成长将起到巨大的促进作用。

为了表达对先生的敬意和感谢,同学们纷纷向先生献上了自己深深的祝福。范晓伟同学首先送给了先生自己填写的一首词牌为《青玉案》的词,以表达心中对老先生的敬仰和钦佩:

青玉案

残阳斜照芳菲处,断肠路,莺空诉。久未成眠时多误。竹门轻掩,虽即迟暮,自比南山鹿。

漫山青郁竹无数,安晓并非无情物。寒去春来谁与度?试问飞絮,大江东去,谁共涛中舞?

先生侧耳仔细地倾听,感到非常高兴,并且说会给予批改,日后再做交流。刘芳同学献给先生一幅题为"才高行洁"的毛笔书法作品,以表达对先生由衷的敬佩。他微笑而礼貌地接过书法,连声称赞。张甜同学向先生赠送了一套林黛玉的泥人张泥塑,希望这个鲜活的泥塑能带给先生无尽的欢乐。老先生看到泥塑的林黛玉后异常兴奋。宋洋同学向老先生赠送了当时世界上最高的马来西亚吉隆坡的国家石油大厦金属模型,希望老先生能够在红学的研究方面更上一层楼,登上无极的顶峰。

最后,先生为每一位同学签名,并与师生合影留念。学生会主席安维纬同学请老先生写下寄语。先生激动地写下了"人生道路不同,民族文化永远聚会在同一殿堂"这句富含哲理的话。

这次专题采访活动产生的"蝴蝶效应"在校园内带来了巨大的连锁反应,从而促进了全校读书活动的开展,为我们创建书香校园工作起到了弥足珍贵的推动作用。先生的教诲给学生们带来了学习上的巨大动力和做人上的科学引领,一年后,这个班不仅在高考中取得了优异成绩,还被评为市级"三好班集体"!

为缅怀周汝昌先生,学校在6月4日的主题升旗仪式上举行了隆重的纪念活动。全校师生肃立在操场,张红校长眼含热泪动情地向大家介绍了周先生的一生,介绍了他是怎样献出毕生的精力为弘扬中国传统文化做学问的执著精神和谦和为人、简朴一生、常怀感恩之心不忘母校培育的高尚人格。学生代表的发言表达了对周先生的仰慕之情和向先生学习的心愿。校团委展示了精心制作的周先生生平业绩的展牌。升旗仪式后,张红校长与师生们一起向周先生塑像敬献了鲜花。

愿先生安息!

2012 年 6 月于津

周汝昌先生与《红楼梦辞典》

晁继周

周汝昌先生走了。九十五岁的高龄,在北京朝阳区红庙北里的寓所,在亲人们的陪伴下,他走得平静、安详。在生命的最后时刻,他还有很多事情没有做完,人们在等着他续讲红楼故事,出版社在等着他研究曹雪芹的书稿,《红楼梦辞典》的修订稿还没有杀青……他走得又过于匆忙。

我和汝昌先生相识已有三十几年。那还是上世纪 80 年代初,我带着几名青年人尝试着编一本《红楼梦小词典》。几经周折,不揣冒昧地找到著名红学家周汝昌先生,希望得到他的指点。那时我四十出头,带领的几位男兵女将都才二十几岁,这样一支队伍,贸然敲响蜚声中外的红学大师的门扉,现在想起来实在是有些不知天高地厚。然而,周先生答应了我们! 联系出版社的时候,我们说"周汝昌先生是这本书的顾问",这是个不轻的筹码啊。没想到,出版社的"野心"更大,他们说:"能不能请周先生做主编?"我心里没底,请中国艺术研究院红楼梦研究所的一位朋友替我们问问周先生。过了几天,那位朋友带给我一句话,周先生说:"这是我的责任!"周先生同意了! 我喜出望外。从这时起,我们的编写工作就在周汝昌先生的亲自领导下进行了。有周先生的领导和直接参与,我们底气倍增,书名也从《红楼梦小词典》变成了《红楼梦辞典》。

那个时候,一般家庭还都没有电话。《红楼梦辞典》编写中的许多重要事情,都是我登门去请教周先生。先生极负责任,从辞典的总体设计,到收

词立目、条目撰写,都发表极其中肯的意见。先生那时住在朝内南竹竿胡同
113 号大院的正房,我和先生坐在四周堆满书籍的堂屋里,常常一谈就是半
日。除当面聆教,就是靠通信了。我至今保存着先生的全部来信,近日清
点,竟有近六十封之多。先生在甲子大雪(1984 年 12 月 7 日)的信中写道:

> 我实话实说:只又看了 C 母的一半。每看,辄为您的工作质量所打
> 动。这真是一件大事。如看到"才刚"等卡,不禁击节! 太好了,坚持做
> 到完工吧。

先生的鼓励,给我和全体作者以极大的鼓舞。对稿子中的错误,先生也绝不
留情面。1985 年 8 月 18 日的信中,先生指出词条中的"硬性错误":

> "天马"条竟注成"图案"。实狐皮品种中一术语也,其实《红楼识小
> 录》亦已及之。因此条,念及"乌云豹"条(连类也),检之,竟未见。

凡先生指出的,我们都一一改正。就这样,在先生的热情鼓励和耳提面命
下,历时六载,几易其稿,《红楼梦辞典》终于付梓,于 1987 年 12 月出版。先
生拿到这部浸透他心血的辞典的时候,捺不住心情的激动,挥笔写下七言律
诗一首:

> 六年辛苦幸观成,喜慰还兼感慨生。日久始知学术贵,功多翻觉利
> 名轻。红楼词采森珠目,赤县文明粲纬经。万象敢云囊一括,津梁倘可
> 济初程。

汝昌先生诗末附言:"戊辰之夏,《红楼梦辞典》梓成,条目九千,字数百万,前
所未有。喜赋长句,并寄诸友。"后面又有一个小注:"日久、功多一联,乃勉
励诸位青年学友也。"读着先生寄托无限深情的诗句,我和各位青年作者无
不热泪盈眶。
　　汝昌先生对学问精益求精,看名利淡如清水。《红楼梦辞典》出版后,我

拿着先生应得的稿费去先生家。先生非常严肃地拒收。我再三说明这是他应得的报酬,先生收起平日的笑容,说了一句封口的话:"这事没商量!"后来,我们花了很少一点钱,给先生买了一只躺椅,让先生在工作劳累的时候,能坐在廊下看看书报,养养精神。1995 年,《红楼梦辞典》荣获首届国家辞书奖二等奖。我托人把奖状送到周先生家。几天后,我接到先生来信。先生在信中说:"我原来估量没这样乐观,以为'知音'未必多有。今竟获二等,可真不简单,故值得高兴也!此乃您辛勤之应得。荣誉状不该归我,我摆些时送您收存,作为大家的'自豪品'。"

《红楼梦辞典》出版后,汝昌先生就把他的注意力转向这部书的修订上来。就在先生收到奖状后给我的那封信里,他以很大篇幅谈及书的修订问题。先生说:"甚愿我们此典可以立足于学林,而非一时之时髦物。"谈到收词,先生说:"词典目的,表面是供人检查获解,实则不用查而皆懂的,照样须收录为词条。……它不仅为了'懂不懂'这个单层问题,更多应为了治学的多层意义。词典的高下,端在于此一分际。"谈到释义,先生"不主张过于简明,应说清的必须多说几句,才算尽了责"。这封信里先生举了"不依"的例子,后来的信中,又多次说到"使得"、"使不得"的例子,说这些具有《红楼梦》特色的词语应该收入词典,并且做出到位的解释。《红楼梦辞典》编写时依据的《红楼梦》,是上世纪 50 年代和 80 年代人民文学出版社出版的两个版本。先生在这封信里说"若仅局囿于原依的二本,确实会造成缺失",建议多用几个版本。先生还提出四点建议:一是词目最好由我(笔者)"自检";二是"人手不求多,多则难齐";三是"重用高材";四是"突出特色"。总之,汝昌先生为这本书的修订设下了高远的目标。1997 年,先生在北京西郊主持了修订工作会议,正式启动了修订工作。那时,先生目力已很差,更多的事情需要我去完成。而我工作又极忙,修订工作只能时断时续地进行。

直到最近两年,我投入到辞典修订工作的时间才多一些。在修改定稿的同时,重新联系了出版社。先生著作那么丰富,还没有在我国最著名的出版机构商务印书馆出过书,这在先生来说是件憾事。我找到商务的周洪波副总编辑,表示了这个意向。周洪波副总编辑一口答应:"我们满足周先生的愿望!"今年春节刚过,我陪同商务的责任编辑陈丹丹女士去拜望周先生。

丹丹给周先生带去了商务的年礼———一部精装的《辞源》。

这些年,先生目力差到几乎为零了。我和他的交流,除当面请教外,就是通过互联网,请先生小女儿伦玲收信和回答。每封电子邮件,虽是伦玲传给我,但都是先生自己的话。读着这些文字,我能想象得出先生谈论学术的神情。先生的最后一封电子邮件,是今年 3 月 30 日的,那是回答我请教的"络子"一词的解释。"络子"是一种网状编织物,为什么《红楼梦》里使用的量词却是"根"呢?先生让伦玲用电子邮件回复我说:

> 络子:"络"必须按北音读作"烙"(涝)。络子与绳子虽系同类,但有分别。绳子是打的死结,络子是打的活结。络子是用彩线打成网状交织,横拉时呈现很多菱形小孔,就像裙状点缀在桌围、椅靠、车轿的各处。竖拉时抿在一起,外形像条绳子。

先生就这样极清楚地回答了我的问题。万万没有想到,这竟是他最后一次回复我的请教。两个月后,这位诲人不倦的恩师就永远离开了我们。

周汝昌先生走了。他主持编写、现在又领导修订的《红楼梦辞典》还没有最后完成。我们将努力工作,把先生对这部辞典的高远设想尽量体现到修订中去,用高水平的崭新的《红楼梦辞典》告慰先生的在天之灵。

乡情浓浓

王　敏　长　奎

　　周汝昌先生出生在天津七十二沽的咸水沽。他看"故乡是一部读不厌的书",对于津门的事怀有深厚情感。1986年尘封多年的天津天后宫与宫南宫北大街同时对外开放。宫南的一个公园紧紧贴靠天后宫而建,请周先生为公园命名,先生欣然为公园题写匾额"宫南墅宛"。从此我们与周先生相识了。

　　周先生说自己祖上是何"身份"呢?用乡里的话,叫"养大船的"。有两三艘大木船,叫海船,航行于渤海、黄海、东海运送东北米粮、木材之类的特产。他说自己是闻着船板的木香长大的。由于海上航行多有风险,要靠老娘娘保佑,因此他幼小就和妈祖娘娘结下了缘。周老在天津的朋友很多,有学者,有艺术家,有医务工作者,有领导干部,也有普通的工人和农民,在我的印象中每年春暖花开,天后宫南北配殿前的海棠树刚刚开过,周老总会来到天后宫。赶上"老娘娘"过生、宫里出会,老人家会兴奋得闭不上嘴。你不用给他介绍,这是"西头京秧歌百忍老会"、"八蜡庙高跷老会"还是"同音法鼓会",听器乐响声他就能判断得八九不离十,叫上会名。周先生说自己祖上留给他一份厚礼,对书画音乐敏感度有遗传。当老人捂起右耳,侧首听着花会队伍的表演时,你会感到他听到的不仅仅是当下的音谱而是久违了的乡音。他饶有兴致地向我们介绍:"当年出皇会宝辇里坐的是一个金脸穿蟒衣的娘娘,慈祥庄严。天后宫有自己的护驾队叫'扫殿会',还有'华盖宝伞会',大园的'鲜花老'会……那盛况真是万人空巷呀……"那一年周老来天后宫正值纪念天后诞辰1038周年,当时河北的一道法鼓正在大殿越台上"设摆"表演,周老走上来,我们本来要和会头介绍一下,被周老制止了,他要了一把椅子坐下来,边听,边摇动身体,双手还不住地打着节拍。表演完毕周老站了起来说:"简直是太美了!"随后周老叫乐手们把乐器一件件递到自己手上,不断击打着,而后周老意犹未尽地说:"是不是新乐器太多,合奏起来,有点火气。"还说有机会再听一听河西挂甲寺的法鼓。

周老1996年在纪念天后诞辰庆典仪式上,深入浅出地讲,天后宫内的五位娘娘都与天津人的生活风俗有不解之缘。天津人有两位母亲保佑,一是海河,是母亲河,一是天后娘娘。我们至今还清楚记得当周老讲完这句话时停顿了很久,直到在场的市民响起了如雷的掌声。

周老对天后宫发展的深情厚谊,是出自对家乡的热爱,对家乡似梦还真的眷恋。他先后为天后宫古戏楼、张仙阁、正殿抱柱留下墨宝。1997年天后宫殿前妈祖泉、普济泉重新开浚后,甘洌的泉水由天后娘娘座下的泉眼流向两个新井。在北京的周先生看到报纸报道,赋诗一首:

> 青龙留照两瞳回,宝殿琼墀左右开。圣座迎霞朝日月,神波潜润来楼台。钗光士女香烟盛,帆影华洋贸易来。胜迹灵奇应有纪,津沽诗赋魏王才。

而后的几年,年近九十的先生很少来津,"乡亲"也不轻易去接了。但是往来信息不断,特别是周先生一有新作,总是先给我们寄来几本签上某某乡友正,短短几个字使我们感动不已。

每年春节前夕和八月十五前,我们会相约去京给周先生拜年、道平安。每当我们推开二楼的房门,总会听到周老伯母或是三姐的大声呼喊,一口天津口音:"天津老乡看你来啦!"周先生把大家招呼到身边,根据不同身份,问一两个问题。总会谈到天后宫近况,并滔滔不绝地讲起天后宫的故事。有一个故事我们听了久久不能忘,周先生说他小的时候,年关时他家院子里立起几丈高桅杆,用几丈红绸系在一个龙头上,升到杆顶,叫作点"天灯"。任风吹拂，预示一年海上平安吉祥，求老娘娘保佑出入平安。这一段魂牵梦绕的故事，正是在天地人之间传达了一个爱字。这是周老对乡亲的祝愿。

　　前去看望周老，礼品是先生"钦定"的。每年我们都带上正兴德茉莉花茶、大梨糕、杨村糕干、泥人张小作品，最重要的是天后宫刻的剪纸、窗花、肥猪拱门，还有天后宫红腰带。我们将这些东西一一递给老人家时，他都会紧抱在怀里，许久许久。这是周先生最快乐的时刻……今年春节来得早，我们很早就去给周老拜年。刚刚病愈的周老看上去有些疲劳，但依旧那样慈祥，那样淡定，那样热情，那样有风度。这是我们见到周老的最后一面。在回津的列车上我们接到三姐的电话，说周先生看过礼品，唯独不见天后宫吉祥红腰带。回津后我们赶紧寄去，很快收到三姐的信息："吉祥腰带收到，周老笑了……"

　　如今，周老走了。他留给家乡人民的一份厚重的文化遗产，将永远扎根于津沽大地。

周汝昌为鼓楼写楹联

吴裕成

5月31日著名学者周汝昌先生不幸病逝。噩耗传来,笔者以微博寄哀思:

> 天津建第三座鼓楼之际,周汝昌先生曾写联:"听百单八杵钟声声溯三代六朝文明华夏,看七十二沽帆影影联九河四海交会析津。"这是一位一辈子爱天津、写天津的大学问家。前不久,还为《今晚报》副刊的征文口述《礼敬天后宫》。这大约是先生的绝笔。天津卫、天津人、天津文化将永远铭记天津乡贤周汝昌先生!

一方水土养一方人。海河水滋润的津南走出周汝昌,天津人引为骄傲。

为学界敬重、受乡邦爱戴的周汝昌先生,桑梓情深,深深地爱着家乡。他又是一个乐于回忆过往年华,能用娓娓道来的笔触,将三津风物、沽上文化写得饶有情趣的人。因此,天津报纸"追捧"周先生,是情理中事。上世纪60年代,先生就在《天津晚报》写专栏,栏目取名"沽湾琐话"。"文革"以后,1984年《今晚报》出刊,《今晚副刊》得到周先生的热情支持,如专栏"七十二沽人语"。曾问周先生的女儿、他十分称职的秘书周伦玲,先生给家乡晚报写了多少文章?回答说,没有统计过,真可以说数也数不清了。

多年编发周先生文章,所涉选题大致可分为几个类别。

周先生一生研"红","为芹辛苦",给晚报写文章,这是一个大项。比如

《红楼梦真故事》，先在《今晚副刊》辟专栏，每星期天见报，后出书；古典文学为先生的主业，也是著文的选题，对古代作家作品的议论风生水起，颇受晚报读者喜爱；先生书法造诣很深，对于书法理论、书法艺术史有着独到的见解，有些文章说"兰亭"谈书法；对于戏曲曲艺，先生自幼受家庭熏陶，鉴赏水平颇高，这又是一类选题；周先生写亲历，写交往，诗词唱和，学术切磋，那些景情交融的篇什，大都可称为学林美谈、文坛佳话。印象中，关于北大胡适校长将甲戌珍本《石头记》借给外语系学生周汝昌，这尘封了四十年的记忆，就是在写给《今晚报》的文章里披露的。

此外，周先生为晚报撰文，可以归为一大类的，就是天津地方文史。

这里只说《天津卫》专版。1998 年岁末，晚报利用副刊增刊的版面，推出这一专版，至 2004 年初，总计刊出近五十期。周先生关注这个专版，写了八篇文章。1999 年 3 月，有《永远的天津卫》发表。文章开篇："你可知道？'天津卫'也进入了京戏？若不知道，请去问问行家，他会告诉你：那出戏叫《连升三级》。"由戏出故事，到燕王扫北，再谈明代设卫制度，并溯源宋的"砦"、元的"镇"。一篇千字文，知识含量高，乡情也浓。

2000 年 9 月，天津老城里重建鼓楼，先生有《鼓楼颂语》一文，盛赞梅成栋楹联："提起津门的鼓楼，比别处的鼓楼更是诗意盎然，涵咏不尽。此因何故？全是那一副令人击节的名联警句。"文中根据旧联"听一百八杵早晚钟声"，结合北京城里钟鼓楼的设置，讲天津鼓楼击鼓敲钟报时，及当年城厢内外百姓日常生活。

一年后，关注在建鼓楼的周先生，寄来楹联一副，落款"里人周汝昌"。并附信："裕成乡友：津门鼓楼重建，我心甚喜，早已撰成一联，只为自存自贺。今思不妨寄与足下，可以制版登于副刊，以存墨痕。若能办到，并请将小锌版片赠予我，以为小纪念品。"周老很是谦逊，"自存自贺"等语，流露出赤子般爱乡情怀。先前，先生曾应天后宫之约撰书对联。这次，先生寄来了书法复印件，在《天津卫》专版刊出，效果很好，读者反响也大。有读者来信，询问联尾"析津"一词何义；也有先生的老同学驰书，称赞联语语意不凡。两个月后，2002 年 1 月，先生写来《析津与天津》，答问释疑之余，谈及中华文化"三才（天地人）合一"思想，谈及星宿间的"析木之津"，对应天津得名的典故——天子津渡,即津人口语"摆渡口儿"。文章对所拟楹联,构思与含蕴,作了解说。

　　"听百单八杵钟声声溯三代六朝文明华夏,看七十二沽帆影影联九河四海交会析津。"囊天地,融古今,字字珠玑大气魄,可谓名人佳联。斯人乘鹤去,此联诚可珍。先生的楹联应该镌刻以木,挂到鼓楼上去,让世代的登楼者以超越时空的情感交流,读这位津沽乡贤、中华俊彦爱乡的心曲……

周汝昌先生与杨柳青

刘　红

九十五岁高龄的著名红学家、古典文学专家、诗人、书法家周汝昌先生于 2012 年 5 月 31 日凌晨 1 点 59 分逝世。先生痴心红楼，真的一梦不醒了。按照先生遗愿，不开追悼会，不设灵堂。在我们强烈恳求下，先生家属才答应我们再次走进先生生前的居所北京脂雪轩，和这位慈祥老人作最后的道别。

先生情系天津，对古镇杨柳青也情有独钟。每次到先生家中拜谒，先生总是饶有兴致地提到杨柳青，喜欢杨柳青的风，喜欢杨柳青的水，喜欢杨柳青的树，喜欢杨柳青的画，还喜欢那勤劳朴实的御河人家。先生知道我在杨柳青工作，又喜欢古典诗词，曾赠佳句："柳韵诗怀。"

"对于杨柳青我有深厚感情！"先生动情地说。在《今晚报》副刊登载的文章中，先生多次提到杨柳青。他说他的出生地叫咸水沽，杨柳青和咸水沽都是雍正年间由静海县划归天津府，天津原来没有府，雍正才设立地方官衙。最有趣的是，先生上中学时说的是咸水沽调，所有同学都说他是杨柳青人。那时先生还没到过杨柳青，嘴里的调却是杨柳青调，这是什么意思呢？因为无论是咸水沽调还是杨柳青调，都是静海调，都有着浓厚的亲缘关系。

抗战时期，先生徒步到南京，去国民政府请愿。走了一夜，休息的地方就是杨柳青，先生回忆说："当时杨柳青垂花门很讲究，有一群小孩来看热闹，有小男孩、小姑娘，其中一个小姑娘比较大一点，身材比较高，穿着红衣，可能她就会画杨柳青年画,就是那个白俊英吧。你可知道我对杨柳青年画那个感情,是从小受了母亲的影响,我们家里也贴过,后来我和我四哥在北京工作的时候墙上还贴着一张杨柳青年画。你就知道我们哥们对杨柳青年画的那种喜爱,是难以形容的!"

先生曾作诗赞美杨柳青年画:

> 杨柳青青似画中,家家绣女竞衣红。
> 丹青百幅千般景,都在新年壁上逢。

为什么杨柳青年画这么讨人喜爱?先生给出了他心中的答案。他说:

> 杨柳青年画是天地间一股灵秀之气,恰就聚在天津杨柳青,产生了那种极其精美的中华独有的艺术,杨柳青年画吸引我的不是现象,而是它扑面而来的灵秀气,这在别处是找不到的。

先生喜欢年画,还专门为杨柳青木版年画节赋诗四首:

一

> 柳青年画照津门,史迹东京溯梦痕。驱向燕山百工技,丹青雕刻落金村。

二

> 古镇风光富枣梨,千株好木最珍奇。雕成万象丹青美,长驻人间话语诗。

三

> 年画何书议论精,太君刘姥坐桥亭。大观谁赋芳园号,艮岳修来已半成。

四

> 柳色含青年画开,津西盛会万人来。庚寅腊鼓声声响,正喜迎春纪好怀。

"我为杨柳青成立诗社而高兴!"这是周汝昌先生听到古镇杨柳青要复兴古典诗词文化,成立杨柳青诗社时说的话。

那年王焕墉先生提议在古镇杨柳青成立诗社,得到了周汝昌先生的首肯。我们专程赴京向先生做了汇报,先生听后很高兴,为我们诗社的诗刊起名《杨柳风》,并欣然赋诗:

> 万家栽柳柳青葱,柳色依依度好风。柳若无风亦无态,风因度柳即传踪。风情柳意年华美,柳丝风片气和融。杨柳风中人绘画,灵心妙手胜天工。雕印年画张素壁,指点楼台乐翁童⋯⋯

此后,先生一直关注诗社发展,每逢诗社重要活动,总要赋诗为贺。每到家中拜谒,总给我们鼓励并答疑解惑,耐心细致地为我们解答一些古典诗词问题。例如:关于诗词的韵律问题,周老说:"诗词是我国历史悠久的传统音乐文学样式。诗词的音乐性都存在诗词的格律中。因此古典诗词不能没有格律。现在年轻人掌握不好官韵,官韵就是平水韵,这个韵过去是科举时用的,现在年轻人作诗可以把诗韵放宽,这样可以避免伤他们的积极性,以后慢慢再用平水韵也不迟。"先生治学严谨,对后学也倍加提携关爱。

写到此,不禁潸然泪下,老人家和蔼可亲的目光萦绕在我的眼前,"仙风诗骨应难老,笑语真情共一楼",此情此景已不复存在,更多的是老人家给我们留下了宝贵的文化财富。先生一生清贫,脂雪轩中除了书还是书,默默地散发一股幽香,让人永远忘不了。

大智慧　大胸襟　大手笔

——缅怀周汝昌先生晚年曹雪芹家族 文化研究的卓异建树

董宝莹

2012 年 6 月 1 日，周汝昌先生逝世的第二天中午，我前往北京红庙北里的先生家中吊唁。

这处朴素的屋舍，是我十几次前来求知就教之所。南面临窗那间局促的客厅中央，五六个小巧素雅的花篮簇拥着一张普通家庭吃饭的圆桌。那是先生多年写作、待客的用物，让我熟悉得可以感受到它的温热。如今，上面安放着先生黑白色的遗像。肃立桌前，凝望着早就印在我心中的影像，感慨良多：那微扬的面庞显现着先生内心的清纯和阳光，那火热奔放的目光焕发着先生蕴含的智慧和力量，那恬淡的笑容透露出先生心中的豁达和坦荡……

往事涌向眼前，我的思绪回到二十年来先生带领我们开展曹雪芹家族文化史料调查研究的岁月。

精运筹，把曹雪芹家族文化研究请出象牙塔

与先生会面相交，起于 1992 年 7 月 24 日。那天，我仰慕已久的周汝昌先生出席了丰润召开的"曹雪芹思想讨论会"。会上，已经年届七十五岁的周先生，从曹雪芹上世迁徙、始祖源流、族谊亲情等方面再次阐述了曹雪芹祖籍丰润的重要观点。会后，《人民日报》《光明日报》等国内外数十家新闻媒体发布了先生重申的"曹雪芹祖籍在丰润"的论断，产生重大影响。由此，

开启了丰润历时十年之久的曹雪芹家族文化研究活动。

在那些日子里,我参与了许多具体工作,从相关的资料中获知,这场曹雪芹家族文化研究活动是先生付出很大心血,做出极大努力,才开展起来的。

大家都知道,《红楼梦》是值得中国人骄傲的一部文学著作,曹雪芹是用生命之烛点燃人类洞视古今社会之光的伟大作家。周汝昌先生为弘扬《红楼梦》文化,彰显曹雪芹坎坷沧桑的人生历程,以近七十年的时间为芹辛苦,执著探研。

1950年代初,先生的红学力作《红楼梦新证》问世。经过大量考证,他在"籍贯出身"一章中单立一节——"丰润县人",指出曹雪芹祖籍在丰润。1980年代以后,先生面对一些异议,慧眼卓识,清楚自己对曹雪芹祖籍思考认识的坚实基础。但是又感到需要进一步做的工作很多,责任很重大,时间很紧迫,得采取一种非常规、更有效的方式来进行。

先生有坐在圆桌边的座椅上沉静思考的习惯,那段时间他常常在那里端坐良久。

先生相信,包括丰润在内的曹雪芹先世居住生活地,一定蕴含着不少史籍资料和文物遗存,它们是曹雪芹家族文化深入研究的重要条件。于是在个人搜集资料、研究史证的同时,首先与丰润籍的专家学者通信联系。他要以自己的广阔心胸和执著情怀,以这些人士为桥梁,开启一场以丰润为原点、有各级干部群众广泛参与的曹雪芹家族文化研究活动。

周先生联系到的第一位丰润籍专家学者,是中国社会科学院历史研究所研究员、全国政协委员杨向奎先生。

事情的开端是1990年上元节后,周先生将自己的新作《红楼梦的历程》寄赠给杨先生。其时,杨先生已于两年前写出《曹雪芹家世》的长篇文章,对曹雪芹家族文化研究正怀着时不待我的热诚。随之二人往来书信十余封:从对曹雪芹创作《红楼梦》"正反两面、真真假假"技巧手法的评议,到对那块通灵宝玉原形——丰润花石山的"花斑石",还有花石山临近的陈宫山的广泛讨论。谈及的内容好多都是鲜为人知,听了非常令人振奋。周先生还赋七律一首:

呈杨向老

谁能家世考曹君,大勇真堪张一军。浭水有情通敝邑,松茨无恨赖雄文。相期五色通灵玉,共揭千秋隐秘闻。治史如公麟凤仪,可怜盲说枉纷纷。

杨先生很快回复一首作答:

大荒山下有奇文,赖有周公辨假真。痴痴癫癫通灵玉,隐隐约约绛珠魂。金陵十二有雪宝,石上三生无带鞶。安得我兄如椽笔,再造红楼天下闻。

真是可以载入文坛史籍的趣事和盛事。

这十多封书信,经二位先生商议,发表在1990年第4期《河北师院学报》上。

周先生联系到的第二位丰润籍专家学者,是北京市作家协会主席、全国政协委员管桦先生。

他们鸿雁传书,探讨曹雪芹家族文化。高潮时候,先生将自己的两封书信分别在1991年10月18日和1992年1月17日的《人民政协报》上公开发表。前一篇《写给管桦委员的信》从丰润曹家与曹雪芹家共同的汉、宋先祖,到明永乐初年弟兄二人从江西卜居京东丰润,弟弟后又从丰润出关寄居铁岭,明末被努尔哈赤掳掠加入旗籍的迁徙脉络,还有丰润曹谱"一卜居丰润咸宁里,一卜居辽东铁岭卫"的记载,一一做了介绍。后一篇《曹家的老底儿》,详谈了曹雪芹家的旗籍叫作"正白旗满洲包衣人",曹雪芹曾祖母做康熙帝的保姆,一家人受到朝廷恩宠等历史,再加上信中一处处"今夏苦热,不知你身体可好"、"'冬至大如年',今值令节,向你问候"的真情挚爱,"可巧瑞雪银装,寒枝缀玉","雪窗弄笔,再续上函"的文思雅兴,一起见诸报端。此举是十分高妙的一招!这就告诉人们,他们所进行的绝不是私己琐事的讨论,而是闪耀着民族文化辉光的趣闻韵事呀。

此后,周先生与丰润籍著名作家陈大远,又多次书信交流。陈大远先生在信函中,介绍了许多丰润曹家的历史旧迹和掌故,读罢令人备受鼓舞。这些信又发表在《学习》杂志上。

周先生与杨向奎、管桦、陈大远等丰润籍学者的信函讨论,点燃了三位先生心中急欲掀起曹雪芹家族文化研究高潮的烈焰。当时,周先生肯定还与三位挚友深入切磋了实施的办法,这才有了1991年10月23日,管桦先生致信丰润县委书记李永丰,建议开展曹雪芹家族文化史料调查研究工作;1992年5月,杨向奎先生向前去拜访的丰润县委副书记董宝泉、副县长孙浩华"发脾气",强调尽快"把曹雪芹家族文化的大文章做起来"。

展风范,掀起祖籍史料调研大高潮

丰润县曹雪芹祖籍研究工作开展起来后,周先生报之的是满腔的热情,没有丝毫关于一己得失的计较。

1993年5月8日,丰润政协文史工作人员和南关村曹兆荣先生一起在县城西面的尚古庄调查到曹鼎望墓志铭和曹铨墓碑。这些碑铭史研价值较高,文字又极漂亮,不久我就在县政协主席宣玉荣、副主席刘继堂的率领下,携带着墓志铭拓片和碑铭抄件赴京向周先生等几位学者汇报。行前,领导明确交代我将拓片送给先生,抄件送给别位学者专家。可是到了第一位学者家中,我就掏出拓片想先让那位先生饱一饱眼福,不料那位先生一见就爱不释手,我又拉不开情面,结果拓片就没能拿出来。

走出那位学者家门一上车,宣主席就严厉地批评我,我心悦诚服地默然接受。到了周先生那里,我们就只得以一份碑铭文字抄件相送了。还好,当时先生是一脸的高兴。对我们的工作,是不绝于口的肯定和鼓励,是悉心的叮咛和指导。只字没提要看拓片的话。但是之后,我久久不能释怀对周先生、对没完成好当时那项工作任务的愧疚,深怕影响先生的心情。

以后不久,我即接到先生一信,读罢心生极大感动。那是先生看到载有曹鼎望墓志铭、曹铨墓碑发现经过的《唐山劳动日报》之后写来的。他在信中情不自禁地说:"请看唐山报,印出的墓铭、墓碑拓本还那么好看!古物真令人欣赏……可否加印,见赠一份?以留纪念!"我们很快寄去一份。当年7月2日先生在致宣玉荣主席的信中,仍兴奋不已地说:"碑石发现过程的文件极好,你们立一大功,可贺。"对于碑铭文字抄件,先生作了深入研究。在 1993 年 6 月 29 日"丰润曹雪芹祖籍研究座谈会"上,他以书面发言形式对碑铭价值给予热情中肯的评价。可见,我的工作失误丝毫没有消减先生对两块碑铭的喜爱和重视。于是,我从人品德行这一点上,生出了对先生高山仰止的钦敬。

先生在对我们工作鼓励支持的同时,还从学术工作必须严谨、严肃的角度提出许多严厉的要求。例如史料调查,他反复叮嘱我们要"忠于原语"。1993 年 7 月 9 日他在致宣玉荣的信中指出:"整理调查收获,宜尽量翔实细致,保存传述厚重,以昭信实,而防附会。必要时可加按语,表明您与编者的意见或纠补校正。"1993 年 8 月 1 日在给我的信中又指出:"您的调查一定要复核,证明忠于原语,不可附会。"先生这些谆谆叮嘱和严格要求,大大提高了我们史料调查成果的学术价值,我们的工作因此得以健康进展,我本人更是受益终身。

先生十分重视史料调查挖掘工作,殷切希望我们不自满、不停步,不断扩展和深入。1993 年 7 月 9 日,他在给我的信中指出:"商各(尚古)庄既是新茔,则曹家坝的老坟,也请务必同予考察、保护,或必要的发掘工作。不可以为'那与主题关系不大'。因为涉及到的是曹鼎望的上世,更要弄清相关遗迹与文物的情况。"1993 年 8 月 1 日,他在给我的信中又强调:"曹鼎望虽重要,但考研曹氏却不能以他为'开头'人。务必今后容下手来,创造条件(财务人力)发掘曹家坝旧茔地——那儿未经'砖厂'破坏,重要之至,万勿轻忽置之不顾!"

在先生提醒和督促下,丰润县组织人员相继赴江西南昌、辽宁辽阳、河北灵寿、北京图书馆以及唐山、遵化、玉田、滦县、宝坻、丰南等地查阅文献,挖掘史料;赴县内二十六个村庄调查曹氏园林、别业、墓地、碑刻、遗物线索等史料。县政协和县委宣传部还组织文史、文物工作人员及有关镇村干部,先后赴城北小陈庄、小陈庄曹家坝祖茔、尖山峪墓地,挖掘遗存在里面的古碑刻。取得了曹氏旧居、白云岭山庄、小辋川、郑八庄等别业,松茨园、锦溪亭、近林亭、冷心亭等园林,曹家坝、尖山峪、曹家洼、尚古庄、大坡庄、北大树等祖茔,豫章曹氏坟碑记、曹士直墓志铭、曹云望夫人墓志铭、曹登瀛墓志铭的重大成果。还获得了"丰润曹氏健仆陈良平叛建功"、"铁岭曹氏谈祖籍"、"丰润曹邦被掠辽东由彼地族人引荐加入正红旗"、"玉田古人种玉处"、"玉田胭脂米"等一系列珍贵史料。

为了把曹雪芹家族文化研究进一步引向新阶段，先生以极大热情指导了河北省曹雪芹研究会的组建及 1994 年河北省曹雪芹研究会学术研讨会、1995 年(北京)曹雪芹家世研讨会、1998 年(北京)全国《红楼梦》文化艺术研讨会的举行。并在百忙中出席了 1994 年、1995 年、1998 年的三次研讨会。

其中的 1994 年河北省曹雪芹研究会学术研讨会，先生兴致勃勃地提前到会。会议头天晚上，先生在河北省曹雪芹研究会会长韩进廉、副会长王畅、曹氏老人曹兆荣等人的陪同下，携夫人毛淑仁女士考察了位于丰润县城西街的曹氏旧居。考察中，先生严肃认真的精神深深打动了我。当时先生已经七十六岁高龄，而且听力视力极差。他在工作人员的搀扶和手电筒的导引下，拄杖前行。在一栋曹家旧厢房前，他用手摸索着了解老宅的形貌，侧耳倾听房屋主人对于老宅历史的介绍。他还和陪同人员、房屋主人，在房前房后合影留念。照片由河北省曹雪芹研究会理事刘均合拍摄，拍得出奇的成功。上面的人物在黑黢黢的夜幕衬托下，个个神情专注，脸上都显露出因从事曹雪芹家族文化史料调查研究工作而感到的神圣，因肩上责任的严肃与艰巨而感到的凝重。先生收到这两幅照片后非常喜爱，他在回信时对丰润同志说："谢谢！寄来的照片，质量不错，看了很过瘾。"

在那次会上，先生发表热情洋溢的讲话，做学术讨论发言，参观曹雪芹祖籍文物陈列展览，为曹雪芹雕像揭幕，为唐山曹雪芹家酒集团题字，没有一丝倦意。盛情之下，先生还即兴题诗《河北省曹雪芹学会成立大会》赞贺：

盛会高标礼雪芹，银潢玉宇尽知君。大河之北丰田润，种得琼瑶散异芬。

诗中热烈的情感、冲天的气势、奇伟的比兴，震撼感动着与会人的心。

会后，在先生的指导下，河北省曹雪芹研究会的单位和个人编撰出版了《曹雪芹祖籍在丰润》(丰润县政协文史委编)、《曹雪芹研究》(河北省曹雪芹研究会编)、《丰润曹氏家族》(丰润县政协文史委编)、《曹雪芹祖籍考论》(王畅著)、《曹雪芹祖籍论辑》(河北省曹雪芹研究会编)等著作。先生为这些文集一一撰写序文,并著写了《河北丰润的光辉——曹雪芹世系考略》、《从楝亭诗看丰润曹与内务府曹的关系》、《辽阳五庆堂曹氏族谱的十点问题》、《史地研究正误示例》等多篇专稿。先生还从曹雪芹祖籍研究的主旨要义考虑,不避流言,不顾蜚语,撰写了《浭酒·曹雪芹祖籍》的学术文章,发表在1994年12月的《光明日报》上。这些文章,对传播进一步考证的曹雪芹祖籍丰润史实,起到重大作用。

1998年11月9日在北京北普陀影视城举行了"全国《红楼梦》文化艺术研讨会",同时还举行了"周汝昌先生八十华诞"和"周汝昌先生研红五十周年"纪念活动。这是周汝昌先生指导的这阶段曹雪芹家族文化研究成果的总结和展示,也是先生人格学风的高度体现。会议期间,先生与参会学者在他的寓所、在会场、在园区各个角落敞开心扉,开诚布公地切磋、交流,多项学术专题的研究得到新的进展和提升。大家无不崇敬他的宽厚胸怀、广博视野、民主学风、卓越建树。正如中共中央统战部致先生研红五十周年贺信所言:

> 八十高龄的周汝昌教授,把自己的一生献给了红学研究,在红学领域起到了承前启后、继往开来的历史作用,为弘扬中华文明做出了宝贵贡献。他求真、求实、严谨、质朴的学风,在红学界起到了表率作用,因而受到海内外红学界人士的广泛赞誉和极大的尊重……

广延伸,曹雪芹祖籍史迹现真颜

丰润县开展的曹雪芹祖籍文化研究活动,一石激起千层浪,唤起全国各地有识之士的关注和重视。他们查阅了相关的佐证资料,获得不少真知灼见,并与周先生取得联系。中共辽宁省铁岭市委纪检会原书记金鑫、铁岭市原博物馆馆长、研究员李奉佐就是其中两位。周先生审时度势,于1996年春写信建议丰润组团,赴辽宁省铁岭市与当地党委、政府及文化文史部门交流联谊,使金鑫、李奉佐先生的个人化研究,发展成党委支持、政府组织的大规模文化活动。

我们两次赴铁岭交流联谊后,铁岭市组建起曹雪芹研究会,调查研究工作异军突起。他们凭借扎实的学术功底、认真求实的研究作风,借助了查阅辽东史料的方便条件,揭开了许多学术提法的面纱。前后举行两次大型学术研讨活动,出版了《红楼梦与铁岭》、《曹雪芹家世新证》、《红学求是集》等五部学术专著。当然,这些工作的开展,这些成就的取得,都离不开先生的运筹、支持、指导以及身体力行的工作。其中最令人感动佩服的是2001年8月16日在铁岭市龙山宾馆召开的"全国《红楼梦》文化研讨会"。

会议前一天清晨,八十四岁高龄的周汝昌先生在儿子建临、女儿伦玲的陪护下乘火车赶赴铁岭。下了车,走出天桥,先生就被热情的记者围住了,游客们自觉地环拥在周围,形成一个热烈的采访现场。先生虽然经过一夜一千几百里的旅途劳顿,但是精神矍铄、谈笑风生、妙语连珠,答对得记者人人满意,人群中漾起一片景仰之情。16日的开幕式上,先生又做了讲话,当然是高屋建瓴,句句扣人心弦。

下午的学术研讨会因为有我的发言,脑子里不时在做思考准备,所以别的事情就都没来得及去想。

研讨会要开始了,我带着这种状态坐到会议厅靠前一点的座位上。不一会儿,全国红学会各位副会长、秘书长、百余位红学家、当地文化文史工作者、红学爱好者,把会场坐得满满的。当主持人宣布研讨会开始,请周汝昌先生讲话时,全场一片肃静。只见主席台上,面容清癯、身体消瘦的周先生,由工作人员搀扶着缓步走到讲台前。此时的先生,由于多年的辛劳,目力几尽丧失。他用颤巍巍的双手轻轻地摸索了一阵椅背和椅座之后,坐下身,直面听众,凭脑子里积累的学识,侃侃而谈。他先是纵论全国全世界的"红学"大势,接下来讲论起《红楼梦》与东北文化的种种联系,最后又详细论说了曹雪芹关内祖籍在丰润、关外祖籍在铁岭的佐证缘由。思路之清晰、语言之精辟、逻辑之严谨、引句摘文之娴熟贴切,令每个人都感到不可思议,脸上露出旧时吃完大年盛宴的那种满足。

那天晚上,我与哈尔滨师范大学的张耳先生同住一室。张耳先生已经取得历史学博士学位,又正跟全国红学会常务理事张锦池教授攻读古典文学博士学位。我们兴犹未尽,一起交流起下午聆听周先生讲座的感受。我问他:"您在大学里听教授专家讲座、讲演,肯定很多。但是,有没有达到今天周先生这样的水平的呢?"张耳博士是位很内向的人。他听了我的话,仰起脸,很认真地思考了一会儿,才平静地说:"没有,还真是没有!"

这次研讨会发表的五十多篇论文,连同1992年以来丰润的调查研究成果,论定了曹雪芹一家与丰润曹族远祖皆以汉相曹参、宋武惠王曹彬及儿子武穆王曹玮为始祖的渊源,正所谓"惠穆流徽";探清了明永乐初年曹端明协弟端广自江西豫章武阳渡北上,卜居丰润咸宁里,弟弟端广后来又出关寄居辽东铁岭,满军攻下铁岭时这一支的曹世选、曹振彦父子被掳成为正白旗包衣人,清兵入关随主进京的迁徙经历;揭明了曹寅"三韩使君子清"的"三韩"、曹玺传"著籍襄平"的"襄平"皆为古时铁岭所在的县域名称,他们自署"三韩"、"襄平"正说明其先世寄籍铁岭的史实;清楚了入关后的曹雪芹先人与丰润曹氏族人子侄相互寄居,称骨肉、同胞、连枝、雁行,称丰润为"蒿里",盼望叶落归根的亲族情谊。周汝昌先生在发言中提出的"曹雪芹关外祖籍在铁岭,关内祖籍在丰润"的结论,得到与会专家学者的广泛承认。

这次会议以后,因为工作关系的变动,我一度离开了曹雪芹家族文化研究工作。2003年1月将近旧历年关的日子里,我收到先生发来的一封邮件。欣喜地打开一看,是黑龙江教育出版社出版的一部先生的新作——《红楼家世》。书中近六十篇论文,在理清探明了曹雪芹上世的各个支脉关节之后,郑重指出:"迄今为止,所能考明的惠穆后代,只有武阳、丰润、铁岭三地之同宗曹氏。铁岭腰堡之曹姓,自知雪芹是腰堡人,而丰润曹佐华于1941—1942年在辽北结识的铁岭中医曹仲飞,自言此地同族皆知祖上迁自关内丰润。这样,铁岭腰堡曹确为雪芹上世,他们是由丰润东迁辽东的,处处符合契。"这是对十多年来曹雪芹家族文化研究成果的概括和总结。读后,气朗风清的感觉萦润我心。

我是一个十分粗心的人,书读完了才又翻到扉页,细看先生与夫人毛淑仁女士一同赏论他的一幅书法作品的彩色照片。上面的周夫人,我每次前往拜访,她都非常关爱地倒水、搬座儿,天热时送毛巾、递芭蕉扇,让我感到母亲般的慈爱。因为先生小我父亲几岁，我便很放任地称她为"婶儿"。我们在一起的时候，先生听不清我汇报的话语，都是由夫人伏在他的耳边细声传述；先生看不清我们提供资料的文字，都是由夫人看了之后再趴在耳根告诉他；先生有事起来在屋子里行走，都是由夫人上去搀扶。现在看着照片上周夫人与先生琴瑟相调的情景，我打心眼里感到欣慰和幸福。可是一看照片的附文："……淑不仅内助辛劳，病时还为我抄录资料，以解我目坏难读小字之困。今她已逝，将照片附印其中，感我伤悼之怀。"这几十个字读毕，仿佛五雷轰顶，令我惊愕。啊！周夫人去世了？先生在编著此书的过程中，竟然发生了这样的大不幸！八十五岁高龄的人，在完成这项浩繁艰巨的任务中含忍了怎样的怆痛呀！

当时我想，先生年事这样高，身体本又很衰弱，并且视力听力几乎全部丧失，夫人过世后他怎么能承受得了这样的打击，怎么生活？——先生的工作恐怕难以进一步开展了。

可是后来的事实着实让人震惊、让人兴奋。他以顽强的毅力、惊人的精力、非凡的学力，频频做客中央电视台《百家讲坛》，讲论"红学"、"曹学"以及唐宋诗词；编撰出版《红楼小讲》、《和贾宝玉对话》、《解味红楼周汝昌》、《定是红楼梦里人》、《江宁织造与曹家》（与人合作）、《红楼夺目红》、《周汝昌梦解红楼》、《红楼别样红》、《红楼新境》、《寿芹心稿》、《我与胡适先生》、《周汝昌精校本〈红楼梦〉》、《周汝昌校订评点本〈石头记〉》等十多部专著；帮助江西武阳文化文史工作人员与丰润、铁岭同志取得联系，指导他们挖掘史料、探讨研究、重修曹谱、举办陈列展览、编辑出版史料论集《曹雪芹南宋始祖发祥地武阳渡》。先生还为兴建的武阳汝河岸边高大牌坊题写了楹联"画栋飞云，长天秋水隆兴府；红楼贮玉，文采风流惠穆孙"。

这些年来，先生对韩进廉、王畅、严中、张一民、李奉佐、宣玉荣、王家惠等学者孜孜不倦地进行曹雪芹家族文化研究的工作，仍保持了一如既往的热忱和支持。例如 2011 年 7 月 13 日，先生获知原丰润县政协主席宣玉荣梳理汇总二十年来曹雪芹家族文化研究的资料，撰写了《曹雪芹祖籍在丰润证据综述》、《曹雪芹祖籍不在辽阳》两篇长文，先后在 2011 年 6 月 17 日和 6 月 30 日的《唐山劳动日报》发表，当即吟成《诗呈宣玉荣先生》二首：

一

　　能丰能润溇阳名，每到秋晴万宝成。景物添来慰芹意，游人争拟沁芳亭。

二

　　栋亭喜和四兄诗，慰老连床故里思。我向红楼寻确证，胭脂米在万邦知。

对曹雪芹祖籍丰润的学术观点，做出结论性的郑重申明。

　　至此，由丰润南溯江西武阳、北延辽东铁岭的曹雪芹祖籍史迹，已无可辩驳地大白天下了。一切不实之词，都失去了立足的空间。曹雪芹家族文化研究出现了空前的繁荣，取得丰硕的成果。因此，新版《辞海》在曹雪芹祖父曹寅的条目里，再次标明"原籍河北丰润（今唐山市丰润区）"的史实。

　　各位读者，这样的成果得来的容易么？遥想二十年前的曹雪芹家族文化研究，形势何等的严峻！不是有这样大智慧、大胸襟的周汝昌先生茹苦、排难，做出这样大手笔的决策和行动，能取得这样扭转大局事态的成果吗？所以，难怪好多人说，周汝昌先生不是一般的学者，不是一般的红学家，他是天赐斯时的红坛战神，该着了"天不灭曹（学）呀"！

　　敝人不通音韵，但是感仰盈胸，难以抑禁，遂感慨高歌：

　　　曹研大脉系华文，际会风云浑假真。幸有周君临难起，巧施阵法调千军。燕山奏凯银岗跃（自注：辽宁铁岭古称银岗），江右南昌步履频。祖籍霾飞河汉朗，先生伴鹤会芹君。

2012 年 6 月 30 日完成初稿

2012 年 7 月 17 日改毕

一生解梦红楼事　翰墨诗词此生情

——专访红学大师周汝昌先生

启　琴

　　今年春节之前,中央文史研究馆馆员、《中华书画家》杂志社社长赵德润先生对我说:"现在红学界像周汝昌先生这样的大家,已为数不多了。为弘扬民族文化,要抓紧抢救国宝级人物,为周老做一期专访。"我深知这是极为重要又很有难度的事,沉思良久,承诺了这一重任。

　　久闻周汝昌先生大名,但访问老先生不是件容易的事情,多年来他两耳失聪,眼睛几近失明,已是风烛残年。他的女儿周伦玲心疼她的老父亲,怕老人与外界交流过多影响健康,于是接待来访极为谨慎。赵德润再三强调,要在保证不影响老先生健康的情况下完成采访,以发扬先生的治学精神。

　　我们的采访是幸运的。周汝昌先生从春节前就持续发着低烧,春节后又奇迹般好了。老人家愉快地接受了这次访谈,亲自把时间定在4月4日。这一天恰是清明节,这很出乎我的意料,因现在大多国人都有这样那样的忌讳。在我们与周老近在咫尺的交谈中,看到了他对中华文化精髓的深刻理解,以及他在探求真理时的大无畏精神。我们能够顺利采访周汝昌先生还缘于我的文学老师黄文华,她是获得洪堡奖的著名学者,还是周老女儿周伦玲学习德语的老师。同行的还有她的丈夫王大鹏以及谢孟先生,他们都是周汝昌燕京大学的老校友。

　　说到周汝昌先生的红学研究,就不能不说胡适。二十二年前,我与周汝昌的校友卞之琳、王大鹏、黄文华在风景如画的未名湖畔分三次访问了冯友兰、季羡林、金克木、张岱年、闻家骊、吴组湘、罗尔纲、周祖谟、邓广铭等人。邓广铭曾担任过胡适的秘书,他与周汝昌打过的交道颇多。邓先生谈道:"胡适是新红学的开创者,周汝昌对《红楼梦》的研究无论是在学术上还是在资料上,都直接得到了胡适的提携和帮助。然而,周汝昌与胡适关于《红楼梦》在国际文学史的地位之辩论,使胡适更加深深地钦佩周汝昌,胡适当年曾提出:'到底《红楼梦》能不能算是世界第一流的文学作品?'周汝昌在这个问题上给出一个坚实的结论:'《红楼梦》是世界第一流的文学作品,没有哪一部作品能与《红楼梦》比肩。'从1947年周汝昌追随胡适投身红学研究,直到终成一代红学大师,这个定论一以贯之。"邓广铭的目光转到墙壁上悬挂的胡适书法作品上,话锋一转:"胡适先生对书法的态度应该说对周汝昌也是有影响的。"我问道:"现在人们都已熟悉周汝昌先生的风格,都说周先生的书体是瘦金书,您怎样看?"邓广铭说:"在我们那个年代,一个人的字就是一个人的品行,字写不好是不行的,周汝昌先生的书法据我看,与他的红学研究一样,都下了极大的工夫,每一笔都很严谨,很见功力。"

有人以为周汝昌书法源自"瘦金体",其实不然。"瘦金体"是宫廷派,是宋徽宗书体的称谓,可是我知道周汝昌的书法路出薛稷。薛稷是武则天时代朝举的进士,他与虞世南、欧阳询、褚遂良并列初唐四大书法家,他又善绘画,长于人物、佛像、树石、花鸟,尤精于画鹤,但是薛稷之子娶了仙源公主为妻,到唐玄宗即位后发现薛稷没有奏报太平公主密谋造反之事,就把薛稷赐死了,所以薛稷的传世作品并不多见。但是周汝昌对薛稷很有研究,他认为薛稷为人好古博雅、辞章甚美,政事之余又专力于书画艺术,书法甚是妙绝。薛稷的外祖父魏徵为初唐名臣,家富收藏,眼界极高。因此薛稷得以日久观摩,进而锐意模学,最终学成,名动天下。后期周汝昌的书法主要源自王羲之。周老自幼喜欢读帖,平时所临习作品多是右军诸帖。周汝昌书法以帖为宗,他提出不能有字无笔,行笔中要兼备碑帖的厚重。他的作品别有风骨,却自谦写得还不够好。解放初期周汝昌在燕京大学做的毕业论文就是用英文翻译陆机的《文赋》,论文里的汉字都是用毛笔书写的行楷,字体端庄秀美、一丝不苟,初步形成了他特有的风格,那一年周汝昌才三十二岁。离开了邓广铭先生的家,沿着未名湖畔行走,脑海中时时泛起周汝昌的诗词、书法。不曾想岁月如梭,一眨眼二十二年过去了,邓广铭先生已成故人,周汝昌老人家也已是九十五岁高龄,真正是耄老一族了。

与周汝昌先生见面极具故事性,我们按照约定时间来到周老的家,这是一座楼房间距很窄的老式楼房小区,一座1970年代末、1980年代初典型、老旧的楼房小区。周老的女儿周伦玲站在门口迎接我们,她一直兼着周老的文学助理,一看她素面朝天,洗尽铅华,谁能相信她是著名红学大师周汝昌的女儿呢!乍一看她就是一位善良、朴素、真诚的知识分子。周老的客厅里光线很暗,几乎见不到阳光,看了这样的生活环境,不免令人心酸。在狭窄的客厅门口放着一台老式计算机,来人一看便知,周老的皇皇巨著大都是在这简陋的环境里诞生的,想到这里又不觉令人肃然起敬。客厅里每一个角落都堆满了各种史料和书籍,泛黄的墙壁上悬挂着周汝昌先生风格独特的书法作品,他在大红纸上写的春联和福字为陈旧的小屋带来勃勃生机。

看到老先生坐在一个简易的破旧沙发上,我心里顿生感佩之情,内心又兼有阵阵酸楚,感佩的是至今方在先生这里明白了什么叫风骨,酸楚的是明白了什么叫风烛残年。老先生骨瘦如柴又耳聩目盲,但他双耳失聪心不聋,眼睛失明心不瞎啊!所有的来宾都热情地与周老握手问好,周老的女儿周伦玲用"咬耳朵"的方式向父亲介绍了所有的宾客。谈话中,提起中央文史研究馆建馆初期他的部分馆员好友,周老很是感慨,尤其提到一位大收藏家、文物鉴定家张伯驹先生。周老问我是否认识,我告诉他,张伯驹先生是我家父的好友,还给我家的书画做过鉴定。之后,我向周老简要地介绍了《中华书画家》创刊的经过,说明我们社长非常重视对周老的采访,周老听后倍感亲切连声道谢。

周老在交谈中问起我的名字,我握着周老冰凉的手打趣地说:"我是史湘云。"因为我知道周老最欣赏《红楼梦》里的史湘云,本来我想说我是柳湘莲柳大侠,急切间临时改口了。看到周老开心地笑了,我又说:"史湘云看您来了,我这个史湘云可不是悲剧人物。"趁与先生交流之际,我为他冰凉的双手做按摩,希望先生能因此有些热量,先生欣慰地表示谢意。周老说她的两个女儿非常孝顺,也经常为他按摩。老先生自己也有一套保健方法,在他的床头放着许多小葫芦,这些小葫芦便是他时常拿来摩挲健身的法宝。我从兜里掏出一个紫石英石头雕刻的观自在菩萨像送给老人家,先生接过后高兴地问我:"你也仿效石头记!"我告诉先生这块石头是从普陀山带回的,石头上雕刻着观自在菩萨,希望老人得大自在。我明白周老研究了一辈子《红楼梦》,从《脂砚斋重评石头记》的描写看来,神瑛侍者为贾宝玉的前身,他对三生石畔的绛珠仙草曾有灌溉之恩。贾宝玉身上的通灵宝玉是由顽石变化而成的。我说:"在我眼里周老您就是神瑛侍者转世,所以就送您一个紫石英。"周老告诉我,还有一位神瑛侍者就是他的恩师胡适先生。提及胡适,他微笑着说:"我那时少年气盛,冒昧地向胡适先生提出借阅他珍藏的甲戌本《石头记》,没想到胡先生二话没说便应允了。自此,我正式开始了研究红学的坎坷征程。"

不管名气多大的人都无法抵御岁月流逝的无情。说起他的恩师胡适先生对他的影响,他走上红学研究的道路终生不悔,他说胡先生生活简朴、博学多才,自幼就读了《孟子》、《大学》、《中庸》等书籍,后来的五四运动,还有抗战时期北方三所大学的南迁……;胡先生的贡献说不完。尽管周先生年老体弱,提起做学问,仍然精神抖擞,他对我说:"你明白吗? 如果你面对一支即将燃尽的蜡烛,只要吹一口气,蜡烛就熄灭了。你看,我头脑很清楚,只要清醒着,我的工作就不会停,我还有几本书,是我口述的,都是女儿帮我整理的,也有与子女合著的,《红楼新境》是和儿子周建临合著的。"我趁机问道:"那您为儿子起名建临的建就是才比曹子建吧,临就是相貌风度玉树临风吧?"周老大笑起来:"是啊,我儿子是高个儿,可惜该读书的时候去插队了,我的两个女儿对我就从来没有抱怨过,你知道她们伺候我有多辛苦。"我说:"很多人都喜欢您的书法,是否想开一个书法展呢?"周老说:"你看我不光写兰亭、宋词,还写春联,我的自作诗词就一千多首,我还有与张伯驹的诗词唱和呢! 有条件就办,只是我的身体不允许喽!"

我向周老说明希望能在杂志上做一期关于他的诗词、书法、名人信札的专题报道,周老高兴地说:"很好,我很想看到你们的刊物。"说着周老的女儿就帮父亲捧起了《中华书画家》杂志,这时我作为摄影记者的激情油然而生,我不停地转换着角度,按动快门,记录下先生在他生命最后的岁月里迸发出的庄重精彩神情。编辑吴江涛也为我拍下了与周汝昌先生的珍贵合影。后来周老的子女不辞辛苦精心地选择周老不同时期的珍贵手迹，我们一一拍摄，以备出刊之用。

　　我喜欢周汝昌先生的书法，知道先生在书法上笔墨清新、内紧外松，平生多临右军诸帖，最后又形成了他自己的独特风格。他对书法曾持有这样的观点："望坚守汉简章草一路，下逮六朝写经，至唐前期为止，勿涉中期以后，切忌颜柳俗笔阑入，宋人书可勿观，明清两代皆恶札。"在历史的长河中多少著名的人物书法大多从颜柳入手，可见周老在书法上的确见识非凡，敢于亮明观点，他是推崇秦汉精神与魏晋风骨的。他还通透书法理论，对书法倾注了大量心血，自谓平生在书学上所下的工夫要比红学多得多，曾有《书法艺术答问》、《永字八法》、《兰亭综考》、《说酲媚》、《书法笔法考佚》等专著及论文行世。大家都知道周汝昌是红学专家，可是我们见到的周老背临《兰亭序》这件珍贵的书法手迹，从中可以领略到周老强闻博记以及他丰富的文史知识、艺术理论和笔墨实践。我们看到周老与女儿周伦玲合著的《兰亭秋夜录》的自序引人入胜："我幼年失学……最初在我的心目中秦汉之际第一位以学书闻名的是楚霸王……原来这个大英雄最早是一个练字的人啊！……英雄割据虽已成陈迹，而文采风流却常在人间。丹青不知老将至，富贵于我如浮云……"这本是一项深奥的书法论点，可是，先生以明快有趣的语言，从英雄到魏夫人，继而诗圣的《丹青引》……难怪所有的书店都说周汝昌先生的书好卖，他不只红学研究出类拔萃，他的诗词素养更是全面，甚至食谱闲话也会引人入胜，可见周汝昌先生做学问举重若轻。

　　周汝昌先生的眼睛几近失明对于广大读者始终是个没有破解的迷，我们在周老这里求证了他眼睛几近失明的真相。1948年暑假，他回到天津咸水沽老家整理《红楼梦新证》初稿，这是周老摘记在各式各样纸条上的文字，需要一张张抄录在稿纸上。1953年，《红楼梦新证》出版，毛主席也读过这部著作，并在考证"胭脂米"出处的一节文字旁加了密圈，但是到了1954年全国《红楼梦》大讨论，胡适被批倒，周汝昌的《红楼梦新证》也受到了严厉的批判，周老为此又急又气感觉眼前飘着飞絮，可是也无暇看病，因此耽误了最佳治疗时机。等到《红楼梦新证》再度被重视，由初版时的四十万字修订至八十万字，周老在万分的劳累与兴奋中，眼睛突然失明了，眼科权威专家的诊断是周汝昌终生不能再做文字工作了。周总理闻知后指示,一定为周汝昌找最好的医院和医生,绝不能让他失明。于是,协和医院最有名的大夫为他做了手术,右眼幸免,视力维持在 0.01,左眼完全失明,但这已经是最好的结果了,周老就是凭着这 0.01 的视力与顽强的毅力把增订成八十万字的《红楼梦新证》完成了。后来周汝昌大量的书法作品是靠着感觉写出来的,这都有着他卓越的毅力与人格魅力,这也是周汝昌的书法在当代之所以不可替代的一个重要原因。

六十五年来,周汝昌以超乎寻常的坚强,克服双耳失聪、左眼全部失明、右眼最后的视力只有 0.01 完成洋洋巨著,无论他早期的代表作《红楼梦新证》被誉为划时代的重要著作,还是他的《红楼梦里的真故事》,都饱含着对清史的深刻求证及探索,国际的红学研究者有证据表明,周汝昌很明确地走在了海内外研究的前列。探求《红楼梦》里的真故事,见到周汝昌本人,亲眼欣赏周汝昌的书法,拍下周汝昌先生的肖像,亲耳听到他的言论、见解,这也许是我坚持久想采访周汝昌先生的原因吧!

临别我送给周老女儿一本拙著《最后的镖王——武林泰斗李尧臣传》,还有我与许麟庐先生合画的兰花贺卡。走出周汝昌先生的家,周老的女儿对老人认真地介绍了我的情况,尤其我是满人,祖上是爱新觉罗氏,本人名柳琴。周老当天特意为我作了一首诗,由他的女儿周伦玲记录下来:"爱新本义是皇金,女士芳名柳下琴。赠我琼瑶项前佩,心中常诵玉观音。壬辰清明"这首诗对我来说真是太珍贵了!周老真是口吐莲花,历史上的柳下惠何等品质之人,竟然把我写成柳下琴,多么高看我啊!着实令我欣慰!周老真为红学巨匠者,为《红楼梦》中人也。

遗憾的是,离开周先生家不足两个月周老就故去了。没想到这是与周汝昌先生第一次见面也是最后一次见面。记得我们与他女儿周伦玲分手的时候,我们提议让她找组织改善一下周老的生活条件,她说:"父亲很喜欢生活过的四合院,后来搬迁到这里,明知居住条件不好,但是父亲不许我们给组织找麻烦,很多大领导都来看过我的父亲,关心我的父亲,但是父亲从来都不许我们说话。尽管父亲眼睛耳朵有病,可是他直至九十五岁高龄却保持着生活自理啊!父亲至死都是明白的人……"周汝昌先生这盏红学研究的导航之灯熄灭了,他曾经照亮了多少红学研究者,照亮了多少红学爱好者啊!

　　周汝昌曾引用越剧《红楼梦》中黛玉的一句唱词:"我一生与诗书做了闺中伴,与笔墨结成骨肉亲。"是啊!他的笔墨照亮了多少人的人生之路,多少人是他的知音!这也是周汝昌先生一生的真实写照。

长歌当哭

——谈谈我的周汝昌先生

熊奇侠

从微博上突然看到周汝昌先生去世,我一下被抽空了。我一直想去拜访他老人家,想起大学读他的《红楼梦新证》,看看现在在读的周校本红楼,想起他的自传散文。老人如书,我记得 2007 年张中行老人逝去的时候我写过一篇这样的纪念文字,周汝昌先生也是一个书库,可惜永远失去了。长歌当哭,一路走好……

"死去何所道,托体同山阿"——我不说我看到周汝昌先生逝世的消息,有如丧考妣般的悲伤,也做不来如庄子鼓盆而歌,我只想到在我家乡,八十岁以上就算高寿,仙逝也算喜事,白喜事。陶渊明《挽歌》这两句能表达我的心情。周汝昌先生的红学思想、红学著作毋庸我来赘言,我只是讲讲我了解的、读过的周汝昌先生——如题目中所说的"我的周汝昌先生"。学习我最喜欢的《世说新语》,只选一些打动我的小细节,管中窥全豹,算作念想。

几年前读周先生弟子(大概算私淑弟子吧?)梁归智先生的《红学泰斗周汝昌传》,知道先生小时候在家里是当女孩子养起来的,还被土匪绑过票,从小喜欢戏曲,上学后还演过女角……所以先生为人是很丰富细腻的,说文秀也不为过——先生的字就很秀气优美,自成一家。

周先生研究红学的激情和精力惊人,近年几乎每年都有书出,并提出很多新观点。每看一本周汝昌先生新出的书,都会看到先生介绍:字玉言,号解味道人。"解味道人"当然就是解《红楼梦》中"都云作者痴,谁解其中味"

之味,周先生自己也讲过;但是玉言我更愿相信是宝玉之言。大家都说周先生是曹雪芹三百年后知音,《献芹集》这个一语双关的书名可见一斑。想起读《曹雪芹小传》,就佩服周先生功力了得,让一个资料极少的人变得那么的真切实在,好像可以感觉到,可以触摸到——暂不多说先生的宝玉是雪芹的自传体说了。周先生研究功力了得,还有研究曹家某族人名字,一时没有资料,猜一个,后来发现族谱一对,一样,轰动较大——我又想起先生推定贾宝玉名字是贾瑛。诚如梁归智、邓遂夫先生所言:周先生不仅是红学大家,更是中国文化研究大家。周先生对北京风味研究、唐诗宋词解读也是有见解的,今天学人难逮矣!叹叹!

很早了解到周先生是大学时偶然机缘误入"红"(《红楼梦》)尘的。先生偶然在大学图书馆发现少见的曹雪芹研究资料——《懋斋诗钞》,就发表了一篇推测曹雪芹生卒年的文章,没想到大名鼎鼎的胡适之先生竟回信,这是引起周汝昌先生一生红学研究的重要源头。真是偶入"红"尘,痴迷一生!多说两句,胡适之先生还将当时极少人看过的甲戌本借给周汝昌,并且原谅了周汝昌兄弟抄了副本。不管后来多少人批评胡适据甲戌为奇货而进行红学研究,这里我觉得胡适之先生是大度高尚的。我又想起周汝昌先生提携刘心武先生的事,刘心武当年"秦学"一出,骂名一片,而周先生却热情鼓励,真让人感动,刘心武先生讲过和周汝昌先生的交往是"君子之交"。我为老一辈学人对年轻人的提携鼓励而感慨万千,叹叹!

先生在1950、1960年代大批《红楼梦》的时期竟然比较安然地度过,一直让人纳闷,周先生好像也笑说过是运气好。具体的纷纷扰扰就不说了,说说让我极其佩服先生的补诗风波。说是风波,因为引起过打赌事件。大多对曹雪芹略有了解的都知道曹雪芹诗只有一联:"白傅诗灵应喜甚,定教蛮素鬼排场。"——这让很多人深为遗憾。可是"文革"后期,却传出一首新发现的曹雪芹佚诗,诗曰:

题敦诚《琵琶行传奇》

唾壶崩剥慨当慷,月荻江枫满画堂。红粉真堪传栩栩,渌樽那靳感茫茫。西轩鼓板心犹壮,北浦琵琶韵未荒。白傅诗灵应喜甚,定教蛮素鬼排场。

某日,吴恩裕先生拜访,周先生拿出上面的诗,说是曹雪芹的佚诗,要吴恩裕先生看,吴先生一看忙揣进衣兜说研究研究,后断定是雪芹佚诗。吴恩裕把诗传给吴世昌先生,吴世昌先生也断定为真曹诗,就在南京师范学院《文教资料简报》增刊上发表文章——《新发现的曹雪芹佚诗》。后有人告诉吴恩裕说是周先生戏笔,吴先生还和人打赌……最后周先生自己出来解释方平定风波。后来周先生自己说:之所以要开吴恩裕玩笑,因找吴先生借资料,常遭拒,故以此报复。想起来真是好玩,更加拜服周先生对曹雪芹的研究和写古诗深厚功力。

周汝昌儿女表示:周汝昌先生留有遗愿,要求不开追悼会,不设灵堂,让他安安静静地走。是的,这么些年,周先生研究的红学看似如《红楼梦》13回所言"烈火烹油",其实终究是寂寞。题目叫"长歌",也不长,算周先生灵前一束小花吧。

怀念周汝昌老人之周老贵州缘

彭　年

周老走了。当今中国,堪称红学界泰斗的九十五岁的周汝昌老人,在2012年5月的最后一天走了。

1983年的10月,周汝昌老人来贵阳参加全国第五次《红楼梦》学术研究会,下榻在当时贵阳最好的宾馆金桥饭店。在休会的片刻,我走到主席台周汝昌老人跟前,握紧他的手,冒昧地跟他预约采访时间,想不到,周老欣然答应,并且两次告知我他住的房间号。

晚上8点钟左右,我准时来到周老的房间,老人正在灯下写作,忙着他准备出版的手稿《曹雪芹传》。那几年,周老研究《红楼梦》的著作每年都以三至六本的速度出版。周汝昌老人面慈和蔼,说话轻言细语。老人说:我少年时就常听母亲讲《红楼梦》,后来又从母亲手里看到古本《石头记》。然而促使我真正步入"研红"的一个重要因素,当数胡适先生的影响。那是1948年夏初,正在撰写《红楼梦新证》的周汝昌,带着对甲戌本《石头记》的疑问,首次叩开位于王府井大街东厂胡同一号的胡宅大门,拜访胡适先生。"胡适居然慷慨地将珍贵的孤本甲戌本《石头记》用三层报纸包好,借给我拿走细看。"周老这样回忆说。

说话间,周老拿出一本《红楼梦新证》递给我,笑着说,送给你的见面礼,并欣然在扉页上签上自己的大名"周汝昌"。后来,我在《毛泽东传》的书中看到,《红楼梦新证》居然是毛老人家当年最喜爱的枕边书籍之一。

周汝昌先生 1918 年 4 月 14 日生于天津，早年考入燕京大学中文系研究院。他在红学、诗词、文学、书画、戏曲、音乐等诸多领域造诣超群。他是学术界公认的继胡适之后新中国研究《红楼梦》的第一人，是享誉海内外的考证派主力和集大成者。

一卷红楼触百思，躬耕不止乐其中。他一生九十五岁，留给后人六十多部学术著作。老人亲手送给我的《红楼梦新证》就是红学研究史上里程碑式的代表作，奠定了近代红学研究的基础。

周汝昌一生研究红楼，他将红学构建为四大范畴，即曹学、版本学、脂学和探佚学，尤其是晚年在探佚学发力颇多。所谓探佚学，即指正后四十回为高鹗等伪续，追寻《红楼梦》真本，探寻后三十回的真相（周汝昌主张《红楼梦》实为一百零八回）。面对红学，他一直保持着小学生谦虚的姿态。如今，六十年过去，周汝昌仍不认为自己就全部读懂了《红楼梦》，仅仅是"弄了六十年才有了点信心"。在他的眼里，《红楼梦》不仅仅是"中国古典小说的巅峰"那么简单。晚年的他，不厌其烦地普及他的主张："红学是中华文化之学。"他说，《红楼梦》博大精深，我虽用一生研究，还是感觉自己才疏学浅，捉襟见肘。最近得知，老人最新的一本著作是《红楼新境》。这是他最近三年间的口述成果，由其子周建临整理成书。人们谈论《红楼新境》，说老人研究又有了新成果。周汝昌回应：如果说有石破天惊的大发现，那就太狂妄了。我只想借新书表达自己的一个愿望：希望大家共同努力，把红学推上一层楼，开创新的局面。

周老在筑期间，我还有幸陪同他游览了黔灵山公园和黄果树大瀑布。在黔灵山公园，周汝昌登上黔灵山顶峰即兴赋诗一首：

贵阳秋雨如春雨，润得红楼分外红。济济一堂成盛会，多才多艺座生风。

在去黄果树的一路车程中，老人更是谈兴甚浓，他不时会吟出红楼诗句。面对贵州黄果树大瀑布气势宏伟的壮美景观，老人思绪万千，"太壮美了，老天赐予人间的大美景，自然、通俗、明白、顺势，给人以心胸畅然称快之感"。此情此景,周汝昌就是一个和刘姥姥一样朴实的人,老人眯着眼睛,以黄果树大瀑布作背景,"咔嚓"、"咔嚓",我一连给老人拍摄了好几张照片。回忆起来,只有深深的怀念。

沉痛悼念周汝昌先生

王正康

　　周先生是一位国学大师,他的成就绝不止于红学,他总是用中化文化大视野来观照红楼,并以卓越的灵性感悟红楼。对这样一位学术泰斗,最令我震撼触动的是周先生半生身残志坚、笔耕不辍的治学精神。"聪明灵秀切吾师,一卷红楼触百思。此是中华真命脉,神明文哲史兼诗。"周汝昌先生作的这首诗,道出了他一生与《红楼梦》之缘。

　　我们平湖红学会,也曾得周先生的热情支持。2005 年年底,平湖红学馆开馆,他发来了贺信;在我市纪念《红楼梦》出版二百一十五周年暨平湖市红学会成立二十周年之际,周汝昌先生特地寄来一首贺诗:

奉和平湖红学会成立廿周年

　　　　晴波激艳水平湖,湖上红楼比画图。芳性通灵能解得,生花笔写史湘姑。

写得多好,多美! 我们平湖红学同仁会将周汝昌先生永远铭记在心!

　　2000 年,我因香港中华万年网之托,编写《红楼大观》网站,曾到周汝昌先生家造访,得到他热情的指点,并留下了一帧珍贵的合影。

　　他真挚热情地奖掖后人的言行,尤其令人感动。对我的"灵性说",他曾多次来函给予热情指点与鼓励,还曾得他公开著文肯定,此情更是令人难忘！虽然我从未表示过赞同他的"自叙传"说，但彼此对红楼的灵性感悟却息息相通，堪称因灵性而神交的知音。

记得 2005 年年底，平湖红学馆开馆前夕，我给周汝昌先生寄去了《平湖红学》第三期，请他写信指教。

他即复信说：

平湖红学馆：

遥贺开馆盛典，期待贵馆与学会为红学做出崭新而出色的贡献！

拜收《平湖红学》第三期，谢谢！（内中潘禾婴女士《湘云散论》为罕见佳作。）因目坏，已无法书写，请谅。

敬礼！

周汝昌

乙酉十月廿六

我即复信说：

周汝昌先生，您好！

很高兴收到您的贺信，谢谢祝贺。平湖红学馆将于 12 月 25 日举行开馆仪式，届时我们会当众宣读您珍贵的贺信。我们会按您的期望去努力。您信中说的潘禾婴是位女士，她是我的同事，现为副教授，那篇《湘云散论》令人百读不厌，它使我悟出了评红除理性评说外还可以有灵性评说一途，我因此写了《诗意盎然的灵性评说》一文，并开始探索灵性，用灵性解读《红楼梦》，写了《灵性与〈红楼梦〉》长文。这两篇拙文均刊载在这期《平湖红学》上，敬请指教。不知您能否认同"灵性评说"的这一提法，及什么是"灵性"的基本观点。

致

礼！

王正康

2005 年 11 月 28 日

周汝昌先生即复信说：

王正康先生：

传来惠札拜悉一是。

赐来佳刊，我注意的正是潘作《湘云散论》与您的灵性宏论，因误听开馆期为5日，恐赶不及，只由家人"读听"了潘女士佳文，而未能兼及尊作——今日恰续聆尊文，益感欣佩，方知您是一位造诣高深的哲学家。

我曾有小文，论中华人精神高度应分为智、慧、灵三级；慧尚能为人解，而灵最不易悟知。但应者绝罕——盖恐批为"唯心论"也！今得诵大作，故十分高兴。以为若属真理，即无"孤立"之理。

灵性之尤不宜忘却一个"通"字，宜进而深加研讨，不知尊意以为然否？潘作识见高，而文笔尤难求其伦匹也。

草草再启。

周汝昌

乙酉十月廿八

记得2005年4月5日，周汝昌先生在阅我通过电邮发的《"灵性"与"红楼"的双向探索》拙文后的复信说：

王正康先生：

近因生辰酬酢、书稿纷纭、小恙延搁，以致迟复，深抱歉怀。今夕听读了新作论文形式的灵性论，好极了！从此，这一支最重要的红学本科就立定脚跟了，可喜可贺！

祝

胜利迈进！

周汝昌

丙戌清明后三日

当我对灵性之说能否成立还心存一丝疑虑时，周先生又来信鼓励我说：

王正康先生：

传示长札极好，聆后欣幸无量。您顺此路走下去，前程廓朗，不必多卜。然目下您只能"一花独放"，能懂者尚少，亦不烦多虑；天下士岂能轻量，吾意新秀来哲能为您的学术俦侣。拙著中零星涉及处不少，亦不能记忆，皆很粗浅，尝妄拟一"公式"：

诚则明，明则通，通则灵，灵则精，精则情（情种、情痴之谓也）。简括一言，即交感的终极境界，天人交会，金石为开。

匆匆并颂新禧！

周汝昌

立春次日

他不光是来信中鼓励，后来竟在《山西大学学报》（2006年第7期，39页）的一篇《五里短亭，十里长亭——"红学"之旅》长文中竟称赞我刊登于《平湖红学》第三期上《灵性与〈红楼梦〉》一文为"佳作"，并写下了如下一段文字：

在当前的景况下，却有两例令人振奋：一是平湖红学会王正康先生对于"灵性"的研究；二是台湾淡江大学学报《淡江评论》出版了一期英文"红学"论文专辑。此二者在我知闻之中均属罕有，因此不胜欣幸，总显示着"红学"前景的乐观展望，仿佛看到了时代新生力量诞生出新的希望，鼓舞了我个人的不敢轻言衰残而继续往前走的精神状态。

对于"灵性"和《红楼梦》的骨血关系一向注意者甚少，我虽多次提及，然而不是哲学家的正规研究，引不起哲学界的重视；而王正康先生在《平湖红学》上发表的谈及灵性的论文，可称得起是一篇佳作。此题不易为一般人所理解，甚或引起误解和疑惑，也会拿"玄虚"、"唯心"等帽子给以抨击。但这不必顾虑。虚妄荒唐的假"红学"不是没有，那用不着杞忧和围攻，它迟早会自生自灭，何劳动"武"。但王先生的研究，绝对不可与妄谈臆语混为一谈，这是严肃高深的哲学理论探讨。他指出，北京大学哲学系教授张世英先生的著作《新哲学讲演录》给了他新的支持内核，有所贯通——这还涉及外国著名哲学家海德格尔的学说。

周汝昌先生奖掖之词、慰勉之言犹在耳畔回响，他还嘱我写成专著，只因自感学识浅薄，又加诸事杂沓，一直时断时续，未能完成周先生之嘱，深负他的殷切期望，颇感惭愧。如今一个"学正思精"的红学新说如初升之日，敞亮了《红楼梦》灵性世界，我将以此为契机把灵性说与此红学新说水乳交融，有机结合，进行深入探索，争取在我有生之年，拿出成果，以慰周汝昌先生在天之灵！

周汝昌先生走了，带着他卓越的成就与无尽的遗憾走了。"不开追悼会，不设灵堂"，离开纷纷攘攘的红学世界，就这样安安静静地衣袂飘然地走进了太虚幻境。然而，他虽逝又留，我书架上还留着他许多大著，我还可以不时拜读请教啊！

周汝昌先生英灵将永远与我生命同在！

周伦玲女士，请节哀！

尊敬的周汝昌先生，请一路走好！

我将此噩耗即告几十位红学同仁，最先得到土默热先生的回复，如实转告如下：

正康先生：

周汝昌先生驾鹤西归，深感悲痛。我与周汝昌先生系神交，并不知其联系方式。如方便的话，请代我向其子女亲属表达哀悼慰问之情。哲人虽杳，学问永存，周先生对红学倾注的毕生心血和做出的巨大贡献，必将与《红楼梦》相伴永存！

土默热　5月31日夜

2012年6月1日

他叫周汝昌

徐城北

我敬仰周汝昌先生,他因儒雅博学而受到人们的尊敬,他研究《红楼梦》的事业,也越来越赢得后学的景仰。这真与他本人的枯瘦与沉寂,形成了强烈的对比。说起来,我跟他年纪相差了四分之一世纪,却曾跟他在中国艺术研究院中共过事,在同一个单位领工资。但我们这些六七十岁的人,怎么能够与九十几岁的人搭上钩呢?学问不是同一个时代的,从脾气秉性到治学方法上的代沟也大得不可理喻。我们习惯于打电脑,他则对手中的那管毛笔,抱有一再的深情。他根本不来院里打卡,我们也很少来院里开会。院里一共十三个研究所,他应该在哪个所呢?有个现成的红楼梦研究所,可整个的红学所容得下他吗?

说起我们艺术研究院,的确藏龙卧虎,曾有许多前辈研究员也在编制之内。但他周汝昌的学问也实在太大了:别人多习惯一篇一篇地写文章,有时写之前还要申请经费,写之后要尽力纳入文化部当年的出版规划。他周汝昌根本没有这个麻烦,想到什么题目抓起笔写就是了!出版社还总是踩破他家的门槛!他每年都有若干新作问世,他谈《红楼梦》的任何书籍都能畅销。作为院的领导,也只好欣之喜之听之任之,把他视为不可多得的奇才。或许只好把他搁进"红楼梦研究所",可那里的所长副所长,谁又能领导他呢?谁又敢领导他呢?说起我们中国艺术研究院,就是拥有许多这样的旷世奇才——比如前些年去世的张庚先生与王朝闻先生,大约就属于此例;加上现在的周汝昌先生,我庆幸自己退休之前,就至少已"遭遇"到这样杰出的三位老前辈了。

大约十多年前,中国作协组织参观北京西南某地,记得是某个古文化的发祥地,更不知为什么这次报名参加的普通会员不多,而作协领导仅有两位参与。我去得较早,发现集体参与活动的只有一辆中型的轿车作为交通工具。而在那两位领导的车旁边,有四位朋友与作协领导正在聊天。我一看这阵势,知道没有搭车的可能了,便及早上了那辆大轿车,并在后部找了个空座,然后坐下来读一本闲书。正读着,车前边上来了人,我一眼认出来——他穿着一件旧呢子大衣——啊,是周汝昌先生,他摇摇晃晃地走向我身边的空座……啊,我连忙招呼着他,并把搁在空座上的杂物拿开。

我自报家门,开始与周老有一搭没一搭地闲谈。一见面,我就劈头提出一个问题:"周老,我读过您一本书——《永字八法》,封面不是精装却胜似精装……""啊,啊!"老人兴奋而又意外,他不会不记得这本书。此书分上、中、下共三编。上编写于唐山大地震后,老人夜以继日,写作于地震棚中,终于把这部分文字原封不动地留在了这个世界之上。中编,则完成于日寇侵占北平之时,当时日寇侵华,其母校燕京大学被封闭解散,他隐于暗处躲避伪组织"新民会"的搜寻。由此可见,他是无比珍爱这些文字的。

这本书有个副标题——"书法艺术讲义"。如果认为主题有些生硬,这副标题则加深了读者对标题的理解。

"周老,请教您一个问题:中国古代可关心的事物极多,您怎么关注到这个'永字八法'了呢?"

"也没什么奇怪的,只因为当时那些新起的年号中,使用了'永'字的特别多,比如在西晋不太久远的年代中,就先后出现了永熙、永平、永康、永宁等等年号。这些年号一出来,就增加了不少写它使它的人,于是这一来,研究怎么写这个字的人就多了起来。自然,人们再写这个字时,办法与经验就比前朝多了许多。再经过写字人的切磋,于是这'永'字就渐渐成'法'啦……"他看了看我,又说,"当然,这只是最表面的原因……"

我谢过老人。我想起梨园的另一些老人,如刘曾复老人,刘曾老的年纪或许比周先生还大三四岁。他读过书,但自己很少写书,关于这"永字八法"，他也有自己的说法。他给我的答案是：永字虽然笔画很少，但它在京剧中，属于一些基本的动作组合，京剧最基本的身段，差不多都包含在其中了，所以只要学会了"这一个"，其他繁复的动作也就不难分解了。

于是，我在复读周汝老的原书时，便发现了"永字八法"、"永字之思"、"八法一览表"、"八法要义"、"八法小节"等节。难得有这样一位老人，能够抓住自己喜爱的题目，积几十年之功力，集中研究自己最关心的课题，并且能在生命终结前出版于世。我翻阅着老人的书，其中有传统碑帖的选刻，也有老人自己的手迹。看来，他是位很热爱并很善于写字的人。记得在我年轻时，前辈夸耀我时，多有一句"他的字不错"，如今以最低标准说——汝昌先生的毛笔字"更是相当好"。我想这或许是许多出版社接纳他书法研究著述的原因之一吧。听说周汝昌直到晚年，每年还能有三至六本新书问世。这是什么精神？这真应该引起我们的思考，想一想老文人的好处吧。

最后我想讲，中国现代有过这样一位古典的知识分子，他倔强而不拔，他现在远去了，但人们还将永远记得他。

他叫周汝昌。

周汝昌："红学"大家是书家

邹德祥

5月31日，著名红学家、诗人、书法家周汝昌先生在北京家中溘然仙逝，享年九十五岁。得此消息我感到突然。他老人家多年来目力不济，听力不好，单薄的身材弱不禁风，但是这样说走就走了，还是让尊重他的学问、他的为人的后来者好生难过。

我与周先生相识，始于《红楼梦》研究。

中国的红学研究，第一有名的是民国时期的胡适，第二有名的便是共和国时期的周汝昌。解放前曾得胡适帮助的周先生，新中国成立后不几年就出版了四十万字的专著《红楼梦新证》，那时他才三十出头，新中国的红学研究从此受到《新证》重大影响。尽管《新证》中的某些观点人们无法完全接受，但这部著作引发的"红学"与"曹学"融合共生现象，早已成为时代性的红学潮流，电视连续剧《红楼梦》基本上采用了《新证》的观点。

1980年代末我写了几篇红学研究论文，自然而然地就想到了周先生，就把论文寄给他请他指正。寄出去马上就后悔了，后悔自己没考虑周先生已是高龄老人，没考虑人家有没有时间、精力看你这些东西。真是少不更事呀！

想不到不久先生来信了，说这些文章角度好，有新意，他愿意向有关报刊推荐发表。这样，贵州省的《红楼》杂志很快就发表了两篇，让我大受鼓舞。

先生的来信是钢笔字,字很大,很潇洒,气势磅礴,灵动飞扬,书法根底极为深厚。原以为这是先生写字的习惯,当我去北京看他,这才知道他写字大是因为目力早已不济,写字十分吃力。

先生住在破旧的四合院里,好多人家住一个大院,家家都是拥挤不堪。房间太小,客厅里客人一坐,先生只能坐在吃饭的小圆桌旁跟客人说话。先生说单位快给他分新房了,房子就在"人民日报社那边"。我不知道人民日报社在什么地方,只是希望国家不要亏待了这些老先生,别让他们七老八十了生活还是如此困窘。

当时我的红学论文《"金玉对立"的原始构思及其象征意义》刚写完,我说这篇文章的观点与先生您的一些观点可能正好相反。先生非常高兴,说:"年轻人研究问题有锐气好,我愿意看到别人有新的思路。《红楼梦》博大精深,需要从不同的角度去发现去认识。"在先生的关怀下,这篇一万多字的论文很快就被《社会科学辑刊》作为重点文章发表了。先生云水襟怀,毫无门户之见,令我十分感动。

临别时,先生送我一部新版的《红楼梦新证》,厚厚的两大本。先生在扉页上题字:"德祥同志指正。周汝昌。"那字,先生是借助放大镜才写了出来。看着先生写字如此吃力,我真后悔把那么厚的论文寄给他,给他添乱。

后来我不再关注《红楼梦》了,但永远忘不了红学大家周先生,忘不了他对我的无私帮助,因此时时关注先生的动态。我发现,周先生对《红楼梦》是钟情一辈子,不时有新的东西发表,角度新颖,引人入胜。他在九旬高龄还登上"百家讲坛",点评包括《红楼梦》在内的四大名著。在他大量的古体诗创作中,时时可见《红楼梦》的因子蕴含其中。

先生字好,书法水平高,对书法研究、书法推广同样情有独钟。先生在各种场合大讲书法,讲普及书法的意义,讲普及书法的措施。书店的新书中,不时会有先生的书法大作问世。他的《书法艺术答问》等专著堪称深入浅出的书法理论,对普通读者学习书法具有重要的指导意义。比如他在书中说道:"我作童子时,受板桥影响不小,学他的词,仿他的字;家里的木联匾多是他的佳作。他的字糅合了汉隶、苏、黄,黄的成分尤重,甚至也有石涛题画字的影响。毛病是太作态,'伸胳膊踢腿'过了火。但确有其长处,不可没也。然而不可学,学不好浑身是病。"这样的书法理论,较之那些大而无当的空泛之谈,不知有用多少倍。

与先生交往,读先生的书,总觉得他是为别人而活着的。他写书那样娓娓动人,把自己的聪明才智、经验得失一古脑儿地交给读者,这不就是学者最大的爱心体现么?他对素昧平生的外乡人掏出一颗心,尽全力相助,这不就是长者之为长者的动人之处么?我为结识这样的长者、学者而深感庆幸。

丛刊序言·读词杂记

崔国良

世纪之交的那一年,我负责组稿并编辑朱一玄先生等编纂的七卷本《中国古典小说名著资料丛刊》,与朱先生商量请一位在古典小说学术研究领域里卓有成就的学者,为《丛刊》写一篇序言。我们不约而同地认为周汝昌先生是最合适的人选。我担心他有没有时间写,而且我们从未谋面。于是我就带着朱先生的亲笔信前去相求。

到了北京周老府上红稗轩,可能由于是津沽老乡,也可能是因为南开校友的关系,我们一见如故。他询问南开的情况,关注天津的发展,他特别希望天津这座工商业城市,能够多加注意文化的发展。在谈到请他为朱老的《丛刊》写序时,周老谦敬有加,说:"朱老是我素来敬重的真学者和大方家,大可不必。"经我再次恳请,他才表示愿"结此墨缘"。不数日,周老近三千字的序文寄来,让我喜出望外。

后来,我依周老的要求寄上两种由我责编的与南开校史有关的出版物。周老接到书后,立即亲笔复信给我:

惠寄书册二种,昨午拜收,深为感谢!因目艰,俟缓缓诵读,定收教益。特此函谢!拙序不知已交朱老否?作何评议?因未见回音,故不敢妄揣。如不为可用,即置之可也……

我接到序文后,没有及时回复,这都是我的失礼所致;这封信,两张信纸写得满满的,而周老几近失明,有的字写得字上摞字,几乎莫辨,却仍亲书。周老办事如此认真的精神,以及性情的率真,着实令我敬佩!

后来我将排好的序言寄给周老,请他审定。他将"吴宓先生《红楼梦考论》"的书名校正为"《红楼梦新论》",将"揽此一名,可知全貌"改为"揽此一名,可知全美",还改正了我们失校的几处错排,并写来信件:

崔国良先生:

　　已经再三粗校。因目坏恐仍有漏看,请再细核。谢谢。

周汝昌

由此可以看出老先生治学严肃、认真、精益求精的态度,确实是值得我们效法的楷模。

我在做《南开话剧史料丛编》搜集史料时,看到周老在南开中学读高中时,在《南开高中学生》编辑部与黄宗江同是杂俎组的干事。我们发现他的一篇《读词杂记》,写于1935年,全文近八千字。该文是应约向师弟、师妹们讲词的。文章用通俗而流畅的语言,讲解词的产生、源流发展和消失的原因;还讲了诗与词的异同(用诗词实例介绍诗的平仄与词的五声)及其相互关联。文章的重点是以欧阳修的《南歌子》、冯延巳的《阮郎归》、秦观的《浣溪沙》和无名氏的《菩萨蛮》四首词串讲,穿插介绍了近百首词,可谓洋洋大观,文字引人入胜。他写道:

　　前人大胆的作,我们大胆的鉴赏,不必学前人那些梦呓,欺人自欺……他们不是以文学眼光鉴赏文学,简直在近于谩骂,唐突文人笔墨,实在罪过。

我以为周老是采"性情说"解词的。他说:

　　词家宁痴勿达,宁纤勿壮,宁小巧勿粗豪,其声哀以思,其义幽以怨,盖变风之流也。

当然,他也引用胡适的话指出词的弊病:

> 音律与古典压死了天才与情感,词的末运已不可挽救了!

一名高中生,竟然写出了近八千言的文章,而且是讲词,讲得这样深入浅出、这样洒脱,在当时可说是绝无仅有;更可贵的是,他采"性情说"解词,可以说是慧眼识珠。文章还提到,他最开始痴迷于旧诗,就搜罗诗的专集杂选,后来转而喜欢曲,又搜罗《长生殿》、《牡丹亭》、《西厢记》、《桃花扇》……再后来,开始对词痴迷,于是又像魔怔似的向多方面搜寻词集、词话之类。结果,种下了我对词喜爱最深的根子,一直到现在。诗、词、曲的爱好,像走马灯一样的萦回在我的心头,但,总是爱词的程度最深刻!

谨以此文缅怀周汝昌先生。

往事一缕

宋曙光

十六年前,亦即 1996 年 1 月 29 日,为了准备过春节的稿件,我专程到北京约稿。那天上午,先去拜访了艾青先生,下午便来到周汝昌先生家。那时赴北京约稿,虽然都是事先联系好,但赶上有稿时可当时取走,没有现成稿件时便留下题目稍后再写。我给周先生带了一点家乡特产,以表心意,请他近日为我们的副刊写篇春节的稿子。谈过正事,我便在周先生的书房,为他拍了几张照片。回津不几天,便收到了周先生寄来的稿件,并附一信:

宋曙光同志:

依嘱匆匆,写成迎春拜年诗二章。春帖子,是中华古俗,从宫中到百姓家,过年都贴,很不俗气。为了避免时下的千篇一律俗套头,我采用此体,反而显"新"了吧?

如可用,请制版加红色花边栏框,配合新春特点的图案花纹,则更佳。

文荣!

周汝昌

1996 年 1 月 30 日

周先生的迎春诗作《春帖子》、他面带笑容的新照和配发的编者附记,一并刊登在 1996 年 2 月 16 日的《天津日报·满庭芳》上。编者附记如下:

> 春节前夕,我们赴京到周汝昌先生家拜年,周先生正伏案写作,桌面上铺着一沓十六开白纸,放着两个不同倍数的放大镜,稿纸上的字写得工工整整,每个都有核桃大。周先生不改乡音,戴上助听器就和我们拉起了家常,从经济说到文化,又说到教育,周先生风趣地说:"虽然我的两眼近乎失明,但我还是有'眼'的,就是通过《天津日报》,了解家乡的变化。"今年已经七十九岁的周先生,特为本报读者撰写了两首迎春拜年诗,与家乡父老共贺新春。

十六年之后,再看这段文字,再忆这段往事,我的眼前便浮现出照片中先生那和蔼的笑容。记得当年这幅照片见报后,他的女儿周伦玲曾向我索要这张"神态和表情都好"的照片原版。限于当时的印刷条件,这幅照片是以黑白版登出的,今日在"满庭芳"版重刊,将再现周先生当年之风采。

周汝昌先生虽常年居住北京,但他将家乡天津的发展变化时刻记挂心间,我们多年向先生赠阅《天津日报》,这成为他最直接、最亲切、最真实的信息来源。而作为《天津日报》文艺副刊的老朋友,周先生总愿将自己最新的、并具代表性的有关红学论述,交由《天津日报》发表,他与几任副刊编辑友情至深,而且延续新谊,不忘乡情。那次在周先生家中,他谈得动情而且具体,特别强调要做大文化。现在回想,周先生一生关注家乡的文化事业,倾力支持和扶持乡里的文化传承,他的毕生心血都浇洒在了中华文化这株巨树上。

周先生除了平易、谦和与真性情,还有着一种常人少见的智慧,这体现在他的著述里,也流露在他的言行中,一位智慧的老人,必是一位睿智的学者。近些年,尽管周先生因目力所限,改手写为口述,但他的文章一直为读者所爱,今年 2 月 22 日,"满庭芳"版刚刚发过他的《中国五大发明》,5 月 29 日,又发了他的新著《寿芹心稿》的评论文章,而这距离先生辞世的 5 月 31 日,仅仅只有两天时间。5 月 31 日晚上,我给周伦玲发了一个短信,对周汝昌先生的去世表示哀痛,第二天,并以《天津日报》社的名义送去了花篮。

我们因周汝昌先生的名字而骄傲,而他留在《天津日报》文艺副刊上的所有文字,将墨香永存!

2012 年 6 月 5 日

红学大师周汝昌

陈　诏

　　九十五岁高龄的红学家周汝昌先生逝世了,他让千千万万《红楼梦》爱好者深感遗憾,久久难忘。

　　我与周老先生相识约在1970年代中期。当时,我尚在宁夏工作,空闲时间熟读《红楼》,热爱《红楼》,由此开始对周汝昌先生有所崇拜。有一年秋天,我打听到周汝昌先生在北京的住址,于是开始与周老先生通信,并在路过北京时冒昧地到周公馆去拜访。出乎意料,周老先生不以我卑微而对我冷淡,从此我与周老先生书信往来,至今我还保留珍藏他亲笔书写的书信二十七封,都是在1978年至1992年这十余年时间中陆续写来的。

　　最难忘的是1982年秋天,上海召开《红楼梦》学术研讨会,当时参加研讨会的专家学者济济一堂,盛况空前,周汝昌老先生当然也参与其间。有一次,我碰见周汝昌老先生,约请他到舍间小叙,周老先生兴致勃勃,果然光临,并且翻阅我的诗稿,其中有一首《咏曹雪芹》,引起周老先生的兴趣,于是提起毛笔,在诗稿封面欣然题字,而且顷刻之间也赋诗吟咏曹雪芹两首,诗云:

　　　　西山秋冷自看承,白下江波接广陵。家世百年囚系槛,才华八斗月传灯。悲欢分向情根堕,精彩长向砚底升。剩买霜丝绣君像,春蚕谁为剥千层。

孤儿难逐绪谁承,几帙残诗散广陵。此恨不关风与月,有情相映雪如灯。眼枯笔底非金玉,腰折人间是斗升。认得峻嶒君即石,高标何啻九霄层。

后来,我的这本"倡和集"竟不胫而走,名家端木蕻良、罗元贞、邓云乡等教授学者纷纷按原韵唱和,几乎近一百首,所以周汝昌先生鼓励我,帮助我,欣然书写封面,留下"咏曹雪芹倡和集陈诏手录周汝昌题耑",这一难能可贵的墨迹,可以留作纪念了。

白雪歌残梦正长

——缅怀周汝昌师

赵建忠

"昨夜西风凋碧树,独上高楼,望尽天涯路"、"衣带渐宽终不悔,为伊消得人憔悴"、"众里寻他千百度,蓦然回首,那人却在灯火阑珊处",这是晚清国学大师王国维概括的"成大学问者"的三境界,他自己就以悲剧命运承担者身份成就了这个永恒的话题。王国维之后,陈寅恪、钱锺书、季羡林、任继愈、周汝昌等学者仍痴情苦苦守望着中华文化,在这条充满荆棘的治学道路上,前赴后继,执着追求,即使骨瘦形销,亦终不反悔。

周汝昌近日的离世让文化界又一次拾起这个传统话题。翻遍两百年《红楼梦》研究史,有谁能为了一本书痴迷耗上六十五年精力?又有谁宁可自己的生日不过却坚持每年要为曹雪芹做寿?周公解梦,独上红楼,对《红楼梦》研究中涉及的曹学、版本学、脂学、探佚学各个分支均有独到见解,一生出版了数十种红学专著,可谓做到了"著作等身",正如作家刘心武形象比喻的,周汝昌构建的红学体系是"半个世纪一座楼"。但又有谁能想象出,这些丰硕学术成果是在没有装修的昏暗陋室餐桌兼写字台上完成,尤其晚年竟是在双目失明、听力很差的身体状况下完成的!即使到了生命的最后一周,他还计划再写本《梦悟红楼》的书,连"大纲"都列出了。然而,对于一个九十五岁高龄的老人来说,生命的能量再也跟不上去了,他耗到了"蚕丝尽,蜡泪干"的程度,滴泪为墨,研血成字,只有对《红楼梦》宗教般的虔诚意志,才有可能做到这一点,可以说,周汝昌为《红楼梦》献出了一生。

常听人们叩问：为什么我们的时代难以造就出大师？"大师"是不是靠某种体制就能速成，这个暂且不讨论，但我却知道清华大学前校长梅贻琦提出的"所谓大学者，非谓有大楼之谓也，有大师之谓也"的著名论断。同样的，真正大作家、大学者的传世之作，往往是在寂寞清寒中完成的，所谓"文章憎命达"，曹雪芹恰是在"举家食粥酒常赊"的困厄环境下经历了十年辛苦。《红楼梦》精神的最高境界就是启迪人们打破迷关、克服过度物欲化导致人生价值观念的偏离，周汝昌不愧曹雪芹的知音，也是苦行僧式的"解味道人"。而生活于当下社会的某些"学者"，常常忘记了追问生命的本原和意义，沉迷在物欲和虚幻的光环中难以自拔，这样的"富贵闲人"怎么可能成为"大师"呢？

周汝昌带着未竟的红楼书稿走了，这位红学巨匠辞世造成的空白，中国红学界不久的将来就能感觉到。红学家的周汝昌自然也不是他一生的全部，兰亭辨伪、红楼悟真、诗词赏会、京剧曲艺、英译《文赋》……构成一道道亮丽的文化风景线。他那疲倦的身影将永远屹立在有良知的中国文化人心中，"白雪歌残梦正长"，以《红楼梦》为代表的中华文化也必将永远传承下去！

红楼有缘人怀旧，青埂无情墨写新。

谨以此短文缅怀周汝昌师！

"红楼非梦，向阳无湖"

李城外

5月31日，一代红学大家周汝昌先生以九十五岁高龄在京病逝。年前我带咸宁电视台记者赴京采访，周老是计划访问的大家之一，无奈和他女儿周伦玲联系时，得知老人病重作罢。近日，我因时常回味周老那句为人们所欣赏的题词"红楼非梦，向阳无湖"，以至于竟然梦见周公，好一似庄周梦蝶，醒来回想周老生前接受我采访的情景，提笔成文，重述一下他的干校往事，以表怀念之情。

周汝昌于1969年9月26日下放文化部"五七"干校之前，在人民文学出版社工作，当时已被送进"牛棚"，经常挨批，罪名是"周扬文艺黑线的黑标本"和"现行反革命"。初到向阳湖，什么都没有，一切平地起楼台，烧砖瓦、垒房子。后来，他因体力弱得到照顾，被分配看守菜地。虽然是"象征性"劳动，也得凌晨4点就起床，到向阳湖边新菜园去"视察"。这时，周汝昌不由得想起了《水浒传》里的"菜园子"张青，不过人家是英雄，他却是个老弱残兵！尽管如此，他还是乐此不疲，甚至为自己能成为干校中第一个看红日东升的人而陶醉！

更令人难忘的是，周汝昌还和著名鲁迅研究专家杨霁云老先生共过患难，两人被安排在一起抬粪，可谓"臭味相投"。杨先生早在1934年就收集、整理鲁迅先生《集外集》佚文，印行了《集外集》，并与鲁迅有过多次书信往来。他文质彬彬，具有老一辈文化人的风度和涵养，深得周老敬重。那年头

"红学"事业受到种种破坏,周汝昌不免心灰意冷,而杨先生偏偏看重他的那点研究价值,经常提醒他:"你不能丢掉红学!"给身处逆境的周汝昌以莫大的宽慰。

值得庆幸的是,周汝昌在向阳湖仅呆了十一个月,就接到了回京的调令,当时一下子轰动了十四连。1970年8月下旬的一天早上,军宣队的干部叫他去谈话,他还以为又犯了什么错误,没想听到的回答是:"因工作需要,调你回北京。从今天起,停止劳动。这几日你收拾东西。准备好了,决定哪天走,告诉我们,来办手续。"周汝昌几乎不相信自己的耳朵,因为其时有人还在陆续下干校哩!他不敢多问,过了十天,赶紧去"四五二高地"开公函。打开看时,不禁暗吃了一惊——"今奉中央周总理办公室专电至湖北军区司令部:调人民出版社周汝昌回京工作……"(其中"人民出版社"五字是原文,漏掉"文学"二字)周汝昌不由得又惊又喜:"简直是一步登天!"连里的人都猜测,不知他用了什么通天的手段,其实他本人什么也不知道!

告别向阳湖那天,连队里指派小伙子彭庆生为他拉板车运行李。两人起了个大早,步行到了咸宁县城火车站。彭是"文革"中刚从北大出来的"小将",到了向阳湖因形势变化而成了"五一六分子",受了不少苦。此次拉车送人,正是倒霉受惩的一种"改造"方式。小伙子毕竟身体好,扛得住,拉着重物走了数十里不平坦的路,顺利抵达。到车站时正值中午休班,离开车还有一个多小时,不卖车票。周汝昌把证件递给窗口内的女售票员。姑娘破格照顾说:"我先给你一张吧,省得一会儿你排队挤得累。"并说可以把手提包寄存在她的室内,先抽空到街上走走。周先生十分感激,多年之后仍念念不忘。

1970年9月5日上午,周汝昌回到北京家中,夫人还以为他是休十二天的探亲假,听说不用再回湖北,也不相信自己的耳朵——因为她曾向"知情人"打听过下干校的人,是否还能回来,得到的回答是:"多半是回不来了!"——与十四连同事比起来,周汝昌下干校堪称"镀金"。他无疑是众多"五七"战士中,为数不多的"幸运者"之一。

周老堪称红学泰斗,著作等身,德高望重。后来长期担任中国艺术研究院研究员兼顾问,曾连续四届(五、六、七、八)履行全国政协委员之职,这种

"荣誉",即使在京城知名文化人中,也是很少见的。而他这段弥足珍贵的"咸宁缘",更是给我们向阳湖文化研究会和"五七"干校研究中心同仁留下了难忘记忆!

周汝昌是《天津日报》的老朋友

宋安娜

　　周汝昌先生是《天津日报》的老朋友,对《天津日报》怀有特殊的感情。1980年代初,他在本报文艺副刊发表了五十篇研究《红楼梦》的随笔,汇编成《红楼小讲》,至今畅销。2009年4月,我带着《天津日报》创刊号丝绸珍藏版,与他家乡津南区的几位朋友去北京红庙北里他的家里,祝贺他九十一岁生日。他那时已经双目失明,但谈起《天津日报》,仍然情深义重。他说,我是个红学考证派,在批俞(平伯)批胡(适)运动中,我也被批过。我也"红"过,也"黑"过。1964年我"黑"到了尽头,天津却有人"斗胆包天"邀请我去讲《红楼梦》,《天津日报》还破天荒在头版显著位置发表《周汝昌来津讲学》的消息。《天津日报》对我另眼高看哪!后来我一到天津,《天津日报》的领导就让编辑先把小旅馆安排好,让我住得舒舒服服,还要管饭。我回咸水沽老家,坐的是日报总编的小轿车,我和《天津日报》交情很深啊。我们谈话间,常常涉及红学论题,他引经据典,不假思索就能让儿女从书柜第几格取出书来,翻开第几页,在第几行查对,记忆力惊人。他兴致勃勃地拿出《红楼真影》样书送给我们。这书昨天刚刚送到,他摸索着为我们题签,每个字都有枣核那么大。我试探着向他约稿,没想到他欣然允诺,为"满庭芳"的"沽上丛话"专栏写一组有关《红楼梦》的文章。他是从天津走出去的红学大师,他的红学研究新成果,必将引起读者和研究界的瞩目,但我也非常担心,能从事这样繁重的撰稿任务吗? 时过不久,他的系列文章《红楼梦关键词》就陆续传到了我的邮箱里。我特意将他的十几帧近照作为题图配发，向关心他的读者传达更多关于他近况的信息。这组文章共二十五篇分两次发表，是他晚年最后一次大规模写作活动了，他把自己最盛大的落幕留在了家乡，留在了《天津日报》上。

赐序题诗别样情

傅　杰

料峭东风想试灯,文明门外问途行。茜年路改芹时土,三里河存蒜市名。故宅迷茫悲玉赋,遗编零落悼红亭。九旬曝日街前叟,就语沧尘恍可听。

周汝昌先生的这首七律是 1983 年题赠给我的。那时我是二十岁的懵懂小伙子,现在已经是知天命之年了。读诗思人,临文嗟悼,真是感慨万千。周老的厚爱,不敢专美,我把它看作是周老对后学晚辈的情谊,是与天津乡亲的情谊。

1983 年 4 月,周老应邀从北京来到天津师范大学做学术讲座,下榻师大招待所。俗话说,"开篇不谈《红楼梦》,读尽诗书也枉然"。周老也说,"不解红楼妄读书"。听说红学大师周汝昌先生要来到学校讲学,我十分激动,于是请高年级学长陈鸣兄引导,恭敬地去拜见。在六里台南院的学校招待所,朴素的标准间,周老热情地接待了我们,还有几位名人来访。周老精神矍铄,满头银发,声音洪亮。周老此行,在天津居住了三日。第二天,我们陪同他去水上公园散步。

在校学生会许椿学长的鼓励和支持下,我们成立了学生书法社,同时举办书法展。周老听说后很感兴趣,要去看看。我们知道这是给我们的巨大鼓舞。周老在我的作品和李永君同学的作品前长时间驻足,细看,然后大加称赞。我们则在旁边恭敬陪侍,兴奋惶恐中已经汗流浃背了。这是难忘的一天。

2002年6月,我编撰了《魏始平公造像记集联》一书,写出了《始平公研究》一文。周老盛情赐序。周老在序文中把书法置于崇高的位置:

> 拙见谓中华书道,生民之灵慧,而民族之心光也。吾华书业,本非言辞所能表宣。

他批评书法界存在的弊端:

> 书脉濒绝,信手涂鸦者皆以书家称。每览拙墨恶札,未尝不悲绪萦于吾衷。

他提出如下美学观点:

> 必骏利而又沉着,飞动而又凝重,丰腴而异于臃肿,厚实而非同板僵,气韵充溢于毫端,收放萦回于腕下,尊古而自有性情,生新而断无怪异。

没有想到的是,不数日,又收到百余字的序文,要求增入,具体提到了《魏始平公造像》和《集联》。周老的严谨和认真,真是令人感动啊。

怀念大师周汝昌

——回忆一段难忘的往事

王焕春

2012年5月31日凌晨1时59分,红学泰斗周汝昌先生辞世,噩耗传来令我无限伤感和惋惜。伤感的是,失去了一位良师益友;惋惜的是,曾相约撰写《周汝昌评传》的意愿未在他生前完成,留下一份沉重的愧疚。我与周先生的交谊虽不太长,但彼此都很认同,且感触良多。

大概是缘份吧,1998年我任《档案天地》杂志社社长时,在省社会科学院研究员、省曹雪芹研究会副会长兼秘书长好友王畅的提携下,被邀请出席了11月19日在北京北普陀影视城召开的"《红楼梦》文化学术研讨会暨周汝昌先生'红学精品集'首发式、周汝昌先生八十华诞、周汝昌先生研红五十周年纪念大会"。我还贸然即兴在大会组织的留墨活动中题诗:"红研聚会到北京,普陀驻足正初冬。夕阳独步思往事,仰览曹祠意更浓。人生如梦不是梦,一部红楼一世情。儿女深情寻常事,道出人间路不平。"

会议期间,两次与周老先生合影。第一次在曹雪芹祠前,周先生居中、王畅在右、我在左。第二次在梅园门前全体与会人员合影,周汝昌先生坐在第一排中间,我在该排最右边。由此面对面直接结识了周老先生。

这次会议共三天,留给我印象之好之深却是终身难忘的。如今,纪念大会过去都十四个年头了,但那次大会的盛况、会议的气氛和来自全国各地二百多位红学专家、学者、爱好者的精神风貌,依然历历在目。其昭示出红学研究的广阔前景,令人鼓舞,令人振奋,使与会者充满了希望,坚定了红学和曹学研究必将有一个新的发展,进入一个新的阶段,达到一个新的高度的信念。如此团结之会、鼓劲之会、誓师之会,成为学术研究的典范。每思及此,那剪彩的热烈、会议的和谐、发言的踊跃,以及参观、照像、题诗留墨等情景,便浮现出来,使我倍感亲切和留恋。然而,令我最难忘怀和受益终身的则是会议中心人物周汝昌先生的学者风范。

周汝昌先生是我国红学研究的大师,著作等身,被国外誉为"红色中国的石头学者"。他身为中国艺术学院研究员、教授,第五、六、七、八届全国政协委员。我与周先生平素无交,这次大会是第一次见面。原以为如此高级人物"往来无白丁",一定不好接近。事实竟出乎意料。19日上午9时,大会开幕剪彩仪式在北普陀影视城曹雪芹祠前举行,鼓乐喧天,人潮涌动,气氛异常热烈。有人指着走来身材不高也不算魁伟但却十分精神、面容清瘦、谈笑风生的长者说:"那就是周汝昌。"此时此刻,我不由地萌发了与周老合个影的念头。转念一想:我与他素不相识,周老愿意吗?抱着试试看的心态,请王畅同志代为言及。岂料周老欣然同意,当即让家人搀扶着站到我与王畅中间,先是叫他的儿子,后来又由另一位同志给我们拍照。在我们之后,又有一些新老朋友、学友与之合影,他都愉快地恭候。此时,我真的体验到"相逢何必曾相识"的意味。他这种平易近人、视学人如故交的举止和神态给我留下了难以忘怀的印象。参观时,我等结伴相随,边走边看边听,有时周老还主动为人们做讲解,丝毫没有学者、大人物的架子和派头,让你如同与家人或老熟人外出浏览参观一样轻松愉快。就是会后大家合影,他也仅仅是在人们的推崇下,以一个长者的身份坐在中间,众人则随意落坐排列,自然而然地形成了孔雀开屏的场面。这与其他会议和场合那种按等级行止,对号入座,形成了鲜明的对照,人们的心情和神态自然截然不同。整个会议自始至终,周老都不曾追求那种形式上的高贵和显赫,但他那随和、平易近人的作风使得他在人们心目中的形象,却愈加高大和深刻。

会后,揣着敬意我又特意拜读了一些有关周老先生的书籍,并撰稿《学者风范励后人——红学大师周汝昌侧记》,称赞周老先生平易近人、敢为天下先、矢志不移、成功不居、追求高尚、扶正鞭邪等优良品德。1999年,相继在《红楼》和《档案天地》杂志第四期发表。

拙文主要内容包括五个方面。其一,当仁不让,敢为天下先。新中国成立之后,由于历史和政治等多种原因,中国与美国、大陆与台湾的关系十分紧张,须要有破冰之旅。海峡两岸同种同族都是中华民族的子孙,如何实现交流互通在当时是个棘手的问题。需要有人去"探险",去当先行者。1980年,周先生率先以红学研究学者的身份,首次出国赴美国参加"首届国际《红楼梦》研讨会议"。当时,国内外政治形势复杂严峻,人们余悸未消,涉及外事活动十分谨慎,不敢轻易活动和发言。他却不然,不但出席会议还果敢从容地接受了"美国之音"的采访,发表了广播讲话,使全世界都听到了中国大陆学者的声音,使《红楼梦》成了海内外华人文化感情的纽带。他还真诚地称赞在会上表现得宽容、大方、温和的台湾红学家潘重规先生,具有"中国学者的风度"。潘先生倍受感动,找到他,拉着他的手与之合影,十分激动地说:"周先生的赞语,比在大学给我的学位还光荣。"从此,周先生与台湾红学家建立了学谊。就在那次会上,美国前教授 Miller 称周汝昌先生为"红色中国的石头学者"。《人民日报》还在头版刊发了照片消息,首次标出:这是两岸红学家的聚首——含有开辟文化交流的历史意义。

其二,矢志不移,坚韧不拔。周老早年在南开中学上学时,就与同窗好友黄裳谈论《红楼梦》:"现在开始,学好英文,要把这个书译出来传流世界。"他还创造了英文名词"红学"(redology),意欲载入牛津字典。后来入读燕京大学西语系,初衷不改,积极创造条件着手英译《红楼梦》。1947年第一篇论文《红楼梦作者曹雪芹生卒年之新推定》发表。1953年论著《红楼梦新证》出版。1964年完成《曹雪芹》一书。"文革"后,已逾花甲的周先生相继出版了《恭王府考》、《石头记鉴真》、《红楼梦与中华文化》、《红楼梦的历程》、《曹雪芹新传》、《红楼梦的真故事》、《红楼艺术》等一系列专著,以及《献芹集》、《胭脂米传奇》等文集。总之,半个世纪以来,他始终未离开红学研究,始终"为芹辛苦见平生"。他目标明确、信念坚定,把整个身心都献给了红学研究。特别值得一提的是,周先生曾一度双目患黄斑部扎破,视网膜脱落,到了完全无法工作的境地,仍让子女协助着坚持红学研究和著书立说。他忠于事业、毕生追求、矢志不移、坚韧不拔的治学精神令人感动,成为激励后贤的精神支柱。

其三,功高不居,品格高尚。周老在大会第一次发言第一句就说:"各位学长、学友,以及他们所代表的单位,包括中央统战部、各学院、研究院、文化团体、学会等处,给我这样多的荣誉,使我深为感动和激动。这样高的荣誉,我何以克当。这不是我个人的荣誉,这实际是我中华伟大文星曹雪芹的荣誉赐与。"他嗓音清亮,语调真切,毫无一丝做作之态。他这种绝不贪天之功、念念不忘他人的品格,加深了我对他的崇敬。他真诚感谢每一位帮助过他的亲朋故友,指正和补充缺憾的学友、读者、出版社、编辑,乃至排字工人。他在《红楼梦新证(增订本)》中《写在卷头》的话中还说道:"有如托尔斯泰所指出的'千千万万的工人——木匠们、瓦匠们、画家们……排字工人们——终其身至辛至苦的劳动,都是为了要满足艺术上的需要'。排这个东西的工人们,等于一字挨一句、一点挨一线地把我这拙陋的稿本重新用铅块再'写'一遍,所费的精力,实在不下于我用笔草创。我要特别感谢他们。"他还在《后记》中写道:"全国无数读者对我表示同情、支持、勉励,而且能对我的处境和困难有所体察和理解。多年以来,我能在红学研究这一方面坚持下来,是这些各行各业、各种年龄身份的读者给了我精神力量。说真的,我内心感激他们超过了感激其他的援助。他们的一些话语,常常使我阅之目眶潮润。"正是他这种知恩必报的品德和为人处世的态度,才赢得了更多人的协助,才得成其大。周先生交谊之道和成功不居的思想,我将恪守始终。

其四,追求高尚,不修边幅。有人说:成功、金钱和地位只体现人生追求的表层价值,人生在世是否幸福与满足,最终要看他的精神世界是否富有。周先生身材不算高,衣着简朴,上身穿一件极为普通的灰色布料夹克衫,外加蓝裤子、黑布中式鞋,头戴一顶蓝色小帽,看上去与老工人别无二致,是个地道的不修边幅的人。他居住的房间里摆放着一张旧桌子、一张床和几个书架,地上堆放着一摞一摞的书、报纸和信件,十分满当。由于光线不好和地方窄小,写作时多半是把圆型饭桌支在餐厅窗户底下工作,办公条件极差。然而,他的内心世界却是那么富有和高尚。仅以红学研究而言,他追求和研究的着眼点并非是一般小说文艺的讨论和研究,而在于中华大文化的学术事业,目的是要介绍这类西方所未知的宝贵文化,使中华文化弘扬于环球异域。所以,他以高屋建瓴的多视角、多层次、全方位,对《红楼梦》和"红学"进行整体性研究。在每个选题上都在占有充分史料的基础上提出发人深思、启人心扉的真知灼见,从而登上红学研究的顶峰。他从不以生活简朴为憾,而以知识富有充实为幸事。他学的是西语,本业是翻译,却广涉史学、文学、诗词、书法,还爱好国粹京剧。可谓集多学于一身、知识渊博、才华横溢。他没有万贯家资却有万卷诗书,他的学友同好遍天下。

其五,扶正鞭邪,爱憎分明。"横眉冷对千夫指,俯首甘为孺子牛"。中国正派学人藐视权贵,同情弱小,扶植新生的思想,爱憎分明的性格,在周汝昌先生身上充分地体现着。近些年,由于社会风气的嬗变,一些令人不愉快的人和事,在学术界也时有发生,学霸习气、庸俗作风又有抬头。有的人以"权力"、"地位"干预学术研究,利用所控制的组织和刊物进行非难或非学术的人身攻击。对于这些,周先生深恶痛绝,非但不怕、不退却,相反迎刃而上,仗义执言,用正义之剑、真理之声予以批驳、申斥,为净化学术环境,创造健康、兴旺、和谐、进步的学术氛围而斗争。同时,他还不遗余力地运用个人的才智和影响支持、培育、扶植新秀。由于眼疾和年龄关系,他看书、写字都很困难,主要是靠子女的协助。但他仍然坚持听阅学友特别是后生们给他的信稿,并努力做到回音、回信。据我所知,王畅就保存着周先生一百多封这类信件。周先生的文稿不只在国家级公开报刊上发表,还有意寄给一些并不出名甚或还是内刊的《红楼》和一些学报,借以为小人物、小报刊争名争位,扶植他们茁壮成长。从他身上每每能感悟到学者所具有的品德、修养和气质,看到、学到不少难能可贵的东西,高尚的学者风范给我留下了深刻的印象并惠及一生。

周汝昌先生得知该文后,八十三岁高龄的他,于2002年8月4日在眼疾耳背的状况下,竟亲笔题诗寄我(全诗用钢笔竖写在八开白纸上,每字大小有2-2.5厘米,行距足有2厘米)。诗道:

> 知我何真切,德言感枉加。君名借嘉义,余幸焕春华。古侠思燕赵,新庄念石家。相期瀹清茗,不第话桑麻。

兴许还是缘,2002年9月4日午饭时分,我刚打开电视拧到中央电视台第 10 频道《百家讲坛》节目,一个熟悉的面孔突然跃入我的眼帘。定睛一看,却是周汝昌老先生正在演讲《唐诗宋词鉴赏》。那谈笑风生的场景,那一语中的的卓识,那诙谐昂扬的声调,着实引人入胜,尤令我惊喜。8 月 4 日他刚给我题的那首诗的书写状况令人担忧。8 月 5 日我给他打过去一个电话。电话是他女儿接的,说:"我父亲已不能接电话啦……"连电话都不能接啦,故在我的脑海中形成他老态龙钟、举步维艰、精神衰竭的印象。而荧屏上的他竟然谈笑风生、精神极佳、出语惊人,那"雄姿英发,谈笑间强虏灰飞烟灭"的气势,简直令我不敢相信。与头脑中的阴影相比,怎不令我惊喜呢!

或许,此片拍得稍早一些,即使这样,依然令我喜出望外,深以为幸。我屏息聆听着他的讲演,回味着主持人的介绍:"今天请来的是国宝级古典文学研究家、红学专家、中国艺术研究院研究员周汝昌先生……"当天下午 4 点 45 分我又收看了重播,9 月 11 日特意收看了下集。讲授虽然早已结束,但"国宝"两字却刻在了我的脑海里,至今不曾"灰飞烟灭"。"国宝"的含义,主持人自有所指,人们也自会各有所思。而我则反复揣掇着"国宝"的价值和分量,体察着它的内涵。终于若有所悟——在我看来"国宝"之真谛对周先生而言可概括为:成就博大精深,人品德高望重,事业国色天香,学术独具一格。主持人介绍周老系中国艺术学院研究员、资深学者、古典文学研究家、红学专家,人称红学泰斗,他的书法作品也独具一格。如此集诸多学识学衔殊荣于一身,岂非国宝!

2002 年 10 月 24 日,有感于周老的身世经历和成就,特别是他对当代和后人的启迪作用,兼及他的身体状况,又给周汝昌先生去信建议并拟写《周汝昌评传》。信中写道:

　　自 9 月 4 日和 11 日,在中央电视台第 10 频道《百家讲坛》节目看过您"唐宋诗词鉴赏"讲座之后,心里激动不已,久久不能平静。对于您的功绩、治学、为人和品德等均倍加崇敬,虽写了那篇《学者风范励后人》,仍觉意犹未尽,想再写点东西,从更深、更高层次进行挖掘和评述一下您的功德,题目拟作"感悟'国宝'周汝昌"。为此,我翻阅了我这里原有的单行本《红楼梦新证》、《恭王府考》和后来华艺出版社出版的六部书中所有的前言、序、后记等。此外,还查阅了《红楼梦大辞典》有关您的辞条,以及河北省曹雪芹研究会编辑的《曹雪芹研究》上,您在河北省曹雪芹研究会成立大会上的两篇讲话。通过此番研学,虽较前又有所获,但仍感欠缺对您较为系统的了解,特别是您在日常生活、工作、交往活动中发生的那些具体、生动、感人的情景。故去此信看看您可否再提供一些,哪怕是别人或您子女整理的有关材料也好。若有,望予支持以便玉成此事。

此外,我觉得还应有一部《周汝昌评传》问世,不知您的子女、亲朋好友是否已在做此工作。希望尽快有这样一部书,作为一部学者传记流传于世,成为对您永久的纪念。请您不要把这视为个人的私事,而要当作给社会、给学界和后人留下的一份珍重的文化精神财富和宝贵遗产去对待,认真关注之。此书最好能经您亲自审阅把关,使之切合您的本色、本意。至于何时出版可另作别论。现在出更好,以后出也可,总之一定要出来才是。别不赘言。

2002 年 10 月 27 日周汝昌就编写《周汝昌评传》给我复信:

焕春乡友:

　　来信一片无私的深情厚意令我感激不已,材料太多太零散,提供非易,又因老伴弃世,诸事繁乱,一时甚难顾及。今为应需,暂可如下试行:你亲询邢台师专的乔福锦先生、邯郸峰峰矿区的侯庭臻先生(曲区国税局周玉梅引领,是其妻子)。从二人可借部分书刊,尤其听面谈,因谁也无力写这种"长信"! 你们交换意见,也许得一初步共识。切切难以面叙,见谅。

迎春纳福

盲者　周汝昌

壬午九月廿二

　　最近的两种新书受欢迎,也重要:一、《红楼小讲》,二、《天·地·

人·我》，皆北京出版社印行。你可邮购或托人代觅。各大书店皆能有之（列为畅销书之榜首）。又及

　　此后，因事务缠身和与相关人异地而居联系不便未及时进行。心想稍轻闲点了再做此事，未料如今周老辞世离我而去竟成永诀，岂不可惜痛哉！无可奈何权以此文谢罪于地下之师友！

大师的清贫与富有

——周汝昌先生书法访谈札记

张永强　李剑锋

在经过了九十五个春花绚烂之后，壬辰孟夏，2012 年 5 月 31 日凌晨，一个诗一般的老人，在清凉的雨夜里悄悄地画上了生命的休止符。

他留下了遗愿，要静静地离开。

继胡适、吴宓、俞平伯等之后，红学界又一大师凋零。

今年 3 月 8 日上午，我们对周先生进行了专访。甫入周宅，其清贫之状让我们惊愕。且不说治学环境的简朴，其居室的狭小陋仄，年久败敝，亦令人喟叹。专门的书案是没有的，一个 1980 年代的简易钢管饭桌，扒开其上堆叠的书稿，便是先生每天的"盲书"写作之所。笔砚文具不知所在。墙上悬挂着他最喜欢的林黛玉题大观园的小诗条屏，以及岳飞的词《满江红·怒发冲冠》横批，后者还被其他字画遮盖，只露出了一半。室内最基本的生活设施也历时久矣，简陋异常。

早在 1979 年，周先生曾在《曹雪芹小传》的后记中写道："我为雪芹写作，不知休息，不计假日；又为了宁静，常常与冬夜寒宵结缘，夜深忍冻，独自走笔，习以为常，是苦是乐，也觉难分。我曾有写给友人的一首七律，起联说：'夜寒灯火在书帷，霜月相关午漏稀。'结联说：'得失安能逃愧负，素心耿耿对清辉。'"这固然反映了先生著作的勤奋与钟情，也反映了他写作和生活环境的恶劣。遗憾的是，这种窘迫的状态直到先生去世，也没有什么改变。

作为一代宗师，周先生家中并没有全天候的保姆，他的日常起居，全由儿女照料。女儿周伦玲还是他治学的助手，负责整理文稿和对外联系。我们此次采访，就是先拟定了详细的提纲，由周伦玲老师转述给先生，再由先生对我们当面作答的。

　　周先生晚年仍撰述不辍，新作迭出。对一个耳不能听、目不能视的九旬老人来说，实堪奇迹。直到今年 5 月 23 日，周先生在去世的前一周，还向女儿口述了一部书稿《梦悟红楼》的大纲。在他的脑海里，始终存在着一个可以自由驰骋的精神王国，在那场充满了诗歌、美酒、鲜花和悲欢离合的红楼绮梦里，先生并不愿蓦然惊醒。

　　作为"红学"研究的泰斗，虽然平时也有人注意到他的书法，但是始终没有人进行过系统的研究。采访中，周先生对我们说，他平生致力最勤的，"红学"为其一，书法也倾注了不少心血。特别是右军《兰亭》，更是让他痴狂，追攀摹写，一生不缀。

　　其实，周先生对中国书法的研究，已经体现在他的杰作《永字八法——书法艺术讲义》和《兰亭秋夜录》中。早在 1950 年代，他在撰写其"红学"巨著《红楼梦新证》时，就已经通过文物考古学的方法，对《红楼梦》加以研究，写下了《脂砚斋藏砚》、《怡红石印章》、《曹雪芹笔山》等章节。在和我们的访谈中，先生信手拈来，娓娓而谈，娴熟引用《红楼梦》书中关于书画的段落和诗句，其博闻强记、锐思明澈令人叹服。

　　由于目疾所困，八十五岁以后的周汝昌先生已经不能染翰。八十高龄以后，他还能仅凭模糊的视力，背临《兰亭序》全文，他所凭据的底本，是元代陆继善的双钩本（现藏故宫博物院），他认为这才是曾得到过米芾赞许的苏易简家藏《兰亭》第二本，也是最接近右军真迹的墨迹本。他的背临《兰亭》得到过启功、徐邦达、王学仲等书家的高度评价。他曾在一幅背临《兰亭》的卷末题诗述怀，诗云：

　　　　说著兰亭意气增，向来腕底漫凭陵。池鹅溅溅难常课，野鹜张狂易得名。玉匣虚设争启闭，鼠须谁缚助锋棱？桑加议罢萧寥甚，惆怅新翻手眼生。

采访期间,周先生还让家人把珍藏多年的明拓善本《颍上兰亭》、《天师庵本兰亭》(国学本),以及善拓《三希堂法帖》中的"陆继善双钩兰亭"取出,慷慨地让我们全部拍摄,公诸同好。

本来约定的一个小时的采访,不觉谈了近两个小时。考虑到先生的身体状况,我们起身告辞。周先生手执一粗签字笔,摸索着为我们在《中国书法》赠刊《兰亭秋夜录》和《红楼梦新证》上签名留念。他挥洒如飞,一气呵成,线条虽时有重叠,但依然遒劲,气力不衰。书罢,他哈哈大笑,说:"下次再给您好好写吧!"还幽默地说:"我也是中国书法家协会会员,今后发现了新的碑帖、书法名迹,别忘了告诉我一声呀!"当我们告诉他此次捎给他的2012年第1期《中国书法》上就刊载了湖南省博物馆新收藏的唐摹绢本《兰亭序》的消息时,老人显得十分高兴。

在接受我们采访的两天后,2012年3月10日,周汝昌先生意犹未尽,为我们口占了《题天师庵本兰亭帖》七律一首:

　　天师庵望鲁灵光,留得兰亭角和芒。似道八千非笑柄,如来一现即慈航。惠风和畅幽情显,茧纸微醺比韵长。定武未尝乖面目,万家翻刻太荒唐。

这也许是先生平生的绝唱了。

近阅清乾隆时期著名学者石韫玉手札,云:"昨承惠《兰亭》、《乐毅》二种,《乐毅》不甚精,恐系俗工所刻。《兰亭》的是定武真本,世所谓'国学本'也。"与周先生所见合若符契。恨先生蓦然沉泉,否则闻之必当莞尔一笑。

如今,接受我们采访时,周汝昌先生那字正腔圆、抑扬顿挫的京腔津韵,仿佛仍在耳际;他虽瞽而炯炯如洞穿时空的双眸,仿佛仍在目前。汉诗有云:"人生非金石,焉能长寿考?奄忽随物化,荣名以为宝。"在纷纭杂遝地的红楼论辩声中,大师纷纷陨落,而周汝昌先生独享金石之寿,为我们留下了宏文巨著和秉承有清乾嘉学派精华的治学理念,灼古照今,催人奋发。

一片通灵宝玉　千秋仙寿恒昌

——纪念红学家周汝昌先生

雨　莲

　　5月的最后一天,像往常一样,我把随身物品往办公室一放,来到同事郭银星的办公室,通常我们要在这里喝杯咖啡,然后再开始一天的紧张工作。这次,郭博士的脸色有些沉重,问我:你没接到电话? 周老走了。

　　这消息太突然了。距我上次拜见周老还不到两个月的时间,那时的他看起来还很健康啊,他还说他总是有很多想法,总是文思泉涌,要是能有一个助手,他还能写出很多东西,而我还等着做他下一部书的编辑呢,他怎么就走了呢?

　　上班路上,因为坐地铁我没听到那个重要电话。回到办公室,我把电话打回去,对面的朋友充满悲伤地证实了这个还没有正式公布的消息。周老在仙逝前一周就有预感,他告诉儿女,不想去医院,想有尊严地走。如果他们不甘心,就替他请一个老中医来看看。老中医请来了,说老爷子的身体没什么大问题,他只是衰弱了,累了。他的孩子们都回来了。那一周,他不想吃东西,甚至不想喝水,只是让孩子们轮班为他读《红楼新境》。就像是一个奇迹,已经极度虚弱的他竟然听出了书中的一处错误,他很着急,说他想说的并不是那个人或那件事。

　　听到这里,我的心直发紧。我是这本书的责任编辑,或许那正是因了我的疏忽而发生的问题呢。没能让周老看到问题的妥善解决,让我更添悲伤。再后来,儿女们越来越心焦,越来越没有了主张,难道说我们做儿女的就真的不送他去医院,就这样看着他离开吗? 周老最终还是走了。听着朋友的讲述,我的脑海里不时闪过林黛玉《葬花吟》"质本洁来还洁去"的句子。

周老的最后两本书《红楼新境》与《寿芹心稿》是在中国大百科全书出版社出版的。或许是考虑到我读书时的专业方向——中国古典文学之明清小说,所以领导指定我做周老新著的责任编辑。接到这样的任务,既感荣幸亦不免忐忑——担心周老这样的名家会很挑剔。后来的事实证明,周老的确很挑剔,只不过那挑剔仅表现在"书"上,是那种让人感动的挑剔。

第一次见到周老,是在 2011 年 10 月 20 日,在周老位于东城的蜗居。我和同事到时,周老在女儿周伦玲与儿子周建临的照顾下刚刚吃过早饭。周老双眼的视力都已是零,双耳的听力也几乎是零了。因此,对于我们的到来,他似乎没有什么感觉,只是安静地坐在扶手椅里。他应该是一边等我们,一边想着他即将出版的新书,想着关于这本书他要嘱咐我们的事情。

看着他有些凌乱的白发、干净的额头、眼睑低垂的双目、紧抿的双唇,恍然觉得周围的世界根本与他无关。他的右耳上戴着助听器,但你要贴近他并且非常大声地讲话,他才能模糊地听到一些。

他的儿子与女儿向他介绍我们,我们则依次握住他的手,让他感觉到我们的到来。然后我便很荣幸地坐在他的身边,在他的儿女向他转述了我的问题后,他用他洪亮而清晰的、带有京津韵味的普通话,抑扬顿挫地一口气讲了二十几分钟。

他的语言是很讲究的,有时是那种半文半白的,甚至可以说是充满诗意的《红楼梦》式的。他极认真地回答我的请教。他没有我原本想象的那种名人或自以为名人的凌人盛气,比如他们中有的会说我的文章一个字一个标点都不能改等等。他说我的文章编辑是可以改的,我的话有的时候会很啰唆,因为我总是担心人家不理解我的心意,编辑当然可以把那些重复的没有用的话删掉,而且编辑自己是可以说话的,就像古代文人做评点一样,编辑也可以把自己的意见放到我的观点旁边。我很感动,周老曾经在人民文学出版社做过编辑,最知道做一名好编辑需要怎样的修养与怎样的付出。

周老非常尊重读者,他希望我在编辑他的《红楼新境》时,不仅要把工夫下在内容方面,版式也要多加重视。他说,他的这本《红楼新境》是随笔集,会由几十篇文章组成，他希望不要连排，每篇文章都要另起页，版式则要疏朗，要让读者在阅读时感觉轻松愉快。不过每篇文章另起页后，有的文章后会留有大量空白，这就不好了，就有点对不起读者了，所以编辑不能怕麻烦，要想办法把这些空白利用起来，比如加一些适宜的图画，这样的话读者除了读内容还能获得其他审美体验。

周老是书法家，因为目盲耳聋，无法提笔写字。为了保持与这个世界的接触，他只能借助于助听器，坚持让他的儿女们每天给他读一些报刊文章。他的著作方式则更为特殊，那就是他先在大脑中进行构思，亦即成竹在胸后再讲出来，由他的儿女们记录整理成文。文章中所引用的各种文献与俯拾即是的前人诗句，均出自于他的记忆，他不能确定时，便指导儿女们去查核。

我开始编《红楼新境》时，书稿尚未成形，只有书名是确定了的。在拜见周老之后的第二天，周老的儿子周建临，也是本书的整理者，寄来了几篇样稿。之后，从10月底到11月底，周先生分五批寄来书稿。在这一过程中，我不时地将我在编辑工作中遇到的问题，通过整理者周老之子周建临还有周老的三女儿周伦玲转与周老，每次他都细心周到地予以解答。已经是12月中旬了，《红楼新境》所收文章仍有增删，直到月底，定稿才算形成。

但定稿篇幅过长，严格而论，所收文章的体例也不尽统一，因为其中收了几篇周老颇看重的学术性较强的长文。在与周老商议后，最终的解决方案是将其变作两本书，即将现定稿删减两部分，余者仍以"红楼新境"为书名，按原计划于2012年1月出版。考虑到即将到来的2012年恰值曹雪芹的二百八十八华诞，又是周老以传统计算方法而论的九十五大寿，将由原《红楼新境》定稿中删减的部分加上周老刚刚完成的以及即将完成的新作合为《寿芹心稿》，以为纪念。现在回想起来，这样做的初衷与愿望以及结果都可以说是好的，但是为了《寿芹心稿》能够在周老的寿诞（4月14日）之前出版，我们催稿催得是不是有点急了，让这样一位老人夜以继日地工作，是不是耗去了他太多的心力，甚至于透支了他的生命？

3月29日，我有幸第二次走进周老的蜗居。那天，新华社的唐师曾也在场。前一天，他听说我们要去采访周汝昌的消息时，人还在西安。他凌晨才飞回北京，稍事休息便带着他的摄影器材与我们一起来到周老家。周老那天的精神不错,说话的声音依然洪亮,说到得意处竟高兴得像孩子似的拍起手来,还即兴口占一诗。为了让我们明白他的诗意,他一字一句地细加解说,中间还穿插着讲了东晋陶渊明的佚事,以及他对五柳先生"好读书,不求甚解"的解读。如果我没记错的话,周老当时口占的诗应该是这样的:"红楼新境境如何?深胜浅浮细胜粗。甚解不求谁解味?似临歧路更同途。"

采访结束后,周老在其子周建临的帮助下将书翻至扉页,抓着他的手让他感觉签名的大致位置,然后他自己握着笔极其认真地为我们在场的每个人在书上签名。字迹虽然写得不太能让人辨认得清,但撇捺之间仍可见其用笔的功力。或许是长时间的思考、说话,尤其是签名耗掉了太多体力,此时的他略显疲倦,他需要休息了。女儿伦玲扶他坐在沙发上。我们大家则聚在一边交谈。

周老走了,走得很有尊严。他最后的日子或者说他的晚年都应该是幸福的,因为他的儿女们一直陪伴在他左右。

周老一生用了六十余年的时间研究《红楼梦》,用情之专之深是我等俗人无法体会的,甚至于他离开这个世界的时间都冥冥中与《红楼梦》有关。据周老的研究考证,曹雪芹生在龙年(雍正二年,即甲辰 1724 年)的闰四月,斗转星移,二百八十八年过去,今年又是一个龙年,而周老走的那天正是闰四月十一日。

周老在《寿芹心稿》的《引言》中说:"虽然曹雪芹在世仅仅'四十年华',但他是永存而不会泯灭的,正如宝玉听刘姥姥讲村庄中有一位'若玉'小姑娘,长得十分美好,但只活了十七岁而亡故了,宝玉就说:'规矩这样人是不死的。'"若不以年岁论,周老也正是那种十分美好的"玉人",规矩这样人也是不死的。最后,引用周老所作的《风入松·自题〈寿芹心稿〉》之末句"一片通灵宝玉,千秋仙寿恒昌",以为纪念。

思无邪　人去矣

张　弛

　　著名红学家、国学大师周汝昌老先生在九十五岁高龄辞世。尽管这发生在他晚年的病恙困扰之下,也发生在他的长寿之年,让人有些意料之中,但得知这一消息时我还是非常难过!

　　第一次看到周老先生是在我的母校中国艺术研究院。那时我还只是在工作之余,跟随研究院一个在寒暑假集中授课的课程班上课,学员都是在全国各地文化系统中工作多年的专业人士,甚至不乏文化部的官员和一些各地知名的团长、演员、艺术理论人员等等。研究院老师则积极地为我们请来了很多大家与知名学者前来授课,做专题讲座。在2002年的夏天,就请来了周汝昌先生。

　　周老先生走进教室,一眼望上去瘦弱而洁净,坐下来的时候显得安静而认真,讲座的话题当然离不开《红楼梦》,周老不仅提到他当时关注的最新学界动态,还提到红楼中那些女子身上所具有的小善与小德。当讲到一个细节——平儿被无辜痛骂,受了侮辱、委曲后来到贾宝玉的住处,几个大观园中的姐妹过来相劝,此时贾宝玉拿出香帕为她拭泪、擦手时,我忽然听到身边的同学对我说:他哭了。谁? 这个八十五岁的老人吗? 我抬头仔细观察:看到一行清泪默默地划过这名红学家衰老而干净的脸颊,他又用手抹掉泪水,仿佛一个非常难过又受了委曲的孩子。我坐在教室的第二排,亲眼见到,大为感动。他的眼睛看不清,他的耳朵听不清,但是他如此真情地为一个所有红迷,甚至是所有观众都烂熟于心、早已不新鲜的情节而难以自抑地流下眼泪,这实在让我刮目相看。他更加让我相信:一个好的理论家反而是非常感性的,如果他没有感情,就不会透彻地理解他所研究的文学作品。周汝昌老先生是把自己的生命融化在了他所钟情热爱的《红楼梦》里。

我一向对红学不太感兴趣,更不愿随人流与哪位名人合影,但是那一次,我同大家一起在课后凑上前去。结果想要与周老先生合影的人太多,我们不得不进到旁边的一个大会议室里。这些已经在全国各地文化系统中工作多年、见多识广的大龄学生们把他团团围住,以至于其结果是我居然始终没能抢上镜头!

第二次也是最后一次见到周老是在 2010 年。那时我已经正式考入研究院,并且硕士毕业后来《团结报》工作了一年多。其时,正逢《团结报》扩版,我决定在自己责任编辑的副刊版面上开设"中华诗词赏析"专栏,并打算约请周老先生为这个栏目做开篇之作。春节后,我约请的该专栏作者带我一同来到周老的家中。一进门,他家中的陈设就让人感觉仿佛回到了 1970 年代,甚至更早,尤其是那些木制桌椅和样式陈旧的暖水壶。七八年后,周汝昌先生更老了,但他的精神状态和敏捷的思维却一如往昔,握手时他温和的体温和慈祥的笑容让人感觉他更像是一位开心的老奶奶,当我们说到令他满足和欣慰处时,他又快乐得像一个儿童。那次谈了许久对于传统文化的推广和继承,我记得还谈到自己将来想在版面上开设传统书法和绘画等等有关国学内容的专栏话题,周老听后十分高兴。

想来周老和《团结报》还很有些渊源,1980 年代中期,报社的老社长、亦是红学家的许宝骙老先生就曾邀请他为版面撰文,后来又有副刊部的韩宗燕老师继续相邀,并介绍作家刘心武与之相识,使他们的合作一时传为佳话,也使《团结报》成为当时红学研究的一块园地。

很快,周老为"中华诗词赏析"栏目特供了《中华诗论悟"三才"》和《"言志"与"抒情"》两篇文章。每一篇都是通过录音,然后由他的女儿周伦玲整理、录入,并回念给他进行校对,最后才发至我的邮箱的,这令我十分感念!

愿周汝昌先生的灵魂如同一缕清香,上腾直达天国!

送别周汝昌先生

王小宁

周汝昌先生今天去世了，先生是 1918 年 4 月生人，不久前刚过了九十五岁生日。下午，天空下起雨，风，冷飕飕的，伦玲在短信中说谢谢。

周先生对《人民政协报》是倾注过感情的。《文化周刊》和《学术周刊》从十多年前一开始创办，就蒙受着先生的恩惠。他多次在这里开设随笔专栏，他晚年出版的文集里，很多小文都是我们这里的首发；在他那本著名的《红楼夺目红》中，他还提到和《学术周刊》的交往——那时《学术周刊》初创不久，籍籍无名，先生的书中虽是片言只语，但一种良苦用心还是很容易被体会到的。

他最后一次为我们撰稿，是在今年两会中。大概先生的身体不很好，约稿电话打过去，先生的小女儿伦玲说，精力不行了，要么写首贺诗吧？四句、八句？我说也好。可电话刚放下，伦玲的短信就又追了过来。她说，父亲坚持要写一篇文章。

我们是在 3 月 4 日的《华夏副刊》头条发表了这篇文章的，全文近三千字，名字叫作"名流济济，谈笑风生，共商国是"。我不能准确地知道，这篇饱含"政协念想"的小文是否是先生最后的写作，请读者找来看看，它散发着一种经过了岁月的酝酿才会有的醇香。

记得伦玲早先曾告诉过我，周先生对政协有感情，政协对他也很好，他的眼睛不行，一般常看两种报纸，一种是什么我忘记了，另一种是《人民政协报》。

我喜欢伦玲的这句话：他对政协有感情，政协对他也很好。周先生的一生其实是很忧患凄苦的。这一点，1987年他访问哥伦比亚大学时，负责接待的唐翼明先生写得很清楚：

> 后来话题渐渐扯到周先生的家事，伦玲不断诉苦，说父亲工资不高，而食指浩繁，生活从来都是不宽裕的。三个女儿至今没有出嫁。大哥小的时候得脑膜炎，弄得又聋又哑，讨个媳妇也是聋哑人。还有一个小弟。所有这些人全在父亲这里吃饭，那200元人民币的工资管什么用？刚刚又碰上"文化大革命"，五个孩子没有一个受过中学以上的教育。伦玲现在给父亲做秘书，但自认对文学对《红楼梦》都是外行。伦玲说："爸爸，怎么你的脑子我们一点都没遗传呢？"周先生似乎没有听见，脸上纹丝不动。夏志清老师提高了声音对他说："我说你是个书呆子，只顾自己读书，老婆不管，孩子们也没有教育好。"周先生突然像孩子一样地笑了，说："你这话说得最好。我就是一个书呆子。我也最喜欢人家叫我书呆子。"然而在座者都惨然，终席不再说话。

就像所有遍尝世间苦味、深知爱之珍稀的人一样，周先生对所有善意均持一种敏感敬意。我的感觉，你对他有一点点好，他都能察觉并要求自己尽力去酬谢。这一点渗透在他和你的交往中，而且他一以贯之，他有求必应，他从不让你失望。晚年的先生是个非常重感情的人，他的行为逻辑重在一个"情"字。他研究心爱的《红楼梦》，写了那么多文章，学术的高度、学术的成就固然也追求，但我的理解，情之所寄、执著之所在才是他孜孜以求的真正原因，而且越是到晚年，就越是这样。

周先生外柔内刚，富有生命的大智慧。他从前有一则著名小文，谈的是李商隐《无题》（相见时难别亦难）诗，品读之深，感悟之透，语言之精准，令人难忘。当我现在坐在这里，在5月的最后一天，在潺潺的雨声中怀念周先生的时候，我也就自然想到了里面的这样一段文字：

晓妆对镜,抚鬓自伤,女为谁容,膏沐不废——所望于一见也……青春不再,逝水常东,怎能不悄然心惊,而唯恐容华有丝毫之退减? 留命以待沧桑,保容以俟悦己……

他这是在讲诗吗? 还是在谈论对漫长人生的理解? 典雅的文字符号背后,隐藏着怎样的一个从容而坚忍的生命? 以及是怎样的一种孤独、一种渴望和一种自我期许? 这是我在思考的问题。进一步诠释,是我所不能。

电话铃响起,是友人再次传来信息。"什么病?"我问。"无疾而终。"我叹息,伤心袭来,却又在朋友的嘲笑声中惊醒:"伤心什么? 无疾而终。你见过有这么好福气的人吗?"

一路平安,周先生。

2012 年 5 月 31 日于北京

我与周汝昌先生的一段书缘

许京生

周汝昌先生走了。

十五年前,我与一家出版社的朋友准备编辑一套"名家百味"丛书,计划选编现当代有影响作家的作品,因和周汝昌先生的女儿周丽玲同在一个单位工作,有联系上的方便条件,就向出版社推荐了周先生。

记得那是 1997 年秋天,我去红庙附近他的住所拜访。进门后我怀着忐忑的心情向周先生转述了出版社的约稿意见。那时他身体还很硬朗,只是听力已经不行了,尽管我把说话的声音放得很大,可他还是没听见半个字。三女儿周伦玲通过他们之间特有的传递信息的方式将我说的意思告诉了他。周先生询问了出版社的有关情况后欣然应允,并让老伴为我倒茶。我一颗悬着的心终于放了下来。

没过多久,周先生在女儿周伦玲协助下将自己多年的短篇作品集成一辑,名为《胭脂米传奇》。"胭脂米传奇"本是周先生一篇散文的名字,作品讲的是《红楼梦》中胭脂米的来历,据周先生考证,康熙在中南海丰泽园曾种植过胭脂米。毛泽东同志在丰泽园读周先生的《红楼梦新证》时发现了这一细节,于是就让农业部和河北省委派人寻找此米,以便推广种植。后来,河北省委的有关人员终于找到了胭脂米,并把种植的收获送给毛主席,因胭脂米珍稀味美,主席又作为礼品送给了来访的日本首相田中角荣。

书出版后,我带着样书再次拜访周先生,他随手拿过一本,翻看后说也送你一本算是答谢吧。题签时他的字写得如核桃般大小,而且也有些歪斜,这和目力已坏有着直接的关系。

1997年底,我和朋友计划编辑一套中国古典小说集。篇目选好后,我请周先生审阅,篇目寄送后约十天就收到了他的复信。

周先生在信中说:"承示选目,因目坏太甚,已难逐细详究,提不出具体意见,十分愧歉,唯对书名与分类贡献一二拙议,以备斟酌。"周先生对我草拟的书名《中国古典短篇小说大典》提出了两点意见。一是"书名中'短篇'一词可否再酌?因为中国古代实无相应的'长篇'小说,如入选的《燕丹子》,已经算够'长'了,哪儿再选'长篇'去?实际上,直到章回体平话出现,才有'长篇',故觉不应以西方观念来定名"。二是他对使用"大典"一词也有看法,认为不妥:"不如酌改,可免时下张皇喧夸之弊习。"周先生从学术和求实的角度对书名提出了自己的意见。他在"目坏太甚"的情况,不仅详细审阅了选目,而且还提出了长达六页纸的意见,可见大师治学严谨和谦虚谨慎的态度。

后来,我策划了《中国古典小说卷中诗词鉴赏》一书,周汝昌先生用《诗词韵语在小说中的意义》作为代序,为书增色不少。

1999年华文出版社计划出版"东方赤子·大家"丛书,由当时的统战部副部长刘延东同志任编委会主任。周先生是大家,入选一卷是当然,因此又向他约稿,周先生将自己的作品分为自述自传、学术著作、散文随笔三部分。书出版后,他让女儿送我一册,与上次赠书不同的是题签字迹工整,确有书法家风范。

我与周汝昌先生因书结缘,受益匪浅。虽然我们只谋面两次,也"未尝衔杯酒,接殷勤之余欢",更无送礼之习,但他"该出手时就出手",热情扶掖后学,使我难以忘怀。

天是那么蓝，周围是那样的安静

刘汝龙

周老走了，他走得很安详，也很安静。天堂里多了一位学者，世间却少了一位"道"人。普通人都知道他是红学家，少数人知道他还是位诗人、书法家，只有能走进他的心境的人，才能知道也才会明白，其实他是位名副其实的中国文化的"解味"人。

我是"文革"期间在尚老（养中）家，听他说拜访周汝昌先生时，讲曹雪芹家的事，从此知道了周老是位研究红学的大家；读周老的第一本书是《书法艺术答问》，从此又知道周老是位对书法有极深研究的大家；待我读了周老送给我的《千秋一寸心——周汝昌讲唐诗宋词》才豁然明白，原来周老是位中国文化的"解味道人"。

第一次见周老那是在1985年，由周雷先生（87版电视连续剧《红楼梦》的第一编剧）带我去南小街竹竿胡同家见到的。那时我被借调到该剧组，做剧本校对、辅导演员学习书法围棋、组织专家讲《红楼梦》培训演员的工作。当时周雷先生介绍我是书法爱好者，周老非常高兴：那可真好，以后每次来送剧本咱们可以聊聊书法了，现在年轻人能写的可太少啦。有了这句话垫底，以后每次去只要看周老有兴致和我多聊，我就趁机多待会儿，慢慢熟了我也敢无所顾忌地神侃。有时周伯母也加入进来一起聊，她是位性格极其开朗的人，同时我也能感觉到二老"容忍"我信马游缰地"胡说八道"。以至于到后来周老对我说：也就是你可以不打招呼直接来，我放下作业歇会儿……我听了心里美滋滋的。现在想来我耽误了他多少宝贵的时间啊，周老临终前几小时都没停止做功课。

1985年为拍电视连续剧《红楼梦》要在北京建个主题园林，这事在那个年代可非同小可，不但涉及到政府方面、资金方面，更重要的是要有来自国家级各界专家学者的全力配合才行。在当时市长的亲自督阵下成立了由朱老（家溍）挂帅、周老（汝昌）担纲、杨乃济先生总设计以及二十多位各学科领域的专家组，合力共同来完成。我当时已调到大观园筹建处负责和专家接洽，组织研讨会的工作，因此有幸目睹和参与了中国有史以来唯一的一座以小说为原型的主题园林的建造全过程。

建造大观园除了园林布局的问题，还有更大的事摆在面前难以解决。《红楼梦》中只写了部分院落的匾联，大部分都没写。园子建好了如果不挂上匾联就显得秃门秃户没有精神，就更别说什么彰显建筑的灵魂了。这样，问题就出来了，当今谁人能有曹雪芹那般才情，把未尽之言展于世间？这个令人垂青、终生难得一遇崭露头角的大好时机，无疑引来了诸多自负才华比天高的各路神仙的争攀。当时，有人主张由周汝昌执笔；有人主张采取"分果果"方式，上得桌者都有份；分不得羹者主张"空置"起来再说。问题必须尽快决断，于是市长再次坐阵，朱家溍先生主持专家会。会后送朱老回家的车上，朱老对我说：今天决定了两件事。我忙问是什么。朱老说：一件事是，所有匾联都由周汝昌撰文。我说太好了。朱老又接着说：还有你的事哪，所有书写都由你完成。我激动得"啊"了一声，心里说太棒了！停了片刻朱老又说道：你知道吗，有多少人托情来抢这份差事吗？我说了，这不是书法展览谁上都可以。当今盛行泼墨涂鸦，能把楷书写到你这种程度的实在难得。你过两天就去找周先生商量商量吧。另外，写好的都拿过来我看，我签字后再交工厂制作。我忙应声，放心吧！

就这样，在朱老的举荐下，我今生有幸和周老结了"合作"之缘：周老代曹公之笔撰写匾联（所撰匾联附文后），由我来书写，历时五年之久。

当年周老指点我书法的情景至今历历在目。有一次我带去两幅字，先展开一张魏碑笔意的，老人看得非常认真然后说写得真好，并问我知道为什么说好吗。我只知结构笔画还不错，其他不知。于是周老慢慢地给我讲起来：大多写魏碑容易写得野气十足，而你却写出文气来了，这可是很难得的……从此我渐渐明白如何理解、体会什么是字的"味道"了。窃喜之后，我拿出第二张大楷书"颐养太和"，刚一展开周老的眉头就皱了起来，哎了一声。我忙问怎么了？老人表情严肃地说：写得好，字却写错了！我心里一惊，还没缓过魂来，只见先生用手一指"颐"字左旁中间，本该是个"口"，我少写一竖，左旁变成"臣"形。老人语重心长地告诉我，字写得差些还不要紧，写错字可是大问题，它不但丢人，还会害人哪！可得小心再小心。没曾想这也为我日后书写匾额没出半点差错提前打了预防针。说到这儿，不得不提及当年我就不理解，字写好后让朱老审查把关就完事了，干嘛必须签字呢？后来为这事我还真问过朱老，朱老语重心长地告诉我：你年轻有些事还不懂，文字的事不是小事。字是你写的，名是我签的，一旦有问题没你任何责任，全在我身上。你日后会出名，出名就有人来找你的麻烦，到那时就让他来找我好了。那时那刻我把这两件事联系在了一起，深深地体会到真正的大家，不仅教你怎么做事，更是用实际行动教你如何做人。我这人知道好歹，懂得要脸，至今做事都牢牢记着前辈的谆谆教诲。

大观园基本落成后，为了方便游客参观，应急之下竖立了一些"雨搭式"说明牌，纵览北京各大园林全是这种式样，太影响景观了。我找朱、周二老商定把这种说明牌的形式变为随景设置一碑一碣；峰回路转亦诗亦咏，使园子的每一个落脚处、着眼点都闪烁着中国传统文化艺术的光彩。转遍园子，栊翠庵门前的小溪边有一块几米大的随形青石可利用先做试点。赶快去找周老求写说明文，不曾想这次老人推脱说近日抽不出时间。我当时琢磨，您什么时候闲过啊？为难之际周老笑着说：这么着吧，你来写，我来改，这样快，行吧？我"啊"了一声呼道：我哪行啊！再说，有您改的工夫不就写出来了吗？周老不搭理我的话接着说：你试试看，我觉得你行。你写成什么样都没关系，最后有我呢。如果不答应，以后就别来找我了。话到此处，我无路可退，没想到周老更进一步提出要求：一，书中可用的尽量用原句。二，需要自撰的一定要模仿曹雪芹的口吻。听了周老布置的作业要求，真倒吸一口凉气，心想我还模仿呐，读还费劲呢！几天后总算写完："不求大士瓶中露，为乞嫦娥槛外梅。入世冷挑红雪去，离尘香割紫云来。庵中花木繁盛，禅室

清幽。禅堂内炉烟袅白，龛焰荧青，经声佛号，暮鼓晨钟。槛外人身居大士
净土，却不知：太高人愈妒，过洁世同嫌。青灯古殿人将老，到头来，无瑕白
玉遭泥陷。"忙不迭给周老送去，只等挨骂，没想到却迎来夸赞，只字未改。
并嘱其他的小文也由我来拟稿。周老就是这样，不但自己做学问还时时不
忘提携我等愚顽，千方百计循循善诱地激发潜能、提升潜智，寄希望晚学尽
早尽快做出点正经事来。周老在给启功老的信中还适时的夸奖我为三旬一
代英才呢，其实我不是，但得到先生的夸奖心里别提多美了。

周老生活简朴，和平常百姓没有两样，拥挤的客厅里到处堆放着书，几
乎没有下脚的地方。狭窄的卧室靠墙一张小床，半床的书。紧靠着床的书
桌上尽是一叠叠一摞摞的手稿，以及永不离身的放大镜和茶杯。其他地方
几乎被佛像挤满了，足有百尊之多。大前年的一天，我接建临兄电话，说周
老想让我为客厅写幅字，不知可否。我说你可真能玩笑，巴不得的事呢！周
老想写首曹雪芹的诗，我和建临商量，何不让周老为自己写首诗那该多好，
我写起来多带劲啊！周老听此建议非常高兴，不日发来诗稿：

> 年少风华比并难，何期伏枥笑衰残。平生志业归文史，一味情肠怨
> 恕宽。借玉通灵深有愧，为芹辛苦岂无欢。良桐与我同焦处，珍重珠弦
> 未忍弹。
>
> 脂雪轩解味道人丁亥中秋自述

尺幅是丈二的，整整一天时间我写了四幅，有两幅满意的挂在寒舍院子
的铁丝上让建临兄挑选。待装裱安装上墙后不久，周老赠诗以表谢意：

谢刘君汝龙为我写拙诗

> 巨笔挥橡写我诗，如龙破壁雨来时。大观园里新题咏，多少楹联游
> 客知。
>
> 己丑仲春周汝昌

我忙不迭去看望，老人更瘦了，抓着我的手，笑得还是那么慈祥，敏捷的

思维让我吃惊,依然和几十年前一样。老人从桌上推过来几张写满字迹的纸,那是为我盲目抄写的赠诗手迹。我泪眼模糊地看着当年那个风骨俊朗、笔意遒美、锋出妙趣的周体字,虽然如今支离散乱、波折连绵地重叠在一起,但我依然从那折钗骨般的力道中感受着老人那仙风人格道骨魅力!

早些年,周老应邀去美国做研究学者,回国后我去看望并提了一个问题:在美国最大的感受是什么?老人沉思片刻,习惯地微笑一下,慢条斯理地说:"要说感受当然很多,要说最大么,天是那么蓝,周围是那样的安静。"说这话,一晃多少年过去了,可我从来没忘,依稀就在昨天。

我寻思:仙境的天肯定更蓝,天堂里没有浊世的喧嚣一定更安静。我好想问问周老:是不是这样?可是他刚刚睡着……

现将周汝昌先生撰写的北京大观园匾额楹联恭录如下,供后学解味:

妙音香界(栊翠庵佛堂):

　　龛焰荧青参月指　炉烟袅白悟梅心

凹晶溪馆:

　　素魄凝痕槎犯斗　澄波浸影鹤惊诗

暖香坞:

　　依帘麝篆春云重　隔槛螭浮暮桨澄

蓼风轩:

　　汀淑翠迷坞外雨　轩窗红飐水边风

红香圃:

红殿余春花烂漫　香连微醉梦沉酣

嘉荫堂:

座上金钟联吉庆　阶前珠幕护扶疏

缀锦楼:

画栋参差春似织　宝帘掩映梦如云

饮碧涵红(缀锦楼亭子):

齐纨摇月沉新李　燕黛描烟罢晚妆

襟风裛露(紫菱洲院):

云幄霞绡朝焕彩　御香宫镜夕萦晖

含芳阁、缀锦阁(大观楼东西配楼匾):

延霞、揖旭(暖香坞月亮门石匾;对面门匾为曹雪芹题:穿云、度月)

2012 年 6 月 16 日

Passing of a Human Treasure

Ronald R. Gray

South Korea, Japan and several other countries designate special individuals as "Living Human Treasures" for mastering certain traditional arts and embodying central, intangible, national, cultural values - while alive.

China does not have this tradition, but if it did, Zhou Ruchang would have qualified.

Zhou, China's leading scholar of the classic novel, *A Dream of Red Mansions*, died in May at age 95.

Zhou had written more than 50 books on *A Dream of Red Mansions* by Qing Dynasty (1644 - 1911) writer, Cao Xueqin. He was best known for his first book, *Hongloumeng Xinzheng* (*New Evidence on A Dream of Red Mansions*), which was published in 1953 and revolutionized the study of this novel.

The distinguished Yale University Sinologist Jonathan Spence has called this study "a work of such subtlety and meticulous scholarship that it is hard to fault".

Zhou also wrote books on traditional Chinese poetry and fiction, the history of Beijing, and was an accomplished calligrapher.

I first met Zhou in 2002 when he gave several lectures on *A Dream of Red Mansions* to foreigners. The lectures were fascinating.

Zhou spoke without notes, and his passion and excitement about the novel was spellbinding and infectious.

We established a friendship that endured until his death. Zhou's strong egalitarian sense has been frequently mentioned in obituaries, a quality I can personally attest to.

When I first met him, I was a lowly lecturer in English at a Beijing university with no background in Chinese literature. But I had a deep, abiding interest, even obsession, with *A Dream of Red Mansions*. To Zhou, that was a necessary starting point.

Zhou, in many ways, exemplified the best traits of an old school Confucian scholar and gentleman. According to Confucius, being educated was not just knowing a certain body of knowledge, but also of being a certain type of person. That was Zhou.

Zhou didn't like small talk, so our conversations were like a tutorial.

I would show up at his apartment armed with questions or comments, and he would patiently give insightful, mini lectures on each point. Sometimes his excitement became so pronounced that his daughter, Zhou Lunling, who took care of him, had to tell him to calm down.

Few know that Zhou was also committed to introducing *A Dream of Red Mansions* to English speaking audiences and had an avid interest in the English translation of the novel.

A few years ago, he wrote articles about the novel, which appeared in English publications. In February, he penned a preface arguing for the importance of understanding Cao Xueqin's family background for a biography I am currently writing about Cao.

Zhou's death is significant because it represents the passing of a rare, traditional but skeptical, literary sensibility that was relentlessly curious and open to new interpretations.

His passing marks the disappearance of a historically earlier, informed Chinese sensibility that prized a literary text as a work of art and intensely respected the author who composed it.

Zhou, on numerous occasions, admitted that he would never fully understand the classic novel. This awareness is present in a very clever book *He Jia Baoyu Dui Hua* (*A Dialogue with Jia Baoyu*), published in 2005.

In the book, Zhou and Jia Baoyu, the protagonist of *A Dream of Red Mansions*, have an extended conversation about the novel. Jia angrily informs Zhou that he is wrong in some of his interpretations, a sly allusion to the fact that we will never know everything about this wonderful work of fiction and the mysteries of literary creation.

Cao Xueqin would have liked that.

The author is a US scholar.

(*China Daily*, 2012 - 7 - 17)

堪叹"红学"殒泰斗，痛惜学子失良师

李延年

  惊闻"红学"泰斗周汝昌先生驾鹤西去，此乃学术界莫大损失，我心中悲悼、痛惜不已，以往与周先生谋面的难忘情景又浮现在了我的眼前，周先生的音容笑貌、言谈举止至今仍历历在目。那还是 1998 年 11 月，我有幸出席了在北京北普陀召开的"全国《红楼梦》文化学术研讨会"，此次会议除了探讨《红楼梦》与中国文化的关系外，另一个重要议题是庆贺周汝昌先生八十华诞，因而周先生必定出席此次盛会，我也将有机会一睹周先生的学人风采，这是我期待良久的一次人生际遇。

  周先生是我心仪已久的一位红学老前辈。我虽景仰已久，但一直趋谒无阶，无由见面，殊深遗憾。此次会议使我有机会得瞻道范，得慰宿愿，得聆诲谕，亲眼目睹了先生的儒雅风采，亲耳听到了先生的雄谈高论，宿愿一朝得以实现，心中倍感激动、欣慰。尤其使我难忘的是，在此次会议上，我还有幸向周先生当面请益，并得到周先生的奖掖。那是在会议中间休息时，我走向主席台，俯身向周先生谈了我对《红楼梦》中刘姥姥性格形成、发展问题的看法，我说有学者主张刘姥姥性格发展经历了由原我、本我到超我的三部曲说，我不认同此说，我的看法是刘姥姥性格发展可以看成一个系统生成的进程，它可以概括为"核心外延式"进程，即先形成一个有核心作用的要素或子系统，然后以此为核心，再外延一些子系统，而后形成一个较为复杂的系统，我还结合刘姥姥二进荣国府的具体描写做了简单说明。周先生听了我的介绍，频频颔首认同，并嘱我研究《红楼梦》，首先要反复、认真地细读文本，对新理论、新方法的运用要慎重，要融会贯通，要有机地、恰当地运用，千万不能生搬硬套。因为在我请益之时，又有几位学者来向周先生请教，我还想请教的关于王熙凤形象身上的诸种其他学人未谈到的质素问题还未问出口，就被其他学者七嘴八舌的请教、问候打断了，这令我倍感遗憾，但也令我大喜过望。周先生是红学大家，对我这个无名之辈的冒昧请益非但没有拒绝，反而耐心倾听，多有肯定，并谆谆教诲，使我获益良多。周先生虚怀若谷、平易近人、奖掖后进、沉潜学术的精神和风采，至今仍烙印在我的脑海中。

因为在主席台上就座的周先生身边围了越来越多的崇拜者，我实在无法插嘴请教，于是我就回到了代表席上。回到我的位子上，我立刻发现旁边坐的女同志就是周先生的小女儿周伦玲，原来她在父亲身边的座位被人占了，临时坐在这里休息。因为她与周先生是父女关系，我就主动做了自我介绍，并与她攀谈起来，这一攀谈越谈越投机。我谈了一些久储心中的对周先生的仰慕之情，后周伦玲介绍周先生孜孜不倦研究《红楼梦》的令人感动的点滴小事，其中她谈到："父亲每晚睡觉前，必看《红楼梦》(前八十回)一到两回，不看完不睡觉，天天如此，月月如此，年年如此。"我听后肃然起敬，铭记在心！周先生在"红学"上造诣精深，著作宏富，真是其来有自，其用功之勤、之深，于此可见一斑，令我们这些晚辈后学佩服至极！后来我又与伦玲聊起了各自的经历，这一聊发现我们有许多相同点：我们的父辈在浩劫中都受过冲击，我们都是在北京上的小学、初中、高中，又都从北京上山下乡至边疆，现在父辈都已恢复工作、担当重任。我们互相叮嘱，要照顾好年事渐高、屡遭磨难、壮心不已的的父辈。我还对伦玲说："你的责任重大，照顾好周先生，是我们学界友人共同的心愿，我们大家拜托你了！"周伦玲默默奉献，把周先生照顾得非常好，帮我们实现了美好心愿。在此，我们一则为周先生感到庆幸，庆幸他有这样一个好女儿，使他得享九十五岁高寿；一则我等后辈学人真诚地感谢周伦玲的一片孝心和无私奉献，感谢她于学界、于周先生的莫大之功。

在那次会议上，周先生送给每位代表由华艺出版社新出版的一整套(六本)他自己的红学专著，这套书我至今仍珍藏于书橱之内。倍感遗憾的是，因为当时找周先生签名的人太多,我怕累着周先生,就没有凑上去找周先生签名,未得到周先生的墨宝、题名,这成了我心中的一大憾事。不过周先生之书我已仔细拜读,吸取先生的一些成果,又加上我自己的思考,我与我指导的硕士研究生刘佳写的一篇"红学"论文发表在《中国社会科学院研究生院学报》(2007年第5期)上,得到学界首肯。周先生的学术血脉流淌在我们后辈学人身上,这可以稍许告慰周先生的在天之灵吧。周先生的人品、文品定将永远活在后辈学人的心中!

几人如此读红楼

廉　萍

　　5月31日凌晨,九五高龄的周汝昌先生于睡梦中安然辞世。这几天陆续看到几位师长写下的纪念文字。按说,论学养、交谊、年齿,我都没有资格写这类文章,不过既然鸠占了"红楼"专栏方寸之地,如果不置一词,实在不恭,也有违友人之嘱。

　　周先生退休后的住处距我并不算远。偶尔也曾动过拜望的念头,但很快打消了。总觉得,对年事已高的老者,无事登门,于情于理均不恰当,就放下了。因此一点牛心古怪,不知错过多少文字因缘。

　　但周先生的书一直在读。《新证》是初学入门,自不必说。我更喜欢看的是《红楼梦真貌》,祜昌、汝昌兄弟联合署名。学术著作却难得语言俏皮,很多机灵甚至机锋在里面,多处文字与自己心得暗合,好几处疑惑被解释,边读边感激无比。其治学方法在这本小册子里也表露无遗。比如,讨论了抄本的留白和低格等特征后,说:"抄手虽拙,总有他拙的道理在,我们认为这是甲戌本与雪芹原稿本接近的例证。"真是体谅古人之心。周先生的近体诗写得很好,对《红楼》中诗歌也就别有心得。比如《有客题红楼梦一律》"自执金矛又执戈"一首,从韵脚、用典的相似度,直越千载,与李商隐《泪》诗长相钩连,硬生生挖出两者的内在联系。这都是独具只眼、他人不易想到的地方。至于那些独家之言,比如恭王府若即大观园,脂砚斋若即史湘云等,世间识者众多,各具慧眼,就不劳我辈辞费了。想多说一句的是,这些观点也都是考据得来，不是凭空结撰。俞平伯先生曾言："夫文心之细，细于牛毛，文事之难，难于累卵。"求之过深，所得则偏。其偏僻处人固不易解，其深远处人亦不能及。

看过周先生的自传《红楼无限情》，满纸落拓，才知道先生的研究之路并不是很顺利，到底意难平。晚年尤甚，耳聋目盲，困于斗室，却仍孜孜研章磨句。这和前几年读林师东海先生的文章《红楼解味记周汝昌先生》，得到的印象大不相同。在那篇文章里，林周二先生往来唱和，恣意挥洒，游戏人间。周先生落款曾自称"大荒山无稽崖青埂峰本界山神兼当方土地"，林先生则回敬称之为"大荒山无稽崖青埂峰地头蛇"。滑稽《西游》，多情《红楼》，截题混搭，令人哑然。这至少说明，写这些文字的时候，周先生的心情是轻松的，还没那么多愤愤。从林师长文可以看出，周诗有捷才，有别才，又肯诙谐，所以虽然多是随手挥就的酬答应对之作，却历历可读，并不迂腐。尤其适合我这样的"见了浅近的就爱"的读者类型。

红楼一梦，各有各的读法，周公之读，自有周公取乐处。懂与不懂，情重理重，都难一言以蔽之。虽然不知其人，但捧读其书，或会心，或诧异，或失笑，或摇头，或嗟赏，或欲辩，唯独不能毫无心得、草草忘掉。这就是写下以上文字的全部理由。

是为一个普通读者的纪念与哀思。

"老辈又弱一个"

孟繁之

　　周汝昌先生于5月31日凌晨1点59分在北京家中逝世,享年九十五岁,可谓高龄。

　　汝昌先生早年毕业于南开中学和燕京大学,南开、燕京旧友,后来擅名当代者,除现在还健在的黄裳先生外,尚有周呆良、黄宗江诸先生。呆良先生即周一良先生的四弟,是陆志韦先生早年认为可传衣钵的弟子,1946年赴美,长期执教斯坦福大学,是全球知名的神经学权威。黄宗江先生毋须多论,惜已于二年前下世,黄先生暮年接受某电视台专访,曾特别谈及这群同学的旧谊。汝昌先生《献芹集》前有黄裳先生序,序文有一段文字谈及对周汝昌先生早年的印象,文云:

　　　　因为同级同组的关系,汝昌和我住在一间寝室里。他是天津咸水沽人,比我大两岁,平常总是缄默地不大开口。细长的身材,清疏的眉眼,说起话来也是细声细气的。他从高一才插班进来,一开始好像不大容易接近,看来他已不再是小孩,而是一个成熟的青年了。他从不参加体育活动,只是爱听戏,京戏昆曲都喜欢。他还偶尔粉墨登场。记得后来他送给我一张《春秋配》里李春发的戏装照片,就是在燕京大学读书客串演出时拍的。这种共同的兴趣使我们找到了第一个共同点。

这些印象与我们后来熟知的汝昌先生印象,差别不是很大。他们那一辈人,特别是他们几个,几乎皆钟情于京戏昆曲,许多位还可粉墨登场。我曾听吴小如先生谈起过黄宗江先生的京戏造诣,都可谓行家里手。

我最早知道汝昌先生是念中学时,意外读到他的《曹雪芹》,人民文学出版社 1964 年印本,一红皮小书。当时还不知道他是研究《红楼梦》的翘楚人物,读来草草,但记住了他对清代制度的一些钩沉,成为我后来对清史感兴趣的很重要的一部启蒙读物。

2002 年读他的《天·地·人·我》,当时已开始系统读一些清史的书,对北大周遭的清代园林兴趣正浓,翻开《青眼相招感厚知》那篇,第一段文字一下子就吸引了我:

> 1947 年秋,重返燕园,仍在西语系读书。其时钱锺书先生正在清华大学教授外国文学。燕京、清华两名校相距"咫尺",我常走成府村北的畦圃之小径到清华园去访友。敝友也是读外文的,时常向我说及钱先生。(燕京大学北部包括了朗润园,其命名是与清华对仗之义,盖取唐太宗《圣教序》称赞玄奘法师"松风水月,未足比其清华;仙露明珠,讵能方其朗润"也。)

吸引我的是括号内"燕京大学北部包括了朗润园,其命名是与清华对仗之义,盖取唐太宗《圣教序》称赞玄奘法师'松风水月,未足比其清华;仙露明珠,讵能方其朗润'也"一长句。众所周知,朗润园在道、咸、同、光之际,是恭亲王奕䜣的赐园,之后归溥仪七叔载涛,再归燕京大学而归今北大。而清华园,据清吴振棫《养吉斋丛录》所记,知咸丰帝奕𬣞未做皇帝前,曾在此读书,当是原先做阿哥时的赐园。联想世传四阿哥、六阿哥争宠故事,核以"朗润"、"清华"系据唐太宗《圣教序》之"松风水月,未足比其清华;仙露明珠,讵能方其朗润"典,足可资证二位阿哥当日在道光帝心目中不分轩轾,世传争宠故事可又增一证据矣。

后来读《胡适之先生年谱长编初稿》,提及汝昌先生处屡见,胡适先生对汝昌先生于《红楼梦》的研究成绩,虽有不同意之处,但能看出,是打心眼里看好的。

对于汝昌先生，我没有亲自拜见过。我有几位好友与他是忘年之交，好多次听友人谈起他的点点滴滴，也曾动过去拜见的念头，但每每想起他暮年犹孜孜不倦，总不忍心再去叨扰。遽闻他归道山的消息，想起他对《红楼梦》的研究，想起他在古诗词及传统艺文方面的造诣，不禁有"老辈又弱一个"的兴叹。

护好"国宝"

黄柏生

对周汝昌老的西去,有人称之为"喜丧"。的确,人活近百年,著作等身,被誉"国宝",名满天下。夫复何求? 然而,当我获知下述情况后,却仍为之唏嘘。

据周老最贴心的助手、三女儿周伦玲对记者透露,"我们做子女的,总觉得还应帮到他更多,因为其他人更不可能帮到了","也不说有什么病,他是精力耗干了,累死了,没做什么治疗,我们自己买点药,头痛医头,脚痛医脚,对付着";"如果各种保障到位的话,爸爸应该再活几年"。

周老的忘年交、作家刘心武则开门见山:周老的红学研究活动,"一直单打独斗";他家境贫寒,"全靠自己微薄收入支撑大事儿"……

按常理,鲐背者如周老,如风前烛,突然撒手,不属意外。然而周伦玲那委婉的欲言又止的说项,不由让人嘀咕:对周老般双目失明、两耳失聪,然一息尚存、拼搏不止的睿智老人,即是常人,有关方面不该时常嘘寒问暖,为之减压分忧吗? 更令我不解的是,在尊重知识人才的当今,这么个精通中英文、诗词"张口就来"(刘心武语)、著作宏富、锲而不舍七十余年的"国宝"级高知专家,竟如此遭冷落复无助! 他的研究虽是单科独进、一家之言,但这毕竟是文化传承呀! 刘心武为之耿耿的是,周老原供职之研究所,享局级待遇,若能出手相助,其境况又若何?

十年前,周老八十五岁,在《百家讲坛》开讲《曹雪芹其人其事》。偌大个文联讲演厅,被风闻而来的"粉丝"挤得满满当当。只见汝昌老健步入座,形衰神足,他追本溯源、旁征博引、神采飞扬、滔滔开讲,面前只有一杯白开水,把其他几位时不时瞅讲稿、摸鼠标、间或打嗝愣的坛主,都比了下去,让我们这三口教师之家,个个"伏贴!"——没有似陈寅恪的学养,谁敢!

斯人已去,风采难再。我觉得周老还是走得早了点。

我呼吁:护佑好现"存"的诸"国宝"!

周汝昌"完全是一个穷人"

刘效仁

最懂《红楼梦》的那个老爷子,去太虚幻境了。

2012年5月31日凌晨1点59分,"红楼痴儒"周汝昌辞世,终年九十五岁。周是新中国研究《红楼梦》的第一人,享誉海内外的考证派主力和集大成者。当记者问及周老留下的遗产,其子周建临坦言:"他哪有什么遗产!他住得很简陋,说是红学大家,完全是一个穷人。"刘心武称自己去过他的家,家里家具都是旧的,没有任何值钱的东西。新华社记者唐师曾的微博证实,自1979年以来,周老一直蜷缩在北京东城一处蜗居中,居住条件从未改变,过着俭朴凄凉的老年生活。"目盲耳聩",研究工作十分艰苦。

对此,笔者不禁心下凄然。作为我国著名的红学家、古典文学专家、诗人、书法家、知名学者、教授,周老居然晚景凄凉,身居斗室,"完全是一个穷人",无论如何都让人想不通。虽然,红学并非显学,并非叩开仕途经济的敲门砖,但周老一生著有《红楼梦新证》、《曹雪芹》、《白居易诗选》、《书法艺术答问》等六十多部著作,可谓著述等身。

可周老的著述多为冷门。不说《恭王府考》、《石头记鉴真》等偏于"小众化",并非动辄印刷百万册的畅销书,即便《红楼梦新证》,其线装影印本也只印了500套(6月1日《扬子晚报》)。以当下十分低廉的稿酬制度计,周老先生要靠红学发财想来十分困难。当然,以刘心武所见,"有的红学家,住着大宅院"。之所以如此,恐怕就与靠山吃山有关。

有的红学家并非周老那样痴心忘情、心无旁骛、潜心研究、甘于寂寞，以至于甘坐冷板凳，一坐就是六十年。而是把红学当成了敲门砖，借红学家的名头博取经济实利。混迹于江湖，走穴演讲；或兼营实务，善于商业性开发，抑或在某上市公司当个独董。一大学教授身兼六家公司独董，当个花瓶儿一年也是数十万的进账。或弄弄收藏，做个鉴宝人，再不济，卖卖书法以尺幅标价，想赚个盆满钵盈均非难事。

刘心武称他不善于经营人际关系，处事就像孩子。事实上，周老也没有时间经营人际关系，无暇于仕途经济，宁可清贫，不愿物利玷污了心境，以至于"寻常言语终何济，不把真书换万金"。最终使《红楼梦》的真思想、真艺术大白于天下，这岂不是老人最大的财富，留给后人最丰硕的遗产！

有的人身家亿万，却穷得就剩下钱了。有的人清贫一世，却以思想、著述、节操富甲天下。"红学大家"与"完全是一个穷人"，正是前者升华了后者，才能视钱财为粪土。亦是后者成就了前者，耐得了清贫独寂，终成一家之言。

此恨不关风与月

——敬悼周汝昌先生

薛广隶

　　现在我真的觉得人世间有一种叫作"冥冥"的事物。就在昨天下午，我因要写一篇有关《红楼梦》悲剧理论"的美学作业，特意找来了已多年没再翻过的周汝昌先生的《红楼小讲》。在翻览时，不觉意识到先生已是九十五岁高龄。当时自己还想着找时间打听下先生的近况，可就在晚上居然得知了先生于当日凌晨逝世的消息！

　　我知道周先生的名号很早，以至于记不得具体时间。似乎还是小时候从爷爷口中得知。爷爷与周先生都是天津人，并且我的大爷爷还和周先生在同一个中学（天津觉民中学）读书。但他们彼此却都不认识，只能说是同乡罢了。记得爷爷说周先生虽然长他三岁，但入燕京大学的时间（按：周先生于 1940 年入燕京大学西语系）却比他晚一年。爷爷和周先生一样都酷爱《红楼梦》。不过听爷爷说，当年在学校读书时，没听说周先生与研究《红楼梦》有什么关系。至于周先生与胡适之先生有关《红楼梦》问题的通信，也是多年之后才听说的事了。事实上周先生后来在一些回忆文章中也谈过，他自己最初读的是外语，根本没想过与《红楼梦》会有什么关系。并说选择"红学"十分偶然，甚至说是一个"悲剧"。有关此类我后文还要赘述，这里暂且不提。

　　记得不止一位前辈学者讲过，有一种读书方法最要不得，那就是不先读原著就直接读相关研究专著。其中特别爱举的就是《红楼梦》与"红学"专著的例子。恰恰我就是这样一个没有先读《红楼梦》就直接读了"红学"专著的"反面"典型,而其中读的就是周先生的《曹雪芹小传》和《红楼小讲》。不过,我对我的这种类乎"走歪路"的读书方法一点不感到后悔,因为我就是在读周先生的这些书后才对《红楼梦》产生极大兴趣的。并且之后也不止一次读原著。我想若是没有先生著作率先吸引我,我也绝不会那样地喜欢《红楼梦》。其中特别令我惊奇的是,虽说后来我也陆续读了不少"红学"书,但即便是读俞平伯先生的《红楼梦辨》,充其量也不过赞叹下俞先生的学问而已。单就语言本身来看并没带给我什么愉快感。然对于周先生的书,我读后却真切有一种源自心底的喜悦。这种喜悦其实就来自语言本身,换句话说,即是语言自身的魅力。曾记梁任公先生在《清代学术概论》中论及自家语言特点:"条理明晰,笔锋常带情感,对于读者,别有一种魔力焉!"我以为周先生的文章也具有这种"魔力",不过梁氏语言风格是指其融汉魏散文、桐城古文及新体文法后所形成之"新文体",与周先生的却又不同。我以自己浅薄的阅读体味大胆发明:读周先生的文章感觉就像是一位京韵十足的老人在和你道家珍,并且话语中又常常露出传统词曲的味道。此或是先生语言之"魔力"所在。

　　窃以为先生语言之"魔力"尤其体现在鉴赏诗词的文字中。小时候,翻上海辞书出版社《唐诗鉴赏辞典》和《唐宋词鉴赏辞典》,特别爱读的就是周先生的鉴赏文字。后来嫌在《辞典》中翻找先生文字麻烦,竟又买了中华书局出版的《千秋一寸心——周汝昌讲唐诗宋词》(内容即由《辞典》中先生之文字集合而成)来读。先生讲诗词即如在写诗填词一样,总讲个起承转合。文字中又常作设问,自攻自辩,最是可爱。如其讲老杜《蜀相》诗一例:

　　　　题曰"蜀相",而不曰"诸葛祠",可知老杜此诗意在人而不在祠。然而诗又分明自祠写起。何也? 盖人物千古,莫可亲承;庙貌数楹,临风而想。因武侯祠庙而思蜀相,亦理之必然……

　　　　开头一句,以问引起。祠堂何处? 锦官城外,数里之遥,远远望去,早见翠柏成林,好一片葱葱郁郁,气象不凡……

　　　　接下去,老杜便写到映阶草碧,隔叶禽鸣。

有人说："那首联是起,此颔联是承,章法井然。"不错。又有人说:"从城外森森,到阶前碧色,迤迤逦逦,自远望而及近观,由寻途遂至入庙,笔路最清。"也不错。——不过,倘若仅仅如此,谁个不能? 老杜又在何处呢?

有人说:既然你说诗人意在人而不在祠,那他为何八句中为碧草黄鹂、映阶隔叶就费去了两句? 此岂不是正写祠堂之景? 可知意不在祠的说法不确。

又有人说⋯⋯

我说:哪里,哪里⋯⋯要是句句"切题",或是写成"不啻一篇孔明传",谅他又有何难⋯⋯

⋯⋯

庭草自春,何关人事;新莺空啭,祇益伤情。老杜一篇诗心,全在此处凝结,如何却说他是败笔⋯⋯

先生鉴赏诗词亦极重视原汁原味,学理化阐述则叫注重音韵。如其赏后主《虞美人》"满鬓清霜残雪思难任"句:

思,必读"四(sì)";任,必读"仁(rén)"。倘昧此理,音乐之美尽坏,责将谁负乎?

我当时年少才浅,读到此处颇为不解。但不管究竟,也依着先生所讲来读。很久后了解了《平水韵》方知"思"古属二韵,分别上平声四"支"韵、去声四"寘"韵。作动词用,属平声。作名词用,则属去声。"任"字辨析更为细密,分别下平声十二"侵"韵、去声二十七"沁"韵。其字读法,今人大多不甚在意,一二能辨者亦是要从音韵学上高深发明。但读先生此段文字,只就一"音乐之美"来谈,先生可谓真正懂词爱词的人啊! 今人读词,只是把词当词来读。而古人填词,实际是把词当乐来唱。先生定然深明此法,否则断不能说出上段文字。

两年前我无意间买到了《顾随诗词讲记》一书,该书是根据叶嘉莹教授旧日听课笔记整理而成,故而十分接近顾先生授课时的原貌。羡季(顾随先生表字)先生亦是周先生昔日的老师。当我读顾先生的那本《讲记》时才体会到,周先生真是学到了老师的骨髓,字里行间都蕴含着老师的腔调。《易》云:"关乎天文,以察时变。关乎人文,以化成天下。"这种人文化育之力最是令我感怀。后来我又在燕京大学成立九十周年之际出版的纪念集《群星璀璨——燕大名学者评介》中读到了周先生回忆其师羡季先生的文章(指《燕园名师顾随先生》,原载《燕京学报》新五期)。在文章中,周先生为自己没能保存好先师的手稿深表悔恨,言"每一念及,辄有'犯罪'的愧疚之感,异常痛切!"若诚如周先生文章所述,羡季先生手稿遗失,实是另有隐情,完全不干周先生的事。由此其对老师之感情亦可见一斑。而周先生不但学到了羡季先生语言上之"魔力",同样也学到了羡季先生身上那种"游于艺"的大境界。

我一直认为一位卓越的学者,特别是人文学者都应该是"游于艺"的。"游于艺",即孔子所谓:"志于道,据于德,依于仁,游于艺。""艺"在当时指"六艺",如今宽泛做个解释,也可说是"游于中华文化"。像启元白(启功)先生、饶选堂(饶宗颐)先生都可算是"游于艺"之人。这样的学者在上世纪还算常见,现在就几乎看不到了。现在的学者一没有老一辈学者那样的家学渊源,二也受到现行学术体制限制,导致专家之学颇多。不要说能像过去的学者那样精于书法绘画、文物收藏,甚至在传统文史之学的学习上也要分而又分,以致现代学术发展点多而面少,这也是没有办法的事情。虽说不能"游于艺",学问也可做得不错。但就做学问的"气象"上看,自以为总是差着那么一层境界。就像宋儒程伊川评价张横渠的学问"有苦心极力之象,而无宽裕温和之气"一样,"苦心极力"固然值得钦佩,但是学问即人生,自然也需要一种"宽裕温和"。我自觉周先生也可算是一位"游于艺"的学者,周先生本科毕业于燕京大学西语系,毕业论文凭英译陆机《文赋》而震惊学林。其学问也融诗词、书法、文献笺注、文史研究于一身。与传统文献笺注有关诸如《白居易诗选》、《杨万里选集》等著作我都有收藏,虽只是选本,自也能见出功夫。周先生其人亦是诗人、书法家,其旧体诗词我零零散散读过不少,其中虽张口之作亦觉大有意韵。先生书法我一直以为是仿徽宗瘦金体的路数,后来看先生一段讲演才知不然。我也曾看到一副先生背临《兰亭序》的书帖,与原帖相比显得熟悉而不拘泥,虽是临写,也宛然一家新派。

当然,最受学林称道的还当属先生于"红学"方面所做的研究。外界称呼先生也常冠以"红学家"的称谓。但我总觉得仅此三字不仅是对先生的一种轻视,更是一种误解。一百年来,《红楼梦》研究早已成为显学,发展到现在不知多少人要靠这一本书来吃饭。以致有些时候"红学家"一词给人的感觉就像是骂人的字眼。周先生虽也是在研究《红楼梦》,但却绝不是限于作品本身。但看先生涉《红》著作,几乎囊括了各个领域。有的涉及版本人物考证,有的涉及史地沿革考察。诸如此类,没有相当扎实的文史功底断然是做不成的。即使是研究作品内容本身,先生也是将其贯穿在整个文化背景中看。也正因如此,先生才能对一些细节有独到而深入的体悟。就我看来,与其说先生是爱《红楼梦》,不如说先生是爱其内中所蕴含的文化,先生的多部著作亦都在阐述《红楼梦》与中华文化之联系。1995 年,《燕京学报》复刊,先生于"新一期"上就发表《曹雪芹〈红楼梦〉之文化价值》一文。等等这些,都在意图强调曹雪芹以及《红楼梦》的文化价值。当然我绝不敢说是揣测到了先生的本意,权当读完先生书后的一点理解而已。

由于一些众所周知的原因,周先生生前也受到过很多非议甚至谩骂。我乃后生小辈,本不了解,更没有资格对此进行评价。但看先生生前遗愿:不开追悼会,不设灵堂,让他安安静静地走,又是何等的淡然与安宁。陶诗云:"我爱其静,寤寐交挥。但恨殊世,邈不可追。"先生一生,经历了太多的坎坷。在那样一个时代,是非究竟,我看也只有天知道。记得周一良先生晚年撰有一回忆录名曰《毕竟是书生》,读之颇令人感怀。两位周先生在我心中的印象也都如这个标题所言:"毕竟是书生。"无论外界对周先生赞扬也好,批评也罢,在我眼中,周先生就是一个彻彻底底的读书人,一个至死不渝的热爱传统文化的人。不需有英雄人物的崇高,但求适性无悔而已。几类欧阳永叔词中之"情痴",爱也好,恨也罢,原本无关风月。

写到这里,不由想起 2009 年 7 月 11 日季羡林先生仙逝后,周先生曾作七律一首挽之。我至今能背,诗曰:

大师霄际顾人寰,五月风悲夏骤寒。砥柱中华文与道,渠通天竺梵和禅。淡交我敬先生久,学契谁开译述关。手泽犹新存尺素,莫教流涕染珍翰。

　　岁月匆匆,昔日祭友之人如今也已作古。我虽未曾得见先生尊容,但先生著述之功却将永世不忘。这里谨以浊酒一杯,心香一瓣,望北三拜,祝愿先生能够尚飨来生!

2012 年 6 月 1 日草识,2 日改定

　　附记:此文一二文句,尝得一同窗友人润饰,谨志谢忱!

无　题

何足道

　　有关先生的文字我写得并不算少，却从未如此艰难，不知道写什么，不知道怎么写，甚至连题目都付之阙如，实在愧对先生，不敢以为纪念，仅是怀思已久的自我消释。

　　先生逝世，我看了不少新闻报道与纪念文章，又是感动又是神伤，其中有些片断对我来说尤其刻骨铭心。

　　4月26日，距先生逝世仅三十五天，先生作客孔网回答一众网友提问，即使是极个别居心不可知者，先生也以"您"、"您好"称呼致意。四十三个问题六千余字的解答，睿智而又诚恳，也不乏幽默。想先生晚年接受采访一般不超过两个小时，六千多字的答问又该耗去他多少本已告急的体力！也许先生是想用他最后的力量鼓舞红迷、与红迷道别吧？

　　5月27日，我在网上看到了一则说明："由于出版社的问题，《红楼新境》一书中的《天香庭院与西府》一文中的皇三子胤祉是错误的，正确的应是皇十子胤䄉，因胤䄉是大观园这一组文章中的关键人物，万不能错，所以特此说明一下，以上为代周建临先生说明。"因为并不是第一次看到先生纠错，我当时看了也没有特别注意，还以为先生精神正好着呢。直到后来有文章说先生卧床期间听儿子读书时听出了书中的错误，十分着急，我才再次想到这则说明，它发生在先生生命最后的读秒阶段，离逝世只剩下不足四天，这是一个有良知的学者对读者、对自己所能尽的最后的责任。我曾遗憾地听说有人指责先生固执己见，甚至对先生未做俞式忏悔耿耿于怀，我想就算先生把自己曾经有过的纠错一一放到他们面前，他们也会视而不见的吧，也许在以己是为是、己非为非的人看来，只有他们是永远正确的吧，我又一次体会到了人心的阴暗竟可以到这般地步。

5月30日，水米难进的先生已是油将尽灯将枯，在心痛中他艰难地吟成了最后一首诗作："九五光阴九五春，荣光焕彩玉灵魂。寻真考证红楼梦，只为中华一雪芹。"吟毕，先生满意地说："今天总算没白过。"酷爱诗词、酷爱红楼的先生，在生命的最后时刻，营造了一种美丽得令人心碎的诗的意境，完成了如诗的一生。这一生以真为经，以情为纬，以研究红楼、诗词、书法、文论、音韵、训诂、笺注、戏曲为支点，以弘扬中华文化为旨归，筑就了一座后人难以企及的蔚为壮观的学术大厦。

时间永远定格在了2012年5月31日凌晨1点59分，一个高贵的灵魂脉搏停止了跳动，从此，世上再没有先生。

就在5月31日傍晚及以后，当先生逝世的消息在网上传开并渐渐证实，无数的网友汇集到了百度周汝昌贴吧、红楼梦贴吧，挽联、挽诗、悼文目不暇接。我尤不能忘怀的是大考在即的高三学子在这晚为先生守灵，彻夜不眠，很多回帖都在夜深人静之时；因为先生遗嘱不设灵堂，不开追悼会，许多读者只能守候在网上默默送别先生，而有的则徘徊在红庙附近，期盼入室吊唁的一线机会，有的乘坐飞机专程赶往天津周汝昌学术纪念馆，只为寄托哀思；即使是几个月后，网友的怀念也从未断绝，有的因先生之逝而了解了先生，从此爱上先生，迷上红楼；有的在中元节朝先生曾在的方向焚香叩拜；有的多方打听先生的墓地，希望前去祭奠，甚至有学子还为此节衣缩食积攒路费。

是什么使先生赢得了这样广泛经久的尊敬与怀念？我想大概是先生的学术成就和人格魅力吧。

先生的成就太高太大，我无力置评，有刘公梦溪"他在当代红学史上的地位，我可以讲没人能比"一语，我以为已抵得上千篇论文。宵小辈再怎么不服，也请他们先具备写作《永字八法》、《诗词赏会》、《千秋一寸心》、《红楼梦新证》的功力，再花上六十多年的精力去研究了《红楼梦》之后再作计较。

先生的人格魅力,我最感怀的是他的真、情、仁。他在《百家讲坛》的讲座朴实自然、真情毕露,与那些矜持刻板、装腔作势的人完全不同,不时洋溢在他脸上的冬日暖阳般的一笑,迷倒众生,令人倍感温馨。他帮助提携过数不清的晚辈后学,这些人中地域有南有北,年龄有长有少,地位有尊有卑,成就有大有小,其中有一位现已八十五岁的安徽老人曾在1986—1989年得先生认真批阅他近五百首咏红诗稿,当时先生的目力已仅剩右眼0.01;今年5月21日,先生为恭王府海棠诗社寄去了《海棠雅集》诗册的序言,而十天后我们已只能在视频上再见先生,在书中想象先生的音容了。然而对于这样大大小小的帮助,先生却并不指望回报,一张小小的贺卡、一句真挚的问候就会让他感激而又满足。先生一生执著,痴迷中华文化,他的散文随笔情感真挚,最见性情,即使是那些一般认为应该刻板冰冷到千人一面、毫无个性的学术论文,他也不会让感情淹没在强大的理性当中,而会倔强地让它适时探出头来吸一口新鲜空气,于是那文章便妙笔生花、摇曳多姿。

西哲卢梭曾经说过:"多情的心,是上天赐予的危险的礼物,谁接受了这件礼物。谁就注定要在世上遭受苦难和折磨。"先生恰恰接受了这件礼物。他继前人称曹雪芹为创教之人后,干脆将教名定为"情教",如果曹公是"情教"教主的话,那么先生无疑是世上最最忠实的追随者,正如有人所言,先生与"红楼"之间长达六十五年的情缘,惟至爱至尊的"钻石婚"可与相比。可惜的是,先生却也因此饱受攻讦,针对他的流弹毒箭从未停歇,有人就曾断然不许顾子羡季将先生著书比为"慧地论文、高密笺经、龙门作史",该人自己却心安理得地把红学家们研究张宜泉、敦诚、敦敏的诗比成了"郑笺"。秉持这样生猛的逻辑,再辅以一种强悍的气场,我想无论先生怎么说、怎么做,都不可能让"正人君子"满意。当年有人对先生不认为自己是胡适之的徒弟而大做文章。假如先生认为自己就是胡适的弟子呢? 道德家又会有何种说辞? 只怕会斥先生自抬身价吧? 细细检点"正人君子"们泼向先生的脏水,大多纯属子虚乌有,有的即便有其事,也未得其实。幸而公道自在人心,尽管道德家发动了一波又一波的攻击,却并没有动摇先生在有良知的学者和读者心中的地位。

"人无癖不可与交,以其无深情也;人无痴不可与交,以其无真气也。"张宗子可为先生知音。我与先生缘悭一面,但在我心里,我曾与他神交五年。五年的数字还会改变,先生的消息却再不会传来。来生渺不可知,此刻唯有静候来年夏日,芳草萋萋之时,孤身前往松岗,一束鲜花,几滴怀泪,静默片时,从此便作别先生矣。

周汝昌走了，学术纯真留下来

耿银平

6月1日《扬子晚报》报道，著名红学家周汝昌逝世，遗愿是不开追悼会，不设灵堂。当记者问及周老留下的遗产，他的孩子说："他哪有什么遗产！他住得很简陋，说是红学大家，完全是一个穷人。"周老走了，应该让学术纯真留下来。

所谓学术赤子，就是作为一位知识分子，就应该时时刻刻对学术发展充满敬畏感，对学术研究无限忠诚，富有赤子情怀。

特别在遇到物质诱惑的时候，能保持孩童一样的天真，不贪恋财富，不羡慕富贵，心情平和，平淡如水。就像周汝昌所言，"我的视力只有 0.01，右耳戴助听器还很难听见声音，自己不能读书，得找人读，我写的稿子一般人不认得，只有我女儿能认，这是跟命运斗争的写作精神和方式，我的精神绝不消极，绝对没有懈怠"。有了这种品格，学术之树才能永葆常青。

单就周汝昌的知名度和广博而言，如果他愿意在某某研究会挂个名，或者参加个娱乐化学术研究会，肯定能得到较高的出场费。可他却"快乐地沉浸在他的红楼研究中，不接触社会，不善于经营人际关系，处事就像孩子"，"晚年几近眼盲耳聋仍坚持做学问"。他的清贫，恰恰是学术品格恬淡超脱、豁达从容的一种印证。"珍惜羽毛，不慕浮名"，这才是"纯真学者"的最好证明。

遗憾的是，当下"赤子学者"成了奢侈品。真正静下心来搞研究、耐得住寂寞的学者不多,许多学者更愿扯起"专家"和"院士"的大旗,谋求经济利益最大化,走穴不断,出场费翻番,让学术成了赚钱的工具和道具。

从钱锺书,到巴金、王元化、季羡林,每一次巨星陨落,都会掀起一场"反思地震"。仅仅反思是不够的,更重要的是要为这种学术纯真提供宽松的发展环境、较好的经济支持,能让学者甘愿、愿意去追随和落实这种纯真,有心情去这样做,而不是过过嘴瘾! 这是对周老的最好纪念,也是对学术发展和文化研究的最坚实的推动!

"呆性"成就的大师

伍正华

5月31日凌晨,九十五岁的红学大师周汝昌在家中安然闭上双眼,去赴那个永不完结的红楼之梦了。

从任继愈、季羡林、钱学森,到朱光亚、吴阶平、何泽慧、王大珩,再到黄苗子、周汝昌,不到几年时间,大师们一个个驾鹤西去。"大师远去,再无大师"吗? 周老的"百年孤独"或可作答:"呆性"可成就大师。

"一介书生总性呆,也缘奇事见微怀。岂同春梦随云散,彩线金针绣得来。"若论周汝昌的大学问、大情怀,莫过于其自言的一个"呆"字:治学之呆,处世之呆。

周汝昌青年时双耳几近失聪,双目近乎失明,右眼需要靠两个高倍放大镜重叠方能看书写字,手稿上的字大过核桃,且常常串行重叠。然其一生不倦不怠,"不退不悔",即便九十高龄仍"靠半只眼睛拼命干",只因还有没做完的工作,亟待将积累了几十年的成果留给后人。

研红一生,淡泊一生,周汝昌极其鄙夷功利之学、势利之举,极其爱重不受其他因素干扰的、不被人为利用的真正的学术研究,并为之"甘受百般挫辱、诬陷、排挤、攻击,而无悔意,也不怨尤"。

关于大学者、仁人君子之美德,周汝昌有一"恳切"之解。他说,所谓"恳切","恳"就是真诚,"切"就是渗透。你如果想知道某人的那种大论文是真正的治学结晶呢,还是为打扮自己的化妆品,你就须看他整个的文字和内容是"恳切"的呢,还是油滑的,那就不会辨认错了。

对于什么是大师,陈寅恪如此定义:"自昔大师巨子,其关系民族盛衰学术兴废者,不仅在能续先哲将坠之业,为其托命之人,而尤在能开拓学术之区宇,补前修所未遗,故其著作可转移一时之风气,而示来者以规则也。"倘若先贤将坠之业无托命之人,一时之风气无转移之象,何以文化强国,岂非民族之哀!

"师者,所以传道授业解惑也。"所谓"道",既是道理之道,亦是道德之道。没有大道德,焉有大学问、大道理? 真可谓:"无痴便无红楼,无呆便无汝昌。"

周汝昌　天上人间"红学"相伴

——追忆与周汝昌先生的最后一面

郭大志

"红学"大师周汝昌先生日前因病去世。我于遗憾和惋惜的同时，忆起当年在周汝昌先生生前曾对他进行过一次独家专访。如今大师仙去，我将这一采访献上，以飨广大读者，也是对周汝昌先生的一种纪念。

与"红学"大师为邻　和善老人看似"孤傲"

在位于北京城东朝阳区的文化部的高知高干楼，我因父母的关系曾跟"红学"大师周汝昌先生楼上楼下住着。虽然跟周汝昌先生在一个单元门里做邻居很多年，但除了上下楼时常能看见他家门口的报箱里插着全国政协寄给这位曾连任四届的全国政协委员的资料，以及常有扛着摄像机、三脚架的各大电视台崇敬地登门采访外，平时也就只是经常在院子里碰到这位终年在"红学"领域中上下求索与笔耕不辍的老人。在那些天儿还很暖和的日子里，他总是静静地坐在轮椅里晒太阳，似乎是仍在思考着什么，也可能是在整天忙碌的研究与写作之暇享受着那一刻难得的宁静与休憩。

对于这位穿着朴素、相貌平凡的老人，在人们的印象里无论如何也跟名震中外的"红学"大师连不上号；而且，在不熟识、不了解的人眼中，很可能还会认为他就是个"孤傲"的老头。

其实，周汝昌先生多年来眼睛不好，看东西不仅要借助放大镜，而且眼睛甚至都快贴到纸上了；耳朵也不好，你要非常大声地跟他说话他才听得见。近些年的研究成果基本上都是由他口述,儿女们帮他记录整理,再由他校订成书的。据作为周汝昌先生的主要助手的他女儿周伦玲介绍,周汝昌先生就连写个提纲都是一张纸上占不了百十字的大字;那次独家采访完周汝昌先生时,他在送给我的他的红学专著上签的名就是这么大的大字。

那次独家采访周汝昌先生时,在他的家里,目及之处只有几件旧家具,很多书和手稿就堆在写字台、圆桌、沙发甚至地上。在交谈的几个小时中,我感觉他思路非常清晰,而且人也很和善。可是,平时他甚至常常会让认识的人感觉到似乎是"视而不见"、"听而不闻";我跟他住一个楼门是楼上楼下的邻居,而且还去他家独家采访过他,有时碰到他在院子里晒太阳,跟他打招呼时一般也都没什么回应。有一次他女儿用轮椅推他到院子里晒太阳,回来时刚好我帮他开楼门并对他说:"您先走。"他会很有礼貌地道一声谢谢,他女儿则再次不厌其烦地替老人解释:"他看不见也听不见!"并大声告知他我就是楼上的邻居,"还到咱家采访过你哪!"同时也告诉我:"趁着现在天儿还暖和,推他出来晒晒太阳;等天冷了他就根本下不了楼了!"那次对周汝昌先生进行独家采访时他也曾大声亲自向我解释道:"我眼也看不见(当时只隔着个小圆桌),就这个距离我看您都看不清。咫尺不能见,完全没办法,有时候您得多担待!很怕引起误会。天暖和时我在下边走走,各楼的好多人都跟我打招呼,我都看不清,后来大家都明白了。"

那次帮他开门时也是我最后一次见到周汝昌先生,还鬼使神差地帮他在我们住的那个单元的楼门口照了张相;也许,在冥冥之中早就注定了这张相片就是一个纪念吧!

因何走上"红学"之路

在最终献身红学研究之前,周汝昌先生原本早已在诗词、书法、戏曲、翻译等领域颇有建树。他曾以英语免试资格考入著名的燕京大学的"王牌"西语系;毕业时,他的论文英译中国古代文学理论著作《文赋》令中外教授举座皆惊。老师破例请学生周汝昌吃饭,告知论文一字未改全票通过。

似《文赋》这等涵盖广博且文字艰深的骈体文,即便翻译成白话文也不易,何况是译成英文。当时正值燕大开办中文系研究院,周汝昌在教授们的举荐下应考,成为被研究院录取的第一名研究生。此后,他又把《二十四诗品》译成英文介绍到欧洲,也把英国著名诗人雪莱的《西风颂》以《离骚》的文体翻译成中文。

那他后来又是怎么步入了"研红"道路呢? 据记载,原来,他少年时就常听母亲讲《红楼梦》的故事,后来又从母亲手里看到古本《石头记》。然而促其真正步入"研红"之路的一个重要因素,当数胡适先生的影响。对于当年胡适先生的悉心指教,周汝昌先生曾不止一次感叹:胡先生能平等对他,还对他爱护有加,其人品和学问少有人比。在那个特殊的年代,周汝昌先生虽也曾迫于形势写文表明与胡适"研红"的不同观点,但旋即自己也遭猛烈批判。身在大洋彼岸的胡适先生"对这点儿,是明白的,他很理解",还向人推荐起周汝昌先生的第一部"红学"专著《红楼梦新证》来,称其为一部"很值得看的书",并称赞说:"周汝昌是我'红学'方面的一个最后起、最有成就的徒弟。"

而在接受我的独家采访时,周汝昌先生对此问题这样告诉我:"我是燕京大学西语系毕业的,当时,不叫外文系;我们都不用中国话说话,都快成半个洋鬼子了。我们那时那个英语训练太高级了,但在业余好像玩票似地喜欢咱们中国的古典的东西。我业余有时间看线装书,当时的精气神是两方面,一方面是对莎士比亚非常感兴趣,也下工夫;一方面就是中国的,也不是从《红楼梦》入手,是研究中国古典诗词、文艺理论,比如诗话、词话,古代对文艺的观念,审美的那些原则,我希望把它译成英语,介绍到国外。但是,六十多年前没有人注意这个,弄来弄去就选中了《红楼梦》,因为你和西方的一般文化人,一开始就讲高深的,很困难;倒是《红楼梦》比较通俗,因为它的外表载体是个小说。"

周汝昌先生还进一步就《红楼梦》是不是"所谓的'百科全书'"向我阐述了自己的观点:"但它其实不是个小说,内容太丰富了。可这个丰富不是'摆摊',不是所谓的'百科全书';'百科全书'是'死知识',这边一条照相机怎么发明的,那边一条哲学,'百科全书'是把死知识罗列给你。但我们看《红楼梦》不能误会,说'百科全书'本来是指它包罗万象,但是有人就认为他是卖弄他的各种知识——摆摊。错了,我说《红楼梦》它是个大整体,是活的,有生命的,你看它的那些人物,那些事、境界,哪里有一丝的死气呀？是个活泼泼的中华文化的大整体、大代表！它代表我们中华文化的形象,可以给一般的外国人看——中国人的文化,包括言语、行动、礼节、衣食住行、作风、一切道德,您看看,那还不就是文化嘛！你要想向外介绍中国文化的精华,选《红楼梦》和曹雪芹是对的,这是我的本意！"

怎么来认识《红楼梦》

作为"红学"大师,周汝昌先生是怎么看待名列"中国古代四大名著"之一的《红楼梦》的呢？他说:"有人问《红楼梦》为什么伟大,我举了很多例子。在87版电视剧的首映式上我还举了两个例子,一个是清代最重要的诗人黄遵宪,向日本人介绍说'《红楼梦》是开天辟地以来第一部好书';做《清朝三百年学术史》的大学者、也是晚清的梁启超在他的《论学》里居然也涉及到了《红楼梦》,下了如此评语'要言不繁,"只"立千古'——清代的文学作品中惟一无二的。毛泽东则说,咱们中国没有什么值得骄傲的,只有一个长城和一部《红楼梦》。你说他这种认识是从哪儿来,他读了一辈子书,这个话我想他不是随随便便说的。很多中华第一流的大人物都是这样看《红楼梦》的,这是历史上从来没有的文化现象——而不仅仅是什么小说的问题。现在,连以小说闻名的作家王蒙、刘心武,谁也没强迫他们,都自觉自愿地走上了搞'红学'的路子,而且,刘心武跟我说:'我现在搞"红学"简直是如痴如醉！'王蒙不仅写了'红学'论著,还出了评注校勘的本子,而且他说:'不是《红楼梦》走向世界,而是世界走向《红楼梦》！'这话说得真好！不愧是一个大作家,真有体会。他是说世界的文化学者都应该理解《红楼梦》来,跟我的观点一样。所以近些年来,我给《北大学报》写文章和他们的主编采访我,我都说:'《红楼梦》是文化小说,不是什么爱情小说！'"

采访周汝昌先生时,听到他对《红楼梦》的分析,令我纳闷的是:"您是学西洋文学的,怎么会反对用西洋美学指导文化呢？"周汝昌先生像对学生"答疑解惑"般循循善诱:"我不是说人家的理论不好、不对;我是说截至今天为止,西方的,我且不说文化,尤其是文艺界人士,看待中国的文艺作品,他们是用他们的那几点标准来看,来要求,来评论的。比如说,说《红楼梦》怎么

伟大呢？形象鲜明，性格突出，语言生动，等等等等。开玩笑说，这不成了
'十六字真言'啦！《红楼梦》的伟大如果仅仅在此，那么，世界上成千上万的
小说，哪一本还让大家看得下去的，它起码得做到这几点儿吧！那我们的
《红楼梦》怎么就伟大起来了呢？不是说那些东西不需要要求；但是，除了那
些，我们中国的那些'精气神儿'，这个，西方还不懂得！我们应该向他们介
绍这个，让他们多一层理解。我们中国不仅仅是那些，比如说'形象'，《红楼
梦》里有'形象'吗？我就跟他们辩论，我就举史湘云为例。都到了 20 回了，
前边林黛玉、薛宝钗入府还略微有那么点儿介绍，还没有离开老小说的写
法。一到了 20 回史湘云出场，'突然，丫环来报，说史大姑娘来啦！'让作者带
读者都觉得这是个'大熟人'，其实前边对她的描写连一个字都没有！我就
问，你看见过这种写法吗？史湘云是什么'形象'，她穿什么衣服，是长脸、圆
脸、瓜子儿脸？哪儿有'形象'啊？完全是'精气神儿'！你看这个人就活了，
就来了，言谈笑貌跃然纸上。我说如果照西方的那些要求，你说这是怎么回
事儿？你给我定个名目！中西文化的交流，要先弄清文艺原理、审美的要
求，然后才能谈交流。否则，都是空口号。谁不愿意交流融会呀！从戊戌变
法开始一直就是'西学'压倒了'东学'；近些年季羡林教授让我崇拜得不得
了，因为他敢说，不能老是'西化'，要'东化'了！这也说出了我的心里话，我
为什么要介绍《红楼梦》，我就是要我们的文化'东化'！让他们知道，哎呀，
中国还有这样的东西！我们原来也不知道，也不懂，看也看不清！我曾经跟
老外用我那老英语讲了三次《红楼梦》，很受欢迎。"

曹雪芹"就不是凡人"

采访周汝昌先生时，向这位"红学"大师问起他对毕生研究的《红楼梦》
的作者曹雪芹怎么看，周汝昌先生介绍说："曹雪芹不是一般的人物，他的生
平、身世、遭遇、命运，以及由这引起他创作这部如今大家都认为是伟大的著
作，这个意义是中华文化的问题。不仅是小说、文艺，什么塑造文艺形象等
等——西洋的那套文艺理论，不是！因为中国文艺理论的那个'精气神儿'，
如今知道的人已经不多了。搬来的都是西方的观念、概念、术语，甚至连审
美的标准，也都是西方的那一套。"

周汝昌先生还进一步介绍说:"说曹雪芹,更重要的是他一生的创作,尤其是写《红楼梦》,由何而引起——因何而要写、写什么、怎么写。也就是说,说到曹雪芹,除了要了解他本人的非凡——一个没有先例的新型人才,满汉文化结合以后所产生的;从顺治皇帝、纳兰公子一直到曹雪芹,这个与以往江南才子会作诗、作文完全不是一个类型,如果错会了,那就把曹雪芹的精神完全失掉了。这样一个时代,他不仅是八旗,而且是一个包衣——皇家的奴隶,复杂万分的政治、社会、身份、处境,悲欢离合,有荣华富贵,两次遭到政治大变故的牵连,他们那个思想感情啊复杂万分,研究清史的都是研究另外的事,我为曹雪芹写传写了五次,最大的困难是找史料凭借,都是空白又空白! 八旗怎么回事不记载,包衣在八旗中又有什么特点也没有记载,他们的处境、思想感情、酸甜苦辣,在《红楼梦》借着赵嬷嬷训她儿子的话说,你知道这个奴才两个字是怎么写的,你祖辈受的那个苦哇,换出你这么个东西来,意思是银子打也打出你这么个东西来,现在别说你做官了就横行霸道,意思就是你忘了本,你本来是奴才,受苦,现在做了官就要呵斥别人。我都不会说,非常精彩,这就是曹雪芹他们的思想。你要写这样一个人,与前例完全不同,你要一般化,就失败了! 你要表现其极大的特点,但它仍然是属于中华大文化范围之内的,这就难度很大。"

周汝昌先生并且深入浅出地给我分析曹雪芹到底是个什么样的人:"我为什么扯这么多呢? 因为我是要在作品里让今天的读者理解曹雪芹——'他是个八旗公子哥儿,但他不同于膏粱子弟、纨绔子弟;他是天下之奇才,无所不通。诗文就不要说了,百般技艺都超凡入胜,这个奇才、异才,是前所未有的。'他不是个光弄笔墨的过去那种文人学者,他的风流文采又和唐伯虎那种江南才子完全不同,能文能武。他晚年交的朋友、诗人张宜泉给他写的挽诗说'北风图冷魂难返,白雪歌残梦正长,琴裹坏囊声漠漠,剑横破匣影铓铓',仅此四句诗就说到了他的四大方面才华——人虽没了,东西还有生命。因为谈曹雪芹,话少了说不清,话多了显得烦絮;一提起曹雪芹我就想,这怎么跟人家说呀,这不累死人嘛! 他写小说,里边包含了这么多的才华技能,这是一个'小说家'三个字所能概括得了的吗? 他跟江南才子唐伯虎会写俩字,会画幅画,跟个丫环秋香打情骂俏,完全不是一回事！所以不能够混同，不能够一般化，不能够搞成像老式的佳人才子，太难了！再者，他富贵又下贱。说他贵，因为他是皇家的，他的曾祖母可以说是康熙的'母亲'，康熙的生母生下他就去世了，康熙是由她一手带大，教养起来的，视她为慈母。所以，曹家的这六十年历史，是有这层极其亲密的关系而升到了荣华富贵的。他的女儿嫁的则是爱新觉罗的大王子——成了王亲国戚了！到了搞阴谋政变上台的雍正即位，曹家一下子翻天覆地，雍正最忌讳这些包衣奴才，因为他们是家里人，世代了解皇家的内幕。他害怕曹家这种人能揭露他的阴私，所以他一上台，就残酷地置曹、李这两家至亲于死地，把他们搞得极其悲惨！从那么高的荣华富贵一下子变得没有立锥之地，从天堂掉到地狱似的；曹雪芹就从此过了苦不堪言的一生，那也不是一般人能理解的'穷'！他身上包含着富贵与贫贱，江南和江北；他们三辈子在南京住了六十年才回北京，他受了极深的南方文化的熏染。贫富之交、荣辱之交、南北之交——交点，这样类型的人，第一没有前例，第二没有记载，第三没有人理解和了解。我们刚开始研究这么一个人的时候，找不到适当名词来称呼。我们的困难也无人理解，你是弄什么'红学'啊，'曹学'呀，你吃饱了没事干！我们的心情也难以言表，只能竭尽我们的绵薄之力，要挖掘我们文化中这种特殊的最宝贵的精华。只能用文化来表达，困难太多。"

在采访中，周汝昌先生还从历史的高度肯定地表示："我为什么要强调文化，因为即使没上过学的文盲，只要他是生活在这片土地上，就会受到这种文化的影响，无形中就在这种文化的陶冶之中。因为我觉得从西方挪过来的什么电灯、电话等各种现代化的东西，那叫'文明'——英语是 civilization，跟'文化'——英语是 culture，完全不是一回事！而且殖民主义者很明白，都是先用文化侵略。我经历过抗战的沦陷期，我为什么要搞《红楼梦》和书法，就是因为我认为，历史证明，文化不亡，这个民族就不会亡；文化亡了，这个民族就保不住了！"

（全文刊载于《人物周刊》2012 年第 25 期）

深切的哀悼　永远的怀念

——祭周汝昌先生

黄　彦

刚刚从八宝山向刘忠德师尊遗体告别归来，沉沉的悲情哀绪尚一直萦于脑际久久挥之不去；又忽然传来周老汝昌仙逝的噩耗，顿时震得我一声惊呼：天啊！怎么总是这般悲不单行?！那年也是任继愈与季羡林两位大师数日内先后辞世。今又逢两位尊长接踵过世，实令人不胜其悲，不堪其痛。唯略可宽慰者，两位老人均是通常所谓之"无疾而终，安详升天"，终得好人有好报之真正善终！或曰真成正果！

对于刘忠德师尊，生前我曾敬赠他贺联，此度又撰一挽联敬奉灵前。对于周汝昌大师，因得到辞世消息时遗体已经安葬，唯有将一些回忆片段同此前已发的一长文之主体联缀，以资忆念。

《中华辞赋》自一创刊，即恭聘任继愈、周汝昌两位大师为杂志首席顾问。周老欣然应允。在读了创刊号后，周老兴奋地写下《喜读中华辞赋》五律一首。紧接着阳春三月，喜逢周老九十大寿，《中华辞赋》社闵凡路、周笃文、黄彦、袁志敏、严远婧一行五人，亲往周老府上向周老贺寿，向周老献上贺诗、贺联、贺信，气氛热烈而祥和。《中华辞赋》第二期发表了整整五个版之诗文联照以记此度寿庆之盛。以后周老更是频频向《中华辞赋》奉赠十余篇诗、赋，给予杂志极大支持。2010 年 5 月周老的家乡天津市历史学会在天津市召开"周汝昌文化论坛"，我有幸应邀参会并做了发言。我贺周老之联及在这次大会上的发言均曾收入我的《黄彦序跋文论集》(作家出版社)。周老读了我的联、文甚是高兴,特嘱其三女周伦玲女士代向我转致谢意,令我感念殊深。

下为《周汝昌的意义》之主体,特摘发于此,以资恒久之纪念。

一、领世纪风骚的红学泰斗。周老三十余岁所出版之《红楼梦新证》是有划时代奠基意义的红学巨著,从上世纪初与胡适等共同探讨。到与代代红学大家共同推动红学研究,到九十多岁高龄的新世纪今天,未曾一日暂辍。著作等身,勋业卓著,迄无可与比肩者! 试想:没有周汝昌,红学会怎样? ——这就是我以问作答不是结论的定论!

二、通贯诸艺之国学大家。周老除红学外对另一部文学名著《三国演义》亦见解精深,讲述神采飞扬。可以说对文学艺术的诸多门类,或者说对中华博大精深的整个国学都通贯透观。散文写得文采风流。多年前我主编的《经典美文三百家》,收他散文多篇,其中《黄氏三姐妹》,写我老家四川我黄氏红学三奇女,其卓思异彩,连我这个黄氏川人都闻所未闻,感染殊深。我们特聘周老为《中华辞赋》顾问后,在几个月里他竟连连惠寄诗、词、文、赋、题词稿达十一篇(首)之多。他在诗词、绘画、书法、戏剧、音乐诸多方面亦颇有造诣,功力深厚,另有许多专著。他实堪称通贯各体的国学大师!

三、周汝昌是民族的,也是世界的。领袖早有名断:越是民族的,就越是世界的。《红楼梦》将随中国的迅速崛起和民族大复兴而在全球产生无与伦比的巨大影响,因而红学泰斗周汝昌既是民族的,也是世界的。用他自己的话说,他已在若干国家大"走红运";且随着时间的推移,红学的国际影响剧增,周老的国际红运势头必将日益强劲!

四、拳拳赤子情,殷殷报国志。周老一生,历尽艰辛,也饱经磨难。而他九十余年里始终矢志不渝,忍辱坚守,历老弥坚。对国家、民族永远怀着拳拳赤子之挚诚、殷殷报国之浩志;誉满天下更心忧天下,人称大家而愈益谦和,始终保持至高境界的平常之心。因而同周老交之愈深,便益加感受到他高尚而巨大的人格魅力! 周老文格与人格交辉,高风偕奇才共耀,这才是周汝昌的真正价值及足可称誉当代、垂范后世的国宝光辉!

一瓣心香敬先生

庞立仁

自从那天播发了当代红学大师周汝昌先生过世的消息，我这心头就如同压上了一块大石头——悲痛不已，哀思不绝。我打开"宝匣"，再次捧出先生五十多年来写给我的每一封信，一字一句更显珍贵。

1961年我还是个学生，因病休学，在家苦读，此时特别希望得到前辈老师的指点帮助。当时周先生正在中央人民广播电台"阅读和欣赏"节目里讲解《苏轼·水调歌头》和《杜牧·清明绝句》。听罢先生的讲解，我获益匪浅，于是写了一篇读后感寄往先生供职的人民文学出版社，没想到此信竟成就了我与先生的师生缘分。先生在百忙当中复信、赐教，并在以后的书信中一如函授，且完全是义务的。后来我又开始进修英语，没想到我这门功课却是先生早年的专业，我真是三生有幸！从此，语音口形、语法惯用法，以及西人的思维表达方式都成了先生对我的函授内容。后来，先生说"纸上谈兵对学语言有局限性"，并同意我登门聆教，由此我们开始了新的教学方式。一次次的耳提面命使我受益终生。每当我学业上稍有进步，先生总是热情鼓励。

时光荏苒，一晃几十年过去了，我已从教师的岗位上退休了。新世纪之初，我静下心来，着手试编《评书红楼梦》，对此，先生无论于大处小处都给予叮咛、指导。书稿完成前几章后，我交与先生的二公子建临，由建临读给先生听。后来建临对我说："老爷子很高兴。"全书出版后，我把书奉至先生手边，看得出来，先生很高兴，一直在笑，并与我合影纪念。

　　我从回忆中缓过神来，再次注目先生八十二岁高龄时为我亲笔题写的
"天道酬勤"幅，蓬荜生辉自不待言，重要的是，这四个大字的内涵让我一生
受用。如今睹物思人岂不悲夫！

　　先生的文集字字句句都迸发着爱国、爱中华文化、爱中国字的炽热情
怀，老人家毕生致力于红学研究，为弘扬中华文化做出了重要贡献。先生在
学术研究方面严肃认真，一丝不苟，虽已是一代大家，但虚怀若谷，从不搞文
人相轻那一套。

　　古人云"经师易遇，人师难遭"，我这一生能遇到先生这样一位大师级的
"人师"真乃我的福分。仰望先生笑貌，哀思不断，著此小文，化一瓣心香
敬上。

深深怀念周汝昌先生

唐孝方

　　6月1号,我接到外甥杨晓从南京打来的长途电话,说是周汝昌先生5月31日凌晨1点59分在北京家中逝世。这突如其来的噩耗把我打蒙了,一时悲痛的心情无可名状。春节前,我还寄给了先生一套清丰孝道协会编制的挂历,很快接到先生的女儿周伦玲的电话。她说:"挂历已收到,我父亲安排说首先表示感谢,总是惦记着,其次回赠您一本书。"后来我收到了周伦玲女士编定的《似曾相识周汝昌》。从这次通话中我知道,先生虽然健康情况不如从前,但思维十分清晰,不想没过几个月竟……

　　先生辞世后,几次想写篇纪念文章,但每次提笔心乱如麻,终未成篇。上周《书简》杂志主编王金魁先生来电话,说:"著名红学家周汝昌先生已逝世,想看一看您和先生来往的书信,我们要编新一期《书简》,还想让您写篇文章。"我应诺写了下边几则与书简有关的往事。

　　与周先生通信始于1985年在清丰县文联供职时,正逢张之先生的《红楼梦新补》出版不久,全国正在热评之中。我也写了一篇有关《新补》的短评,打听到周先生的地址便冒昧地寄了过去,寄件中附一短札,言说自己热爱红学、惭愧学养浅陋、希望能给稿件提供意见等。不久,先生复函教导:治学不患腹俭,惟怕识鄙。腹俭,只要勤奋努力,便会日积月丰。字里行间充满对年轻后学提携关怀的殷殷之情,读来深感先生古道热肠。从此与先生鱼雁往来,因知先生目艰,信函不用带格的纸,白纸一张,字大行稀,且尽量简短。

1986年春节前，我想给周先生邮寄一幅书法作品，以示贺年。我到当时还健在的老馆长、书法家孙聚五（孙先生因曾任文化馆长，熟人习于此称）家，说求他墨宝一幅，寄赠师友。老馆长慷慨应诺，当即在大案上展开宣纸，一边用毛笔蘸着墨汁，一边漫不经心地问："孝方啊，送给谁呀？"我笑着回答："送给北京的周汝昌，我的红学导师。"老馆长突然抬起头，望着我疑惑地啊了一声，放下了毛笔，一招手说了句："别慌。"自向内间走去，我茫然地呆坐在那里。好一会儿，老馆长拿着一本字帖出来，翻开了让我看，又问："是不是这位周汝昌？"我一眼就认出是周先生字迹，忙回答："是，是。"老馆长说："孝方啊，你只知道他是红学家，你不知道他还是大书法家，给周先生写字，我得练练，停停再来拿。"我说："停停？我还得找人裱一下，春节前邮走还来得及吗？"老馆长说："千万不要裱，想让人家挂墙么？周先生书法造诣很深，寄上去人家能给提提意见，就很好了。"

后来，周先生收到我寄去的书法作品很快回了信。我一看信中对那幅作品的高度评价，十分激动。拿起信就去找孙先生，一进门就说："老馆长，周先生对你的字评价很高啊！说'功力深厚、气味醇正，时下名家虽有，但够上这八个字的实不多见了'。"我一边把信递给老馆长，一边一字一顿地背着周先生信中那段话。老馆长一见信封上的字，笑着一拍手说："就是周先生的字。"打开信看了好一会儿，说："周先生是在鼓励我啊！"那天，老馆长精神特别爽，人也变得健谈起来，给我讲了一大通有关书法的事儿。

1999年，拙著《真伪鉴红楼》完稿，当时买卖书号之风猖行，有钱就能出书，水平怎样？有些书实在不敢恭维。我想拙著有价值就出版，没价值宁肯付之丙丁，也不去凑热闹、趟浑水。但有没有价值谁来评判？红学这一块，最权威的裁判非周先生莫属，可先生病目，近二十万字的书稿能吃得消么？出于这种考虑，我把书稿的目录和卷首小引寄给了他，并提出，希望先生能给写序。月余，我收到了先生的来信和写好的序言。信中要求寄去全稿，后来先生又写了追记，称书稿"见解高明，语意痛切"、"此书的意义大矣"。我知道这些话有鼓励成分，但心里还是十分激动，毕竟是对自己数年心血的肯定。忙忙地请人校对，自己奔跑着找出版社。结果，书稿里出了不少错漏，周先生来信严厉地批评了一顿，说："你还不如我这濒盲之人的半只病目，何也？此次寄来拙序打印件，如此短文即有数处漏错，请务必严校改正。"在这封信里，先生既说盼望早日出版，又叮嘱要保证质量。从先生的严厉中我没有感到冷峻，倒是着着实实感到了先生的热情，那种不遗余力提携后学的一腔滚烫的热情。

我多想再听听先生那严厉的批评，除非梦寐之中再也不可能了。悲哉！先生永远离开了我们。

斯人虽去，可他留下了等身之著。翻开那文采飞扬、哲理深邃的著作，先生的音容笑貌又现眼前，他没有离开我们，先生永远、永远活在我们心里。

汝昌先生（节选）

白斯木

> 必有不依形而立，不恃力而行，不待生而存，不随死而亡者矣。故在天为星辰，在地为河岳，幽则为鬼神，而明则复为人。
>
> ——苏轼《潮州韩文公庙碑》

我陪伴先生走过他人生的最后十年，心内的满足，无法言表。可我原以为，还远远未到结束的时候。

先生走的那天，五月的南国，肃然冷清，我冥默凉阶、嚎啕大哭，惊醒了早已沉沉睡去的虫儿鸟儿。寒立中宵，原以为天风吹干的泪，带去了所有悲怆，会永远不再回来。

一

我和先生初识，便是《红楼梦新证》。教科书中虽也有先生的《谈笑》，但只觉文章博衍活泼，却从未探究过作者。后来喜欢上红楼，于是遍地去找读物，看了不少甲乙丙丁，却只是增广见闻，直到不经意得了一套"周汝昌红学精品集"。

这套集子收了先生六种著作，《新证》虽在，但在当时却非我之所好，全因为读之似懂非懂。可《红楼梦与中华文化》就不一样了，简直爱不释手，尤其是后半部所论"大对称"结构更是反复诵读。其时我不过十五六岁，见了先生的文章,犹如探得骊珠,逢人便夸夸其谈,以为独得其秘,也颇能唬得旁人侧目,极大地满足了一个懵懂少年的虚荣心。后来这一册书遗失不见,想来和我将它随时带在身上,四处游走,不无关联。

记忆中先生的书并不好买,远没有后来那么丰富易得,不得已我便干起了抄书的行当。自然先是不拘种类,零零碎碎抄却不少,也有不少他人的篇目,后来少年意气便尤其喜欢《新证·脂砚斋批》一章高亢激扬的文字。一则是此节文章文气充沛,先生斥高鹗酣畅淋漓,令人畅快;二则先生"外患内祸"之论,气象宏大,实在言人所未言。我只觉得其理使人信服,倒未深想细节的处置。如此囫囵吞枣的读法,自然一叶障目、不见森林。以致后来读《红楼梦的真故事》时,三五行便觉又开洞天。

2002 年的夏天,在反复阅读了先生著作后,我终于决定冒昧去函,直接找寻阅读中一切问题的答案。多年以后,每每想到如此冒冒失失便搅扰了先生的安宁时,总是心下责怪自己当初的轻佻。这样的莽撞,平心而论,于先生并无多的获益,反而花费了时间为我解答一些无关紧要的问询。算起来,我并非可以视为先生很重要的客人,从我没有先生一纸法书就可见知。后来读张宏渊怀念先生的文章,说到"向来是轻易不愿去打扰老先生们的,因此没有登周府门送书,而是把书包装好,放在收发室待分发交换"。更是自觉惭惶不已。

而让我未曾想到的是,先生回信了!

先生的答函写于"壬午六月廿八",即 2002 年 8 月 6 日,信中顺次解答了我那些无聊的问题,同时嘱咐说,"'红学'流派既杂,再加上很多假'学'者,图名窃位的'红学家'、'红学清客'……都在喧腾,年轻一代人要做自己的选择,是件苦事,也很易'上当'",最后问了我家乡的人情风土,结尾则是硕大的落款。先生的信纸最不讲究,大开页的白纸,满满写了两面。纸面缺乏横栏,于是字也歪歪斜斜。我展信半猜半认,又喜又惊,喜自不必说了,惊则是万难料想,先生的字迹竟如此凌乱。虽然早知先生目力不济,去信已经誊写作大字,可眼目的实情却是只有看到信面才能初初领略一二的。而见先生自署为"盲人",心内的震动,更非言语可表了。

说信纸极不讲究,也是先生札诲的一大特色。我所接训诲数通,只有一次是用的规制的笺素。其余或是才刚提到的大白纸张，纸质还颇不佳；或是手裁的尺素，边幅不修；甚至还有不规则的纸片以及信封背面充作书写的。先生对此倒置之度外，只要言辞达意，本无所谓精缮还是茅纸，自是随性适意。

此后，我便舍去手书，更作打印的样式。二号字上加粗，想先生读起来能省却不少神思。我之固然兢兢，先生也一刻未懈怠，期间历杖期之丧，也不曾置我于旁。可悲彼时年幼，不知先生苦衷，竟是这般搅扰。

和先生雁鸿往来一年，逶迤便积下十数通。其中所涉话题自然集中于红楼，但偶尔先生也会说些"题外话"。

论治学。先生说，"绝无'自是'之意，在红学摸索中如对雪芹文意自以为都懂了而开口就斥骂'异己'之见的人，必是最狂妄的学阀，慎与之交可也"。

谈及字典字书。先生说，"汉字本有自身的'序列'，今则硬拉西文字母为顺序（风马牛不相及），以致打开字典是'啊'、'唉'、'噢'……使我中华人变成了'哀叹民族'"！

论文字改革。先生说，"现行'简'字方案草创时，指导思想与具体作法毛病太多，造成文化使用上的大量混乱。一种方案（不是法规律令）试行了（不是'实施'、'规定'）几十年之久，在我中华万年文化史，十亿人的特殊历史条件下，竟不曾进行一次民主调查，征求文化、教育、学术……各界人士使用经验中的意见与改善建议（只一味强调'规范'）。此种现象敢于建言者罕逢，亦甚可忧"。

十年后的今日，我去寻先生那些年为我寄出的诲札，虽也好好存放着，但已有失却之页。我翻拣出来，看着满纸的"错"笔叠字，也不禁犯愁。短短数封手诲，整整认了三天。早年间的那个少年似还更能通读无碍，如今顶着灯，一步一点指着或聚或离的字，竟也辨得簌簌泪下。

回忆如海，我也曾漏夜冥思，想从过往的光景里，寻来与先生的雪泥鸿爪，然而所得杳然。当内容次第清晰后，那海中翻滚起了抹不平的浪潮，我仿佛看见了那个稚气少年成长的种种侧面，他欢喜地捧着一通手札，颠来倒去，看了一夜。

二

2003 年 8 月 11 日,在通信一年后,我叩开了先生的家门。彼时的我早已兴奋了不少时日,如今想来都是当日妄动心念,于是便孟浪地搅扰了先生清静。这本极为不妥,只是先生不忍扫我兴致,所以依旧悃诚以待。又念及我初次拜访,竟让伦玲久久候于公车站台,使我甫一下车不至于茫然而无绪。其实早在上一年底,先生寄我的书信中便曾嘱咐:严冬北游,"一片芜寒,无可观赏"。远不若"初夏"时节那么惬意。因此,出游计划便推迟到了2003 年的年中。

我跟随伦玲在成片相似无差的楼房中穿梭,不停地穿过小巷和偏门,终于在丛楼怀抱的一个小院子里停下。这样曲折的路径,竟使我 2006 年、2010年两次登门时,都找错了方位,兜了不小的圈子。而晚年先生困足于此,也很难说不是因为出行极为不便的缘故。先生住的小院,也因此得以大隐于市,正有"结庐在人境,而无车马喧"的好处。

伦玲引我从居中的一孔楼梯而上,先生就住在这一单元的二楼。间隙间,伦玲和我说:"知道你要来,便没午休,一直等你呢。"果然,才一进家便见先生坐在沙发上,挺直而又枯瘦的身躯,一手挽住耳廓,一手扶着膝盖,向着阳台,似乎侧耳在听楼下的动静,可终究也没察觉我已进了屋。我略怔了怔,伦玲便快步走上前,伏在先生肩头,大声说:"都到了,这边呢。"先生长"噢"一声,赶忙站起身来。我放下手中的东西,走到跟前扶住先生坐下,说我来看您了。先生则答道:一路还顺利么。待听了我肯定的答复,高兴地说:"这就好,真好!"稍稍坐定,我便有暇仔细观察先生的居所。先生没有书房,也没有工作间,小山似的书籍乱糟糟堆在客厅近窗一侧的桌上,只留出窄窄的通道可以通往阳台。甚至连一把合适的椅子都付之阙如,只是蜷在沙发上,前面放置一个矮桌,正可伏案。我看得仔细时,先生一手握住我的胳膊,一手挽着耳廓说:"我的助听器掉了,今天可麻烦!"言毕,把头转向一侧,似有所思。口中喃喃自语,对助听器的无踪无影,很是费解。想了一会儿,也不知那个小物件,因何故于何时掉落何地,只得无奈跟我说:"我们对面坐,方便说话。"

我还未赴京时，先生便专门致函嘱咐，若正月赴京，"这儿客人很多的时节，怕你来了无法谈心"。当时我年纪尚小，想先生是怕我见生，所以特地安排和我闲话。于是我搬过一张小凳，与先生对膝而谈。

起初，只是说些赴京玩赏的行程。先生听我说先游历的是故宫、长城，便不住颔首称是，等到讲起专程去的恭王府花园和西山植物园时，便笑道："这样的行程，是你自己安排的。"我因此附和，明天还想去大观园看看。先生闻之正色说："去当然也无害，但体会意思便好。西山的那个曹雪芹故居以及种种传说，固然有趣，只是不能深信。"

言毕，先生便问及"石头"了，我于是将随行带来的石头取出来交予先生。这本来是当日信中先生所问，我的家乡有何灵石。彼时我自承能够找到一方奇石，可惜最终也没有寻到先生提到的"凤凰石"，所以只挑了孩提时喜爱的一枚圆石带到了京城，虽不知质地，但倒也拙朴可爱。没想到先生却喜欢得很，不嫌它蠢笨，只说好在团圆，兼之大小合适，称手最宜。这时我才看见先生手里原来一直握着一尊玲珑石刻，竟是雪芹身样。询之，方知是先生托人所刻，爱如珍宝，不肯须臾离手。

话题自然转到了雪芹身上，这可触动了先生谈思，"雪芹就喜欢清丽的昆曲，还登上台去表演。你看看这词儿多美，就是我自己猜度，雪芹他应该唱这首曲子：'天淡云闲，列长空、数行征雁。御园中，秋色斑斓；柳添黄，苹减绿，红莲脱瓣。一抹雕栏，喷清香桂花初绽。'你看看多好。这当然是我自己猜度的，不一定对。曹寅有记载和洪昇交好，曹寅最喜欢《长生殿》的曲子就是这曲，你说巧不巧？我把它写进了《曹雪芹传》里面去了"。说至兴头上，先生便自顾自笑起来，仿佛周旁无人。讲及曲词，则曳长音，缓和念出，音情顿挫，似金石声。很多年后，先生荧幕纵论"四大名著"，亦多引戏文证之。可知先生之学，取法乎上，以"活"为先，随手拈来，处处生机。

正巧说到《曹雪芹传》，先生于是问买书是否还便利。我一一数了手头上已有的，先生心下记了，便嘱咐伦玲去将我还没能购入的找出来，而后摸索着在扉页题了封，再交到我手上。我因之和先生说，购书虽艰难，但也希望看见他更多的著作。先生听了只是微微笑，而不愿多说话。伦玲这才和我解释，"出版社素日迁延误时，已是寻常事，《红楼夺目红》一再延后，已经好几个月,恐怕要借着展销会才能出。就是已经出了的,根本也不知道印了多少册。朋友们总说买不到,出版社说的却是卖不完。至于《石头记会真》签了合同都十年了,再不出来,真看不到了"。我听了顿觉苍凉,却也不便说什么,只是似乎明白了先生的沉默。

言谈少歇,不知觉已是两个小时。伦玲忧心先生过于劳累,于是打断谈话,抱歉地跟我说,恐怕不能再谈。我手上提了书册,眼见日近黄昏,也生怕天黯淡下来难寻归路,于是起身向先生告别。先生知我即要离开,扶着桌沿站起来,不住地叮嘱我需要格外注意安全,又务必让伦玲送我至方便乘车的地方。我挪到门口,想着不知何夕才能又见先生,于是转身向先生微微鞠躬道别,却见先生对着另一侧在用力地挥手,只留给我了夕阳中一道长长的背影。

<h1 style="text-align:center">三</h1>

先生的灵慧,皆发自痴心。惟其耳目俱损,故心灵愈发澄净。论之前句,读先生的诗词讲稿,往往感叹其讲法之"活",可见先生三心照鉴之论,绝非泛泛。正是"一片痴心,亦即诗心之所在"。推而广之,于治学一道,亦概莫能外。先生推考及悟、因慧而灵,人之所弃、我之所取,外审既荒、内视则明,如朱子暮年衰病自陈,"目力全短,看文字不得,冥目静坐,却得收拾放心"。

先生的先师顾随曾有论断,人若无目比无耳更苦。先生摸索二十余年,种种困苦,既难为人道,道之人亦难觉。于是往发遍寻人海、知己无觅之叹恨,是坐困方寸的苦衷和哀衷。

我初次致信时,先生曾言,如今又得一知己,红学之望即在尔辈。今日想来,大抵只是书信酬酢之词。但有一点却不是虚言,先生从来不怕谬托知己,他只是担心一点学问中喜人的气象,尚未出头便会被社老权威们乱棍打死。尽管先生所提掖之人中,不乏胡言乱语甚至恩将仇报之辈。但奖掖后进,原是老辈学人的风度,先生不遗余力、一以贯之,并不为芜草斜枝所动摇。好事者因此指摘,以为顾随对先生赞誉过高,恐非尽实,必不至于比先生为慧地、高密、龙门云云,却不知顾随曾以孔门自拟,而指叶嘉莹为曾参,又作何道理。汝昌先生曾和我谈及此,言语中倒是欣慰多过怅然,说,"顾先生眼界奇高,如何能说假话,何况师生之间。倒是自己心里难免打鼓,出了书总不敢拿到顾先生墓前,生怕老师看了,把他多少年有的印象给破坏掉,世上谁了解这样的师生之情"。想来,先生对于过往温存的念想,还不足以被些许的聒噪给扰到,但鄙陋的人心不能理解高贵心灵的品格,却是寻常。相形之下,汝昌先生对各方人马的盛赞,其实已是"大打折扣",全因世间已无妙人。先生说,如今竟都是下士,许多新秀,枕着学位头衔,只是好行小惠。言语间不见知己的悲凉,正是一位目盲老者的孤寂。先生之治学,犹如身在荒原,语之不得回音,行之不得友伴,只凭着自己那一腔精神,奋力去走,甚至得个"独行侠"的称号。先生评吴文英说:"世人多以组绣雕镂之工下视梦窗,不能识其惊才绝艳,更无论其卓荦奇特之气,文人运厄,往往如斯,能不令人为之长叹!"此心自照,何脱是论?

可只是如此,先生亦不至于因孤起愤,而独具悲怅。若非心已澄净,何以能鉴出这许多的妖魔鬼怪,这便是后句之叙的要义。论家说先生是"箭垛式的人物",可谓贴切,又尤以近二十年来为甚为剧,明枪暗箭防不胜防,更见"有组织有纪律"的"红坛登龙"浮世绘,只能付笑谈中。所以先生一无所惧,圆融于自家,悟证任己,誉谤由他。正如西哲独断的诗句,"你阅读但你不理解,否则,便不会谴责"。更有先生决绝的话语,"凡是与人为善的指教,感切无内,用志弗谖。别有用心与所图的,则听随尊便,所历极多,就见怪不怪了,恕不多及"。先生以一病躯,无所依傍,在生命中的最后三十年里,几乎重构红学,以八旬退龄让红楼风行宇内。这难免让侈口蹶颐仰官禄鼻息的官方红学家们,多有怨怼。

先生评义山,保容以俟悦己,留命以待沧桑。是望知音而不可得,于是退而求其次,托之沧桑,藏于名山,想将来必会如乐观期望的那样,出一续慧命之人,拾捡起今日失落种种,以补来日天机之缺。这便是先生的执著,"错,非我自身之过也,而自身无以赎其错。莫,则自身可以进退行止之计量也,然明知其万万不可,亦万万不济,却毕竟怀此意念而不自悔改"。

而我,却总让先生失望。伦玲曾说,先生稍闲时,总会询问我的境况,当得知我的工作与文史俱无瓜葛,于是便会问伦玲因由,伦玲只能答道,文史如何能糊口？先生听后长久默然。

我于是在 2009 年年中，将累年所积下的品红文章，择其精者，萃其要义，函告先生。先生不日即复短札，而称许之辞，实出我意表。信中说，"我感到欣慰，超过了我读其他好文章的程度"。其实拙文何曾有超绝之处，但先生如能借小文一抒胸中积郁，我之欣慰，只怕更胜先生。

几日后，先生意犹未尽，又寄我三绝，其中一首说：

> 舞台热演调包计，学院忙编八股文。巨眼英豪皆有慧，积薪居上望斯君。

我欣喜若狂。

四

自京返后，我便不再给先生"寄"信，而改为电子通邮，全系先生读写之难的缘故。先生曾回忆《新证》出版时，洛阳纸贵，阅者中不乏名家，张元济彼时病瘫在床，仍然亲笔去函，然而"书字几不能辨识"。五十年后，先生复札我处，当年的才俊已变作了"盲者"，看着那层层叠叠的书写，倘若对先生的语气文风稍有陌生，恐怕也只能是茫然相顾。起初我也只以为盲书难写，未及多思，大抵几番辨认下来，也能通顺，即便漏识几字，亦并无大碍。直到先生为我题签书封时，难之何谓，才见得真真切切。先生每每落笔前，都要先沿边抚摸稿纸一遍，以知其形状大小。然后将手轻轻移至右上角，再丈量下笔，不可使后行齐于首行。写字时，必是将左手置于笔后，顺次下移，这样就避免了把字写到纸外。我接获的每一封训诲都是经先生这样摩挲过的，除了字迹，还有着不会褪去的温度。只是再如何谨慎，笔却依然很难掌控，久不视物，难免失却书体的整体协调性，起笔疏朗，结笔往往聚丛；一行歧出，更是殃及数行，以至满纸"荒唐言"，不可分辨，此只一端而已。还要麻烦的是，文房四宝，备三缺一，先生伏案良久，有时只能换来有迹无墨、一札印痕。先生的女公子照料先生起居，忙得"不可开交"，容有片刻少息，已费去先生半日气力。所以，我不愿意让先生动笔，一来怕先生白做工夫，二则他既难书我亦难认，恐还费了眼力。

于是我向先生提议，不如引入口述之法，既便于整理，也省去书写的劳苦。先生却对这个提议并不赞成，他说，"胡适先生倡导白话文，于是我们的文章果然都成了白话，可文真能全是话么。口述似要方便些，但少了文采，文章就不成文章了"。我这才觉醒，先生对于书写的坚持，乃是对一种规范的坚守，这种规范并不会随着世换时移而轻易变迁。就像我虽不通书道，但见先生《永字八法》中详论"锥画沙"的那番曲折，也能觉得意蕴丰衍而有趣。遑论沉醉其间、通识其妙的先生，何忍易之。

但后来竟有人以先生目力不济为由，指先生新作系代笔，倒真为我所料想不及，也万万没想到人心险恶如此。所幸先生"吾道一以贯之"，不然如何辩白。

2004年至2006年，我因准备高考，与先生的通邮也零零落落。只是偶尔有人托我问询先生，我才将问题捎到先生跟前，想着大抵也还能有些凑趣、解闷的好处。没想到先生总是严肃看待，《夺目红》重印时，对疑问专门制版增页进行答复。2006年初，先生《会真》简本新版将出，伦玲正愁于繁本化简时，衍生出不少问题，我于是组织了一个小圈子自告奋勇来为这本书作校订。校订颇不易，工作逶迤进行了半年多，却始终未能完工。正统筹繁难，忽接先生来函，语及高飏解金麒麟文，颇见新意。又问，我初入大学，境况如何。我感先生牵挂甚多，于是联系了高飏，在2006年7月定计北游，此行的主要目的，自然还是拜访先生。

当时，好事者正喧嚣尘上，先生虽可不予理睬，但伦玲却很生气。我之北来，先前已经于《新京报》刊出长文，反击某文士风影敷衍之词，但残简断章亦能罗织出大块文章，这本来就是他们擅长之术，因此，深文周纳虽络绎不绝，倒也见怪不怪。

不过先生对此却不置一词，犹如浑然不觉。反而因家里突然来了两位大学生，勾起不少旧情逸思。要我们和他细说如今大学样貌，那日先生谈性颇好、声震林木，"教育人才就是中国文化的根本。教育总不能大锅煮、一刀切，都统统彼此彼此、半斤八两，不许出尖子，也出不了尖子。出了尖子，他也不认得。你要出个尖子，他给你取齐。我们过去经历一个时期就是这么对待人才,这可太可悲了。如今大学四年,所学多是通论、通史的大路货,没有个性,没有灵魂,没有感受。就是那一套八股,土八股、党八股、洋八股,完了事,让你写个论文,你这个论文也是个八股,如果你不是八股,通不过,大家就在这当中讨生活"。

先生显然谙熟如今教育之弊,先生说:"如果一个人总是占着一个死理儿上,那没有什么大希望。了不起不过还是那么一个小儒、陋儒,甚至是老子说的那个下士。可是现在都是下士,下士闻道则大笑。你说这个可悲,就可悲在这现阶段,出了许多新秀,头上都枕着一个新学位,自个儿以为了不起,饱食终日、无所用心,拿不出自个儿的贡献来。天天在那里,好行小惠,弄点小玩意儿。要是假如我们的心意都这样,那可就真可悲可忧了。"此时我才明白先生纵论教育的深意,由教育说开,才能自系统观及人,而究其深根,故不必拘论一二丑类。

那日的谈话,一点不似初见时的轻松,先生虽精神奕奕,可所论之事却十足让人丧气。但这种种弊端,当时只听先生痛语,感悟不多,直到几年后我为论文折腾得精疲力尽,猛然想起先生之言才真得切肤之感。

那日,先生嘱咐:"我没有这么悲观,我仍然永远乐观。这个不良现象,永远是暂时的。我们这么个中华大民族、大国,会那样下去么,哎呀,不敢说。所以,你要专心读书,大学总归是有条件,以后则未必然。"

又说:"心中切不可存资格之念,资格那点资本,很可怜,唯恐人家看不起。在那里装,在那里作,你要捅他一下子,他就要命了!""需知老子天下第一、永远正确,这是该倒楣的一种想法。有人这么想,咱们可不学那个。"

与先生几年书信往来,两次晤面。先生眼见孱弱,却未必无激越高亢的议论。只要谈起文化存续、是非曲直,先生总是"温而厉,威而不猛",使人顿生凛凛之感,不得不肃穆以对。我想这就是先生那一代学人以文化托命人自任的气质,他们顽强地守护着华夏文明的一点星火,用桀骜不驯来面对艰难困苦。2004 年,十卷《石头记会真》终于面世,看着这浩浩荡荡数百万言的巨作,何人能够想到竟系九旬老者一手撰就。先生筚路蓝缕,且吟且行,目盲二十年后,奋力一击,将求真求善之思化作朴道,而成如此不可思议之境。我时常恍惚,觉得书架上那齐整的《会真》铺满了先生歪歪斜斜、层层叠叠的笔迹，又清醒地确知，那每一页上都有浸染着先生无尽的气息。

五

世人都只道先生是红学家，但岂惟红楼，凡是华夏之美，皆是先生悉心照拂处。若论起用功最勤、所得最多，先生一定会说诗词、书法、文论，哪怕是戏剧、曲艺也倍功于红楼。

某次，和先生闲谈，言及书法，先生意兴阑珊，怏怏和我说："早几年，必可以给你写几幅字。现在是不行了，写得难看，拿出去要被人笑话。"转而提及黄裳，汝老长叹："唉！他的信，我完全读不了，全是蝇头小楷，密密整篇，人老还越写越小！"不服之气，溢于言表。伦玲听到便走过来，伏在先生耳边说："你这个年纪，还能接到朋友的信，不错了！"先生听了，亦不禁粲然。汝昌先生曾对我说起过一则趣事，某次老友为他祝寿，宴在某酒楼，似乎元白、孚尹、希逋、季黄、畅安、树青诸先生都在座，众老席间打趣，相约支摊架棚于燕园未名湖畔，各展绝技，各自吆喝，看谁能沽卖夺魁。逸闻犹在耳旁，先生们却都已下世。古人有"成人匪故识，耆齿日凋丧"的句子，先生的最后十年，眼望着老友故交，一一远去，心内总不免恻然。1998 年钱锺书先生去世，先生彼时似已预感到，他这一代的学人不可避免到了逐一走入历史尘埃的时刻，当年一阕新词，笼罩了此后十数年中华文化的天空。"天际星茫黯黯垂，大师辞世动深悲"，这样的哀伤，竟不曾间断。此后，不论是启功先生、朱家溍先生还是季羡林先生、徐邦达先生，汝昌先生都曾哀恸深挽，可到了如今，我才能感到"五月风悲夏骤寒"的悲怆。

先生也在一天天地衰老，尽管我记忆中的先生始终有着十年前初登《百家讲坛》那般的神采。当时的《百家讲坛》还籍籍无名。2003 年年中，始与中国现代文学馆尝试制作名曰"新解红楼梦"的专题讲座，正是这次系列讲座后，《百家讲坛》趁热打铁才把《红楼梦》的话题做到了极致。而汝昌先生在"新解红楼梦"全部十六场讲演中主讲六场，其数近半，想到先生当时已年届八十又六，居主讲十九人之长，却能独擅其场，若无极大的热情，如何能够支撑。

彼时我正忙于学业，只能抽每日中饭的空隙，守在电视前面开始"必修功课"。中国现代文学馆的讲坛是一个极大的桌子,主持人和主讲人各坐一端也还能从容对谈,先生晚年愈发清俊消减,坐在如斯之巨的讲桌后面,于是显得瘦小。他会用手廓住耳沿,努力去听清主持人的提问;又会讲到兴致处,兀自欢喜;或是激愤,则一拍讲坛,合手端容,后仰在椅背。我宅心收拾,把先生讲演都刻了光盘,藏于密箧。一日,被同朋掘出,逐次看过后,缓缓说:"看先生只要讲起红楼,那眼睛亮亮的,像是在给别人夸他聪明又可爱的孙侄子。"

先生晚年喜谈,曾以九旬高龄再上《百家讲坛》。我窃想,多半仍是先生耳力、目力愈发衰减的缘故。原本书写一道,不论文章、大字,都是先生得意之处,先生回忆录中就有为朋友默写《葬花吟》长卷之事,写文章那就更不在话下,先生才思敏捷,文不加点、一挥而就本是惯常,《永字八法》初稿本伏于工棚,三月竟毕。《红楼梦新证》四十万言,亦不过一个暑假的工夫。但此刻却成了大问题,书法不得已自然只能荒废。文章虽能快写,可成稿后,反而在整理上要耗费数倍于作文的精力。久而久之,先生亦不得不刻意放慢节奏。

补救之法,先生也曾想过,有段时间,便自备了放大镜。起初是为读书之用,但后来书面、放大镜几乎全贴在先生脸上,却仍然不可辨字,只能作罢。于是又用之于写,但因为先生书信、文稿大多竖写,一手持镜,一手疾书的工作方式则需要始终悬臂交替,所以辛苦异常。不过,先生坚持了下来,直至 2009 年。

这一年,我把自己累年积下的几篇旧文择其要点发给先生,希望得到先生的教诲。先生阅后,大喜过望,让伦玲来问我要全文。我扭捏了好些时日也未把文章给先生传过去,个中原因不外乎两条:一则是先生当年面对顾随先师也有的顾虑,生怕文章写得不好,破坏了自己在先生心中的印象;二是我原文实在太长,先生如何能读。

拖延至 2010 年初,我登门拜访,先生特意提到顾随先生:"我和顾先生曾经约定各自为雪芹和鲁迅作传,顾先生固然没能完卷,但我也是到了 1964 年才写出第一本《曹雪芹传》,那时顾先生已经故去。后来我写了那么多诗词的东西,他一本也没见到,他的印象中,我永远只是 50 年代后期的样子。顾先生称赞《新证》，绝不是称赞一书一人的事，这点你要记住。老师称赞了学生，你要说我不高兴，那是假谦虚。可那时没有这样的作书法，所以顾先生才看重，而你现在的视野比我那时好得太多。我已经写了和顾先生的书，还压着没出，就是有人骂我，我也一定要出，出了拿到顾随先生墓前。这太重要了！"

先生弦外之音并不难懂，可我与先生毕竟不似先生与顾随先生之间，我始终不敢称先生为师，而以徒弟自居，虽然敬执弟子之礼一刻不敢忘废。但总归我是没有磕过头的，况且这遥遥七十年的岁差，更使我清醒地明白，妄言称师，只会辱没先生门庭。先生对此倒不以为意，"小友"呼之不迭。一次，我和先生说，我俩的岁差，纵然忘年之交也很稀罕。先生听闻，拉着我的手严肃地说："说是忘年交，可不要用这个词。要是忘年交，心中还是耿耿，还有一个'年'在那里——是无年可忘！"

回到家后，我便又把小文翻出来，急急忙忙送给各路好友帮忙审读，自己也加紧补易删修。至当年4月，先生又让伦玲催促，我于是才将长达三万言的《易代风气下的红楼梦》呈递先生。

几天后，我接到了先生的回音。先生通过电子邮件传来一通短札："斯木贤友：三万余字长文，分多次听读，这才完毕。纷乱中也能觉得内容丰富、功力扎实、表现清明，文字也有功夫，以上皆过我望外，喜甚喜甚！先致此意，免你惦念，等我生日过后再抽空联系可也。匆匆不尽。周汝昌。庚寅二月廿八日。"

之后，先生提议此文应当发表。然因我并未忝列文苑，学术期刊便并不加以青目。先生于是托梁归智先生代为周全，先是，先生嘱梁先生致函推荐，梁先生又另写一书，两封手札递至编辑部，对方意始有松动。俟后，梁先生多方联系，又得到刘再复先生的俞允，可以赐稿，与拙文合成一单元共刊。汝昌先生为稳妥起见，又新撰一文，使我倚恃。终于，在二位名家的佐护下，编辑部同意登载拙文。虽然后来刘再复先生的稿件因种种事由未能刊发，但三位先生提携之惠，已让我深为感动。

2011年，我的文章与先生的文章一同刊出，先生托话给我，"前番你说已在哲学上用功，方可能真正理解雪芹和宝玉，我深以为然。但我现在已不能看,而哲学一途,也不曾深涉。这篇文章,供您参考"。

我在电话这头听着,泪涌语噎。

六

2010 年 1 月 4 日,正是风雪盈天的时节,京城下起了六十年来未曾遇到的大雪。我蹒跚地朝先生住处走去,约定早晨 10 点登门,这样便能够使先生谈话的时间不至于太长,又不会太短,大约午饭时分便能应时结束。只是这琉璃世界,让我难辨具体的巷道,不知觉转进了附近别的小区。虽然早已有了准备,可眼见时间迫近,还是不得寻其门而入,又因雪深难行,心中不免焦躁,连被横风吹扫起来的冰凌子打在脸上和手上,也不觉得。正是此时烦闷,伦玲电话就跟了过来,原来先生听说大雪,早已坐不住,嘱咐伦玲给我指引。好不容易,摸回到了大路,哪还顾得上天冷雪滑,一路小跑起来,在快转入先生小院的铁网门门口,脚下一滑,趔趄倒地。就这样,浑身污泥的我,邋邋遢遢第三次跨进了先生家门。

伦玲看我的狼狈样,急忙招呼我脱掉外衣坐下,然后贴在先生耳边大声说:小白刚刚绊了跤,要掸掸衣服。先生急忙伸手要抓我,只是不知人影何在,抓了个空。我接过先生手,先生便问:是否摔得重? 我答说:没有大碍。先生"嗯"、"嗯"两声,说:"今天我穿得随意,裤子也没找到,只着了睡裤。我不拿你当外人,所以这样。"想先生大约觉得我必已是衣着肋膱,所以为了打消我见之不恭的疑虑。

和往常一样,我移了凳子坐在先生对面。这次先生换了一个可以旋转的气压椅,看起来比坐沙发要舒适一些。我虽担忧安全性问题,但想来不总会遇上劣质产品。桌子却换成了不甚牢实的折板圆桌,总觉得摇摇晃晃。大概是考虑到气压椅的高度,原先那个矮桌便不实用了。先生平日用一扁嘴小茶瓷壶喝茶,既趁手,又能避免烫嘴。此刻,他能自如来回拨转椅子,忽地伏在桌上喝口茶,又能转回沙发一侧,摸出纸笔。我但觉得先生灵巧这般,也看得开心起来。

那日先生谈兴很高,我向先生说起新发现的"清华简"内有湮佚两千年之久的古文《尚书》篇章,又讲到钱咏《记事珠》手稿重见天日,而《浮生六记》

所亡之文居然部分佚存其间。先生闻之，欢喜得拍起手来，直道说："日本《源氏物语》续篇据闻也已找到，九百年况且能再现于世，《红楼梦》更是大有希望，即便只是一页两页。我是乐观主义。"

先生意犹未尽，抿了口茶，又拉着我说："斯木啊，《浮生六记》和《老残游记》，我高中时最迷了。那个文笔，真是美不胜收。"

我见先生精神尚好，于是把《易代风气下的红楼梦》写作时的种种困惑，向先生一一阐明。我本不喜与先生谈论如此细节的问题，但这次先生显然另有考虑。先生先从道理说起："学问不分大小。芝麻绿豆剖开也能是原子弹，还是要看如何着眼，这虽不容易，但要专心。张扬格局，抉微显大，才见得是真功夫。做学问得从虚处进去，但要沿着实处走。我这一辈子遇到的框框太多，全是耽误，你也都知道。不能定于一尊，破除成见定见，是为学第一要务。"

然后便直入主题："曹寅与明遗民的关系很密切，不仅仅是诗文唱和那么简单。但胡先生说简直成了'特务'，这么就说太坏了。除了康熙的要求，他有自己的想法，曹寅自喻'病鹤'，冲出去不行又折回来，反反复复，还是做回他的内务府包衣。这已不单单是身份问题，而是思想问题。他的苦闷和痛苦，寄托于时代、寄托于家国，何等复杂，又如何能刻板地去简单化。雪芹和他有关系，也正是这样的关系，血泪交融，辛酸无比。而不是一说起来就是他爷爷，不能那样看！"

又以我的小文举例说："你的文章以太极图来证康熙一朝风貌，极入微但意胜思茂，是最合情合理的证法。康熙虽为圣主，但此圣亦夹杂入旧政治的评价因素，其中便有钳制思想的政术。你看曹寅的诗鼓励他的侄子说'承家望犹子，努力作奇男'，意思全在后面。顺治是没什么想法的，但康熙却聪明，于是既大兴朱子之学，又不全袭朱子之学，割裂而用之，天下士子成天都去搞朱子理学，如何能做'奇男'。所以，曹寅的思想需要重新评价，至为必要。"

我素知世人只以考证派看先生，是偏颇太甚。而讥讽红学者，更多无识之辈。此间但闻先生通识之论，百千音乐，自然而作；无量妙华，纷纷而降，却是前所未有。寅恪老废足盲书，二十年寄托陈端生、柳如是，实茹深意。

雪芹一腔血泪洒于闺阁之中，又何尝只为吟风弄月。先生用功红楼，考家世明中华氏族、论文体提炼华夏文论、证探佚为白雪芹之冤，无不是着眼大枢纽，未离中华文化主旨半寸。

先生始终以中华文化为本位来启沃新知，坚信我民族的文脉学统断不会中绝，而且在异日必定大放奇彩。这是先生乐观的由来，也是先生一生向学的信心源泉。

先生说："一辈子走学术的路，走到这里，不容易。还有不少话想和你说，但说多了就累，几天也缓不过来。我已经看不见了，以前你来的时候，我还能看见个影，现在你在哪里我都不知道。你一定要广交朋友，多结同好。你以后的学问不知比现在会高多少倍，那时，一定要把今天我俩的谈话写一写。开头就说'2010年第四日，大雪中，与周汝昌晤谈'，今天这番话，哪怕只有你一个人听，也就足够了。"

那日，冬寒峭冷，大雪初霁，先生身着单衣却执意送我到门口，我握着先生冰凉的手请先生尽快回到房内。当我转身离去的刹那，听到先生朗声说："不知明年还能不能见，但你要朝着想好的方向走，能走多远就走多远。"

七

周一良曾有自传叫作《毕竟是书生》，言语之间多有不堪回首的叹惋之意，其子落笔乃父时，也暗用春秋，可见这样的自许，不免有文过饰非的意味。倒是汝昌先生经常以书生来讲自己的不谙世事，自嘲之间，反而可见赤子之诚。又因此故，先生文章多是敦厚之风，偶见婉讽，也是点到为止，并不多加渲染。即便非议者经常拿着吴世昌先生"辨诗"之事来责难，反复征引者也无非只有汝老"忠厚之道，可治左性"一句，可见克制如此。

就我目见，先生之激愤沉痛语，仅有两现：一是《红楼梦新证》论及高氏续作时，对高鹗氏有"别具肺肠"、"一派胡言，满嘴梦呓"的评议，及之他处，也都不外乎是对程高氏的怨怼；二是《红楼梦"全璧"的背后》一文一反先生平日为文仪态万千的韵致，而成不假修辞、言语犖确的样貌，实为罕见。细查之下，又才可知此文的隐痛，实在不宜摇曳生姿。然此两端，均是为洗雪芹之冤才可得见的另样笔墨。除此之外，先生激越文章、臧否人物的话颇为寥寥，更多的就只能去未公开的私人信件和文稿中去寻了。譬如学界都只以钱锺书先生年轻时高傲刻薄，常作惊人语，可他如不将与陈衍的对谈公之于众，世人也未必可知奚落自有根柢。汝昌先生和刘心武曾因通信获奖，既然是因为信件获的奖，便少不了公开披露的部分，里面自然难免"也曾一掌思遮日，无奈晴空有九重"的刺恶讽陋之语。但毕竟先生三十年来眼耳日渐衰退，讵奈对方又呈群起而攻的态势，一则一一回应不免伤气力，二则攻讦名家本为红坛登龙术，故不可因激愤而落人彀中。所以，和伦玲、建临谈及些等琐事时，我也不免常作杞人之忧，生怕他们过于忿激便向先生据实以告，实则最好的处理方式莫过于视而不见也。但若以为先生的谦和恭让便是懦弱，那则大错特错。

先生爱憎分明，只是不愿搅扰于这样的不值一哂的末梢人事之上。他一心所牵所挂，都是念兹在兹的中华文命、艺命。张宏渊胸臆直抒："先生以惊人的毅力，毕其一生做着自己想要做、认为应该做的事情，研探有得，辄欣然忘倦，不锱铢计较于琐屑得失，乃至浮云生死，坦然面对大归，这是读书读通了的人才能达到的境界吧。"《兰亭秋夜录》中曾影印先生为平生所购各版兰亭作的题跋，其中一本唐摹本与众不同，先生先交待了此本购于王府井，因为印制"胜旧印本多矣"，因此挑灯记叙，满心"欢喜无量"。但可惜此本题签不知何人所书，其字绝丑，先生对此大为愤懑，"旧话云佛头着粪，题名书封峕者往往引此以自谦，然犹是粪也。右一行字不知谁书，丑极云云，所见恶札无以过者。试看是何笔法，是何气味，入目令人作何感想，吾无以名之焉"。读者看到此处，已不禁前仰后合。可边上一行钢笔小字更见先生意气性情，看得出是若干年后再次披阅所书，可厌恶之情依然抑无可抑，道是："无一字不丑，无一笔不恶，令人作呕极矣。不能忍受云云，不祥之物也。"如此率性用笔，阅之焉能不使人绝倒。

张中行老曾说先生为"六朝人物"，大沼枕山有诗曰："一种风流吾最爱，六朝人物晚唐诗。"其中"风流"二字正切意趣，牟宗三先生解风流最知三昧："风流者，如风之飘，如水之流，不主故常，而以自在适性为主，故不着一字，尽得风流。"岂非汝昌先生之谓？

再如先生平生留意诗词，赏会玉溪《乐游原》一绝尤得各方激赏，将这暮唐之句尽除凄冷情愫,而至通达意境,正是"自在适性"的气度。不止如此,凡是见过先生的人,都易被先生的姿容所打动,恰应了"六朝人物""美姿仪"的品鉴之方。即便只是看他年轻时的照片,也觉"清和雅正",绝非如么乙般的臃肿颟顸之态。黄裳曾回忆见到先生最初的印象,"细长的身材,清疏的眉眼,说起话来也是细声细气的"。及至暮年,先生对仪表也颇有要求。尤其拍照之时,便会急让伦玲为他梳理头发,然后自己整衣危坐。凡是应先生要求为他拍摄的照片,大都侧面入镜,这是先生喜欢的拍摄手法。但因为长久无法视物,先生总会错误地估计了平视的角度,不自觉把头仰得过高。伦玲此刻便会轻轻扶起先生的头,叮嘱先生务必保持姿势,否则宾客便没法为他照出满意的相片了。几次调整,一番布置,终于成相,相中的汝昌先生,微微抬颔、莞尔而笑、似有所望。

我想,如果先生能够清晰看到别人为他拍的照片,他必定不会喜欢唐师曾的那几幅,靳飞先生说:"我一直觉得周汝昌先生很美,随时可以入画,或者进入镜头。我们曾经在旧址金台夕照处比邻而居,门前有条河沟。黄昏时分,常常看到他在沟沿儿散步,旁若无人,白发飘飞,拐杖横持宛似箫管,步履仦斜如歌如醉。有他这道风景,昔日的黄金台好像复活了;或者说,既有如此的人物,黄金台存在的意义也不大了。"而在唐先生的那几幅照片里,先生却显得那么忧心忡忡,愁苦得像是有很多话,却终无可诉说。

八

2011 年 11 月,我最后一次拜望先生。这次,先生谈锋甚健,像是要把所有话都讲出来。与往次专论学问不同,先生言语间多见悲意。

先生总说自己是个乐观主义者,可晚年的他困足方寸陋居,耳目俱芜,抑郁内衷,其中的孤苦,旁人却断不可知。在先生生命最后的几年里,总是能听到他苍凉的话语:"红学是一门悲剧性的学术,选择了它本身就是一种悲剧。第一流的大学者不屑为之,对它有兴趣的又不够资格,于是就落到了我辈之手。从某种意义上来说,这也是一种痛苦。""我曾自评:如勉充'学者',最多也不过在第三流上浮沉,深自惭愧。"醉心一生研求学问的老者,用"痛苦"来喻己自道。这样的话,即便路人,亦读之锥心,更何况亲耳聆听。

先生曾对我说:"我现在孤陋寡闻到了极点,读不了,看不了。伦玲、建临,他们每日忙得是一塌糊涂,哪里有那个闲心给我读。我要读的太多了,杂志、报纸、新书,即使是我好眼也读不过来,何况我现在这样子。我让他们给我读一点,唉呀,可怜得很,也累得慌。所以我现在这个孤陋寡闻,不是什么谦虚,那怎么谦虚得了,事实就是如此。"

这段剖白使我隐约明白了先生困顿景况,以及无法掩藏的无奈。不过先生又总是积极而顽强的,他自承是个"乐天派"。在一通抱怨后,马上举起手边的放大镜,对着我猛力地晃几下:"可是我也能偶然看见几句打动我心的话。"像在宣誓世人,就算只能是一瞥,也将有博衍的意义。

后来读到先生自传中的夫子自道:"除了咬文嚼字、弄笔掉文,我什么也无能为,也不会做。'生活不能自理',十足的废物一个。我坚信今后的时代社会,再不会出现我这样的人了。"悲凉中,也能感到先生不愿阿世和俗的傲气。

可先生的生活及工作环境毕竟太过简陋,这虽不足以摧毁他的意志,却能轻易毁坏他的身体。自2006年后,先生迅疾地衰老了下去,终至2009年一场大病袭来。

先生坚强地挺过了病中那段困苦的日子,却确使他更加笃信不能再如以往那么从容岁月。死生无常,唯有拼尽全力。先生几乎丢开了所有过往的生活规律,也开始接受口述成书的提议。不再踏出房门,也不再区分昼夜,劳累入梦和醒来书写的交替成了他生命最后三年的全部内容。而生活习惯的遽然变化,让伦玲陷入困境。毫无规律的生活节奏,让照料起居者的工作量骤然加大。丽玲、建临也开始把大部分的精力转移到先生身上,各自论定分工,先生生活、工作上的窘境,由是稍有缓解。与死神的角力,没有人会是赢家,可勇者却不惧怕失败。这是汝昌先生的战役,也是周家的战役。

白天周家姐弟围着老父亲团团转,倒也能勉强支应。可到了夜晚,却仍然无计可施。先生宿夜失眠,往往卧中坐起,或作之以长句,或述思绎之得,可且捱至朗旦,早已思散如灰灭,不复再寻。无奈之下,只能将录音笔交至先生手中,嘱咐他由上首下数,至第几键,可以录音。但反复几次,亦终因先生的不可视,而一无所得。

这较之书写更为棘手,书写之乱,或能拼凑。话语旦歇,随风而绝。倘使先生能有一得力助手,著述又岂是今日样貌?

先生逝世前一月,《瞭望东方周刊》专访先生。彼篇报道,阅之令人惊心、寒心、痛心:"在其寿诞的时节,那边连一句话的问候都没有。""有些学者、教授骂我,一种是冷嘲热讽地挖苦,一种是咬牙切齿地咒骂。"此类话语,历历在目,直锥心肝,而我亲闻亲睹,其所道者竟不足实情之十一。也正是在这次采访中,先生不无哀叹地说:"我希望国家能够对我多点关心,那么我就如虎添翼了。"

哀莫大于心死。报道刊出后的那个上午,先生和伦玲、建临说:"你们看我是不是瘦了?"先生是瘦了,这次,瘦得彻彻底底、灯枯油尽。

九

2012年5月30日夜,我倚在床边,读书昏昏,渐入梦乡。凌晨1时25分,猛然醒来,灯火映照得阁室通亮,屋外死寂的黑。我起身,拉开帘幔,往外眺望,安宁如故,几盏燃爇,零星犹若孤雁,心下不禁怅然。熄灯,返身,拾被。不料,半个小时后,先生竟逝于京华家中。

先生去世后的几个星期里,我读却不少怀念的文字,人们不吝惜地把与先生逝世前的交往述说给世人,我这才注意到,整个五月,算上我叨扰的两次,先生竟是如此忙碌。每天都有赠诗、短札从"脂雪轩"中传出,还不用说各种各样的接访、问询。这是一位已然风烛残年的老者,他本不该如此劳累。

先生的逝世,引来了诸多我从未听闻过的他的"老友"、"故交"和"关门弟子"那凭空多的几份哀戚。于是友人让我也写点什么,总归先生是喜欢我的。但我不愿意,先生说了,让他安安静静地走。所以,只要安静地念想着,就一定能陪先生走完那漆黑的夜。

我总忍不住去点开先生讲座的视频,音容俱在,先生明明无恙,却又看着出神,逃命般地关掉,只因害怕归入结束。这样的惶恐如影随身,至今未已。

我偶尔从梦中醒来,不住地责怪先生,是先生拉着我的手,和我订约三年后,尽其所能,为雪芹办一个我们的纪念会。可先生,三年如青丝,疏疏而过,如何不赴约?

我没能做到哀而不伤,是愧对了先生的教诲,我伤之以极、神涣形散。如人生初见,我时常梦中与先生对膝而谈,醒来恍惚觉得先生还在人间,或我已在他境。

我不相信先生就此远去,我总是自豪地和旁人谈论先生时,断言先生一定期颐之寿。哪怕是现在,这样的信念亦不曾动摇。我坚定地守护这位老人,意味着我已膺服地把信任和依赖给予了最凝默的这个灵魂和他身后的那群灵魂,看护着这个文明的守夜人并为之烛照的燃灯者。涕泣废残、盲眼失聪,喁喁独语,化作了传统最温情之处。传统拒绝向当下那些少数的、不可一世的"喧腾"叫嚣者们投降——他们不过是碰巧路过的罢了。于聋瞢的汝昌先生而言,连着这"喧腾"叫嚣也不得曾理会。

十

2012 年 10 月 27 日,我第五次来到先生家,如以往那般叩响门扉。然而已是久叩无应。伦玲将我让进屋,却不见那侧身危坐的身影,只恍惚忆起那挽着耳廓的神情。眼前是先生平和如水的笑容,印在黑白两色的相上。逝者如斯,时光阑干。抑不住的泪水,伴着徒然而生的诗句:

> 让我与你的沉默交谈,沉默明亮如灯、简朴如环,寂静与星辰如同似你的夜晚,默然星光,迢遥却又直坦。

屋室空矣,空空塞满了先生的陋居,也塞满了我的心,仿佛整个宇宙都被填满,空旷得使人怖惧。我伏在先生灵前,终究没有说出只言片语。

那天,伦玲和建临跟我说先生的临终、临终的决绝,说先生的挂念、挂念的不舍,说起先生焚化时的凄静和置办墓地的种种不如意,我且听且怔,如失魂魄。

三日后,伦玲讯告:已为先生择定栖神之域。西山怡和,光景也从容。季老羡林先生、任老继愈先生都归息斯地,与汝昌先生相随紧伴,当不会再寂寞了。于是"特此告知,请你放心"。我看着伦玲的消息,泪如雨下,先生果真逝矣!

先生推崇宋朝的大晏,说他是天才的诗人能听到时光流淌的声音。"可耐年华似水声,迢迢不复停。"这哗哗的流淌时光的声音,晏殊听到过,先生听到过,以后恐怕将不复再闻了。

先生既卜宅兆,将息西山,正是雪芹当年著书之处,故以今日旧垣虽颓,新柳仍在,自有灵犀所存;明朝用礼襄事,凭棺临穴,当期后来人焉。

太行骎骎,燕水络绎,白云在天,道里悠远。从此先生托命于崇阿,寄魂于昊苍,纵心于物外,逸神于鸿濛。那鸿濛中有三千大千世界,其一超埃尘而独立,名曰红楼,先生极般游之其间,尽旦暮而忘劬,诵红楼经,礼红楼主,持红楼戒,悟红楼禅,颂红楼徽音,知红楼神髓,由是得大欢喜。翌日时和气清,百草滋荣,谈往向老朋,论道只旧友,予小子怀石再远道,对膝如聆听。

志哀是祷,呜呼先生!

壬辰冬月初九草于岭南亚寄山

华枝硕满忆大师

孙树芳

在这初夏的季节,百花烂漫,阳光万里,学贯中西的汝昌大师却离开了我们。我总觉得这位著名的学者、红学家并没有离去,只是进行了一次漫长的远行。他的远行,给我的感觉,就像雪莱墓碑上镌刻着的莎士比亚《暴风雨》中的名句:"他的一切都没有消失,只是经历了海的变异,已变得富丽而又神奇。"

早在1950年代,传世名著《红楼梦新证》就是在故乡的老屋中或院内的龙爪槐下完成的。这部鸿篇巨制一经出版就轰动了中外学术界,成就了大师一生的学术基业,受到了毛主席和周总理的一致好评。为此,经周总理批准把您从四川大学特调到了首都的人民文学出版社,任古典文学编辑室编辑,为重新修订出版四大名著付出了辛劳。时至今日您所整理注释的版本,在国内外还是最有影响的,最令人信服的,中学课本里所选入的篇目,还是以您修订的版本为准。

我初识大师,是在1980年代初期,您老人家游学海外归来,不事休息,即回乡看望胞兄祜昌先生。我去当时的金谷宾馆(今改为月坛宾馆)晋谒大师。政协负责接待者,告诉我"房间无时不满",一看登记簿"已逾数十人矣"。无奈之下,只好"走后门",到老宅去找四爷祜昌先生。

傍晚十分,我在祜昌先生的引见下顺利拜见了大师。这一次您给我的印象非常之深,那相貌、神情、风采,直至今日——并且也将永远丝毫不动地留在我的脑海里：大师当时下身穿着蓝色制服裤，上身著白色衬衫，领口敞着，脚蹬一双圆口黑布鞋，瘦弱而匀称的身材，清秀白皙的脸庞，花白的头发，手拿一把黑折扇。总而言之，无处不随便，无处不潇洒。这就是我们著名国学大师的平易近人的形象。看得出，这潇洒不是指自命为博学之士的潇洒，乃是指一位无比亲切的乡贤而言。我对您执弟子之礼后，即抓紧时间呈上要投往《语文报》的拙文《情真意切惋曲多姿——〈葬花词〉赏析》，请先生斧正。大师言简意赅地提出了意见，并认真动笔修改。发表后，编辑对我说："没有周先生的点睛之笔，你这篇稿子是很难发表的。"

1990 年，那是因为我参加编写的《中国现代编辑学词典》里，"编辑界人物"这部分，有关于您的内容，为此我专程赴京请先生审查这一词条。您老人家看了词条后指出："我是在南开中学肄业，而不是毕业；以后考入的是燕京大学西语系，而不是中文系；在华西大学和四川大学的职称都是讲师，而不是教授……"接着先生用商量的口吻，对我说："在词条中，是不是还可以加上近年来编著的《红楼梦与中华文化》、《范成大诗集》和《书法艺术问答》?"返津后，我对词条认真地进行了修改。辞书出版社打出"小样"后，我又拿着它到北京去找先生征求意见。您老人家审后，认为基本上与事实相符，并再次提出改动之处，"文化大革命"后，担任的是中国艺术研究院顾问，而不是北京文学研究所顾问。大师这不是一般对稿件的审阅，而是师长对学生的身体力行的教诲，在用实事求是、一丝不苟、严谨认真的文风影响着我，使我在今后的写作中，不敢有丝毫的马虎与倦怠。

1995 年暑假，我去北京人民教育出版社校对即将出版的《古今异义词词典》，其中有三个异义词的注音和释义，查遍《尔雅》、《诗经》、《左传》等先秦典籍的训诂材料及《说文解字》，仍拿不准。我向责编请假，说："找人请教。"他问："找谁?"笑答曰："找我们咸水沽的老乡!"他不屑地陪笑着……

我风风火火赶到先生府上，只见沙发上、床铺上，以及地面上，都摆满了《红楼梦》和《石头记》的各种版本，大概有戚序本、大戚序本以及庚辰本等多种版本。先生正伏案整理发黄的手稿和一张张磨皱的卡片。我意识到，来得不是时候，先生正在紧张地汇校《石头记会真》，要誓为《红楼梦》校对出一部最接近曹雪芹原著的真本，要"扫荡烟埃"、"斥伪返本"。对版本学的研究,是一项多么繁琐、深奥、艰难的工作呀! 如今大学中文系和文研单位,都很少有人从事研究这项课题。因为它费时、费力,又难以在短期内奏效。而先生却始终选择了这项艰苦的研究课题,并且在当时已经取得了可喜的成果,引起了全国红学界的重视。先生看我进去,马上要重叠沙发上的书籍,以便给我让出一席之地来。而我知道这些书是动不得的,谁又知道是哪一页正在发挥作用呢? 伦玲姐马上从外屋搬来一把椅子让我坐下。为了不占先生过多的时间,我开门见山地说明来意。先生听后,边思索边一一讲来,我如获至宝地记着……

回到人教社后,社长刘国正同志(中学语文课本主编)在场,请他定稿。看后,刘老对责编说:"看人家树芳的老乡,比我们强多了,把周先生这些精辟的解释整理出来,就是一篇绝好的论文哪,不愧为当今的真学问家!"那责编惊讶地说:"原来你的老乡是周汝昌先生呀,难怪解释得这样精辟、准确呢!"

确实,大师学识渊博,于学无所不窥,于论无所不及,其著作内容宏富,淹贯经史,参驳古今。就这样一位学术大师,还屈尊为我这样一个无名小卒,故乡的晚生后学,释词解义,使我不禁感动异常,终生不能忘却。由此思之,吾辈深感先生对故乡的桑梓之爱,对后人的提携之情。心中暗暗吟道:

> 学岂能开顷刻花,惠风酥雨怒青芽。生无一曝十寒理,悟有峰回路转崖。

世人皆知,先生的书法艺术是高超的。其实,这高超的书艺不仅和先生那高高的品格有关,更重要的是有着精辟的文学造诣,使书法里流露着浓郁的书香气。

在先生三十多岁的时候,楷书和行书就已经形成了隽永、飘逸的个人风格。最近出版的大作《兰亭秋夜录》,第四部分"背临兰亭"中,可以看到先生所选的 1965 年、1966 年、1975 年的墨宝,这些都是先生目力尚佳时的作品。勤勉精进,颇具功力,笔法浑厚,刚柔相济,劲健端凝,焕发出右军神韵,实为墨迹精品。这固然仰赖先生有极高的天赋,但这也是长期实践、水到渠成的功效。

先生晚年目力虽然欠佳,但书艺却达到了炉火纯青的地步。1991年我到北京参加"高考复习研讨会"时,曾去拜访先生,请为陋室题写"幽治斋"的匾额,取《孙子兵法·九地篇》"将军之事静静幽正以治"之意。只见先生高搦管,站立而书任其挥洒,一气呵成,顿时获得佳作,使晚辈再三顶礼。

先生古稀之年以后,书风的突变,正是所追求的自然之美,不像以前那样"讲究"了,用笔多破锋,章法无拘执,"顺自然之理,得自然之趣",已经成了书家的最高认识。苍老雄劲洗尽了含蓄隽永,意刻笔随取代了精雕细琢。这一时期的代表作,如古诗词条幅、自作诗词条幅、楷书和行书的格言警句等,均得到海内外书家的一致赞许。

> 不使气兮不矜才,纯任自然信手裁。若非经纶撑满腹,那有好言慰同侪。联词妙语励行方,不茹柔兮不吐刚。如此书法必传世,精神文明发荣光。

大师远行的那天,阳光明媚,夏初繁茂之气正浓。在风景秀丽的海河故道公园里,以大师命名的林荫道路旁,路旁开满了白色透粉的花朵。有些花朵随着和煦的东风缓缓坠下,飘落在路人身上,铺满了您少年时常去游玩的"同和码头"。泪眼迷离了我,面对纷纷扬扬的繁花,已经分不清它们究竟是什么花,但我知道它们是在为一位热爱大自然、热爱美好生活、热爱家乡的大师送行。大师生前特别推崇高法超尘的精神境界。树上那些为您送行的似锦繁花,仿佛就是大师"华枝硕满"的诗意表达:"华枝硕满",生命的终极达到此境,汝昌大师,您可以满足地驾鹤西行了。

我们这些大师故乡的人们,要进一步了解大师,学习大师,为有大师这样的乡贤感到无比自豪;进一步认识到大师为我市打造了一个"国字号"的文化品牌,为现代化文学史留下了一个耀眼的光环。正是:

> 无以岁华将至老,所期作述有千秋。

一路走好啊,老爷子……

——家乡人对周汝昌的缅思

刘虎臣

　　周汝昌仙逝的噩耗传来,作为他的家乡人,我们真正是"初闻涕泪满衣裳"。稍稍痛定,又顿悟:"有的人活着,他已经死了;有的人死了,他还活着。"

　　先生自幼聪颖,勤勉过人,学识渊博,积淀深厚。其卓著的学术成就学界早有定评,对中华文化做出的贡献也得到海内外的首肯。这些都毋庸我辈置喙。他虽久居京都,但对天津、对海下、对咸水沽,对这片埋有他衣胞的热土,始终如一的眷顾,对家乡父老一往情深、恋念不忘的情怀,俱都传递出古老中华的文明规范。高山景行,令人向往和敬仰!

　　1960 代初,他在《天津晚报》辟"沽湾琐话"专栏,撰写了大量有关天津及海下的地理风貌、历史变迁、民俗民情、人物掌故的随笔,为研究天津历史提供了有益的资料。改革开放后,他又亲临咸水沽,开讲座、访故旧,与兄长祜昌先生仔细核对、梳理"石头记会真本"的资料(原有资料在"文革"抄家中遗失),拟定提纲,推敲细节,刮起一股文化学术的清风。在探访古镇葛沽时,就葛沽的九桥十八庙,他说中国的一座庙就是一座小的博物馆,把建筑、纺织、刺绣、铸造、彩塑、绘画等等汇聚一起,包罗万象地展现出中国人的创造智慧和审美情趣。他博物洽闻、深入浅出的讲解,无疑开了一扇探寻中华古老文明的窗口,提升了人们的文化自觉和民族自豪。

　　他为家乡做事,从不考虑个人名利得失。只要能做的、于家乡有利的,就不犹豫、不推辞、不拒绝。区里拍摄纪录片请他题写片名,区志完稿请他作序,政协"文史资料"邀他赐稿,甚至连学校、公司也求他题写匾额校牌。他虽早已几近失聪失明,但仍像邻里间互相帮忙一样,痛快答应,按时完工。

先生在咸水沽上的小学,破败的校舍、匮乏的师资、简陋的设施以及"文化荒漠"般的氛围,使他对改变家乡文化事业的落后面貌,忧急如焚。从家乡文化部门办文学小报到升格为文学刊物,一直为他所关切。《海河柳》文学杂志创刊后,他兴奋异常,惠诗贺曰:"一卷新刊名最好,无穷诗意画图工";"海河新柳色青青,文采风流一面旌"。并于短短几年间,赐诗词俚曲二十六首,倾心提携、鼎力扶持着刊物成长。

他早已是誉满海内外的大家,但只要家乡有人来,他都会欣喜得像个孩童。早早起床,换上整洁的衣服,默坐静侯。一次,北洋码头村文武高跷申报"非遗"。他居然一夜没睡好,明代建的姥姆庙使他梦醒,再闭眼,花会队伍又夹带着铿锵的锣鼓浩荡涌来。这些童年记忆表现在他的诗里,便成为:"嘉靖古寺千年旧,乾隆皇会万人走。"他千叮万嘱来的乡亲,北洋村的"文武高跷",特色鲜明,独树一帜,既可文演,又能武耍,更保留有乾隆古曲三十九首,有词有曲有人能唱,实在是宝贝呀。人走后他不放心,又寄诗以警示:"通古原为更知今,创新也要先识旧。"幸亏先生的殷殷指点,"北洋高跷"现已收入天津市"非遗名录"。

先生看似古板,实则本性幽默。哪次去的人多些,他起身让座却又刹住。后来他有文解释,本想说"我这陋室里高朋满座——不对了,我应当说'高朋无座'"。他用这种兴味盎然的小玩笑,表达因客厅狭小逼仄,实在无法让大家一一落座的歉疚。

先生九十三岁生日,家乡人为使气氛热烈,都准备了小节目。有人带了个拨浪鼓。先生耳聋,但鼓一响,他马上辨出,连连喊着:给我,给我,我小时候就爱玩这玩意儿,让我也摇一摇,摇一摇!他"嘣噔嘣"地摇着,其笑粲然、其状俏皮至极。引得周围的人也跟着摇头晃脑,多么动人、多么温馨的一幅"群童"嬉戏图啊!

人们请教古诗如何"吟"?他说已然忘却。人们唱起家乡盖房喊的砸夯号子。老人也随着哼。声音随兴浓逐渐增大,释放出放浪形骸、纵情山水的豪情。先生体恤家乡人，劝大家不要每年都跑来看他。人们说要来，最少再跑十五年。为什么是十五年？先生不解。人们提醒他，您考证曹雪芹的《红楼梦》写了多少回？他立马悟出，自己九十三岁，加上十五恰好一百零八，正合曹雪芹的《红楼梦》只写了一百零八回之数。明白了家乡人的深情厚意，当即向儿女大声喊，你们记，我要作诗啦。一首俚歌如潺潺溪流，奔腾而出，其中有句云："共同举杯互为庆，祝我寿增百零八。"

音容犹在，斯人已逝。愿望只是愿望，自然规律是不可抗拒的。但仍留给我们太多的哀痛和遗憾。我们只能无奈地用家乡习俗高喊：一路走好啊，老爷子！

能看百舸云帆竞　得庇隋堤巨柳荫

——怀念国学大师、红学大家周汝昌先生

李国柱

　　6月1日早晨上班路上，津南楹联学会秘书长薛恩泉打来电话，沉痛地告知我，周汝老去世了。听后不觉愕然，悲痛之余还有些怀疑，不知消息准确与否。到单位后，马上抄起电话，急切地询问《海河柳》杂志主编刘国华先生，刘先生声音哽咽地说："汝老的确仙逝了，是5月31日凌晨2时走的。"消息证实了，热泪不禁夺眶而出。一个月前津南楹联学会沽帆诗社一行六人赴京庆祝老人家九十五岁寿诞，老人家还精神矍铄地和我们谈了很长时间，怎么突然就驾鹤仙游了呢？此刻老人家谈笑风生的大家风范，一幕一幕的在我脑海闪回。

　　今年4月11日，津南《海河柳》杂志社主编、津南楹联学会顾问刘国华先生带领学会诗社的周贵麟（周汝老的侄子）、薛恩泉、于树华、何庭柱和我，一同赴京给汝老拜寿。

　　我们准备了家乡的一些特产，早早地就赶赴北京了。到了汝老家已经10点多了。老人家正在小憩。建临兄（先生的次子）告知我们："家父听说你们要来非常高兴，早早地就等你们了，这会儿眯着了。"唤醒先生后，老人家见到家乡的晚辈十分高兴，听到说带去的家乡特产——目鱼、螃蟹、煎饼果子、泡水的"红果娘子"——后连声说："太好了，太好了，谢谢大伙儿。"

　　先生生于1918年，今年已九十五岁高龄，双目几近失明，说话也要大声才能听到，但精神矍铄，思维敏捷，谈吐风趣，气度雍容。我当场大声朗诵了

诗社献给老人家的贺寿诗："杖履优游九五翁,精神矍铄气雍容。等身著述堪传世,仰止南山不老松。"先生听后哈哈大笑,谦虚地说:"不敢当,不敢当。"国华先生说:"汝老的著述不是等身,是超身。"先生谦虚本分的大家风范由此可见一斑。在和我们交谈的过程中,先生谈锋犹健,鼓励我们要好好学习中华优良传统文化,说海下文风由来已久,要好好继承。还特地对国华先生说:"要注意家乡风俗文化的保护、传承与发展。老家好东西很多,不能没了,否则就太可惜了。"其间提到了海下高跷、葛沽皇会宝辇等民间风俗、风物。交谈中,我无意中发现,先生书房的山墙上还悬挂着我们天津市楹联学会副会长赵士英先生献给汝老的龙年画作,红底金龙,非常醒目。

不知不觉一个小时过去了,先生毫无倦意,谈兴仍浓。大家怕先生累着,准备起身告辞。建临兄建议大家合影留念。我们大家围着先生拍照,齐声祝老人家健康长寿,相约来年再来看望老人家。

在辞别先生回津的途中,大家还沉浸在和先生在一起的那份温情与激情中,深深地被先生那份对故乡的眷恋之情感动着,为先生的学识所折服,大师的形象在我心中高高地竖立起来。大家还说着下次什么时候来,可没有想到,此一见竟成永别,实在令人扼腕捶胸。

先生在耄耋之年,犹为关注家乡文化事业的发展,可谓念兹、在兹。对家乡的一本文学杂志《海河柳》鼎力扶持,寄诗、写文章,不计任何报酬。听说家乡成立了诗社非常高兴,几次雁寄诗行,提携鼓励大家。大师的风范、胸怀令人仰止,同时也深深地感动着家乡的众多文学爱好者。

说起诗社,还与先生有着联系呢。2009年末,诗友们相约成立诗社,大家为诗社的名称各抒己见。刘国华先生提议用"沽帆诗社"冠名,他继而说出了用"沽帆"二字的缘由:十多年前,先生回乡省亲之时,咸水沽一书画社,请先生赐名,老人家欣然允诺,沉思片刻,便提笔赐名"沽帆书画社"。大家看后,都认为"沽帆"二字起得好,反映出了我们沽镇的地域特点,有昂扬向上、张帆远航之深意,很传神。国华先生提议用"沽帆"冠名诗社,大家觉得很有意义,便欣然定名了。

先生知道家乡成立了诗社,并以"沽帆"命名,非常高兴,随即寄来《题沽帆诗社》贺诗一首:"云水微波草色苏,潮痕柳韵入新图。诗人又傍虹桥立,细数春帆七二沽。"2010 年中秋节,《海河柳》杂志社和沽帆诗社共同举办了"中秋诗会"。建临兄带来汝老的中秋贺诗,在诗会上进行了激情朗诵。尤其值得一提的是,先生在诗序中写道:"庚寅岁中秋两大佳节先后相连,故里'沽帆诗社'诸友,酒兴豪吟,盛极一时,愚亦贡拙句为贺。"诗友们拜读了先生贺诗,尤其是看到诗前的小序后,激动之余,更是被先生那虚怀若谷、激励提携故里后学的伟大情怀所折服。在以后的日子里,只要大家提起此事,感激之情,还久久不能忘怀。诗社成立一周年之际,建临兄又带来汝老的贺诗一首:"沽帆远影接行云,一片诗怀待好春。桅上灯红潮最稳,桃符万户旧更新。"建临兄也朗诵了他的贺诗:"绿水春潮景色迁,沽帆远影在蓝天。诗人欲唱渔家乐,腊鼓频催贺锦笺。"先生和建临兄的贺诗,对诗友们都是莫大的支持与鞭策。大家都决心不辜负先生的厚望,努力学习和传承中华优秀古典文化,也像先生一样,为中华文化的发扬光大,贡献自己的绵薄之力。

　　先生安详地走了,但他无私的高尚品格,做学问的严谨态度,对家乡的赤子之情,将深深地影响我们,可以说他留给了我们无尽的精神财富。下面我将一首献给先生的小诗作为这篇怀念文章的结尾:"沽上春来草色新,青葭初窥老河浔。能看百舸云帆竞,得庇隋堤巨柳荫。"

品高德厚泣追怀

——叩盼周汝昌先生魂归故里

杨月春

    2012年7月14日,《海河柳》杂志主编刘国华老先生顶着酷暑到企业送书,让我及全体员工深为感动。车间、办公楼刘老所到之处受到干部员工的热情欢迎,感谢之余,大家更对刘老为文化繁荣大发展执著奉献的敬业精神所感动。刘老先生送来了《海河柳》第十五期杂志,告诉我该期刊登了我的几首诗。我对《海河柳》杂志倾慕已久,作为一名工科出身干实业的女企业家,我的文学功底不深,拙作得以发表,德高望重的刘主编亲自送书上门,真是让我诚惶诚恐,深感荣幸,也让我亲身体会了《海河柳》杂志扶植激励业余文学爱好者成长的用心。

    国华老先生还送来了《不可忘却的文缘·周汝昌与海河柳》以及《海河柳》编辑部6月出版的《悼念周汝昌先生专刊》等书籍。话题转到刚刚过世的周汝昌先生,空气一下子变得凝重起来。我们的思绪跟随刘主编的讲解又回到了那段令人悲痛的日子里。

    5月31日,我国著名红学泰斗周汝昌先生逝世,举国震惊。红学讲坛痛失栋梁之材、旷世奇才。当时我脑子里出现的一句话就是周公驾鹤悄然去,红学有惑可问谁? 悲痛之余不禁感慨万分。6月初我启程去欧洲商务考察,这次考察是早几个月前就和国际客户订好的,否则真想留下来,在第一时间为周汝昌先生悼念活动做点什么。我怀着郁闷的心情登上飞机,下机后,于欧洲所到之处总有同胞甚至是外国友人和我谈及周汝昌先生的仙逝之事,可见周先生享誉中外的影响力之广,大家不免唏嘘不已,悲痛之情黯然而生。我恨不能赶快结束这次商谈活动,回国参加悼念周先生的活动,行程中有悲伤、有劳顿更有若即若失的遗憾。回国后,听说了一些津南文化馆在第一时间为悼念周先生编辑出版了《悼念周汝昌先生专刊》的事,心中充满了对《海河柳》编辑部及各位老师的感激和敬意,我还知道了津南领导班子向周汝昌家人表达敬请周老先生魂归故里的事情,使我更是深感欣慰,津南第一时间发出了悼念周先生的声音!这声音包含了千千万万像我这样对周先生无比仰慕的人的心声。此时刘主编拿着这份专刊来,和大家共同缅怀周汝昌先生,给我压抑多日的情愫一个宣泄和倾诉的机会,使我悲伤之情得以宣泄。

翻开专刊中可见,大多作者都曾与周汝昌先生有过接触,通过《海河柳》的平台,至少和周先生有过一面之缘。这些作者是幸运的。我自幼喜爱文学,大学时代阴差阳错学了工科,但心里一直都埋藏着一个文学梦想。青年时代读过《红楼梦》,但看不甚懂,直到看了周汝昌先生的《红楼梦新证》等书才逐步体会其中的奥妙和深意,后来学写古体诗词,得知周先生对古典文学的造诣,因此更对周汝昌先生非常仰慕。我在电视里听过周先生在《百家讲坛》讲四大名著。他的见解卓而不群,他的语言妙趣横生,非常生动,尤其是谈起《红楼梦》来更是神采飞扬,给我留下极深刻的印象。而在现实生活中,我没有见过周先生,只是今年有幸参加了《海河柳》联谊活动,聆听了刘主编朗诵的周先生为这次活动写的诗词。当时我就被年事已高的周汝昌先生能伏下身来为民间文学社的活动写诗而感动,后来从刘国华主编等前辈那得知其实周先生为家乡文化建设做的远远不止这些,心中对周汝昌先生更是充满敬意。

刘国华主编此次送书到企业,深情地向大家讲了国学大师、红学泰斗周汝昌先生的生平以及一代大师和《海河柳》的情谊,情到之处几次泪流满面。当他背咏周老先生去世前一天在病榻上写的绝笔诗时,更是泣不成声。“九五光阴九五春,荣光焕彩玉灵魂。寻真考证红楼梦,只为中华一雪芹。”在场之人闻之无不动容,既对周汝昌先生一生寻真求证严谨的治学精神肃然起敬,也为刘国华主编对周先生的挚情所打动。大家在跟随刘主编共同缅怀周汝昌先生的过程中,受到了一次深刻的心灵洗礼。

敬送刘国华主编走后,我静下心来拜读了《不可忘却的文缘——周汝昌与海河柳》和《悼念周汝昌先生专刊》，透过大家深情的笔触，我进一步了解了周先生热爱家乡、支持家乡文化发展的感人至深的事迹，以及他生活简朴、谦和为人的君子风范。我的心再次激动不已！感谢刘国华主编送这么有教育意义的书给我和企业员工学习，让我们在仰慕先生学术崇高成就的同时，了解到周汝昌先生感人至深的人性化一面；感谢《海河柳》各位编辑和作者，你们用深情的文字和发自肺腑的话语记载了一位生活俭朴、品高德厚、平易近人的长者、一位诲人不倦的恩师在生活中的点点滴滴。你们向世人展示了周汝昌先生崇高的思想境界和感人的人格魅力，让更多的人知道周先生不仅在学术研究上空前绝后成为一代后人难以逾越的鸿儒大家、红坛研究的旷世奇才，而且在生活中他又是那么的谦和、和蔼可亲、平易近人，使周汝昌先生的形象更加充满人性化的光彩。

我掩卷而思，心情久久不能平静，虽然周汝昌先生已逝去，但他的精神是永存的！一定会有更多的人传承他的精神，投身于新时代的文化建设中来。传承是一种信念，我们从津南区政府四大领导班子联合叩请周汝昌先生家人让周先生回归故里的诚意中看到了！传承是一种决心，我们从醉心编纂《海河柳》杂志的编辑甘做嫁衣的境界中看到了；传承是一种行动，我们从文坛作者笔耕不辍的创作中看到了；传承是一种执著，我们从七十四岁刘国华老先生带领《海河柳》的同仁蹒跚送书八千册到各部门的脚步上看到了！传承更是一种热爱，我们从千千万万信守中华传统美德的民众心声里看到了！而这份信念、决心、执著、坚定和热爱都将汇聚成一份让优秀的中国传统文化发扬光大的力量，或许这也会变幻成我们告慰周先生英灵的一束小花。周汝昌先生是从津南故里走出去的一代鸿儒，月是故乡明！我们叩盼周先生早日魂归故里。激动之际我挥笔写就此诗：

悼念周汝昌先生——叩盼周汝昌先生魂归故里

惊闻噩耗举国哀，陨落红坛旷世材。考证一生千古探，寻真万卷百花开。治学不辍终无悔，掩卷长思久怅徊。坚韧谦和如玉魄，品高德厚泣追怀。

2012 年 7 月 15 日于企业

周汝昌考证:曹雪芹祖籍灵寿

马介清　箫　玉

据已故当代红学家周汝昌老先生考证,清代伟大的文学家、世界名著《红楼梦》的作者曹雪芹,祖籍河北省灵寿县。

周老于1986年4月26日,亲自来灵寿考察。他在县城东南三里处岗头村,看到"宋武惠王曹彬故里"石碑后,喜形于色,当即欣然赋诗一首:

> 岗头故里有碑存,一代元勋武惠尊。灵寿宜修新县志,须知芹圃是文孙。

周老殷切地希望以后在灵寿的新县志里能看到有关曹雪芹的记载。

旧《灵寿县志》原有曹彬事迹的记载,而没有曹雪芹的记载。据周汝昌老先生说,根据多方面史料考证,曹彬的后代有一支,于明代永乐年间移居京东丰润,以后又发展到东北辽宁铁岭一带。到努尔哈赤满洲兴起,后金军大败明军,铁岭一带的曹氏居民被役为奴隶,编为八旗"包衣人",移居辽阳,后随军入关。曹雪芹就是这一支曹氏的后代。历传曹雪芹是满洲正白旗人,而追本溯源,曹雪芹的祖宗是汉人宋武惠王曹彬。曹彬,史载灵寿人。因此,曹雪芹祖籍灵寿便无可置疑。

周老是"红学"研究的权威,他的说法,源于确切的考证。曹彬第三子曹玮之后,北宋末曾居官江南隆兴(治所今江西南昌市)知府,子孙遂留居于

斯。明初迁丰润者,为南昌曹玮之后。至今丰润曹氏家祠中存有一副联语:
"汉拜相宋封王三千年皇猷黼黻,居江左卜京右亿万世国器圭璋。"所谓"汉
相"、"宋王"指曹参和曹彬,"江左"、"京右"为南昌、丰润。这是丰润曹氏为
曹彬之后的明证。

灵寿县内,多处存有曹彬的遗迹和传说。城东南三里灵寿镇岗头村是
曹彬的故里,岗头村东公路旁有清光绪二十三年(1897)曹氏族人所立的"宋
武惠王曹彬故里"石碑,村中曹氏祖祠内存有同样石碑一通,字迹因年久已
不可辨认。岗头曹姓为一大族,世代繁衍,都称说是曹彬的后代。另外,县
城西北二十五里菅村乡曹庄村,村北公路旁有一大土丘,有人说是曹彬的
墓,但无碑碣可查。荒冢孑然,别无遗迹,有无墓葬品,尚待发掘。又据旧县
志载,清康熙十七年(1678)邑人邢标(东合村籍)慕武惠高风曾为其竖碑乡
里,此碑今已无处可寻。

武惠王曹彬,宋良将第一,功业显赫,名彪青史,家乡故土,当有垂久遗
物,奈因"靖康之末,子孙多从高宗南渡,无复在北者",又历经金元用兵之
际,兵燹灾祸,劫掠难免,所以武惠王可作永久纪念的遗物,实难发现,此在
清康熙陆陇其知灵寿时,即以如此开国元勋,竟无供人缅怀追念的遗迹而慨
叹。俟后,陆公发现县北十里朱乐村南,村民传说有曹氏墓地,未知是属于
武惠王的,还是武惠王上辈的。陆公亲临察看,只见"萧然平衍,漫无丘陇"。
仅有四块有孔穴的石头,规制粗陋,不像是勋戚贵胄所用,倒像是后人表识
的物品。陆公"不忍武惠之泯泯于兹土",于此竖《宋曹氏墓碑》为志。当时
巡按御史瞿俊亦为此撰诗。诗中感叹曰:"茫茫葬地连荒原,马鬣已夷无复
存。天空不返辽海鹤,白云凄冷埋深魂。"

虽然,曹氏家族在灵寿没能留下太多的遗存,但曹氏后人遍布全县,曹
彬、曹玮、曹皇后、曹国舅的故事世代相传,他们为自己有一个"善戢下,不妄
杀一人,不自矜伐,不冠带不见史,平常未尝言人过失"的祖先而骄傲。而今
他们又为在自己祖先的后人中有一个旷世文豪而感到无上光荣。

日前,周汝昌先生病逝的消息传来后,当年陪同周老在灵寿考察的省文
化厅老厅长李九元接受了记者的采访,他当时任灵寿县委书记。周老给人
的印象十分简朴,没有名家的架子,谈吐儒雅,知识非常渊博。考察完岗头

村曹彬故里后,李九元带周汝昌先生到县文化馆,请周老挥毫题词,老人虽眼睛不好,仍用双目的余光,一气呵成,写下四句题诗。李九元为表达谢意,赠送给周老一对灵寿特产彩玉健身球。没想到引起了这位老学者的巨大兴趣,他认为《红楼梦》中所写五彩石补天,难道不正切合了曹雪芹祖籍灵寿的彩色玉石吗?周老留下的这个课题,值得我们深入挖掘,将石家庄的玉石文化产业借助《红楼梦》这块金字招牌做大做强。

记者早在十几年前,就曾给红学大师周汝昌先生写信,询问其当年来我市灵寿考察曹彬故里的详细情况。周老因年事已高,双目接近失明,故委托其女公子周伦玲代笔回信,并在赠书上为记者亲笔签名,并由周伦玲大姐钤印留念。此后,记者与北京周府保持了多年的通信联系,期间还获赠数册周氏父女签名的合撰著作。如今周老以九五高龄,驾鹤西行,重睹一代宗师的遗墨,不胜痛惜之至!愿周老一路走好。

我给周汝昌做保镖的日子

刘 波

在外地开会,隔绝了媒体的消息。直到今天上午,才收到朋友的电话,知道周老爷子去了。大恸!上网检索,到处都是伊人伊事,铁证着同一个事实,让我不得不相信,老爷子真的走了。

朋友们劝我节哀,我却不知道这"哀"应该如何去"节"。此刻眼前每一个镜头,闪现的无不是老爷子的音容笑貌;心底涌起的每一件事,都是和老爷子相识的每一个细节……赶都赶不走。现在唯一能让我安慰的,就是我比旁人多了一份和老爷子相交往的经历,多了一份和老爷子接触的零距离。

是的,零距离。老爷子的体温似乎还留在我的臂弯和手掌,老爷子的声音似乎还回响在我的耳畔,老爷子送我的毛边书,还在案上依然。

未识周先生前,只知道他是中国的红学泰斗,新中国研究《红楼梦》的第一人,是我心目中无限景仰的国学大师,是高不可攀的前辈学者。他是需要我仰视的,是我一直想见而没有机会见到的。我曾经和好朋友刘文莉聊过几次,对她表达过对老爷子的仰慕之情。她当时在漓江出版社驻北京编辑部工作,和周先生一家相交甚笃,曾经笑着说以后拉我去见见。没想到,不久之后,我就真有了和周先生亲近的机会。

记得是 2005 年 8 月,刘文莉来电话,说周先生需要一个保镖,大家都认为我是最合适的人选。这真让我喜出望外!

从文莉那里得知,一向低调的老爷子,这次终于被大家说服,同意出来公开露面了,正在策划中的周汝昌全国首次媒体见面会暨读者见面会,将在不久后举行,中央电视台和诸多媒体也将对该活动进行全程录播和报道。

周先生时年八十八岁,已近九旬,他的家人(周先生的两个女儿,我称之为周阿姨)很担心媒体见面会的安全。毕竟老爷子的威望辐射全国,单单他在京城的粉丝就数不胜数。凡是爱读《红楼梦》的读者,有几个不知道他老人家大名的? 万一有狂热的粉丝,或者热情过度的媒体,不小心冲撞老爷子身子一下,那可是不得了的事。——后来事实证明,周阿姨的担心并不是多余的。

主办方和周先生的家人反复沟通,最终确定要充分重视媒体见面会的安全问题。经大家商定,最终由刘文莉出面,邀请我来全面负责周先生本次活动的安保工作。我接到邀请后,登时喜出望外,便一口答应。随即,我紧急召集成立了一个安保小组,主要成员有高健、侯振宇和刘小瑾组成。由我领头,大家共同负责周先生的安全保卫工作。

周先生的安保工作是本次活动的重中之重,来不得半点疏忽。我事先去活动的地点三联书店做了反复的勘察,确定了周先生的车辆行走具体路线以及预设中的其他事宜。上午8点多,周先生的车辆低调驶入三联书店后院,我将周先生从车里扶出来的那一刻,整个内心都激动了起来。

全国媒体见面会暨读者见面会隆重而热烈。很多老爷子的读者都专程赶来,想要亲睹老爷子的风采。在三联书店购书的读者现场得知了消息,也一个个喜出望外。一时间,媒体和读者蜂拥而来,排队购买老爷子亲笔签名图书的读者,从楼上一直排到了书店外!

整个活动的所有细节,我几乎全都记得。从开场读者的热烈问候,到老爷子的讲话,还有整个签售过程的高潮不断,无一不印在我的脑海里。中间多次的突发事件,更是让我日后时时想起。好在我们事先准备充分,现场应对得力,所以整个活动自始至终都得以顺利进行,有惊无险。

让我印象最深的,莫过于扶着老爷子入场出场的时刻。或许我当时内心的感受其他人很难有真切的体会:这样一个堂堂的红学泰斗,中国学术界鼎鼎大名的人物,在我的感觉中,此时此刻不过是一个需要我去保护去照顾的老人。这个老人和我的祖父年龄相仿,身形是那样瘦小,面容是那样苍老；再加上他老人家当时已经近乎失明失聪，面对着即将涌来的欢呼的人潮，他倚靠在我的臂弯中，身体似乎都无法去负荷之后要来临的一切。

然而，老爷子坐定之后，神态和气度恢复了从容。他对着读者和媒体侃侃而谈，言辞谦虚而恳切，态度慈祥而庄重，那样貌，那风采，依然又是大众心目中那个博学而智慧的长者，就连我这个身负老爷子安保重任的人，也在旁边几乎听得入迷。

……

后来，刘文莉告诉我，周先生一家对那次活动的安保工作非常满意，周先生还特意将有我在内的很多活动照片张贴在了家中。这又给了我意外的惊喜。……往事已矣，斯人不在，空余我们后生晚辈的不尽唏嘘。

没有和周先生实际交往过的人，或许无法了解老爷子晚年内心的平淡从容。周先生临终遗言，不开追悼会，不设灵堂，让他安安静静地走。这或许才是老爷子的真正伟大之处。

于无声处听惊雷。值此举国读者同悼之日，我不想过多追述关于周先生的种种细节，只愿借此文向先生遥祭，惟愿先生安息，惟愿先生的家人安好。

2012 年 6 月 1 日 13 时

京华北斗遽微茫

——吊念中华文化学家周汝昌先生

博锐倦人

5月31日，岁次壬辰闰四月十一日，傍晚近6点时，忽有红友告知我：网上传言周汝昌老先生去世了。我当时心头轰然一震，而又很快平静，觉得这肯定是谣传，因为周老一直精神很好，前不久还接受了采访。然而，不管怎么设想，还是提心吊胆，于是到网上搜索信息，那时候有关周老逝世的消息还很零星，所以我仍然半信半疑，觉得这是太突然的事。我坐在电脑前不停地刷新网页，却发现这个噩耗越来越多，直至看到新华网上的报道，我方才认定，周老真的走了！顿感天日无光，云垂海立，悲痛至极！

等思绪慢慢静下来时，作了一首七律，略展悲痛追怀之情：

> 京华北斗遽微茫，天际风悲感肃霜。鹤影诗魂真翘楚，荒原红魄独驰骧。山阴笔脉凭谁继，学海清风恨不张。永忆扬州存手泽，盲书重阅涕连裳。

首句化老杜名句"每依北斗望京华"，次句则化用周老三年前吊念国学大师季羡林先生的诗句"大师霄际顾人寰，五月风悲夏骤寒"。周老身在北京，而更是一位北斗级的人物，骤然离去，怎不令人伤怀悲痛？

第三句则是我一直以来的拙见，即周老的本色是中华的传统诗人，而非世人所谓的"红学家"，他是一位典型的诗人型学者儒士。《红楼梦》里第七十六回,史湘云与林黛玉池边月下联句,其中最精彩的一联便是:"寒塘渡鹤影,冷月葬花魂。"这是曹雪芹的神笔。而周先生的诗才不减唐宋名家,用之形容岂能为过? 先生在文章里说过,每当看到才华、才调、风调等词时,总是打心眼里喜欢。先生早年也很喜欢逞才,与张伯驹、顾随等前辈大家的诗词唱和以及向胡适录示《金缕曲》都可窥斑痕。吟诗填词贯穿了周老的整个生命,据我估计,周老一生的诗词创作绝不下于南宋陆放翁。

　　第四句想表达的是周老研红的风雨人生历程。众所周知,周先生不是主流红学派的,用他自己的话说,他一直都是"单干"。先生一生遇到了无以计数的艰难坎坷、冷遇打击,却凭着自己顽强的学术精神坚持到了人生的终点,这怎么不令人肃然钦佩? 而他又时时关注红学的发展进程,关心挽携后进。先生在赠刘心武的诗中曾感慨道:"新红鲜绿倩谁栽,一望荒原事可哀。"可见周老对红学前景是满心的担忧。前不久,周老还对媒体透露,近年来红学没什么新成果。现在先生已往,搞红学的人应当借此而认真反省反省了。

　　第五句说的是周老的书法成就。书圣王右军于会稽山所书的千古《兰亭序》是周先生一生研究的又一大课题,并于前年出版了《兰亭秋夜录》一书。先生的书法也是追随王右军的笔法真髓,曾三次背临《兰亭序》,笔致极其精到,得到书坛泰斗启功、徐邦达、王学仲等高度赞佩,并作题跋。周先生认为学书当从欧楷入手,然后参悟右军的笔法,方能达到书法的上层境界,即遒媚挺拔,风流潇洒! 而现代很多学书之人多以宋后书家为宗法,这是先生所反对的,觉得宋以后软毫应运而生,所书的字没有精气神。另外,现在的机器字大行其道,中华的书法以后会有怎样的发展,先生也深为担忧,他在《永字八法》的序言末尾作诗道:"中华书道今何在,书圣长吟王右军!"

　　第六句是赞佩先生一生治学的高风德范的同时,又联系到当下的学术腐败蔚然成风所发出的感叹。当年周先生与胡适之的论学交往完全是出于学术本身,而丝毫没有身份政治在影响,这真是对事不对人的学术风气,这是周老一生所尊崇的理想的学术形式。周老一生提倡百花齐放,百家争鸣,提携后学,只是为了繁荣学术,倡导研究中华博大精深的传统文化而已。他儒雅谦逊,朴实本真,毫无狂态,更无官腔架势。现在则不同了,一切都得看身份背景看政治地位。我常在想,周先生这一代学人过去了,以后的学术风气真不知会是什么样。

尾联感念先生目盲后,仍亲笔回书于当时在扬州求学的我,令我感动不已,终身难忘,而重睹遗墨,不禁悲怀难掩,怆然泪下。

周先生自幼聪明灵秀,清高素雅,淡泊名利,一身诗人气质。先生一生致力于弘扬中华传统文化,学识渊深,涉猎广博,义理、考据、辞章三者兼备,是真正的一代综合型大儒,是中华文化学宗师,远非红学家可比。昔时,钱锺书、季羡林、任继愈等国学大师的离世,先生都作诗吊念,表达悲痛缅怀之情,而今日先生之逝,又会有哪位文化巨匠来作诗吊念呢?念及此,不禁感叹中国文化人的学养素质真是一代不如一代了。有人早就喊出,中国将不会再出现像民国时代那样的大师了,我想也不无道理吧。

先生是曹雪芹的隔世知音。依先生考证,曹雪芹生于乾隆甲辰年闰四月二十六日,而先生逝世于壬辰年闰四月十一日。前者龙年闰四月生,而后者龙年闰四月卒。这是何等惊人的奇迹,难道就是所谓的冥冥之中的一个轮回吗?

闰四月十三日晚间匆草,十四日修定

书中忆

——怀念周汝昌先生

邢济霖

    家中的书架，有一层，除了甲戌影印本和陶渊明、曹植、李清照等人的诗词集以外，全是周汝昌先生的著作:《红楼梦新证》、《红楼十二层》、《曹雪芹传》、《红楼梦的真故事》、《北斗京华》、《诗词赏会》(共二辑)、《千秋一寸心》、《天·地·人·我》……其中，我最为珍视的，是由他和他的四兄倾五十余载之精力汇校而成的《周汝昌校订批点本石头记》。

    周老的书特别对我的心，不久前，听说周先生又出了新书——《红楼新境》和《寿芹心稿》，于是赶紧去网上找了来，还未及读完，竺大哥在 QQ 上告诉我:周先生去世了……

    说实在话，当时虽有些吃惊(印象中，先生除了耳目不好之外，身体一直很好)，但并没有太悲伤的情绪。对于生和死，我如今确实看得比较开了。可是今天望着书橱细细忆取这十年来先生通过文字传达给我的知识和感动，一种复杂的情绪瞬间涌上心头，完全出乎我的意料……

    我第一次读完《红楼梦》是在 2000 年的暑假，一下子被雪芹的才华和深情打动了，陷入了非常深的痴迷。当时，对于这本书，虽然也有一些对人生、对"情"的体悟，但主要还是教科书以及老师灌输的一些诸如阶级之类的东西。直到 2002 年的一天，在书店看到了先生的《红楼十二层》……

    那是我第一次看到先生的文字，感觉非常奇怪:那种与读者交心似的行文，实在是我在学校图书馆中能翻到的很有限的几本红学书籍中所不曾见过的,文中所透出的那种平等待人待物的大爱,像极了雪芹原著给人的感觉! 加上文中很多新颖细致的感悟,让我一下子找到了"通灵"的感觉! 于是,那以后,只要看到周先生的著作,都要买回来醋读一回。也曾经给朋友寄赠过先生的书,朋友读后,和我的感觉一样,说真和通常能见到的红楼评论不是同一层次,我们就这样深深为先生的痴情与才华而打动、而折服。

当然,我们对先生也不是完全地"言听计从",他的论证以及结论中,也有我们并不认同的。但是,像先生这样纯粹而又痴情的学者,真的太少见了,对他的敬佩和感谢是一直萦绕于我们心间的。每次翻开他的著作,都是一种非常幸福的事情。

早先,读先生的著作并不多的时候,我以为先生只是研究《红楼梦》,后来才发现,先生对于书法和诗词也是非常的精通。还记得第一次读到《千秋一寸心》和《诗词赏会》的时候,我真的惊呆了。原来解诗的文章可以这样写,感觉眼前的文字一下都有了温度。

另外,我完全没有想到的是,原来先生也是那么热爱戏曲和曲艺! 他在《百家讲坛》讲座和书中提到过的插曲《风雨归舟》(言前辙版),我也非常的喜欢,常常摇头晃脑地跟着录音唱:"打了来那滴溜溜的金丝鲤,唰啦啦啦放下了钓鱼竿……"

——看先生的电视讲座感觉他就像个孩子,纯真、天真、认真。啊,难怪先生一生追求的就是个"真"字! 追想雪芹的《红楼梦》,回回称假,其实是处处言真。我想,正是这个"真"字,让先生愿意"为芹辛苦"了这一生!

细细回想,雪芹和先生的这个"真"对我影响非常大,加上"严凤英的黄梅戏"对我的长期熏陶,我对艺术的评判标准发生了根本性的变化。比如对于一个戏曲唱段,我最早是要听配器是否新颖、演员唱得是否好听出彩,而现在,我首先要听的是一个"真"字,有了这个,我才能听得下去,才会去细品这位演员的演唱。

在此,向雪芹、脂砚、汝昌先生还有凤英表示感谢!

我差不多每年都要读一遍《石头记》,每一次都是从除夕——雪芹的忌日——开始。在那一天的清晨,我会在书橱旁供上一杯清水,心默默地转向雪芹和脂砚。

此时回想起这些，不免又往书架上望了一眼，见最顶层放着朋友送的一个小葫芦，葫芦上烫着一句诗："牛鬼遗文悲李贺，鹿车荷锸葬刘伶。"旁边放着一套大书——《石头记会真》（共十卷）。这套书真的让我非常非常非常地震惊。

在人民出版社的"周汇本"《红楼梦》出版之前，我心里一直有一个疑问，不少研究《红楼梦》的学者都出版过《红楼梦》的校本，而周先生经常在文章里提雪芹原著里这一处应该是怎样、那一处原本应该又是怎样，为什么他就没有去校一个本子呢？等到"周汇本"出版了，听说它是《石头记会真》的缩简本，而《会真》里不仅有定稿，还有十一个古本的所有文字，同时包含脂批。而且这套大书是他和他的四兄完全以自己的私力完成的。我的疑问终于解开了，而且着实吃惊不小！后来，从网上买来了这套书，打开的一刹那，我简直惊呆了，看着那每册都像一本大词典一样的书，我对二位老先生的感佩之情一下喷涌而出，根本找不到合适的词汇来表达了。为了取阅方便，我把它们一册一册放进了书橱。那个包装盒，因为上面印有雪芹、脂砚和周老兄弟的名字，我觉得不能丢弃，就恭恭敬敬把它放在了书橱的顶上。

我觉得先生一生最大的贡献，不在于《红楼梦新证》的出版，也不在于曹学、脂学的开创，也不在于"红楼探佚学"的创立与推进，而在于他把雪芹、脂砚想通过《石头记》告诉我们的"真"和那一份永存天地间的"大爱"阐发并传递到了我们心里。我现在在五个贴吧给红友们发古本《石头记》及相关资料，以及在严凤英吧给凤友们发送我十多年间搜集整理的严凤英唱腔资料。从2010年至今，已经整整两年，而且我还会一直发下去。我的这个决定，就是在这种"大爱"的感召下做出的。

如此想来，能读到先生的著作真是一件非常幸运的事！我曾经暗自庆幸过好多回。如果我没有看到那本《红楼十二层》，如果，看到之后，并没有引起我的任何共鸣？

"情不知所起，一往而深。生者可以死，死者可以生。"

"谩言红袖啼痕重，更有情痴抱恨长。"

对于先生的去世，我不想说先生虽然去了但精神永存这样的话，我只是觉得先生这一辈子真的太辛苦了，该歇一歇了。也许，先生能在另一个世界里见着雪芹和脂砚,然后他的眼睛和耳朵都好了,这样的相聚,该有多少话要高谈快论啊!只是不知道先生酒量如何,那两位可都是海量啊!

先生的照片中,给我印象最深的就是那张立于兰花前,若有所思,又似乎是在与兰花对话的那一张。我今天的这篇怀念文字就是在家里的兰花下起笔的。望着兰花垂下的枝叶,我的视线渐渐模糊,仿佛看到了先生那儒雅而又真挚的微笑……

2012 年 6 月 17 日 16 时 16 分

怀念先生

四明山客

先生仙逝，我心悲痛，我没有心理准备。

2009年《周汝昌校订批点本石头记》问世，有报道说这是先生的封笔之作，又听说先生双目完全失明，我曾颇为担心。没有光明、没有声音的日子该是十分难受的，而一旦封笔，无欲无求又容易催人老去。后来，看到先生的文章在报上再次出现，我悬着的心才放了下来。

2011年10月，看到朋友拍摄的照片，先生仰面躺在椅上，看上去很是疲累，却又十分安详，我心甚慰。今年4月，唐师曾拍摄了先生的一组照片，先生很瘦很累，我很心酸。后来看到先生的生日照片，身着唐装，面带笑容，手持新书，很是精神，我相信百岁可期，茶寿非梦。万想不到，一个月后，先生竟驾鹤西去，魂归仙乡。我始料不及，手足无措。

我已经过丧父丧母之痛，先生之逝，尤让我难过。我已很久不曾流泪，先生之逝撞开了我的泪腺，我无法抑制自己的悲痛，眼泪流了停，停了又流。我不敢上先生的贴吧，不敢看先生的照片，可是我又忍不住一次次来到贴吧，看网友的一个个帖子。我既感动又十分悲伤，先生有福，有这么多网友为他送行，可先生真的走得太早了，太突然了。

我心很乱，头绪全无，一支支香烟也无法让我平静。我拿起筷子，又放下饭碗，肚子不饿。

我真的很想见见先生，我以为我是有机会的。《楝亭集笺注》我已马上看完,《红楼梦新证》正计划着手再读,我想赶在见先生之前,多做一点准备,免得到时接不上先生的话题。先生走了,我的计划落空了。

先生改变了我的生活,当我沉迷于游戏玩乐的时候,是先生把我拉了回来。我开始重新捧起书本,我看到了人生的意义,找到了生活的快乐。现在先生走了,我不知道未来在哪里,我不知道我今后会如何生活。我知道要告慰先生,我就得活出人样,可是我不知道我是否还会接近书籍,我甚至不知道我是否有勇气重读先生的作品。

我初"识"先生是在央视的《大家》栏目,我买的先生的第一本书是在2007年。我忘不了与先生之间的点点滴滴,此刻,它于我尤其珍贵。

我喜欢先生的书,喜欢先生的墨宝,我知道先生已不可能写信,可是我想拥有先生的签名。朋友的帮助让我实现了愿望,2011年6月15日,伦玲阿姨给我寄来了《红楼夺目红》。看着笔划重叠却又苍劲有力的签名,我百感交集;摸着新书,我似乎感受到了先生的体温。我该如何回报?先生馈我精神食粮,是历久弥贵的无价之宝,我委实没有等价的礼物,只好胡乱寄了点方物,心里却有些忐忑,怕亵渎了先生。我不了解先生,真的不了解。两天后,先生竟托阿姨短信向我致谢。先生不怪我已让我非常高兴,感谢,我又如何承受得起?何况那俗物先生很可能并不喜欢,反而得多扔一次垃圾。

我有时也胡乱写几个字,只要涉及先生,我一定小心翼翼,不敢乱用一个字,怕误伤了本已伤痕累累的先生。2011年11月6日,小文《唯真唯呆,得大欢喜》在报上刊出。让我惊喜的是,先生竟然也知道此事,他让阿姨短信向我祝贺,夸我写得不错,并向我表示感谢。第一次得到先生的称赞,第二次愧受先生的感谢,我成了世上最幸福的人。可是先生又怎么可以谢我呢?应该说谢的永远是我呀!因为我是先生的铁杆粉丝,从先生身上我得到了无穷的快乐,我相信真诚善良、谦和儒雅的先生是值得我尊敬信赖并为之竭尽所能的。

我实在很笨,笨得想揍自己,先生的文章汩汩滔滔,文采斐然,可是我竟把文字写得如此干瘪,真是愧对先生。

可是我还要写,我还没有把先生与我的故事写完。

《红楼夺目红》后,我又先后得到了《诗词赏会》、《红楼新境》的签名本。

2012 年 4 月 4 日晚上,我突然想起《寿芹心稿》将要出版,当时我大脑短路,误以为它是《红楼新境》的纪念版,因阅读时曾看到几个小小的纰漏,便急忙将勘误发给阿姨。很快我便收到短信:"收到了,你看得很细,差不多都对,个别字不错,待我稍后告诉你。我父亲在旁边说:这个小友真不错,谢谢你!"给书挑错,先生不但并不生气,反而向我表示感谢,我真真切切地感受到了先生的谦逊、大度和友善。"小友",这个我想都不敢想的亲切的称呼,简直让我发疯,我,我竟与先生成为朋友了!

5 月 2 日是一个难忘的日子,这一天,先生听读了拙文《周汝昌先生的"千秋一寸心"》,他让阿姨发来短信,夸我写得不错。其实我知道,听与看是不同的两码事,阅读能发现的问题,听读却不一定听得出来,先生是乐于奖勉提携年轻后学的好人,得先生谬赞我当是先生对我的鞭策,促我上进,但心中的那份高兴却也是无须隐瞒的。我没想到的是,更大的喜事还在后头。晚上 10 点 28 分,先生竟通过阿姨赠我两首七绝。先生赠诗,"固所愿也,不敢请耳",可我又深自惭愧,何德何能竟劳先生赠诗于我!我本想把两首诗独自深藏,又怎忍心埋没先生的文字,我相信诗中的深情厚意,也一定是先生想对所有热爱他的网友表达的,请先生原谅,就让我隐去我小小的名字吧。

寄小友

其一

笃郎年少足风华,早筑书城自一家。始信人间有情种,精研新墨焕云霞。

其二

知音不弃到衰残,破袄方知昨日寒。遥祝佳文刊一集,远从越随寄燕山。

壬辰四月十二立夏前三日

"壬辰四月十二",壬辰闰四月十一,才近一月的时间,先生,我最尊敬的先生不在了,在我没有心理准备的时候;心中的天塌了,在我找到了快乐的时候。从此,我的天空暗无天日。

我多想与先生握一个手,拍一张合照,我多想听先生唱一句京戏,为先生唱一段越剧,我有好多问题要向先生请教,有好多话语想对先生诉说。我一直暗暗想着,暑期,就在暑期去看先生,即使只看一眼。

在我的愿望越来越近的时候,先生走了。

我曾经与伦玲阿姨通过两次电话,本有机会在电话里叫一声先生,问一声好,不可饶恕的怯懦却使我不敢要求与先生通话。其实,以阿姨的热情,先生的善良,又怎么会拒绝我呢?现在,现在我是再也见不到先生,连听听先生声音的机会都永不可得了。

先生走了,在 2012 年 5 月 31 日凌晨 1 点 59 分。

君生我未生,我生君已老。君恨我生迟,我恨君生早。
君生我未生,我生君已老。恨不生同时,日日与君好。
我生君未生,君生我已老。我离君天涯,君隔我海角。
我生君未生,君生我已老。化蝶去寻花,夜夜栖芳草。

借用此诗,谨志我无尽的怀念,愿先生在天之灵得享永生!

2012 年 6 月 1 日

旧笺犹忆周汝老

初国卿

　　周汝昌先生是 2012 年 5 月 31 日逝世的,得知消息后就想要写点文字,以此纪念周老,可当时我正随沈阳市新闻出版系统在宁夏与河西走廊考察,难以坐下来动笔。纪念文字未能写出,总感觉心中一直装着一件没有放下的事。前几天检点旧笺,发现了二十年前周老写给我的几封信,展读再三,先生形象如影在前。于是写下如许文字,作为纪念。

　　我认识周老约在 1991 年,那是为了请他为我和宋绪连先生主编的《三李诗鉴赏辞典》写序之事,到周先生在北京红庙的家中请教。记得那是一个普通的二楼居所,先生衣着简朴,待人和蔼可亲,言谈举止都荡漾着融融古风。室内装饰也一如先生本人,清雅素洁,写作的地方就是一张吃饭的圆桌。后来,先生不仅为《三李诗鉴赏辞典》写了序,还为我主编的《大众生活》杂志写随笔。周老的文字,一般都写在用过的纸张反面,俭省一如衣着。如《三李诗鉴赏辞典》的序,共写了五页,均是在用过的复印资料的背面。交往渐多,我常写信请教,他见信都会一一回复,从中指点我如何读书、如何作文。那时,我正在读先生的《曹雪芹小传》、《献芹集》和《恭王府与红楼梦》,每每读到不解之处就写信请教。从我保存至今的这封 1992 年 8 月的来信中即可见出先生严谨为文、真诚待人的一贯风范:

国卿同志：

　　惠札已奉到数日,事冗迟复深歉。承索拙文,实乏佳者(因所付于报刊者以杂文为主,几乎不曾有意撰作真正够得上散文的),今勉呈一篇,未知可用否?《文史知识》并未寄来,有便乞代一问(因不知经手人,亦不便去乱撞也)。拙文如蒙不弃,有校样时能付下一核,以消灭误植,更好。

　　拙著恭府与红楼乃一"特殊品种",能写此只有如我之愚憨人,而能读者恐亦仅有如足下一辈多情人耳!

　　现时"修""管"园子的皆不学无术,名迹多遭妄为。是以拙著亦不过得罪人而无用之废话也。

壬申八月廿六日

周汝昌拜上

　　先生信中所说的"承索拙文",是我在为1993年创刊的《大众生活》做准备,向周老约稿。蒙周老不弃,"勉呈一篇"的就是后来发在《大众生活》创刊号"名士沙龙"一栏里的《相逢若问名和姓》。信中所说的"《文史知识》并未寄来"一事,是当时我将先生为《三李诗鉴赏辞典》所写的序言寄给了中华书局的《文史知识》刊出,他们答应出刊后直接寄样刊给周先生。周老对文字十分认真,他的稿子,一般都要亲自校清样,亲手"消灭误植",这一点,让我印象颇深。

　　周老的《恭王府与红楼梦》是一部考据精细、文字缜密的红学专著,它将北京恭王府的前身与《红楼梦》的地址问题联系起来,揭示了其中微妙而神秘的历史关系。在周老红学著作中独具风格,诚如信中所说,是一"特殊品种",当然也是我所偏爱的一部书。我当时用了一周的时间认真地阅读了这部著作,其中弄不清楚的就写信向周先生请教,比如恭王府向西山借景问题,周先生都能在信中为我详细解释。正因为我对此书的偏爱,我的仔细阅读,才获得周先生"一辈多情人耳"的夸赞。记得当年曾借出差到北京的机会,特地跑到西城区前海西街的恭王府,按着周先生书中所写,一一追寻旧迹,然后又到周先生家汇报所见所感,曾一起感叹名园遭到人为破坏的惋惜与无奈。

　　周老这封信写在文化部艺术研究院稿纸的背面，先生晚年眼力不济，写字多是凭感觉，但仍不失那独有的学者风采，且行文布局也颇讲究，如"拙文"、"拙著"的缩格与缩小，老派文人的尺牍规制，自然模就。

　　进入 21 世纪，与周老通信殊少，多是打电话了。2006 年冬天，与先生通电话谈起曹雪芹祖籍之事。周先生很认真地说：审慎考察，曹雪芹应该是你们沈阳人，曹雪芹祖籍在沈阳是没有疑问的事。听了周先生这番话，我当即与他约好，安排记者到京采访。于是就有了《沈阳日报》2006 年 12 月 14 日刊发的由记者李海峰采写的长篇通讯《周汝昌说：曹雪芹是沈阳人》，有了接下来的关于"曹雪芹祖籍在沈阳"的大讨论，此次讨论共在《沈阳日报》上刊发了十六篇文章，从学术上确认了沈阳为曹雪芹祖籍地这一成说，此一讨论曾引起全国关注，成为红学界 2006 年的学术大事。

　　周老以九十五岁高龄安静地离开，身后留下的是六十余部学术著作，还有无数学人对他的怀念。周家人告诉我，去世的前一天，他还躺在床上给儿子口述了一首七言绝句："九五光阴九五春，荣光焕彩玉灵魂。寻真考证红楼梦，只为中华一雪芹。"

　　"只为中华一雪芹"的周老走了，不知我辈多情人是否还记得"曹雪芹应该是你们沈阳人"的话？谨以此笺此文纪念周先生。

（原载 2013 年 2 月 5 日《沈阳日报》"往事·旧笺"版）

深深的怀念

张秉旺

相识与交往

我自青年时起就喜爱《红楼梦》，凡是论《红》的文章也都读得津津有味。1953年《红楼梦新证》出版，我废寝忘食地、全神贯注地阅读，痴迷到几乎忘了外边的世界，从此作者周汝昌的名字也深深印入了我的脑际。当时以为周先生一定是一位饱学的老学者，不然怎么会写出那样有分量的著作？

时光到了1980年代末，《北京日报》办了一个活动，叫"点子公司"，请读者点击名人。那时听说周汝昌先生还健在，而且精神矍铄，研红不止，于是我投书《北京日报》，点击周老先生，那是抱着"有枣没枣打一竿子"的心态写的，并没有抱什么希望。没想到几天后报上登出了周老的回应文章。由此契机我与周老建立起了联系。

那时周老的耳目虽有损，但还能交流。我们时常坐在一起海阔天空地聊，谈《红楼》、谈民俗、谈北京风物、谈旅游……有一次谈到京剧，他说最爱"反二黄"，这也是我的喜爱，当时我就哼唱了一段《乌盆记》里刘世昌的反二黄："未曾开言泪满腮，尊一声老丈细听开怀……"彼此兴趣盎然。又一次我说上初中时老师教过昆曲《夜奔》，老先生一听来了精神，原来他也是昆曲迷，而且极喜爱和熟悉《夜奔》，于是我马上唱了一段《夜奔》里的"新水令"："按龙泉血泪洒征袍，恨天涯一身流落……"一个唱、一个击掌拍板，兴致极高。

有一次聊到了《中国小说史略》,我说我对鲁迅的行文很是钦佩,音韵铿锵,有"桐城"的味道,随即背诵了其中的段落,没想到又骚到了老先生的痒处,他对旁边的小女儿伦玲说:"你看看,你看看,张先生也领会到鲁迅文章的妙处了。"然后对我说:"当年我教书的时候还把《小说史略》的段落当文言文的范文来读呢!"又一次,还是谈到鲁迅,我说我喜读他的《摩罗诗力说》、《文化偏至论》、《科学史教篇》、《人之历史》,尤其是《摩罗诗力说》;作为二十几岁的青年能写出如此思想深度的文章,实在难得。老先生一听又是来了情绪,说:"我也是! 上大学的时候我还想把《摩罗诗力说》翻成英文呢!"

老先生喜欢旅游。我每次旅游回来,总是把外面的风光、见闻纤细向他描述,他听得津津有味。他带着遗憾的表情说:"要是咱们早认识十年该多好啊!"

交流方式有面叙,也有书信,我理了一下老先生的来信,共有八十八封,这里面有讨论,也有争论,对事物彼此常有不同的看法,我坚持某一观点,他说我"凿死铆子",虽然是唇枪舌剑,却是兴味盎然。后来他目力下降,写的字迹难辨,我提出不写信了,改为电话交流。再到后来,电话多是他先说,我的回话由伦玲来传达。最后老先生的听力即使戴上助听器也不行了。

讲红与祝寿

我供职于北京玻璃集团公司,单位里有一个"红迷协会",我是其中之一员。我们红迷聚会时有人提出,能不能请周老先生来咱厂讲红? 我说请一请看吧。我向老先生一提,他欣然允诺,并提出两个条件:一、不吃饭;二、不要报酬。

讲座共举行了四次,每次一个题目,都是《红楼梦》里大家感兴趣的问题。礼堂里座无虚席,大家听得十分入神,周老的隽言妙语,常常引起听众的热烈反应。讲完还有答疑,周老看完所有的条子,或一一作答,或综合作答。大家都觉得听这个讲座是享受了一次十分难得的"文学大餐"。

其中一次活动还要重点说一下。那次的日期与周老的生日接近,我们想讲课之前加上一个内容——祝寿。为此我请到了一位北方昆曲剧院女武生演员刘巍到场助兴。刘巍何人？怎么能请到她？还要从头说起。

前文表过，我们对昆曲有浓厚兴趣。2000年某天我路过湖广会馆，演出剧目是昆曲折子戏，其一是《夜奔》。我急忙回家用完饭赶奔剧场，大轴的《夜奔》让我看得如醉如痴，演员居然是一位"坤角"，一打听，才二十多岁，是昆曲大师侯永奎的再传弟子。第二天我把演出情况用信报告了周老，说舞台上的林冲，英武中带有几分妩媚，令人想起了姽婳将军林四娘，等等。不久收到回信，内有周老为"女林冲"作的一首诗：

张秉旺先生告赏刘巍女士扮演《夜奔》感赋兼怀侯永奎先生

　　脂粉英雄女教头，听残玉漏恨更筹。征袍一剑难挥泪，锦幕千人忘转眸。长笛苍凉仍嘹亮，繁姿夭矫益风流。奇才自古多灵秀，半在歌楼半绣楼。

解味吟草，庚辰立冬

我把周老的诗复印，恐她不易认，又用规整的字抄写一遍，寄到北昆。刘巍接信后忙与我联系，表示愿意拜会周老。在周老的书斋里，老先生回忆了当年侯永奎《夜奔》动人的演出，以及他还赋诗、书写、装裱，到后台赠送侯永奎大师时的情景，说到动情处，在场的人都受到感染。不久，刘巍请周老到长安大戏院观看她的《夜奔》，周老怀着极大的兴趣看了她的演出。刘巍卸妆后陪周老回到他家，老先生兴犹未尽，讲了《夜奔》剧本用字上的讲究——俗本常出现的错误，周老后来把这些写成短文在报纸上发表了。

2003年初春的那次讲课，因要加上祝寿，电询刘巍愿不愿参加，她欣然愿来。那天她还带上了笛师，为寿星演唱了昆曲选段，笛声嘹亮，曲调悠扬，刘巍虽然没有上妆，表情是很到位的，她长相又很俊美。事后全场的人都说大饱了一次耳福、眼福。

这次活动后，觉得老先生年纪已经八十六岁，出于保护的心理，以后没有再请他讲红。

遗憾与怀念

庆丰闸有曹雪芹和友人的游踪，老先生很向往，总想去那里看一看，何况距离也不太远。我告诉他那里是垃圾成片，杂草丛生，乌烟瘴气，实在没有看头。我泼了这盆冷水之后，他再没有提起此事，不久之后赠诗：

好向红楼结善缘，燕台还证九龙山。庆丰插柳邀同访，惆怅浓烟掩碧寰。

题赠秉旺先生　周汝昌

第二句说的是我们工厂所在地九龙山原来有一座高高的土山，经老先生考证，那就是燕国的黄金台，此事我提供了一些素材，画了地图，文章在《北京政协报》发表了。

后来庆丰闸一带整修好了，垃圾没了，水清了，河边修起了白石栏杆，但我再也没有向他提起此事，事后想起来，心里觉得是一桩小小的憾事。

几年后，我搬家到了海淀区，因而时常到颐和园。每到春天，西府海棠开得十分艳丽，乐寿堂、仁寿殿的十二株开得尤其好。周老听说后激发了游兴，约我同去游赏。我做了安排，但到临近开花时，老先生突发腰疼病，不能成行，其事遂寝。我在信中写了一首打油诗：

十二花容色最新，赏花犹是探花人。腰肢负却春光远，寄语周郎莫伤神。

老先生回信里也有一首回我：

良友惠我诗，称郎意何厚。继以赐华笺，彩毫加我寿。其人蕴美才，笔端溢清秀。赏音小放牛，顾曲鹰脱鞲。相视两莫逆，心锦则口绣。

味拜三月初三

这里解释一下:"华笺",每年我寄的贺寿卡都是自制的,这一年的卡上有我写的长长的寿字,有一联,曰:"味解芹心意,书证梦精微。"一面上画了猫蝶图,象征耄耋。此外还请人刻了一方图章,朱文"芹痴",这是我赠老先生的雅号。第五、六句说的当是此事。"赏音小放牛",我在电视上看到了刘巍演的《小放牛》(扮牧童),载歌载舞,火爆、风趣兼而有之,看得兴味盎然。我把此事函告了老先生,没想到又是一个巧合,原来他也是对《小放牛》的乡土气息和天真的童趣非常喜爱,所以诗里提到了此事。"鹰脱鞲",《夜奔》的唱词有"脱鞲苍鹰",俗本作"脱扣苍鹰"是错的,前文提到周老的纠错文章里包括这一词语。

约赏西府海棠没成,后来也未再促成此事,之后想起来,又成为一桩小小的憾事。

我初识老先生时,看到他经常是废寝忘食地著述,心中十分感佩,我决心绝不求他办什么事,相反,如有需要尽可能帮他做一些事。这一点基本上做到了,比如为他画"雪芹行踪图"、探访某地等等。还帮他买到一对铜简,上镌有明义的一首诗,字体为石鼓文。老先生对此爱如珍宝,专门作了四首诗赠我。

但是,我还是打破了我自设的禁令,求他办了一件事。2007年,我把自己发表在报刊上的研红文章结集,书名《红苑杂谈》(军事谊文出版社)。此前我到周府,对老先生嗫嚅地说出了自己的想法,请他写个"序",不知有无可能。老先生说,你把文章题目念一遍,我念完后,他略一吟哦,作出四首七绝递给了我。我把它作为"代序"印在了书里。请他写诗,并没费他太大精力,但究竟是自食其言,也觉得是小小的遗憾。

文星逝去将届一年。翻看着那些签名赠我的书,重读着一封封来信,往事一幕幕涌上心头,我深深地怀念他。作为一名技术人员,由于喜文、喜红,得与周老先生结识。在梁归智著《红学泰斗周汝昌传》里有一章节叫"新雨旧雨二三人",我名列其中,名单是周先生提供的。老先生名满宇内,学术如泰山北斗,最初我本来是不敢打扰,也不敢接近的,谁知接触以后,并无隔膜感觉,而且交谈之间如沐春风,终于交往日深,这也许是还有许多共同爱好的缘故吧。先生视我为"雨"(友),我却从不对人说"我的朋友周汝昌",怕掉入"我的朋友胡适之"那个新典里去。

先生远行了。他的著述是红学的里程碑,是红学大厦的基石、砖瓦。著作永存,斯人不朽。

Zhou Ruchang(英国《每日电讯报》报道)

Zhou Ruchang, who has died aged 95, was one of China's greatest literary scholars, devoting almost seven decades of his life to the study of just one novel: the enigmatic masterpiece *Dream of the Red Chamber*.

Until a week before his death, Zhou was still hard at work, dictating the framework of a new book to his daughter. "My father did not care about fame and he did not fear death," she said. "The only thing he could not let go of was this book."

The *Dream of the Red Chamber*, a sprawling and allegorical portrait of life during the Qing dynasty(1644 - 1911), is China's greatest novel, a work so multi-layered and allusive it has spawned its own field of scholarship: "Redology".

Zhou was perhaps China's most famous Redologist, and his 1953 book, *New Evidence on the Dream of the Red Chamber*, drew on 1, 000 sources, and research inside government archives and at the Forbidden City, to put together a portrait of the book's author, Cao Xueqin, and his family.

Zhou's scholarship brought him to the attention of China's then new leader, Mao Tse-tung, who claimed to be such a fan of the novel that he had read it five times.

Cao was descended from a Chinese bondservant who had been a favourite of the Emperor Kangxi(1654—1722), and his family had lived in high style in Nanjing. But the Cao family fell from grace under the subsequent rule of Emperor Yongzheng and had its property confiscated.

On the surface, his novel, thought to be semi-autobiographical, paints the lives and loves of two families during the Qing dynasty, presenting a cast of some 40 major characters and almost 500 minor ones.

The novel was unfinished when Cao died in 1763, and for several decades it circulated in manuscript form among his family and friends before being published, with a number of additional chapters(possibly edited or written by subsequent hands), in 1792.

Zhou wrote more than 50 books about the novel, one of which was a 10-volume edition of textual analysis of the various manuscripts.

The critic Anthony West said that the novel is to the Chinese"very much what The Brothers Karamazov is to Russian and Remembrance of Things Past is to French literature"and that it is"beyond question one of the great novels of all literature".

Born in Tianjin on April 14 1918, Zhou was the youngest of five brothers. His father was a scholar and had been a government official in the seaside city.

He was a shy but able student and had a passion for carpentry, constructing his own book cases. He later said his devotion to Dream of the Red Chamber stemmed from his mother's habit of reading it to him when he was a child.

At high school he volunteered for the army, but his student brigade was dismissed, out of concern for its safety when a real war, with Japan, loomed.

Instead, he studied English literature first at Yenching University and then, in 1947, at Peking University, where his translations of Shelley's poetry impressed Qian Zhongshu, the author of Fortress Besieged, a tale of middle-class life in the 1930s that is considered a masterpiece of Chinese 20th-century fiction.

Zhou's wife, Mao Shuren, recalled that he was such a passionate poet that he would ask her to name a topic and then spontaneously compose verse. He later moved to teach at Sichuan University before transferring to the Chinese National Academy of Arts.

In 1968, during the febrile anti-intellectualism of the Cultural Revolution, he was imprisoned in a cowshed and then sent the following year to watch over a vegetable patch in Hubei province. By 1970, however, he had been rehabilitated and transferred back to Beijing.

By then, his already poor eyesight was all but lost, and he wrote in large, overlapping characters or dictated his work. In later life, when he appeared on television to discuss Dream of the Red Chamber, he used no notes because he could not read them. Nevertheless, his enthusiasm for learning was undimmed. Zhou said with his poor sight and hearing he had become adept at introspection and contemplation.

Ronald Gray, an American scholar of the book, said he had contacted Zhou last year to let him know about Robert Morrison, a Protestant missionary who in 1823 had spirited seven copies of Dream of the Red Chamber to England.

"I very quickly got a response [1] that was positively dripping with excitement. He had a host of questions, and keep in mind that he was 93 at the time," he said. "Whenever I visited him, he would, at times, become so excited about the novel that his daughter, who took care of him and was his personal secretary, had to tell him to slow down."

---

[1] from Zhou

Despite his literary fame, Zhou lived modestly in a small apartment in Beijing with his three daughters, who survive him. He requested no funeral service. "I have lived a life with no regrets," he said on his deathbed.

Zhou Ruchang, born April 14 1918, died May 31 2012.

子女追忆周汝昌

何玉新　李　意

历史既是由风口浪尖的人写就的,也是由无数小人物的奋斗史构成的。他们的悲欢离合,他们的酸甜苦辣,他们的人生命运,都应该是媒体关注的——这里讲述的是亲历者自己的故事。

时间:5 月 31 日

地点:北京朝阳区周汝昌家

讲述:周汝昌先生子女:周喜临、周月苓、周丽玲、周伦玲、周建临

红学大家的朴素小家

5 月 31 日凌晨 1 点 59 分,周汝昌先生在家中溘然辞世,享年九十五岁。老人留下遗愿:不开追悼会,不设灵堂,安安静静地离开这个世界。

周汝昌先生的家,位于北京朝阳区一栋老式六层红砖楼中。进入单元门,仿若一下子穿越到 1980 年代。小客厅里摆放着旧沙发、旧书架、小铁床和老式写字台,任何能放东西的地方都堆满了书籍纸张。三女儿周伦玲说,父亲的这些东西我们谁也不让动,他虽然近乎失明,但却知道哪一件东西放在哪里。

一张老式折叠圆桌支在中间,上面摆放了一幅周汝昌先生的照片。就是在这张普通到已经被绝大多数家庭淘汰的圆桌上,周汝昌完成了他晚年的大批著作。

　　周伦玲给我看周汝昌先生生前的笔迹。那些写在打印纸、复印纸或废信封上的字,有的几个字撺在一起,有的又离得很远,有的根本认不出是什么字。因为老人晚年几近失明,这些字句藏在老人心中,写出来后,却已无人能够"破译"。

　　周汝昌先生 1918 年 4 月 14 日生于天津咸水沽镇。1939 年考入燕京大学西语系,1941 年因日军占领燕京大学而中断学业,1947 年复试回燕京大学继续学习。1953 年 9 月,他在华西大学外文系任教,并在棠棣出版社出版了新书《红楼梦新证》,此书被誉为"红学史上一部划时代的著作",是近代红学的奠基之作。他另出版有《曹雪芹传》、《红楼梦与中华文化》、《献芹集》、《石头记会真》、《和贾宝玉对话》等数十部专著,涉及红学领域各个层面。他根据脂砚斋批语提供的线索,阐述了他对《红楼梦》八十回后内容的研究成果,展现了一个完整的真本《红楼梦》。

　　周汝昌先生自号"解味道人"。这正是曹雪芹的自况:"满纸荒唐言,一把辛酸泪。都云作者痴,谁解其中味?"以"解味道人"字号,或许可以说明,周汝昌先生已是将曹雪芹当作了人生知己。

　　房间的墙上挂着一张条幅,落款五个字:天津周汝昌。房间的窗子上还挂着大红的吊钱儿。周伦玲说,北京没有卖吊钱儿的,每年过年天津的亲戚都会给他们寄过来,按照天津的风俗,春节后吊钱儿就揭掉了,但是父亲一直都不舍得揭,都要留到第二年春节,再换新的。

　　周汝昌先生一生眷恋故乡天津。2004 年纪念天津建城六百周年,他为《天津日报·满庭芳》"沽上丛话"专栏撰写了一组名为"六百春秋话天津"的文章。他是从天津走出去的红学大家,一生热爱家乡,几十年来发表了无数歌颂天津的诗文。如今,儿女们也表达了父亲的遗愿,如果可能,老人想魂归故里,落叶归根。

父亲,院里的孩子都喜欢他

　　父亲一生情系《红楼梦》,我们与父亲之间的感情也因红学这根纽带紧密联系在一起。遗憾的是,父亲付出的太多,而我们做子女的,却无法分担他肩负的重荷。

　　小时候我们住在北京东城北面门楼胡同,一家人两个男孩子,三个女孩子。父亲喜欢小孩儿,只要他一到院子里,全院儿的孩子马上围过来,缠着要他讲《三国》,讲《西游记》,讲神话故事。父亲给我们买了好多小人儿书,一天一本讲给我们听。大女儿是学英文的,父亲还用英语给她讲《茶花女》。现在回忆起来,无论是做人还是做学问,父亲都对我们产生了很大的影响。但那时父亲很少给我们讲《红楼梦》,因为比较难懂,一个大家庭数百口人的琐碎生活,孩子们理解不了。

　　我们后来觉得自己的父亲有点儿了不起,是因为他在中央人民广播电台讲《清明》这首诗。那时我们家刚有收音机,听到父亲的声音,顿时对父亲增加了一份敬意。那是1960年代初,随后父亲的书出版了,慢慢我们就觉得父亲不是一个太简单的父亲。父亲借来很多资料,我们姐妹就帮父亲把资料抄写下来。

　　我们兄弟姐妹学习都非常好,有时候我们告诉父亲考试得了多少分,他只是笑笑,觉得自己的孩子就该这样。姐姐上大学,妹妹上高中,都是父亲帮我们选的专业。我们有时候英文题答不出来,问父亲,但父亲告诉我们的答案却和老师的回答不一样。于是我们就都不问了,问了老师不给全分啊。长大后才知道,父亲不按教科书走,而是有更深层面的理解。

　　父亲被关牛棚、去干校,我们就没见过他。后来就是上山下乡,大姐去了天津葛沽,二姐去了大学下边的农场锻炼,三姐去了延安插队,小弟去了内蒙古建设兵团,唯一没走的大哥,因为是聋哑人才留在北京。三姐在延安给父亲写信,大意是你要好好交代问题,改造思想,我们响应毛主席的号召,一定到农村接受贫下中农再教育。父亲回信说,要我们听党的话。

　　我们几个孩子没有得到全部的正规教育,父亲觉得特别遗憾,他不光是为我们,是为我们这一代人惋惜。我们接不了班,只能帮他整理整理东西。假如说我们受到好的教育,能协助父亲,父亲也不会这么辛苦。

　　原先我们对父亲有怨言:“你就知道《红楼梦》,你知道儿女有什么事吗?”其实父亲不是这样。父亲说:“我怎么能不关心你们,忘了你们?”三姐从插队调到工厂,别人给介绍了一个对象,觉得不是很好,给父亲写信。父亲为这个问题给三女儿写了无数封信,说这是缘木求鱼,让她赶快扭转方向。

这些年三姐一直负责照顾陪伴父亲,她一礼拜回自己家两天,父亲对她有感情,回家两天,父亲每天都给她打电话,说我今天身体很好,你不用惦着,听听我的声音多洪亮!然后还汇报今天他做了什么事情。然后问三女儿你今天身体怎么样,没不舒服吧?这里面都藏着父亲对子女的一份情感。

曹雪芹,我家每年都给他过生日

父亲大多数时间只想着《红楼梦》,张口闭口《红楼梦》。父亲喜欢石头、木头。一是因为他老家开同立号木匠铺;二是父亲研究大观园,中国园林最早就是木石山庄,有醒石有醉石,一脉相承,这是多层次的呈现。

年轻时,父亲对《红楼梦》的研究始于《懋斋诗钞》。这是曹雪芹的好友敦敏的诗集,胡适先生已经访得了敦诚的《四松堂集》,只是寻不着《懋》集。父亲到图书馆去寻找,不料一索而得。在这本集子里,他发现了六首与曹雪芹直接有关的诗,就此写了一篇《红楼梦作者曹雪芹生卒年之新推定》的文章,在老师顾随先生的推荐下发表在《民国日报》上。

胡适先生读了此文很高兴,写信给父亲。由于胡适对父亲的考证结论只一半同意,一半否定,父亲那时少年气盛,又发表了一文与之争辩,并与他通信讨论。两人一共七次信札往来,父亲又冒昧地向胡适提出,借阅他珍藏的甲戌本《石头记》,没想到胡先生二话没说便应允了。自此,父亲正式开始了研究红学的坎坷征程。

父亲回忆说:"我和胡先生争,胡先生大度,一点都不在乎我说的一些少年气盛不太客气冒犯的话。大学者,仍然平等待我,并且表示你要想做这个工作,我尽我的可能帮助你,借给你书。"1948年暑假,父亲回到天津咸水沽老家整理自己的研究成果,《红楼梦新证》初稿,是摘记在各式各样的纸条上的,需要一张张抄录在稿纸上,这件工作就是在天津完成的。

1953年,《红楼梦新证》由上海棠棣出版社出版,在不到三个月的时间里连印三次,产生了很大影响。毛主席也读过这部著作,并在考证"胭脂米"出处的一节文字旁加了密圈。但《新证》自出版后便命运多舛。1954年全国《红楼梦》大讨论,胡适被批倒。父亲的《新证》也受到严厉批判。

终于等到《新证》再度被重视,父亲将《新证》由初版时的四十万字修订至八十万字。连累带急,还有些许兴奋,父亲的眼睛突然失明了。去协和医院检查,双眼视网膜脱落,医生的诊断是终生不能再搞文字工作。医生让他开刀,他说我回家,他怕如果做坏了,就再也写不了东西。

周总理闻知后,指示人民文学出版社一定要给父亲找个好医院,不能让周汝昌失明。于是,协和医院最有名的大夫给他做手术,右眼幸免,视力维持在0.01,左眼完全失明,但这已经是最好的结果了。二姐从外地请假赶回北京,父亲躺在病床上,双目包着纱布,仍让她帮自己读原稿,口述处理意见。这些内容当时对二姐来说就像"天书"一样,只能是父亲说什么,她记什么。

父亲研究一辈子《红楼梦》,他的思想和《红楼梦》是相通的。父亲小时家里也有两个院子,种着花,兄弟几人也是吹拉弹唱,也许曾有过《红楼梦》那样的场景再现。他是以身心来研究《红楼梦》的,他的终极目标是把《红楼梦》有关的事情都研究透了,才能研究《红楼梦》的思想高度,不能光是形骸,没有高度。

曹雪芹是农历四月二十六生日,我们家每年都会在这一天纪念一下。父亲从《红楼梦》里考证出他是闰四月,而今年正好闰四月,遗憾的是父亲没能等到曹雪芹的这个生日,所以我们全家儿女到那天还会继续给曹雪芹过生日,告慰父亲。

父亲的要求都在精神上

父亲临终前三两天,我们给父亲找药。有人说,父亲是大师级的人物,应该有这个待遇,只要他给领导写信,药一定没问题。我跟父亲说这个情况,父亲根本没管自己,说:我要是给领导写信,我就是要助手! 我们也只能叹气,您身体都这样了还要助手。

那时候有领导来我们家,跟父亲说,我们是来解决问题的。我父亲绝不说,你给我解决房子。他一个文化人思想不在这上面。他吃饭也不在乎什么,只要烂糊、能咽下去就行。穿衣服还不愿意穿新的,嫌新的捆得慌。他认为这些都是俗礼。他写过张伯驹,说"张伯驹无俗礼",来客人直接登堂入室,走了也不打招呼。父亲也是向他看齐,他所谓的要求都是在精神上,对这些物质不感兴趣。

父亲喜欢接受新事物,喜欢跟年轻人聊天。每次有人来家里,他都让人家给他读新闻、读书。他一点也不落后时代,很多新词他都懂,也总让我们上网给他找东西。他每天还会问我们报纸上有没有关于文化方面的新闻。

2000年左右,父亲出了十几本书。最开始写《我与胡适先生》,几个星期初稿写出来,三个月就写完了。刚放下这本,《和贾宝玉对话》又是几十天的时间就写完了。还有一个《红楼梦》里所有的诗词,很快就出来了。外界有人对父亲一年出这么多书有非议,我们都不解释,他们没有真正接触过,不了解父亲脑子里到底装了多少东西。我父亲同时写六七本书,我们几个孩子每人手里都在协助他弄两三本书,有疑问就问他,他马上就能解答。父亲说,你看我的脑子多好用呀。

那时各个出版社也来要稿,父亲精神好,心情也好,他在讲一个主题的时候,同时会再考虑下一个主题。我们帮他记录的时候,他说不了多长时间就叫停,马上说另一个,因为他总说一个觉得烦。他的很多文章都是同步进行的,晚上躺床上,他又考虑另一个问题。我们也知道父亲在世的时间不长,我们就是想展示父亲各个方面的学术成果。

虽然我们也学到了父亲的一些治学方法,但毕竟起步晚,基础也不好。他也惋惜,说:要是我眼睛好一会儿就干完了。有时候他觉得特别容易的事,但我们帮不了他,资料没找到,思路断了。所以后来父亲一直说想要助手,要改变工作环境。我们再用力,我们儿女围着他,帮着他,有亲情感,但这只是心理上的作用,从工作上说没有对父亲起到太大的作用。

父亲看东西只能用眼边上的余光。有时他给别人签个名,要把灯都关上,得漆黑以后靠光感才能写。我们也常提醒父亲注意身体,身体好才能一切都好。但父亲说,我活着就得写,我眼睛看不见,耳朵听不见,我干什么呢,活着就要有意义。

这两年,父亲眼睛看不见,连楼都不下了,每天的活动就是从屋里到阳台。跟朋友都中断了联系,最多是用电脑发一封信。他和刘心武只见过两次面,父亲从精神上对他比较支持。父亲的书出来,我们便找出版社给父亲要一套毛边儿书,书页还没裁开,他拿尺子一页一页都给裁开,放到枕头边,他爱得要命。

父亲跟我们说,你给我买一套"鲁迅大全集",我不管他多少钱,我说你看不见了,他说那我也要买,我对鲁迅有感情,我买了搁在那,那是我的寄托。最后我们也没给父亲买,很遗憾。

父亲在生命弥留之际,打起最后一点精神和小儿子说了一首诗:"九五光阴九五春,荣光焕彩玉灵魂。寻真考证红楼梦,只为中华一雪芹。"他说:"今天总算没白过。"可能他自己有预感,但他不说。父亲还向我们口述完成了他的新书《梦悟红楼》的大纲,老人觉得自己可以将这部书写完。如果条件好一点,如果再抢救及时,父亲再活五年没问题,还能再出几本书。但我们也是无力、无奈,愧对我父亲。

父亲生前希望魂归津门故里

父亲是天津人,我们的老家在咸水沽,他永远怀念故乡,怀念家乡的文化,他生前曾经说过,如果将来有一天,家乡人民会怀念他,他想落叶归根,魂归故里。父亲逝世了,我们想如果有机会,能将父亲安葬在老家,这也了了他的一个心愿。

1960年代,天津就请父亲去讲过《红楼梦》;西青区成立诗社,父亲写诗祝贺;还有一年,南开区专门给父亲举办了一次书法展。父亲跟天津曲艺团演员的关系都特别好,和骆玉笙一起开政协会,骆老让父亲给写个唱词,父亲就写给她。父亲有求必应,他不认为自己是名人。他还想到天津买房,说我想在天津有个落脚地,我能多去几次。

父亲一生豁达。因为《红楼梦新证》,父亲由四川大学外文系讲师调任北京人民文学出版社编辑,成了学界红人。也由于这部书,他在政治运动中变成了"资产阶级胡适派唯心主义"的"繁琐考证"的典型代表,1968年被关进牛棚,差不多一年后,被下放到湖北咸宁"五七"干校劳动。1970年,在周总理的关怀下,父亲从干校特调回京,回来的时候头发都白了。

但是当他写到"干校"的那段经历时,却并没有抱怨。他的任务是看护古湖边上的一块菜地。每天凌晨4点钟起来出屋,拿着一根长竹竿,将破裤子卷到大腿根,趟过没膝的水,要走很远才能到堤上。然后独坐,轰蚊子,吃带来的点心,哼唱反二黄。父亲受了那么多委屈,但落在笔上只有轻松随意,没有苦和怨。

在人们的眼里,父亲是"红学家",似乎他一生都像个书呆子似地"死啃"红学,其实,父亲兴趣非常广泛。我们给父亲的定位,不是红学家,就是一个文化学者。

1986年8月至1987年8月,父亲应美国鲁斯基金会之邀以威斯康星大学访问教授身份赴美一年。父亲一下飞机就开始说英文了,他喜欢英语,《牛津字典》可以背下来。到了美国之后写了一本书——《红楼梦与中华文化》,父亲找人家要的稿纸,在那儿写。张爱玲也是那时候看到的,后来他写《张爱玲:定是红楼梦里人》,都是从那时候开始的。

在美国,父亲除研究著述外,还为威斯康星、普林斯顿、纽约市立和哥伦比亚四所大学及亚美文化协会讲解《红楼梦》,他为亚美协会的那次讲演时间一再延长,讲演的题目是"罕见的文化小说——《红楼梦》与中华文化",一百多位海峡两岸的专家、学者坐在台下,在他讲演即告结束时,主持人提出再延长二十分钟。后来香港大学的一位教授愿意匀出自己演讲的十分钟给父亲。

外界说周汝昌喜欢出头露面,喜欢上电视讲,其实他本意不是这样。最开始上央视讲,连车接都没有,在一个宾馆租的地下室录像。他就是想宣扬中华文化,他说过:"只要有三个人愿意听我讲,我都会像数百上千人听讲一样去认真对待,无分长幼贵贱。"

在央视《百家讲坛》和《大家》栏目做节目时,主持人问父亲遇到不愉快的事情怎么排解,父亲回答:"回到《红楼梦》里边去,它包含了各式各样的道理,悟到了这些道理,你就明白,烦恼是很低级的东西,我们应该有更高等的精神追求。"

(2012年6月15日《天津日报》,原题"我们的父亲周汝昌")

父亲未走远 《新证》又重刊

——纪念父亲逝世百日

伦　玲

　　1947年秋天,经过八年抗战胜利后的父亲周汝昌重新考入燕京大学,成为西语系的一名插班生,那一年,父亲二十九岁。

　　这时的父亲发生了很大变化,他身在西语系,而精神志趣却不再是热衷于欧美语文了,一多半的时间和精力都转到了中国的文史"故纸堆"里去了。关注曹雪芹的家世,搜集曹家身世文献,成为当时父亲的最大志趣。他的一首诗里有这样几句,道是:

　　　　桃花杨柳斗芳顽,握椠萧然忍闭关。时辑曹氏轶事正力终日移录……
　　　　小立当门车马道,万人如海正游山。此情景为家园人所不能享矣

外面的世界是"桃花杨柳斗芳顽"、"万人如海正游山",而父亲却"握椠萧然忍闭关",他正为辑曹氏轶事终日移录。这种鲜明的对比,正是当时真实的写照。

　　燕京大学图书馆成了父亲的"家",他除了到课堂上,课外就呆在图书馆。父亲到浩如烟海的清代史料里边去查检,每一条跟《红楼梦》发生关系的资料都被他摘了出来,查检图书最少一千几百种,引入《红楼梦新证》的就达七百多种。

　　父亲利用一个学期的课余和两个暑假的时间撰成《红楼梦新证》,1953

年由上海棠棣出版社印行后,又经人民文学出版社、华艺出版社和译林出版社先后出版,产生了很大影响。

这是父亲的第一部著作,也是他的代表作。

《红楼梦新证》内涵所涉极为繁富,挖掘出一批可贵的史料。它的最大特点是:史料搜辑的丰富珍贵;填补、澄清、纠正以往研究的空白、模糊、混乱、讹误;许多历史事变牵涉曹雪芹家世生平的重大关系的揭示与阐释以及以上各种事故背景对曹雪芹和他的《红楼梦》的思想之影响及曲折表现。

父亲说,《红楼梦新证》并非是一种简单的承接胡适《红楼梦考证》的著作。《新证》是胡适《考证》的二十五年之后,又一次从头做起。《新证》是新的建立而非旧话重提的重复翻版。其建立的内涵,可以清晰地看到几项重要分科密切联系的学术体系的构建已然展示。这个体系是新的开始,包括了曹学、脂学、版本学、探佚学四大分支,相互依伏钩互成一新整体的研究方法。

《新证》体系成功建立的一个最明显的事实验证,就是它引发的强烈而广泛的影响。1953年出版后,立即形成了一种"红学热"的明潮和暗流。几乎所有海内外的《红》文、《红》评、《红》书、《红》刊都是在它的影响之下而萌生的,蔚为大观。如果以历史目光展望一下"红学史"的来龙去脉、起伏升沉,即不难看到从1953年开始以迄于今的与以前迥乎不同的研《红》场面、格局、兴荣以及一些十分特别的文化观。

《新证》以考证为手段,却以思想研究批评为之目的,这方是这部书的"灵魂"——这就是父亲对高鹗伪续篡改、冒充"全本"的思想本质的批揭,指出它是与曹雪芹的精神意旨处于针锋相对的地位,是一个有政治背景的文化阴谋。

有读者问父亲《红楼梦新证》研究的指导思想时,父亲回答说主要有二:一是孟子教导:"诵其诗,读其书,不知其人,可乎? 是以论其世也。"二就是马克思的教导:治学要占有一切媒介。父亲说:我要了解曹雪芹其人其事,我非得掌握有关他的一切资料,哪怕他的一言一字我都要知道——我实行的实际上就是这么一个方法。

父亲进而说:第一,重证据。不迷信证据,要分析证据,要了解证据的本身;第二,重感悟。证据重要,感悟同样重要,中华治学绝不是证据是一切,它有很多方面的精神、学力、修养、感悟的能力。

对于《红楼梦新证》这部书,海外著名学者美国威斯康星大学教授周策纵先生认为:"《红楼梦新证》无可否认的是红学方面一部划时代的最重要的著作。"美国红学家赵冈教授认为:"……考证《红楼梦》的基本材料大部分是他一手挖掘出来的。"国内学者刘梦溪先生认为:"胡适的《红楼梦考证》只是给曹雪芹上世的家世生平勾勒了一个大致的轮廓,周汝昌的《红楼梦新证》,才真正构筑了一所设备较为齐全的住室。关于曹雪芹上世的资料,迄今为止,没有哪部著作像《新证》搜集得这样丰富,以至于和《新证》相比,胡适的《考证》中所引用的资料,不过是小巫见大巫。"

父亲说:我的"新证"不在"证",而在"新"。这个"新"是针对胡适的《红楼梦考证》。我得到了他的教育,继承了他的思想,但又不完全等同,加上我自己的创造,所以叫"新证",如果忘了这点,我的考证就毫无意义。

父亲的观点"新"在哪里? 直到今天,才被著名学者中国社科院的刘再复先生点破:周汝昌的"考证"才是高峰,因为他是"悟证先河";他的考证不是字面意义上的考证,而是感悟考证。感悟考证是一种新方法,感悟和考证交相融合、不断反复,意即"悟中有证,证中有悟"。

这部由中华书局出版的最新修订版《红楼梦新证》,父亲未能赶上见到,但他对自己这部用心血著成的"新"书充满期待。去年此时,父亲还曾与我们共同商量确定新版的内容;今年4月在回答孔子网提问时,父亲还提到说:"修订《红楼梦新证》,让它更为丰富、提高一些,这是我多年来的愿望和理想,遗憾的是多种原因与限制,我未能做到,而双目已经失明,再无法实现这个增订计划了……"如今,父亲已离我们而去。父亲在临行前两天还在叮嘱我不要忘记去刻一枚"壬辰新证花甲子"的七字图章,以示纪念。

现在,恰值父亲逝去百日之际,书出版了,我们把这部父亲最辛苦、用力最勤、也是他最引为自豪的著作摆放在他的遗像前,焚上一炷香,告慰父亲,想必父亲在天之灵也会倍感欣慰!

父亲未走远,遗芳满人间。这是父亲留给我们的巨大遗产。

〔附〕在《红楼梦新证》增订版上的发言

各位嘉宾、朋友们、中华书局领导及诸位同仁：

大家好！首先，感谢大家前来参加今天的《红楼梦新证》发布会，来宾中有几位特地从外地远道赶来，盛情与会，非常感谢！感谢中华书局为《红楼梦新证》增订版举办这个发布会。

《红楼梦新证》是父亲的第一部著作，也是他的代表作。自 1953 年由上海棠棣出版后，至今已是六十年一个花甲子了。近些年来陆续收到读者来信，盼望能够读到《新证》，倾诉无处购买的烦恼。我们一直在考虑再版的机会。其实父亲早在 2004 年就开始思索并且已经动笔进行修改增订工作了。比如：增加了《世谱家风》、《诗礼簪缨》、《新证解题》等章节，对于《人物考》、《地点考》、《史事稽年》等都有所补充。可惜未能进展顺利。今年 4 月父亲在回答孔子网提问时还提到说："修订《红楼梦新证》，让它更为丰富、提高一些，这是我多年来的愿望和理想，遗憾的是多种原因与限制，我未能做到，而双目已经失明，再无法实现这个增订计划了……"这次出版《红楼梦新证》，只能基本保持原貌，真是非常遗憾的事，也是极大的损失！

我的父亲辞世已过百日，没能见到今天《红楼梦新证》增订版的发行，是极大的憾事。父亲后事的处理，我们子女遵照父亲遗愿不举办任何仪式。然而，在我们最悲痛的时期，全国各地许多朋友，以不同的形式进行悼念、缅怀、慰问，这期间曾先后得到胡锦涛、温家宝、习近平、贾庆林、李源潮、李长春、李克强、王岐山、张高丽、王刚、朱镕基、李岚清、吴官正、陈至立、尉健行、李瑞环等中央领导以及中办、国办、全国政协、中组部、统战部、文化部、天津市委等对父亲的悼念与对家属的慰问。这不仅体现党和国家对老知识分子的关心，也是对父亲一生的肯定。现在借这个发布会的机会应向社会披露这一情况，也借此机会向热爱父亲和他著作的朋友们，由衷地表示感谢和敬意！

多年来，我们与中华书局合作非常愉快，出版了多部书。去年商定与中华书局合作出《新证》时，父亲非常高兴。今年年初他对这部书充满期待，特意题辞"壬辰新证花甲子",以示纪念。他临行的前两天还嘱咐我不要忘记去刻这枚图章。我们刻了两枚章,其中一枚是李文进先生所刻,在此表示感谢。

父亲的老师顾随先生说:今世之人已公认《红楼》为不朽矣。然则玉言之《新证》于雪老之人之书,抉真索源,为此后治红学者所必不能废,则大著与曹书将共同其不朽。他断言:而今而后,《新证》将与脂评同为治红学者所不能废、不可废之书。

今天,中华书局推出的这部增订本,既是父亲生前的愿望又是纪念父亲的最好方式。

谢谢支持、帮助、关怀父亲的朋友! 谢谢大家!

诗词·挽联

悼周汝昌先生

范 曾

五月三十一日晚,惊悉周汝昌先生谢世,悲不能胜,口占一律,为学界哭。

疾雨初停地忽移,唐槐折干恍遥知。惊闻已谢人间世,不信能抛石上思。大隐当欣无雀噪,嵩文早自衬凰曦。而今旷宇唯孤唱,一去诗贤和者迟。

周汝昌老同窗千古

刘增禥

相识相通七十载,红学泰斗世界传。吾闻噩耗心悲泣,音容笑貌永心间。

敬题汝昌师治《红》

严 中

石头会真正本清,红楼新证集大成。为芹辛苦献平生,解味最是好知音。

怀念周汝昌先生

梁归智

白玉楼成帝驰召，惊飞梦笔海棠夭。功奇探佚君知我，业在尊红犬辨貂。凤羽明朝惜美剑，龙吟子夜悟韶箫。葬花芒种真缘巧？仰首双星万古骄！

悲吊红学泰斗周汝昌先生辞

张友茂

红界殒泰斗，文坛薨巨匠。骇悉吾师敏庵翁西去，若真若否，若啼若泣，耆骨离声，饔暮轭下。红楼巨儒，毕生缠系，鉴真痴缘石头；跌宕曲折，经纶满腹，考证集著之大成也。

红庙红楼红学，贫士贫身贫寒。痴石痴芹痴解，殊伟殊世殊当。鹤归华表，中华真命脉，夏日天匡应之霖淫；辉星宇陨，文哲书史诗，朗月地鸣而之染襟。

一介书生，一卷红楼，驰骋文坛。尔明心楚，载六十书著可谓人生足富，公之有幸！一注情深，一轮甲子，道天骚常。耳聋目盲，期九五星寿且然既蔽卜陋，于师不伤？吾仰其名以播远，聆其声而亲近，近其容堪殊当。理户流世，摘抉杳微，梦然如幻。所谓匡学奔张之无形兮，行义以正，远浊世大参乎天！

南昌张友茂（下府岸人），远沐叩拜于汝公师灵前！

悼念周汝昌先生

霍松林

（一）

红楼新证我能详，红学从知赖汝昌。回首燕京初见日，恭王府内共徜徉。

注：1955年秋应人民文学出版社之邀，赴京为新版《红楼梦》写序。由冯雪峰社长主持，邀在京有关专家开会讨论，得识汝昌先生，约我共游恭王府。叶嘉

莹先生《题〈恭王府考〉》诗序云："汝昌同门学长近著《恭王府考》一书,以为府邸为《红楼梦》中大观园之所本,嘉莹于1941—1945年在辅仁大学女院读书时,曾日夕游处其间……"

（二）

大明湖畔又评红,共话燕京殛四凶。登岱居然凌绝顶,神州万里换新容。

注:1981年8月,与汝昌先生在济南参加《红楼梦》研讨会。因"文革"中江青曾领导评"红",自诩"半个红学家",故首句"评红"前加"又";次句共话"殛四凶",亦与此共联。

（三）

米好茶香互唱酬,京华叠韵尽名流。河清人寿家家乐,一卷风行五大洲。

注:2008年新春,笃文老友寄示《贺汝老九十椿寿》七律,约我步韵,遂作《贺汝老九秩荣寿次笃文原玉》。构思时忽然想起过完春节我已八十八岁,因而以"米"对"茶",吟成"劫余得米吾何幸,日下瀹茶公已修"一联。不料笃文得此诗,尽邀京华名流纷纷叠韵,为汝老及余祝嘏,并编印《周汝昌先生九十华诞、霍松林先生米寿志贺》一书,遍寄吟友,一时传为盛世风流、讲坛佳话。

（四）

耳聋目眇脑犹灵,屡出新书举世惊。口述忽停君竟逝,独挥老泪望青冥。

注:由汝昌先生口述,女儿伦玲记录、整理的《红楼新境》《寿芹心稿》已出版。《梦悟红楼》一书,逝世前数日仍在口述,却已无法完成,令人感叹不已。

减字木兰花·悼周汝昌先生

郑欣淼

学行彪炳,自在红楼寻梦影。吟坫旗扬,赏会诗词锦绣肠。　　私心向慕,但憾无缘陪杖屦。惊坠文星,遗泽宛然惠后生。

悼念周公汝昌先生
林东海

周公才调自风流,解味红楼七十秋。双眼旧智歆考据,一编新证苦追求。曾经戏语狂当代,不意归休乐古丘。应是太虚寻幻境,九京携卷拜曹侯。

悼念周汝昌先生
宋　红

最爱羲之与雪芹,红楼证梦劈荆榛。丹青粉墨通才艺,杨范诗词作解人。一面因缘亲謦咳,九旬坛主见丰神。微茫往事成追忆,彩玉当空补昊旻。

沉痛悼念周汝昌师长
方克逸

餐风枕石沁芳容,新证红楼万古雄。音问几重犹耳畔,学童泪眼悼盲翁。

送周汝昌先生
慧　心

红楼暂别赴瑶台,乘愿何时再度来? 十四年间同一梦,难将片语写心怀。

悼红学大师周汝昌
范存政

悼红轩中出奇人,红楼梦里藏学问。学富五车方能解,大家风范一显身。师表为人人敬仰,周室有幸幸后生。汝若研读十二钗,昌盛红学有新证。

怀周汝昌先生

赵士英

识荆蓟苑正龙年，陋室寒窗沐蕙荃。鹤发大觉旌少艾，红楼雄论著先鞭。乡情未改三津恋，师德犹存五岳镌。宗匠仙游图在壁，何时再续庆削缘。

悼周汝昌先生

张燮南

一代红魁驾鹤归，"石头"失色大观悲。江南小镇有人泣，拜奠恩师热泪挥！

临江仙·进京吊乡前辈红学家、诗人周汝昌先生

王焕墉

（一）

莫恨此前容易别，奈何地远情长。归来携得旧风光。蟠螭常自好，馥馥百年香。　便是那年楼外月，却临小槛低窗。蒙眬影里龙骨相。花前如梦寐，回首怎思量。

（二）

眼底花光将欲尽，依前明槛春风。便携二三对幽丛。漏残金兽冷，魂去锦屏空。　壁上光珠催下泪①，更阑无梦相逢。红楼常判一生中。玉言光集首②，素月在房栊。

注：
①吊祭礼毕，弟子天霞哽咽下泪。
②拙集《崇斋诗集》序由周汝昌先生口述，其子建临先生记录。今弁集首假倩其辉也。

悼周汝昌先生

于洪博

沾水流觞品红楼,津门耆宿学海游。经纶满腹真学士,虔心考据论不休。贾语村言求谶语,荣宁盛衰觅深谋。而今文曲归天去,后世谁人续同俦?

和洪博兄悼周汝昌先生诗

姜维群

斯公去矣余空楼,清鹤独翔作远游。新证一编开世眼,瞽聋两废论无休。红学不过冰山角,乡愿终生戮力谋。凑韵忽觉云黯牖,我抛珠泪雨来俦。

蝶恋花·悼红学大师周汝昌

王海福

著名红学家周汝昌先生于 2012 年 5 月 31 日凌晨在北京逝世,终年九十五岁。念及大师在中国红学研究方面的崇高地位以及他对中国传统文化的巨大影响,词以悼之。

平生解味醉红楼,脂雪剔透,领骚六十秋①。借玉通灵存翰墨,驾鹤西去追曹侯②。　回首敏庵志未休,轶红落翠,欣把余香留③。世上犹唱好了歌,卷土重来记石头④。

注:

①此句指周汝昌平生痴迷研究红学,解味一语双关,因先生别署解味道人。

②曹侯指曹雪芹。

③此句指先生在红学研究方面还有许多未了之事,敏庵是先生别号,在这也代指先生所居陋室。

④《好了歌》是《红楼梦》中跛足道人唱的歌,述说世人摆脱不了官欲财气儿女情长的世俗观念。记石头即是《红楼梦》的别称《石头记》,意指先生近来提出的新观点,《西游记》和《红楼梦》都是"求真"、"求诚"。

水龙吟·惊闻汝老辞世
周笃文

哀音隔海传来,俄惊万仞嵩高坠。天何不吊,为遗一老,作人间瑞。半世深情,三春游屐,只成追记。记抠衣上谒,槐荫门巷,正风雨,鸡鸣晦。

难忘当时意气,倚高楼,一声清厉:斯文吾辈,岂能坐老,要当奋起。学究三才,诗追八代,几人能继。叹骑鲸竟去,墨痕空对,洒伤心泪。

水龙吟·痛悼周汝昌老 步周笃文先生韵
张福有

问天夏日苍凉,可因昊宇魁星坠? 红楼黯淡,青峦见老,永施祥瑞。椿寿祈吟,联章府献,叹成深忆。对音容笑貌,牵衣合照,雷携雨,云空晦。

长记平心静气,劝来人、语轻辞厉。文从秦汉,诗经唐宋,雄峰群起。民族精神,江山格调,雅开新继。向琼华殿里,灵堂恸处,拭悲伤泪。

风入松
丁羲元

柳绵吹尽暮春时,看碧树红稀。重逢一笑浑疑梦,隔千里、岁岁莺啼。握手情深漫语,清空一片神思。　　蓬窗述著颓然痴,争若问谁知。英雄血泪终寻觅,此文脉、暗转天机。好待榴花吉日,天南寿献新词。

右调《风入松》。壬辰四月廿四日,予赴红庙访汝昌老,欢谈片时,快若平生。翁年九十有五,神情自若,畅叙心语。临别赠新书两种,归读惊警未已,涵味快慰。忽半月而翁遽云游仙,予茫然若失,效诗翁题书眉词调成此。闰四月廿六日书。

惊闻伯父仙逝,谨以小诗寄哀思
石　敏

红坛巨臂赴玉楼,满腹悲凄语无头。难诉父辈恩谊重,天公懂我雨泪眸。

怀周公汝昌先辈

郭　云

探公两度授才知,欲访红楼时已迟。春去不该人去也!痴情捧出太行诗(指周老为《太行唱和集》题写书名)。

草创古风诗两首,拟作寻常送别声

《海河柳》编辑部

百册红学著,世代幽香深。先生虽已去,斯文志永存。音容心中见,言教时聆新。客居京师久,情系津门人。

奠基新证名千载,开国研红第一人。红学文采长盈色,海河波光永藏珍。居高布德声溢漫,俯地莳兰香氤氲。白发尽瘁中华志,黄卷终生痴梦真。

游仙·慰周汝老仙逝

马玉麟

高山流水绕天庭,曹子弄琴声。百八银箟翩跹舞,九重霄,惊现霓虹。泪雨偏迎归客,红楼特请文星。　　知音难觅奈独清,今岁始相逢。几番解味心执苦,手胼胝、合卷精诚。览罢拈须长叹,辛酸泪洒无穷。

洞仙歌(新韵)·千秋一寸心　周汝昌先生逝世周年有感

杨月春

依依河柳,泪缀珠成串,故道初晴坠红乱。雀声咽,愁绪欲消还添,偏又见,芳草无情路远。　　栏凭吊处,又见月残,一代鸿儒渐行远。脂雪轩灯明,墨笔空悬。曹公梦,解评谁管!叹去去一别竟无还,泣读巨鸿篇,寸心斯见!

注:

柳:留,离愁的意象。

故道:海河古道,代津南,指周汝昌先生出生地。

坠红:残红。春暮夏初,落英缤纷,暗合周汝昌先生离世之季。

脂雪轩:周汝昌先生书房雅号(轩字出律,不忍舍)。

寸心:取自周先生《千秋一寸心》,这里喻指周先生为弘扬中华文化而鞠躬尽瘁的苦心。

自作七律悼前辈学人周汝昌先生
曾 力

红海波澜翰墨存,开继宗风百代尊。一部新证谁可比,十卷会真无比伦。昔仰先生瞻笑语,今闻噩语染啼痕。黄鹤西归何处觅,津沽山水与招魂。

夜览兰亭祭玉言
仪天枢

人闻瞽叟最多情,独人芹翁废艺庭。八法能知真解味,红楼妙探最通灵。平生道尽心中意,他乡复会故四兄。但见毛椎空瑟瑟,一窗冷雨祭兰亭。

周汝翁,讳汝昌,字玉言,号解味道人。平生最著名者为红楼之探,而其书名不显,余独喜其学书能发人所未发者,今日才读罢先生《兰亭秋夜录》便闻先生远去,虽享仙龄,然死生亦大,不亦痛哉,心思甚重,觅诗竟乱韵矣。

深夜作诗缅怀周汝昌先生
ctkno

情注文华起少时,风采冠群固可知。《文赋》英译谁堪比?《红楼》梦缘显情痴!命途多舛平心适,外物纷争淡然之。一生解味唯得真,千句玉言醒后世!自古治学须勤勉,老骥伏枥至休已。莫言园圃已自闭,桃李不言下有蹊。志同真情聊可慰,途殊冷眼不须理。先生先去情已古,深夜深感子昂意。

挽　联

嘉惠学林心血半世著新证

铭刻心碑痴情一生为芹红

后学胡文彬敬挽

由来一梦,宿世红楼梦中客

已去空斋,当今脂砚斋主人

挽周汝昌先生,壬辰沈鹏于介居

近百年人间岁月,著述辛苦,何惧夏酷冬严,已留下名山事业裕后世

超万里神州家园,悲思连绵,无论天南地北,常念及红楼文章耀中华

乔福锦敬挽

座宴蟠桃文曲星,偷窥仙子犯天廷

凡尘三万四千日,留得经书永世馨

愚晚生田蕴章泣挽

弍世著书共九天明月光满海外

三春芳草得五柳清风魂上天庭

汝昌乡前辈大雅灵鉴并乞大人千古魂安

晚崇斋王焕墉携弟子天霞同敬挽

红楼峨然,泰山不颓

梁木坚兮,哲人何萎

彭黎明敬挽

新证赢雷抃,雁嚭系中华文化,数十载妙笔生花。纵眸瞳视盲,犹不舍昼夜,恃有心储锦绣,满纸智慧明法眼

摅书寄哀思,骊歌吟旷世红学,无一丝陈言滥句。虽史乘名老,更欲薄

颐年，仍多力作华章，一衿才情迈雪芹

乡人引自豪，步海河柳岸，命名徒添长忆泪

掌故凭谁解？哭至宝国学，稽古又少一明公

刘景州敬挽

六十年风雨，悲金悼玉，痴情续梦，芹遇知己足堪奇，今古应有通灵物

九五载春秋，染翰操觚，呕血成红，天失巨才莫可赎，世间再无解味人

英华

红学难继，情字难堪，谁解其中味？奈何今日痛失汝

楼宇已空，诗人已逝，都云作者痴，或许他年国学昌

柳无闻

唁电·唁函

中央领导同志对周汝昌逝世表示慰问（哀悼、慰问、送花圈，按来电时间顺序）

王　刚　习近平　李源潮　贾庆林　张高丽　王岐山　李克强　朱镕基

陈至立　温家宝　李岚清　李长春　吴官正　尉健行　李瑞环　胡锦涛

周汝昌同志治丧办公室：

　　惊悉周汝昌同志不幸逝世，心情十分悲痛，谨表示哀悼，并向家属致以亲切慰问。

贾庆林

中国艺术研究院：

　　请转达习近平、李源潮同志和中央组织部领导对周汝昌先生逝世的哀悼和对其家属的慰问。

中共中央组织部办公厅

中国艺术研究院并转周汝昌先生家属：

　　惊悉周汝昌先生不幸因病逝世，谨致沉痛哀悼，并向家属致以亲切慰问！

周汝昌先生是我国著名红学家、古典文学研究家、诗人和书法家,也是我们的老朋友。先生著述和编辑生涯,都为我集团公司留下了宝贵财富。

特致唁电,以慰哀思,并请家属节哀!

中国出版集团

中国艺术研究院并转周汝昌先生家属:

惊悉周汝昌先生不幸辞世,人民文学出版社全体同仁深感悲恸!谨致沉痛哀悼,并向家属致以亲切慰问!

周汝昌先生是当代著名学者、诗人和书法家,其古典文学造诣精深。尤其以红学研究享誉海内外。周先生于 1954 年至 1974 年在人民文学出版社古典文学编辑部工作,在长达二十年的工作时间里,先后参与校订了《三国演义》、《红楼梦》等古典长篇小说,编选注释了《范成大诗选》、《杨万里选集》等古典诗文选集,为人民文学出版社的成长和发展贡献了智慧和力量。新中国成立以后,周先生红学研究的代表作《红楼梦新证》和《红楼梦艺术》等都最先在我社出版,产生了广泛的社会影响。

周先生的辞世,使我们失去了一位值得尊敬的老前辈、老作者、老朋友。值此悲痛之际,谨致哀痛之情,并转达我们对周先生亲属的慰问,并请节哀珍重。

人民文学出版社

惊悉著名红学家、古典文学研究专家周汝昌先生于今日凌晨不幸去世,不胜悲痛。周汝昌先生早岁以《红楼梦新证》奠定学术地位,其后著述不辍,影响深远,周先生的去世是中国学术界的巨大损失。作为中华书局的老作者、老朋友,周汝昌先生一直关注和支持中华书局的发展,特别是近年来,在中华书局相继出版《千秋一寸心》、《诗词赏会》等多种著作,新版《红楼梦新证》(增订本)也在编辑之中。在此,我们谨向周汝昌先生表示深深的谢意,对周汝昌先生的去世表示深切的悼念,向周先生家属致以深切的慰问。

周汝昌先生千古!

中华书局

周汝昌先生家属：

惊悉周公汝昌先生仙逝，国家图书馆全体同仁同深哀悼！

汝昌先生生前关心国家图书馆发展和祖国古籍整理保护事业，曾多次莅临国家图书馆"文津讲坛"讲授古典文学。先生勤于著述，学术品格高尚，深为我们敬重。先生的去世，是我国文化事业的巨大损失。苍空掩耀辉，曷胜骤怆然！在此悲痛之际，特向周汝昌先生家属表示慰问，并望节哀！

肃此电达

国家图书馆

惊悉国学大师、红学泰斗周汝昌先生于5月31日遽然西归，不胜悲痛之至。周汝昌先生是享誉国内外的著名红学家、古典文学家、诗人、书法家，多届全国政协委员，中国艺术研究院顾问、终身研究员，曾担任我院主管的河北省曹雪芹研究会名誉会长、顾问，对我省的红学、曹学研究给予了无比的关心和巨大的支持，我们将永志不忘。值此先生仙逝之际，特致电表示我们深切的哀悼之情，并向先生亲属、子女致以诚挚的慰问。

河北省社会科学院

周老师：

您好！我们出版社的领导惊闻周老先生去世的消息，感到非常的悲痛，为我们痛失这样的文学泰斗而难过。周老先生高寿而去，是一种巨大的福气。望您节哀顺变，将周老先生的学术精神和研究巨作继续推广。保重身体，健康平安。

江苏文艺出版社

惊悉周汝昌先生仙逝，十分沉痛！周汝老与我有多年的友谊，并互相切磋学问，至今犹在目前。周老对中国文化的贡献是不朽的，将在历史中永远泽润后生，周老也可以含笑九泉了。望子女家属节哀顺变。

姚奠中

周伦玲先生：

惊闻汝昌大兄病逝，震悼无似。八十年故交，一旦别去，哀痛无已。谨唁，望节哀以当大事，为盼！

黄裳

伦苓世讲：

敬悉令尊大人仙逝，不胜痛悼。六十年老友一旦先我而去，真不知如何排遣也。仆近年多病，老妻既亡，顽躯又动转不灵，故多时未能趋谒。前荷寄下尊编令尊友好往来大著二册，亦未答谢，殊失礼数。初不意无缘再睹故人风采，重展此编，恍如隔世。寸楮至唁，言不尽意，惟盼节哀珍重。此函由小女代书，以仆手不能握笔也。

吴小如谨启

周汝昌治丧委员会：

惊悉周汝昌先生逝世，谨向他的家属表示哀悼和慰问，对周先生的学问与贡献，我们将永记不忘。

王蒙

梁归智教授：

惊闻周汝昌先生逝世，我和剑梅均悲痛不已。按照他不设灵堂的遗愿，我不作挽联，仅向他的高贵灵魂鞠躬致敬。并请您代我向他的儿子、女儿及所有家人转达最亲切的慰问。让我们共同永远缅怀这位中国文学第一经典的旷世知音。

刘再复

惊悉周汝昌先生于今日凌晨驾鹤仙逝，不胜哀痛。周汝昌先生是我国著名红学家、古典文学专家、书法家和诗人。是享誉海内外的《红楼梦》考据派大家及集大成者。他的离开，是国家文化界学术界一大不可弥补的损失，也是我们出版界一大损失。中国大百科出版社出版了周老生前最后两部著作,我们十分荣幸。我谨代表中国大百科全书出版社对周老的离去表示沉痛哀悼,对您及家人表示诚恳的慰问。

中国大百科全书出版社社长　龚莉

　　惊悉汝昌先生溘然仙去,谨此致以沉痛的哀悼! 先生百年修业,垂范后学,必受万众景仰,世代尊崇! 也请您及家人节哀顺变!

顾之京　赵林涛　刘相美

周伦玲姐妹、周建临,并先生亲属:

　　惊悉周汝昌先生逝世,作为后学、晚辈,突然来袭的悲痛之情无法掩抑。我们仰慕先生之风范、为人,曾亲聆先生之教益、指导,先生之离世,使我们如闻泰山之崩,极难置信。

　　当此痛失尊师、益友之际,我们以万分伤感之心,特致唁电表达沉痛哀悼之情,并向你们表示深切、诚挚的慰问。望节哀顺变。

周文夫　孙宝存　王畅

　　惊悉周汝昌先生不幸逝世,深感悲痛。请你代表天津历史学会和史学界同仁及我本人,向先生亲人转达我们的悼念和悲痛之情。先生的离去不仅是我国红学界的巨大损失,更是史学界文学界的巨大损失。我们会缅怀先生的道德文章,学习大师风采。把我们共同的事业做好。请向其亲人转达安慰。

天津历史学会会长陈志强
（委托刘恒岳转达）

　　惊悉周先生仙逝,我感到十分悲痛!

　　先生是我国当代著名的红学、史志学、国学泰斗。先生为中国文化做出的巨大贡献,是垂范千古的伟大遗产。先生的人格魅力,是后学永世做人的榜样。先生对天津的关心、对方志的关怀、对我的教导和关切,使我没齿不忘。先生的音容笑貌,永远活在我的心中。我对先生的驾鹤西去,表示最沉痛的哀悼！并向家属表示亲切慰问。

敬爱的先生，永垂千古！光照日月！

天津市政府地方志办公室　郭凤岐

惊悉先生仙逝，不胜悲痛。伦玲节哀。

段启明泣拜

周汝昌老先生家属：

伦玲女士：

惊闻周老先生仙逝，不胜哀悼。老先生对我国文化事业尤其是对《红楼梦》研究之贡献，必将永载史册，督导后学。尚祈各位节哀保重。

张之

周伦玲女士：

昨日从网络上惊获你父——我尊敬的周汝昌先生驾鹤仙逝，深感悲痛！谨向您并通过您向周汝昌先生亲属表达哀悼慰问之情。他毕生痴迷红学，并为此呕心沥血，锐意开拓各个红学领域，著作等身，卓成大家，他对红学的巨大贡献将永垂史册，泽披后人。哲人虽逝，他的灵性将永远与《红楼梦》携手同行。

王正康

伦苓吾姊：

昨晚惊悉我师逝，不胜悲悼！今早即跑几处欲发唁电，无奈西安均取消此业务，只好简信致意。

廿年前我曾与先生通信，有指教，有嘉勉，又蒙先生为我两部红著题名，永生感戴！知先生年高，不忍打扰，故久无联络，但先生新书新见，时时关注，未尝断歇。

先生后事从简之嘱，足见超凡境界，高山仰止！唯愿吾姊及家人节哀顺变，先生安矣！

"借玉通灵存翰墨,为芹辛苦见平生",先生永在!

不能来京告别先生,请恕!

西安　贺信民

伦玲老师:

惊悉玉言先生遽归道山,至深痛悼。老成凋谢,士林同辈。专此奉唁,并请阖府节哀顺变,善自珍摄。

晚　缪元朗

周姐:

我们通过中国新闻报道和网上听过、看过这悲痛的消息。

我们不敢相信,这一天来得这么突然,真如晴天霹雳。

不能用语言来表示我们的沉痛的心情,向姐姐和您的家属表示深切的哀悼。我们现在回想与周老师的回忆而指教。周老师是葛锐的大师父,他老给葛锐灵感、勇气、关怀……

我们很思念周老师。

周老师请安息吧,您的业绩永垂不朽。

(美国)葛锐、朴京淑拜上

惊悉敬爱的周汝昌先生不幸病故,我武阳镇全镇人民深感万分悲痛!

周汝昌先生在毕生的红学研究中,着重把武阳放在了曹雪芹祖籍研究的关节点。早在2001年铁岭红学会之后,就在家中为武阳题写了"曹雪芹祖籍武阳镇",这幅墨宝及其他题词,饱含了周先生对武阳的厚爱,也使五万多武阳人民和一百万南昌县人民与周先生结下了不解之缘。为此,南昌县相关领导和武阳镇先后几任领导,都曾赴京来到红庙里,既看望老人,又聆听老人的谆谆教导。他的红学研究功绩和多部专著厚重的影响力,无可辩驳地证实周汝昌是当代曹雪芹研究之父,世界公认的红学泰斗。他的逝世,无疑是红学研究的重大损失,也使我们百万南昌县人民失去了一位慈祥的好导师!

　　同时,可以告慰周先生,十年前您题写的"武阳曹雪芹祖籍纪念馆"已由曹孝庆第25世孙曹吉怀捐资三百万元,现任南昌县政协主席邓炳根等正在积极筹建,您这亲笔题字不久就可金光闪闪、熠熠生辉。

　　敬爱的周汝昌先生永远活在武阳人民的心中!

武阳镇人民政府

　　故人已去,"新证"难舍音容笑貌;

　　大师犹在,"会真"可知梦绕魂牵。

　　谨向您致最深切的问候!

孟庆吉

　　我们已从网上得知,五叔已于今天凌晨永远地离开了我们了! 虽然也有些心理准备,但仍然不愿意相信这是真的,还是觉得十分震惊悲痛! 望全家节哀保重,注意身体! 巨星不落映天地,精气长存旷世才! 这是我跪献给五叔的挽联。痛悼涕泣,不知所云。

周贵临

周汝昌学术生平简表

周伦玲　编

1918 年

4 月 14 日(戊午年夏历三月初四辰时)出生于天津咸水沽。

1926 年　8 岁

入咸水沽小学。

1930 年　12 岁(?)

遭土匪绑架。

1931 年　13 岁

能"无师自通"地作七言绝句,抒写幼稚的感受。

1932 年　14 岁

考入天津觉民中学初中。因学习成绩名列榜首,获"铁第一"绰号。

1935 年　17 岁

考入天津南开中学高中并开始学术活动。获奖学金。第一篇读词杂记《杂俎》连续发表在《南开高中》。

1936 年　18 岁

散文《无题》发表在《南开高中》。与黄裳同窗,创下 redology(红学)一词。

1937 年　19 岁

汉译林语堂英文《白日梦》,发表于《南开高中》。

1938 年　20 岁

考入天津工商学院附中高中(高三插班生)。

1939 年　21 岁

考取北京燕京大学西语系,因家乡严重水灾,不能入学,失学一年。

1940 年　22 岁

与毛淑仁结婚。

入北京燕京大学西语系学习。

1941 年　23 岁

珍珠港事件后,燕京大学被封,失学。与老师顾随书信往来与诗词唱和。

1943 年　25 岁

搜集坊间与藏家圣教石印铜版者,就其中九种珂罗版印集右军书圣教序校记撰写前言以"结吾圣教缘,慰吾圣教痴,尽吾圣教兴也"。

1945 年　27 岁

考取"津海关暂用外勤助理员"。

1947 年　29 岁

被"津海关"解雇,失业。

重新考取燕京大学西语系。于图书馆发现内有咏曹雪芹诗六首的《懋斋诗钞·东皋集》,撰写《曹雪芹生卒年之新推定》,发表于天津《民国日报·图书副刊》。

以离骚体汉译英国诗人雪莱的《西风颂》。

英译鲁迅的《摩罗诗力说》。

英译司空图《二十四诗品》。

《红楼梦新证》(初名《红楼家世》、《证石头记》)开始创稿。

1948 年　30 岁

年初收到胡适第一封信。

《曹雪芹的生年——答胡适之先生》，发表于天津《民国日报·图书副刊》。

与胡适书信往来，借甲戌本录副，并题写跋语一则。跋胡藏《脂砚斋重评石头记》。

《红楼梦的考证方法》发表于天津《民国日报·图书副刊》。

《红楼梦新证》（原名《红楼家世》）主体定稿。

在张伯驹处得见珍藏纳兰容若小照及题跋，自此唱和往来。

与四兄开始《石头记》大汇校。

1949 年　31 岁

兼任燕京大学西语系翻译课教员教授美国留学生。

《真本石头记之脂砚斋评》发表。

1950 年　32 岁

翻译季羡林 *Lieh Tze of Buddhist Sutra*（《列子与佛经之关系》）。

被斐陶斐奖学金荣誉委员会燕京大学分会评选为斐陶斐学会会员。

燕京大学西语系本科毕业。考取燕京大学中文系研究院。

1951 年　33 岁

被成都华西大学聘为外文系讲师。

1952 年　34 岁

入四川成都华西大学执教。

燕京大学中文系研究院毕业。

1953 年　35 岁

高等院校调整，调四川大学任外文系讲师。

译英国雪莱名诗剧《解放了的普罗米修斯》。

《红楼梦新证》出版。

1954 年　36 岁

中宣部调京任人民文学出版社古典部编辑。由聂绀弩处得知毛泽东对《红楼梦新证》有评价。年底《红楼梦新证》受批判。

1955 年　37 岁

任小说组组长，校订新版《三国演义》、《红楼梦》。

1959 年　41 岁

《范成大诗选》出版。

1961 年　43 岁

赴北图访"蒙古王府本"。"三真本"校勘工作重新迈进。

北京市政府采纳考证恭王府结论，遵周总理指示开会讨论建曹雪芹纪念馆。

1962 年　44 岁

给康生写信呼吁重视恭王府，后得接见并赐函。

《白居易诗选》出版。

《杨万里选集》出版。

《曹雪芹家世生平丛话》发表。

《曹雪芹卒年辨》发表。

《唐宋传奇选·序》写讫。

赴天津文联演讲《红楼梦》。

1963 年　45 岁

《陆机文赋"缘情绮靡"说本义辨》发表。

《关于曹雪芹的重要发现》发表。

参加纪念曹雪芹逝世二百周年活动。

1964 年　46 岁

《曹雪芹》出版。

1965 年　47 岁

与商承祚通信讨论《兰亭》。撰写《兰亭秋夜录》。

1966 年　48 岁

和四兄完成《石头记》大汇校八十回。

1968 年　50 岁

以周扬文艺黑线上的活标本被本单位批斗，关进牛棚。

1969 年　51 岁

下放至湖北咸宁"五七干校"。

1970 年　52 岁

周总理办公厅特电湖北军区司令部，调回北京工作。回京后立即写工作报告请求给一些工作条件继续完成大汇校写定真本之工作。

试补曹雪芹遗句。

1973 年　53 岁

捎《石头记会观》手稿样书呈送周总理。

由张伯驹处得知"三六桥"本，其八十回情节不与程高本同，为此向中央上书建议打探此本下落。

1974 年　56 岁

力争到 1953 年版《红楼梦新证》由修改增订再出新版。

再次向中央上书陈述《红楼梦》流行本之恶劣，建议从速整校出一部近真《红楼梦》新校本。

左眼失明，右眼视力 0.01。

1975 年　57 岁

北京市市长吴德召见，回应建议整校新版本事。

1976 年　58 岁

《红楼梦新证》增订本出版。

悼念周总理《何处》诗发表。

在地震棚撰写《书法艺术答问》。

1977 年　59 岁

因曾写信给江青、姚文元呼吁出版《红楼梦》大汇校本，受审查做交代。

1978 年　60 岁

撰写《恭王府考》。

任第五届全国政协委员。

访大观园遗址。

向胡乔木写信反映工作困境恳请帮忙。

1979 年　61 岁

调入中国艺术研究院任顾问兼研究员。

1980 年　62 岁

与张伯驹、夏承焘联署起草《成立中国韵文学会倡议书》。

《曹雪芹小传》出版。

《恭王府考》出版。

《书法艺术答问》出版。

《红楼梦全璧的背后》写讫。

出席在美国召开的"首届国际《红楼梦》研讨会"。

胡耀邦批示调女儿回京任助手并解决住房问题。

1981 年　63 岁

《兰亭综考》发表。

《说"遒媚"》发表。

《〈文心雕龙·原道〉篇的几个问题》发表。

出席济南市红学盛会。

1982 年　64 岁

读胡风《石头记交响曲序》感赋长句。

出席上海红学大会。

出席河北省中国古代文化讲习所研讨会。

任第六届全国政协委员。

1983 年　65 岁

《〈文心雕龙·隐秀〉篇旧疑新议》发表。

出席南京红学大会。访江宁织造府。

1984 年　66 岁

《"金箍棒"的本义和"谱系"》发表。

出席湖南韵文大会。

赴苏联考察《石头记》古钞珍本。

参加文联代表大会。

1985 年　67 岁

《献芹集》出版。

《石头记鉴真》出版。

出席贵州省红学大会。

1986 年　68 岁

《曹雪芹独特的结构学》发表。

访灵寿得见宋武惠王曹彬故里。

出席哈尔滨"国际《红楼梦》研讨会"。

1986 年—1987 年

以鲁斯学人身份赴美国威斯康星大学讲学一年。

撰成《红楼梦与中华文化》一书。

在美国普林斯顿大学、哥伦比亚大学、纽约市立大学、威斯康星大学讲学。

出席纽约亚美文化协会夏令营讨论会。

1987 年　69 岁

《诗词赏会》出版。

主编《红楼梦词典》出版。

1988 年　70 岁

《诗词曲赋名作鉴赏大辞典·序》发表。

作《燕市悲歌》大鼓词。

任第七届全国政协委员。

1989 年　71 岁

《红楼梦与中华文化》出版。

《红楼梦的历程》出版。

《红学·史学·文化学》发表。

《聿学讨源》发表。

1991 年　73 岁

《中华文化精义的脉络》发表。

《大观园的情思》发表。

与管桦通信讨论曹雪芹祖籍在丰润问题。

与刘心武通信讨论《红楼梦》问题。

1992 年　74 岁

《恭王府与红楼梦》出版。

《曹雪芹新传》出版。

《满学与红学》发表。

《红楼梦研究中的一大问题》发表。

出席曹雪芹祖籍在丰润研讨会。

为外国使节演讲《红楼梦》。

参加国际书法研讨大会。

1993 年　75 岁

《汉字繁简之思》发表。

为北京国际协会演讲《红楼梦》。

为联合国开发署演讲《红楼梦》。

1994 年　76 岁

《从易经到红楼梦》发表。

出席河北省曹雪芹研究会成立大会及首届学术研讨会。

1995 年　77 岁

《红楼艺术》出版。

《红楼梦的真故事》出版。

《曹雪芹〈红楼梦〉之文化位置》发表。

《还"红学"以"学"》发表。

《红楼梦笔法结构新思议》发表。

五补曹雪芹诗。

1996 年　78 岁

《曹雪芹生卒考实与阐微》发表。

《从"三曹"到雪芹》发表。

《中国文化思想——"三才主义"》发表。

《中国文论(艺论)三昧篇》发表。

1997 年　79 岁

《岁华晴影》出版。

《香港回归诗》发表。

1998 年　80 岁

《胭脂米传奇》出版。

《砚霓小集》出版。

《周汝昌红学精品集》出版。

《红楼真本》出版。

中央统战部在八十华诞、研红五十周年纪念大会上发贺函,高度评价对红学做出的贡献。

1999 年　81 岁

《东方赤子·大家丛书·周汝昌卷》出版。

《文采风流第一人——曹雪芹传》出版。

《当代学者自选文库·周汝昌卷》出版。

为北大学生作"《红楼梦》与中华文化"演讲。

《红楼梦新证》荣获文化部第一届文化艺术科学优秀成果奖一等奖。

2000 年　82 岁

《脂雪轩笔语》出版。

《千秋一寸心——唐宋诗词讲座》出版。

2001 年 83 岁

《北斗京华》出版。

《天·地·人·我》出版。

《红学文献学》发表。

出席曹雪芹祖籍在铁岭研讨会。

在国家图书馆分馆演讲"红楼梦与中华文化"。

在中国文学馆演讲"红楼梦中的人物描写"。

2002 年 84 岁

《红楼小讲》出版。

《永字八法》出版。

在中国现代文学馆演讲"唐宋诗词欣赏"。

在中国政法大学演讲《红楼梦》。

为北京玻璃有限公司职工演讲《红楼梦》。

为中国艺术研究院研究生班演讲"《红楼梦》与中华文化"。

在现代文学馆演讲"《红楼梦》艺术的个性"。

2003 年 85 岁

《红楼夺目红》出版。

《红楼家世》出版。

《文采风流今尚存》发表。

《纪念曹雪芹逝世 240 周年》发表。

《评北京师范大学藏〈石头记〉抄本》发表。

在大观园演讲"曹雪芹为何写女儿"。

在现代文学馆演讲"曹雪芹其人其事"。

在现代文学馆演讲"讲红答疑"。

2004 年 86 岁

供职单位未通知本人径直办理了退休。

《文采风流曹雪芹》出版。

《周汝昌点评红楼梦》出版。

《曹雪芹画传》出版。

《石头记会真》出版。

《诗红墨翠》出版。

《红楼梦（周汝昌精校本）》（2004 年版）出版。

出席 2004 年文化高峰论坛会议。

为中央广播电视大学演讲"《红楼梦》与中华文化"。

为河北电视台读书节目介绍《红楼夺目红》。

为中央电视台第 10 频道《百家讲坛》演讲《红楼梦》。

为中国社会科学院研究生部演讲"张爱玲"。

2005 年　87 岁

《红楼十二层》出版。

《周汝昌梦解红楼》出版。

《周汝昌红楼内外续红楼》出版。

《定是红楼梦里人》出版。

《和贾宝玉对话》出版。

《我与胡适先生》出版。

《红楼真梦》出版。

《红楼无限情》出版。

《神州自有连城璧》出版。

2006 年　88 岁

《献芹集——红楼梦赏析丛话》再版。

《江宁织造与曹家》（合著）出版。

《红楼梦》（周校本）出版。

提出《红楼梦》应列为中华文化"第十四经"。

2007 年　89 岁

《解味红楼周汝昌》出版。

《周汝昌红楼演讲录》出版。

《芳园筑向帝城西——恭王府与〈红楼梦〉》出版。

《红楼柳影》出版。

《红楼梦》八十回汇校本出版。

刘延东、孙家正致贺函祝九十华诞、研红六十周年。

接温家宝、吴官正函。

2008 年　90 岁

为中央电视台第 10 频道《百家讲坛》演讲"《红楼梦》与四大小说"。

《红楼别样红》出版。

《红楼脂粉英雄谱》出版。

《周汝昌评说四大名著》出版。

《红楼梦新证》影印本出版。

2009 年　91 岁

双目全盲。

《红楼真影》出版。

《谁知脂砚是湘云》出版。

《红楼艺术的魅力》出版。

《周汝昌校订评点石头记》(繁体)出版。

《红楼梦与中华文化》再版。

《高贵与卑贱之间》(*Between Noble and Humble*,英文版《曹雪芹传》)出版。

2010 年　92 岁

《周汝昌校订评点石头记》(简体)出版。

《曹雪芹传》(日文版)出版。

文化部中国艺术研究院授予终身研究员。

给文化部长蔡武写信,呼吁纪念曹雪芹逝世二百五十周年。

2011 年　93 岁

《周汝昌谈红楼梦》(湖南少儿社)出版。

《诗词赏会》出版。

《诗词赏会二集》出版。

《千古奇文千字文》出版。

《兰亭秋夜录》出版。

2012 年　94 岁

《红楼新境》出版。

《寿芹心稿》出版。

《红楼梦新证》1953 年版宣纸线装版出版。

口述《梦悟红楼》大纲，未竟。

口述赏会诗词篇目，未竟。

5 月 31 日凌晨 1 点 59 分在家中逝世。

编后记

　　值周汝昌先生逝世一周年之际,我们选编这册纪念集寄托深深的怀念。

　　自先生逝世后,新闻媒体在第一时间做出了大量的报道,随之而来的是各界人士发来的唁电、慰问函以及铺天盖地的对先生的追忆缅怀文章和挽联悼诗。其数量之多、内容之富,超出我们的意料。由于篇幅所限,我们只能择出部分作品编入本书,向世人展示周先生清贫的一生与坚韧的精神、人格的魅力与不灭的力量。这是我们选编本集的初衷。

　　本书主要分为三部分,第一部分为追念文章,第二部分为诗词、挽联,第三部分为唁电、唁函。后附先生学术生平简表,以供广大读者和研究者参考。

　　感谢中华书局的大力支持,感谢责任编辑的辛苦之劳。对本书的诸位作者以及为本书付出辛苦劳作的朋友,在此一并致以诚挚的感谢和敬意。

　　鉴于本书收录文字较多,我们虽然已经取得了大部分作者的同意授权,但仍有少数尚未取得联系。请见书后尽快与 lxywy11@163.com 联系。

　　宝玉道:"规矩这样人是虽死不死的。"谨此纪念周汝昌先生。

2013 年 5 月